Ella Kensington

Die Kammer des Wissens

Ernst Lenz Musikverlag

Die Deutsche Bibliothek – CIP-Einheitsaufnahme

Kensigton, Ella
Die Kammer des Wissens : Das Finden grenzenloser Macht
Bochum : Lenz, Musikverlag, 2001
ISBN 3-9807836-0-X

Titelbild: Thorsten Dunkel

Durch die Tätigkeit seiner Eltern verbrachte Thorsten Dunkel seine Kindheit in Afrika und Indien. Mannigfaltige Eindrücke fremder Kulturen, ständiger Ortswechsel und intensive Meditationserfahrung in Indien prägten seine künstlerische Ausdrucksweise dergestalt, dass seine Werke Gegensätzlichkeiten verbinden und auch beim Betrachter tiefenpsychologische Spannungen aufzulösen und innere Harmonie entstehen zu lassen vermögen.

Die Galerie · Thorsten Dunkel · Eylertstraße 12 · 59065 Hamm

1. überarbeitete Auflage

Druck und Verarbeitung:

Druck Thiebes GmbH · Altenhagener Str. 99 · 58097 Hagen
Telefon (0 23 31) 80 81 76 · Telefax (0 23 31) 84 31 93
E-Mail: info@DruckThiebes.de · Internet: www.DruckThiebes.de

Printed in Germany

ISBN 3-9807836-0-X

Vorwort

Dieses Buch war eigentlich vor zwei Jahren schon fertig – wären damals nicht einschneidende Erkenntnisse aufgetaucht, welche die Umsetzung erheblich vereinfacht hätten. Ich habe es also noch einmal gründlich überarbeitet.

Dummerweise tauchten, gerade als es fertig war, erneut wichtige Erkenntnisse auf. Ich überarbeitete also noch einmal alles.

Dann begann ich, Seminare über das Thema dieses Buches abzuhalten. Das hatte schwerwiegende Folgen, denn bei diesen Seminaren bekam ich so viele Impulse von den Teilnehmern, dass eine Erkenntnis nach der nächsten purzelte, wie man dem Glück noch leichter und schneller näher kommen kann. Immer waren diese Erkenntnisse so toll für mich, dass ich das Buch gleich wieder überarbeiten musste.

Mittlerweile habe ich es das neunte Mal überarbeitet. Alle drei Monate entwickelte sich das Seminar, bedingt durch die Erfahrungen in der Praxis, neu.

Mir wurde klar, wie wichtig diese Praxiserfahrungen sind, will man nicht nur Informationen verbreiten, die sich gut anhören und bei einem selbst funktionieren, sondern Informationen, mit denen fast jeder sein Leben dem Glück tatsächlich ein gutes Stück näher bringen kann.

An dieser Stelle möchte ich mich herzlich bei allen Menschen bedanken, die mir, zum Teil ohne es zu merken, zu tollen Erkenntnissen und Erfahrungen verholfen haben.

11. April 2001 Bodo

In die Geschichte dieses Buches sind wahre Begebenheiten eingeflochten. Sie sind mit einem * gekennzeichnet.

Es begann in der Zukunft

"Ronja Martin?", fragte vor zwei Jahren einer der beiden Männer, die an der Tür geläutet hatten.

"Ja, bitte", war meine Antwort.

"Ihre Mutter hieß mit Mädchenname Carla Winger? Ihr Vater war Nicolas Nolan?", wollte der Mann wissen.

"Ja, wieso?", entgegnete ich verwundert.

"Wir sind vom Sicherheitsdienst. Würden Sie bitte mitkommen?!"

"Sicherheitsdienst? Was wirft man mir vor?", wehrte ich mich energisch.

"Man wirft Ihnen nichts vor", erwiderte der Mann. "Es geht um die nationale Sicherheit. Bitte stellen Sie keine Fragen mehr. Wir werden Ihnen später alles erklären."

Mittlerweile war Steve, mein Mann, zur Tür gekommen. Er hatte mitbekommen, dass etwas nicht in Ordnung war.

"Ich möchte, dass mein Mann mitkommt", erwiderte ich in einem fordernden Tonfall.

"In Ordnung!", antwortete der Mann kurz.

Ich weiß noch, wie aufgeregt ich damals war, als klar wurde, dass die beiden Männer uns direkt zum Präsidenten der Vereinten Nationen bringen würden. Diesen Mann kannte ich bisher nur aus dem Fernsehen. Ich war sicher, dass man mich verwechselt haben musste. Was sollte der Präsident von mir wollen?

"Wie Sie sicher wissen, lebten wir Menschen vor zweihundert Jahren noch nicht im Inneren der Erde", begann der Präsident zu erklären, als er uns in seinem Büro empfing. "Die Oberfläche war noch bewohnbar. Es gab mehrere Milliarden Menschen auf der Erde, die mehr oder weniger friedlich miteinander auskamen."

"Mr. President", unterbrach ich seine Rede. "Ich möchte nicht unhöflich sein, aber warum wurden wir hier her gebracht? Sicherlich nicht wegen Geschichtsunterricht."

"Sicherlich nicht, Mrs. Martin", entgegnete der Präsident. "Es geht um Sie. Wir brauchen Sie!"

"Sie brauchen mich?! Wozu?", fragte ich ungläubig.

"Um die Welt zu verändern", entgegnete der Präsident.

"Okay, okay, Mr. President. Ich nehme die lange Version."

"Bitte setzen Sie sich", bat er.

Steve und ich setzten uns auf die beiden Sessel, die uns angeboten wurden. Daraufhin setzte der Präsident seine Erläuterungen fort.

"Vor zweihundert Jahren näherte sich Nibiru, der zehnte Planet unseres Sonnensystems und Heimatplanet der Nefilim, wieder einmal der Erde. Dies geschieht nur alle 3600 Jahre. Damals bot Nibiru im Gegensatz zur Erde keine sehr lebensfreundlichen Verhältnisse. Seine Bahn führt ihn sehr nahe an der Sonne vorbei und lässt ihn dann für sehr, sehr lange Zeit in den Tiefen des Weltalls verschwinden. Den Nefilim blieb nichts anderes übrig, als tief im Inneren ihres Planeten zu leben. In künstlich angelegten, unterirdischen Höhlen schufen sie sich einen Lebensraum, der für ein paar Millionen Einwohner Platz und Nahrung bot.

Doch dieses Mal wollten die Nefilim ihre Chance nutzen und von ihrem Planeten auf unseren übersiedeln, bevor sie wieder in den kalten Tiefen des Universums verschwinden würden. Die Nefilim hatten keine Invasionsabsichten. Sie dachten, dass es auf der Erde genug Platz für beide Völker geben würde.

Leider hatten wir zu dieser Zeit noch keine Möglichkeit, mit den Nefilim zu kommunizieren. Sprachen- und Kommunikations-Technologien beider Völker hatten sich völlig verschieden entwickelt.

Als die Nefilim mit einem gigantischen Mutterschiff in den Orbit der Erde einschwenkten, gerieten die irdischen Militärs in Panik. Sie befürchteten eine Invasion.

Die Nefilim schickten eine Staffel von Shuttleschiffen zur Erde, die versuchen sollten, mit den Menschen Kontakt aufzunehmen.

Als die Militärs die Formation dieser Shuttleschiffe sahen, war ihnen sofort klar, dass dies ein Angriff sein musste. Sie schickten ihre Abfangjäger los und griffen die Shuttleschiffe an. Die Nefilim hielten sich zunächst noch zurück und erwiderten das Feuer nicht. Sie versuchten zu demonstrieren, dass ihre Absichten friedlich waren.

Doch das untätige Verharren der Raumschiffe wurde von den Militärs völlig fehlinterpretiert. Sie nahmen an, die Eindringlinge wollten damit ihre Überlegenheit demonstrieren und die Erde zur Kapitulation auffordern.

Schließlich gab der Präsident der Vereinigten Staaten von Amerika den Befehl, eine Atomrakete abzufeuern. Danach eskalierte der Krieg bis zur fast völligen Vernichtung der Menschheit. Nur einige Millionen Menschen überlebten. Die Oberfläche der Erde war für alle Zeiten unbewohnbar geworden.

Erst danach wurde beiden Seiten allmählich klar, was wirklich geschehen war. Seitdem leben Nefilim und Menschen friedlich nebeneinander. Mit Hilfe der nefilimschen Technologie schufen sie sich einen neuen Lebensraum im Inneren der Erde."

"Mr. President", unterbrach ich ihn erneut. "Was hat das alles mit mir zu tun?"

"Wir sind mittlerweile in der Lage, das Rad der Zeit zurückzudrehen", erwiderte er. "Wir wollen den Krieg ungeschehen machen, und dafür brauchen wir Sie!"

"Sie wollen den Krieg ungeschehen machen?", fragte ich ungläubig. "Und das soll ich tun? Wie kommen Sie darauf, und wie wollen Sie das anstellen?"

"Wir haben zusammen mit den Nefilim eine Technologie entwickelt, mit der wir das Bewusstsein eines Menschen in andere Zeiten versetzen können", erwiderte der Präsident.

"Sie wollen mein Bewusstsein in die Vergangenheit schicken?", fragte ich zweifelnd.

"So ist es!", bestätigte der Präsident.

"Wieso ausgerechnet mich?", wollte ich wissen.

"Nun", begann der Präsident mit seiner Erläuterung, "das ist nicht so einfach zu erklären. Manchmal genügt ein einziger Regentropfen, um einen Erdrutsch auszulösen. Dieser Erdrutsch wiederum könnte eine Kettenreaktion auslösen, welche die gesamte Welt vernichtet."

"Verzeihen Sie mir meine Ungeduld, Mr. President. Aber ich verstehe nicht im Entferntesten, was Sie mir sagen wollen."

"Der große Krieg vor zweihundert Jahren wurde von einem einzigen Mann ausgelöst. Genauer gesagt wurde er von einem einzigen Gedanken dieses Mannes ausgelöst. Alles Weitere war eine Kettenreaktion aufgrund dieses Gedankens. Alle Ereignisse beginnen mit einem ersten Gedanken. Wenn dieser Gedanke nicht gedacht wird, geschieht das Ereignis auch nicht.

Wir wissen, wer dieser Mann war, der den Krieg verursacht hatte, und wir wissen, wie der alles entscheidende erste Gedanken lautete."

"Und was hat das mit mir zu tun?", fragte ich ungeduldig.

"Sie waren dieser Mann!", erwiderte der Präsident energisch.

"Wollen Sie mich auf den Arm nehmen?", entgegnete ich ungläubig.

"Hören Sie. Mir ist nicht nach Scherzen zu Mute. Nach jahrzehntelanger Forschungsarbeit in Zusammenarbeit mit den Nefilim ist es uns gelungen, die Reinkarnation des damaligen US-Präsidenten ausfindig zu machen. Und das sind zweifellos Sie."

"Ich glaube, ich muss träumen", erwiderte ich aufgelöst. "Ich kann unmöglich hier beim Präsidenten der Vereinten Nationen sitzen, der mir erzählt, ich wäre der wiedergeborene US-Präsident."

"Mrs. Martin, ich weiß, dass dies schwer zu glauben ist. Doch glauben Sie mir: Ich würde hier nicht sitzen und mit Ihnen reden, wenn es keinen Grund zu Hoffnung gäbe, den Krieg tatsächlich ungeschehen zu machen."

"Sie wollen, dass ich zurück in die Vergangenheit gehe und dafür sorge, dass der Präsident diesen bösen Gedanken nicht denkt. Verstehe ich das richtig?"

"Das ist ziemlich genau das, was wir von Ihnen wollen. Ja!", bestätigte der Präsident.

"Wie sollte ich das anstellen? Soll ich zu ihm gehen und ihm sagen, ich wäre seine Reinkarnation aus der Zukunft, und ihn bitten, den Gedanken nicht zu denken, der die Welt vernichtet?"

"Wir können Sie nicht in Ihrem Körper in die Vergangenheit schicken. Wir können nur Ihr Bewusstsein transferieren. Genauer gesagt transferieren wir nur die Informationen, die Ihr Bewusstsein ausmachen. Das Bewusstsein des Präsidenten wird für die Dauer Ihres Aufenthaltes in Ihren Körper transferiert. Sie werden statt seiner denken. Und Sie werden den besagten Gedanken verändern. Damit wird der Krieg nicht stattfinden."

"Es erübrigt sich wahrscheinlich, nachzufragen, ob Sie nicht jemand anderen schicken können", meinte ich ohne große Hoffnung.

"Wir können nur die Reinkarnation des Präsidenten transferieren", war die zu erwartende Antwort.

"Ist diese Mission gefährlich?", wollte ich wissen.

"Darf ich offen mit Ihnen sein?", fragte der Präsident und schaute mich eindringlich an. "Wir können nicht genau sagen, was mit der Zukunft geschieht, wenn der Krieg nicht stattfindet. Die Auswirkungen sind so gigantisch, dass wir das nicht voraussagen können."

"Was heißt das im Klartext?", hakte ich nach.

"Theoretisch könnte es sein, dass Sie aufgrund der veränderten Vergangenheit niemals gezeugt werden. Sie würden dann augenblicklich aufhören zu existieren. Genau das kann jedoch auch für mich selbst gelten, wie für jeden anderen Menschen, der zu dieser Zeit lebt. Doch selbst wenn wir alle noch existieren werden, kann ich Ihnen nicht versichern, dass wir Sie noch in die Zukunft zurückholen können. Möglicherweise werden wir die Technologie nicht entwickeln, die wir für die Zeitreise brauchen. Damit werden wir Sie auch nicht zurückholen können."

"Und wieso sollten wir dieses Risiko eingehen?", fragte ich zweifelnd.

"Weil wir keine andere Chance haben, um zu überleben. Die Ressourcen der Erde sind ausgeschöpft. Die Bevölkerung weiß nichts davon, weil es sowieso nichts ändern würde. Wir haben höchstens noch für vier Jahre Reserven. Wir haben also nichts zu verlieren. Mit anderen Worten: Sie sind unsere letzte Chance!"

Ella

Ich lebte seit dem Gespräch mit dem Präsidenten in einem militärischen Sicherheitsbereich. Ich wurde gründlich auf meine Mission vorbereitet. Morgen sollte es nun endlich losgehen.

Steve sah ich in dieser Zeit nur noch einmal die Woche. Wir waren jetzt seit über sieben Jahren verheiratet. Doch eine wirkliche Liebesbeziehung hatten wir schon lange nicht mehr. Wenn ich ehrlich bin, war ich noch nicht einmal sicher, ob wir am Anfang eine echte Liebesbeziehung hatten. Ich fragte mich seit einiger Zeit, ob unsere Beziehung überhaupt noch einen Sinn machte.

Aus diesem Grund wollte ich heute mit Steve reden. Ich fand es nicht fair, ihn über meine Gefühle im Unklaren zu lassen. Andererseits wollte ich ihm aber auch nicht unnötig wehtun. Möglicherweise würde er oder ich gar nicht mehr existieren, wenn meine Mission gelingen würde. Trotzdem wäre es mir lieber gewesen, ich hätte vor meiner Reise klare Verhältnisse schaffen können. Ich wollte das Thema einfach einmal ganz vorsichtig ansprechen. Möglicherweise wollte ja auch Steve schon seit einiger Zeit die Beziehung mit mir beenden und hielt sie nur aufrecht, weil er mich nicht belasten wollte.

Ich beschloss, mit Steve eine kleine Privatführung durch die Anlage zu machen, in der ich jetzt lebte, und die Sache mit unserer Beziehung danach einmal vorsichtig anzusprechen.

Vor ein paar Monaten hatte man bei Rohstoffschürfungen ein mysteriöses Raumschiff gefunden. Die Behörden hatten mir erlaubt, Steve dieses Raumschiff zu zeigen.

Auf dem Weg zu der Halle, in der das Raumschiff von unseren Wissenschaftlern untersucht wurde, begann ich Steve davon zu erzählen.

"So weit ich gehört habe, hat man seit Jahrhunderten nach dem Raumschiff gesucht. Nach alten Überlieferungen soll die Höhle, in der es gefunden wurde, die legendäre Kammer des Wissens gewesen sein. Warte nur, bis du es siehst. Du wirst staunen."

Das Raumschiff hatte die Form einer Kugel und war völlig durchsichtig – ein riesiger, durchsichtiger, kugelförmiger Kristall. Im Inneren der Kugel war ein dreidimensionaler Davidstern.

Als Steve und ich in der Halle angekommen waren, in der das Raumschiff untersucht wurde, kam uns ein Wissenschaftler entgegen, den ich vom Sehen her kannte.

"Sie sehen hier ein Objekt, das vor mindestens fünfzehntausend Jahren auf die Erde gebracht wurde. Leider sind wir nicht in der Lage, das wirkliche Alter dieses Raumschiffes zu bestimmen. Doch wie Sie sich sicher vorstellen können, ist das nicht das Einzige, was uns vor Rätsel stellt. Wir können noch nicht einmal bestimmen, aus welchem Material es besteht. Wir sind sogar der Meinung, dass es überhaupt nicht aus der uns bekannten Materie besteht. Es ist eher eine Energieform als Materie. Doch auch die können wir nicht bestimmen. Auch ist keine der uns bekannten Technologien zu finden. Und dennoch, das Raumschiff ist voll funktionsfähig. Der Raumfahrtbehörde ist es gelungen, einige erfolgreiche Flugversuche zu absolvieren. Leider traten unkontrollierbare Antriebsaussetzer auf, die das Fliegen dieser Maschine zu gefährlich machten. Doch eins wurde bereits klar: Im Vergleich zu den Erbauern dieser Technologie befinden wir uns noch in der Steinzeit und haben gerade das Rad erfunden."

"Ist es richtig, dass drei Piloten für den Flug erforderlich sind?", fragte ich neugierig.

"Ja, das ist richtig. Es fliegt jedoch nicht mit jedem Menschen. Die Raumfahrtbehörde hat insgesamt neunzig Piloten ausgebildet. Nur einem einzigen Team gelang es, das Raumschiff in Bewegung zu setzen. Das Problem war, dass es unkontrollierbare Antriebsaussetzer gab, wenn einer der drei Piloten keine Glücksgefühle hatte – so seltsam das auch klingen mag. Warum wissen wir nicht. Möglicherweise hat es etwas damit zu tun, dass das Raumschiff sich mit dem Nervensystem der Piloten verbindet. "

"Wie kamen denn die Piloten in das Raumschiff hinein?", wollte Steve jetzt wissen. "Es scheint doch gar keinen Hohlraum zu besitzen."

"Das ist der Grund, warum wir davon ausgehen, dass dies kein materieller Körper ist. Der Kristall hat diese drei Piloten einfach in sich aufgenommen. Sie schwebten im Inneren der Kugel. Sie hatten dabei das Gefühl, in dem Kristall eingebettet zu sein. Sie brauchten weder zu atmen noch zu essen. Irgendwie versorgte das Raumschiff sie mit allem, was ihr Körper zum Leben brauchte. Die Piloten hatten seltsamerweise das Gefühl, das Raumschiff sei ein lebendiges Wesen. Übereinstimmend empfingen sie von dem Kristall telepathisch das Wort: ELLA. Die Piloten konnten jedoch nicht sagen, ob es sich dabei um einen Namen oder um eine Typbezeichnung oder so etwas Ähnliches handelt. Jedenfalls wird der Kristall seit diesem Moment von uns Ella genannt.

Die Piloten fühlten sich während des Fluges sehr stark mit Ella und miteinander verbunden. Sie dachten und fühlten das Gleiche. Sie wurden so in Ella aufgenommen, dass jeder in eine andere Richtung schaute. Übereinstimmend berichteten alle drei Piloten, dass sie während des Fluges eine 360-Grad-Rundumsicht hatten. Sie brauchten wohlgemerkt nicht den Kopf zu drehen, um zu sehen, was hinter ihnen geschah. Sie sahen es durch die Augen der anderen beiden Piloten."

Plötzlich hatte ich einen seltsamen Tagtraum. Ich hatte das Gefühl, von Ella aufgenommen zu werden und mental mit ihr zu verschmelzen. Es war ein unbeschreibliches Glücksgefühl. Und es war so real, dass ich bei allem, was mir heilig ist, geschworen hätte, dass ich dies wirklich erlebt habe. Für ein paar Sekunden schaltete ich völlig ab und nahm meine Umgebung überhaupt nicht mehr wahr.

Kurz darauf hatte ich den Eindruck, Sterne um mich herum zu sehen. Ich war überwältigt von der Schönheit dieses Anblicks.

Kurz darauf kam der Wunsch in mir auf, fremde intelligente Lebensformen in entlegenen Gebieten unseres Universums kennen zu lernen. Unmittelbar danach landete ich auf einem wunderschönen grünen Planeten. Doch ich sah keine menschenähnlichen Wesen oder Tiere. Es gab nur eine unglaublich üppige Vegetation.

Kurz darauf gab mir Ella zu verstehen, dass viele dieser Pflanzen Wesen seien, die in ihrer Intelligenz mein Vorstellungsvermögen bei Weitem überragten. Sie ließ mich wissen, dass ich mit diesen Wesen reden könne.

Ich sprach eine wunderschöne große Blume an, bei der ich spürte, dass sie eines dieser intelligenten Wesen war.

"Hallo schöne Blume", sagte ich etwas unsicher. "Darf ich mit dir reden?"

"Wo kommst du her, und was bist du?", wollte die Blume wissen.

"Ich komme von der Erde und bin ein Mensch", antwortete ich. "Und ich liebe Blumen", fügte ich noch hinzu.

"Was bedeutet auf deinem Planeten Liebe?", wollte die Blume wissen.

"Es ist das, wofür es sich auf unserem Planeten zu leben lohnt", erwiderte ich.

"Und was ist das genau, wofür es sich zu leben lohnt?", hakte die Blume nach.

"Das ist schwer zu beschreiben. Ich denke, es ist für jeden etwas Anderes", erwiderte ich.

"Auf unserem Planeten ist Liebe ein Bewusstseinszustand, genau wie Freude oder Zufriedenheit", erklärte die Blume.

"Genau, es ist ein Gefühl", stimmte ich zu.

"Ist es nur ein Gefühl?", fragte die Blume zweifelnd. "Denkt ihr nicht auch ganz anders, wenn ihr liebt? Und verändert sich nicht auch euer gesamter körperlicher Zustand dabei? Bei uns ist das so", meinte die Blume.

"Du hast Recht. So genau habe ich mir darüber wohl noch nie Gedanken gemacht", meinte ich.

"Das finde ich seltsam", erwiderte die Blume. "Die Liebe ist das, wofür es sich zu leben lohnt, und du machst dir keine Gedanken darüber. Warum nicht?"

"Mir ist es eigentlich nicht wichtig, über die Liebe nachzudenken. Mir ist nur wichtig, die Liebe zu erleben", antwortete ich.

"Was tust du, um Liebe zu erleben?", fragte die Blume.

"Nichts", antwortete ich verständnislos. "Was soll ich dafür tun?"

"Wie kommt ihr Menschen in diesen Zustand der Liebe?", wollte die Blume wissen.

"Da gibt es verschiedene Möglichkeiten", meinte ich. "Wenn ich zum Beispiel einen Mann treffe, der toll aussieht, intelligent ist, zärtlich und einfühlsam, dann kann es sein, dass ich mich in ihn verliebe."

"Auf eurem Planeten entsteht also Liebe, wenn ihr jemandem begegnet, der eure Anforderungen erfüllt?", fragte die Blume nach.

"Nicht immer", erwiderte ich nachdenklich.

"Bist du sicher, dass in diesem Moment tatsächlich Liebe entsteht, wenn diese Anforderungen erfüllt sind?"

"Ich weiß nicht so genau", erwiderte ich unsicher. "Wie ist es denn bei euch?"

"Wir gehen in den Zustand der Liebe, wenn wir auf eine wunderbare Weise tief in uns berührt werden", antwortete die Blume. "Ich versuche es einmal so zu beschreiben, dass es für dich als Mensch nachvollziehbar ist. Manchmal geschieht es, dass ein kurzer Blick eines anderen Menschen tief in deine Seele vordringt und dein Herz öffnet. Manchmal kommt dir der andere auch ganz allmählich immer näher und berührt dich immer tiefer in deinem Herzen.

Es gibt viele Möglichkeiten, wodurch wir in den Zustand der Liebe gehen. Sie alle haben nur eines gemeinsam: Wir lassen den anderen bis ins Innerste unseres Wesens an uns heran. Wir lassen es zu, dass er uns tief in unserem Herzen berührt. In dem Moment, wo das geschieht, vereinigen sich unsere Seelen.

Die Anforderungen bezüglich Aussehen, Intelligenz und so weiter sind in solch einem Moment völlig bedeutungslos.

Hast du schon einmal erlebt, dass du jemandem begegnet bist, der alles hatte, was du dir immer wünschtest? Einem Mann, der zum Beispiel genauso aussah, wie du dir deinen Traummann vorgestellt hättest? Und hast du da nicht auch schon einmal erlebt, dass dieser Mann, der dich zu Anfang so fasziniert hatte, mit der Zeit immer unattraktiver und uninteressanter wurde? Wenn dieser Mann dich nicht in deinem Herzen berührt, entsteht keine Liebe. Egal, wie gut dein Anforderungskatalog an einen Partner erfüllt wäre.

Hast du aber nicht auch schon erlebt, dass du jemandem begegnest, an dem du normalerweise vorbeigelaufen wärest? Jemand, der nicht besonders gut aussah und auch sonst nichts hatte, was dich von Anfang an faszinierte. Und trotzdem passierte irgendwann etwas Unbeschreibbares. Irgendwie berührte dich dieser Mann und wurde mit jedem Tag immer interessanter, bis er schließlich für dich der beste und tollste Mensch der Welt war. Hast das noch nie erlebt?", wollte die Blume wissen.

"Ich weiß nicht so genau", antwortete ich sehr verunsichert.

Irgendwie hatte mich das, was die Blume sagte, sehr betroffen gemacht. Ich begann mich zu fragen, ob ich überhaupt schon einmal wirkliche Liebe empfunden hatte. Ob ich überhaupt dazu fähig war.

"Du kannst lieben", antwortete die Blume auf meine Gedanken. "Jedes Lebewesen in diesem Universum kann lieben. Die Liebe ist nichts, was wir lernen müssten. Die Fähigkeit, diesen Zustand zu erlangen, ist in jedem von uns von Geburt an angelegt. Wir lassen es manchmal nur nicht zu, dass uns jemand so nahe kommen kann, dass er uns tief in unserem Herzen berührt."

"Ich glaube, das muss ich jetzt alles erst einmal verarbeiten", sagte ich zu der Blume.

"Ich hätte noch eine Frage an dich", meinte die Blume. "Ich spüre, dass du, seit du hier bist, den seltsamen Wunsch hast, an mir zu riechen. Warum willst du das tun?"

"Ich liebe den Duft von Blumen", antwortete ich.

"Ich habe nichts dagegen, wenn du an mir riechen willst", erwiderte die Blume. "Wenn dich das in den Zustand der Liebe versetzt, finde ich das wunderschön."

Ich beugte mich also nach vorn und roch an ihr. Doch als ich es tat, packte sie mich plötzlich und schüttelte mich. Ich versuchte, mich zu befreien. Die Blume hielt mich fest und schüttelte mich weiter.

Plötzlich wurde mir klar, dass die Blume Steve war, der mich in die Wirklichkeit zurückholen wollte.

"Was ist mit dir los, Ronja?", hörte ich seine panische Stimme. "Hey, wach auf! Ronja, sprich mit mir! Hörst du mich?"

"Was ist denn los?", fragte ich Steve verwundert.

Plötzlich erkannte ich, dass das gesamte Labor zusammengekommen war, um zu sehen, was mit mir los war. Alle starrten mich an.

"Was ist denn passiert?", fragte ich verwirrt.

"Das möchte ich gerne von dir wissen", erwiderte Steve fassungslos. "Du warst ja völlig weggetreten. Du hast die ganze Zeit wirres Zeug über Liebe geredet. Du hast mich *schöne Blume* genannt oder so etwas. Was meinst du, wie die Leute geguckt haben?", flüsterte Steve.

"Oh Gott!", entglitt es meinem verwunderten Mund.

"Das mit dem Gequatsche ging ja noch", flüsterte Steve weiter. "Aber als du angefangen hast, an mir herumzuschnüffeln, hatte ich echt Angst, dass du vollkommen verrückt geworden bist. Die Leute haben uns die ganze Zeit angeglotzt."

Ich wusste nicht, was ich darauf antworten sollte. Ich schaute Steve nur entgeistert an.

"Du hast hier gestanden und an mir geschnüffelt", erklärte Steve noch einmal, um sicher zu gehen, dass ich ihn gehört hatte. "Du hast weder auf meine Worte reagiert noch auf Berührungen. Ich habe dich regelrecht durchschütteln müssen, damit du wach wirst. Du hast mir eine Heidenangst eingejagt, kann ich dir sagen. Ich dachte schon, du wärst übergeschnappt. Du hast die ganze Zeit über so komisch vor dich hin gegrinst. Was war denn bloß los? Ronja, ich bringe dich jetzt zu einem Arzt. Das ist doch nicht normal."

"Ich denke nicht, dass das nötig ist. Es geht mir gut. Es gibt bestimmt eine logische Erklärung für diesen Vorfall. Ich möchte jetzt gerne in mein Quartier. Ich habe morgen einen schweren Tag vor mir. Also, lass uns zurückgehen und das Ganze vergessen."

Eigentlich wollte ich an diesem Tag ja mit Steve über unsere Beziehung und über Liebe reden. Doch dazu war ich im Moment nicht mehr in der Lage. Ich war viel zu verwirrt von dem, was mir die Blume über die Liebe gesagt hatte, und darüber, dass das alles überhaupt geschehen war.

Seelentausch

Ich lag in der Anlage, mit der mein Bewusstsein in die Vergangenheit geschickt werden sollte. Der kritische Gedanke wurde von dem damaligen US-Präsidenten exakt in dem Moment gedacht, als der Verteidigungsminister ihm von dem Mutterschiff der Nefilim berichtete, das sich der Erde näherte. Der Präsident hatte Angst davor, mit einer eventuell erforderlichen Gegenwehr gegen die Invasion der Außerirdischen zu lange zu warten. Dieser Angstgedanke hatte letztendlich dafür gesorgt, dass der Krieg ausbrach.

Der US-Präsident kontaktierte die Staatsoberhäupter der gesamten Welt und vererbte diesen seine Angst. Schnell wurde deshalb der Beschluss gefasst, beim kleinsten Anzeichen einer Invasionsabsicht mit ganzer Wucht zurückzuschlagen.

Die Nefilim hatten in Wirklichkeit keine Chance, sich der Menschheit zu nähern. Die Militärs hätten alles als Invasionsabsicht wahrgenommen. Egal, was die Nefilim getan hätten.

Ich sollte genau diesen Angstgedanken des US-Präsidenten verhindern. Damit hätte ich als der Präsident die Möglichkeit gehabt, die anderen Nationen der Erde zu mehr Zurückhaltung zu überreden. Da der Krieg definitiv über amerikanischem Boden begann, lag es ganz offensichtlich allein im Verhalten des US-Präsidenten, ob er die Shuttleschiffe angreifen würde oder nicht.

Die Schwierigkeit dabei lag darin, dass ich die Gefühle des US-Präsidenten bewältigen müsste. Man hatte mir in der Vorbereitungszeit auf diese Mission beigebracht, dass Menschen niemals nach ihrem Verstand handeln. Auch, wenn wir das manchmal so wahrnehmen. Der Verstand kann Gefühle auslösen, die dann unser Handeln bewirken. Mehr aber auch nicht. Wird jedoch ein stärkeres Gefühl durch widersprechende Erfahrungswerte erzeugt, wird man in jedem Fall nach dem stärkeren Gefühl handeln.

Ich würde in der Vergangenheit die Gefühle des US-Präsidenten vorfinden, die in seinem Gehirn mit Erfahrungswerten aus seiner Vergangenheit belegt waren. Sollte ich es nicht schaffen, diese Gefühle zu verändern, müsste ich zusehen, wie ich selbst als der US-Präsident die anderen Nationen mit meiner Angst infizieren würde.

Eine weitere Schwierigkeit lag darin, dass niemandem auffallen dürfe, dass der Präsident sich verändert hatte. In allen Simulationen der Vergangenheit, die wir in der Zukunft durchführten, bewirkte das Bemerken einer Veränderung beim Präsidenten, dass der Krieg trotzdem ausbrach. In den meisten dieser Simulationen hatten die Gefolgsleute des Präsidenten das Gefühl, die offensichtliche Bewusstseinsveränderung des Präsidenten sei ein Zeichen von außerirdischer Gedankenkontrolle. Der Präsident wurde daraufhin entmachtet.

Das Mutterschiff der Nefilim wurde fünf Tage vor dem Krieg bereits entdeckt. Die größten Chancen meiner Mission waren berechnet worden, wenn ich zwei Tage vor dieser Entdeckung den Körper des US-Präsidenten in Besitz nehmen könnte.

Ich würde also genau eine Woche vor dem Ausbruch des Krieges in der Vergangenheit ankommen und dann genau zwei Tage Zeit haben, mich auf den Augenblick des Angstgedankens vorzubereiten, denn genau in dem Augenblick, an dem der Präsident von dem Raumschiff erfuhr, dachte er den kritischen Gedanken, den zu verhindern meine Aufgabe war.

Als die Anlage hochgefahren wurde, hatte ich das Gefühl, in ein tiefes Loch zu fallen. Es stellte sich ein seltsamer Bewusstseinszustand in mir ein. Einerseits fühlte ich mich hellwach, andererseits verschwand die Empfindung für meinen Körper und für die Wahrnehmungen meiner Augen und Ohren immer mehr. Ich hatte die Augen weit geöffnet, doch alles, was ich sah, wurde immer undeutlicher.

Ich hatte das Gefühl, tiefer und tiefer zu fallen. Ich spürte eine totale Leere. Es war schrecklich. Das unangenehmste Gefühl, das ich jemals gespürt habe.

Mein Geist war schließlich von meinem physischen Körper losgelöst. Er befand sich zweihundert Jahre in der Vergangenheit.

Ich bemühte mich, irgendetwas wahrzunehmen. Plötzlich spürte ich den Körper eines anderen Menschen. Ich klammerte mich regelrecht an diese Wahrnehmung. Ich spürte diesen Körper immer deutlicher. Er wurde mir immer vertrauter. Er lag ganz entspannt im Bett und schlief.

22. Juli

Jasmine

Ich öffnete die Augen und glaubte, noch zu träumen. Auf meiner Haut fühlte ich zarte Stoffe. Es roch angenehm frisch. So, als ob diese Tücher, mit denen ich zugedeckt war, parfümiert wären.

Ich sah mich um. Ich war in einem Zimmer, wie ich es noch nie in meinem Leben gesehen hatte. Ein breiter Holzschrank stand direkt vor dem Bett. Etwas, das es in meiner Zeit überhaupt nicht mehr gab. Sogar das Bett war aus Holz.

Während ich mich über das viele Holz wunderte, ging mir ein Name oder eine Bezeichnung für dieses Holz durch den Kopf: *Eiche Brutal!* Oder so ähnlich. Woher kam dieser Name? Und was hatte er zu bedeuten? Wo war ich? Alles war so fremd und trotzdem irgendwie vertraut.

Plötzlich bewegte sich etwas neben mir. Angsterfüllt schreckte ich aus dem Bett. Neben mir schlief ein Mann. Was war hier los? Ich konnte nicht glauben, dass ich wirklich wach war.

Sofort fühlte ich mich, als ob ich irgendetwas falsch gemacht hätte. Eine unsägliche Trauer stieg in mir auf. Was sollten diese komischen Gefühle? Erst Angst, dann Schuldgefühle und Trauer. Das machte doch alles gar keinen Sinn.

Ich war total verwirrt und konnte keinen klaren Gedanken fassen. Ich fühlte mich total schwach und hilflos. Es war unglaublich, ich legte mich schnell wieder ins Bett und zog mir die Decke über den Kopf, ohne überhaupt zu wissen, warum ich das tat. Ich spürte nur, dass ich große Angst hatte und mir die Decke half, mich sicherer zu fühlen. Nach und nach beruhigte ich mich. Die übermächtigen Gefühle wurden etwas gedämpfter.

Erst jetzt bemerkte ich, dass ich offensichtlich nicht der US-Präsident war. Ich sah meine Hände an und erkannte, dass ich lackierte Fingernägel hatte.

Was war hier los? Wo und wer war ich? *Lost Angelos*, schoss mir plötzlich durch den Kopf. Dann ein Name: *Jasmine*.

Sofort stieg wieder das Gefühl in mir auf, irgendetwas falsch gemacht zu haben. Ich zog wieder die Decke über den Kopf. Ich wusste, dass mein Verhalten total idiotisch war, doch ich konnte nichts dagegen tun. Ich hatte mich nicht unter Kontrolle.

Langsam wurde mir klar, was hier geschehen war. Die Wissenschaftler in der Zukunft mussten sich verrechnet haben. Ich war nicht die Reinkarnation des US-Präsidenten. Ich war offensichtlich diese Jasmine, in deren Körper ich jetzt steckte.

Panik brach in mir aus. Ich würde den Krieg nicht verhindern können. Ich würde zusammen mit Milliarden anderer Menschen an radioaktiver Verseuchung sterben.

Dann kam mir der Gedanke, dass sie in der Zukunft sicherlich merken würden, dass nicht der US-Präsident ausgetauscht wurde. Sicherlich würden sie mich gleich wieder zurückholen. Während ich das dachte, hatte ich plötzlich das Gefühl, dass mich niemand auf der Welt wirklich haben wollte. Sie würden mich sicherlich nicht zurückholen. Ich war es nicht wert.

Mir war klar, dass diese Gedanken völlig unsinnig waren und durch die Gefühle dieses Körpers ausgelöst wurden. Ich hatte keine andere Wahl. Ich musste etwas gegen diese Gefühle unternehmen, bevor ich irgendetwas anderes tun könnte.

Ich hatte in dem Trainingsprogramm, das ich hinter mir hatte, einiges über den Menschen und seine Gefühle gelernt. Der menschliche Körper ist grundsätzlich in der Lage, jedes Gefühl zu erzeugen. Gefühle sind eine Folge unserer Aufmerksamkeit. Beschäftige ich mich mit unangenehmen Dingen, werde ich auch unangenehme Gefühle haben. Beschäftige ich mich mit Schönem, werde ich gute Gefühle haben.

Kein Mensch beschäftigt sich jedoch freiwillig mit unangenehmen Dingen. Das tun wir nur, wenn wir glauben, es zu müssen. Oder anders ausgedrückt: Wir tun es, wenn es wirklich wichtig ist, das zu tun. Und dafür haben wir die unterschiedlichsten Gründe. Mal ist es wichtig, um etwas in Ordnung zu bringen. Mal ist es wichtig, weil wir vermeiden wollen, dass etwas Schlimmes passiert. Mal ist es wichtig, weil wir etwas Wichtiges erreichen wollen und so weiter.

Logisch betrachtet hätte ich mir jetzt einfach nur sagen müssen, dass alle Gründe für diese üblen Gefühle, von denen ich dauernd gebeutelt wurde, jetzt völlig unwichtig seien. Ich war hier, um die Menschheit zu retten. Dagegen konnte alles andere nur unwichtig sein. Doch so einfach war das leider nicht.

Unsere Aufmerksamkeit richtet sich nicht nur nach unserem Bewusstsein, sondern auch nach den Dingen, die wir unserem

Unbewussten als wichtig einprogrammiert haben. Diese Dinge lenken unsere Aufmerksamkeit automatisch. Es dauert eine Weile, bis man diese Programmierung geändert hat.

Ich hatte in der Zukunft jedoch eine mentale Technik gelernt, wie ich die gewünschte Veränderung direkt in meinem Unbewussten vornehmen könnte. Mit dieser Technik sollte ich eigentlich dem US-Präsidenten seine Angstgefühle nehmen.

Bei diesem Gedanken stieg augenblicklich wieder das Gefühl in mir auf, dass ich alles falsch mache und niemand mich auf dieser Welt wirklich haben wollte.

Das reichte jetzt! Ich hatte keine Lust mehr auf diese Gefühle. Ich beschloss, mit meiner Technik zu beginnen.

Ich dachte an das Gefühl, alles falsch zu machen, und achtete darauf, welche Gründe für dieses Gefühl mir in den Sinn kamen. Ich wurde überwältigt von einer Unzahl von Erinnerungen, von denen eine scheußlicher war als die vorherige.

Vor allem waren es Erinnerungen an Jasmines Ehemann. Er hieß Richard und war ein richtiger Fiesling. Richard gab ihr das Gefühl, dass sie zu nichts taugte. Ich konnte bei diesen Erinnerungen kaum vermeiden, dass ich in die unangenehmsten Empfindungen hineinglitt.

Ich erinnerte mich an eine Situation, in der Richard sie vor all ihren Freunden und Bekannten lächerlich machte. Jasmine und Richard waren auf einer Party. Jasmine ging es zu Anfang sehr gut, was Richard offensichtlich ein Dorn im Auge war. Er war bereits betrunken und fragte sie sehr laut, so dass alle um sie herum es hören konnten, warum sie so gut gelaunt wäre. Bevor Jasmine antworten konnte, sprach Richard weiter.

"Ich wünschte, du wärst einmal so gut drunter, wie du jetzt drauf bist. Da hätte ich mehr davon."

Ich verstand nicht so recht, was diese Worte bedeuten sollten. In meiner Zeit nahm man alles sehr wörtlich, was man sagte. Doch auch wenn ich nicht so recht verstand, was das heißen sollte, ich spürte Jasmines Emotionen dazu und wusste daher, dass es nichts Schönes gewesen sein konnte.

Danach erzählte Richard jedem, der es hören wollte und jedem, der es nicht hören wollte, dass Jasmine beim Sex immer teilnahmslos daliegen würde. Sie würde sich einfach auf den Rücken legen und sich darauf verlassen, dass Richard alles richtig macht. Noch nicht einmal dazu sei sie also zu gebrauchen, erklärte er.

Jasmine versuchte, Richard dazu zu bewegen, dass er den Mund hielt. Doch Richard wurde daraufhin nur noch aggressiver.

"Es sollen ruhig alle erfahren, dass du frigide bist!", rief er lautstark. "Die glauben bestimmt alle, dass du im Bett was drauf hast. Doch das stimmt nicht!", rief Richard laut und wandte sich an die Menge. "Sie verzieht dabei das Gesicht, als wäre sie in Scheiße getreten."

Jasmine war nicht in der Lage, auf solche vulgären Äußerungen zu reagieren. Dazu schämte sie sich viel zu sehr. Schließlich endete alles, wie es immer endete. Jasmine verließ in Tränen aufgelöst die Party, zu der sie selbst eingeladen hatte. Es war ihre eigene Geburtstagsparty.

Von solchen Erinnerungen wimmelte es nur so in Jasmines Gedächtnis. Mir wurde klar, dass ich es mit meiner Technik nicht so schnell schaffen würde, die Emotionen dieses Körpers in Ordnung zu bringen. Ich musste mir etwas anderes einfallen lassen. Ich wollte wenigstens für ein paar Minuten klar denken können.

Ich versuchte es mit einem anderen Trick, den man mir in der Zukunft beigebracht hatte, um mich nicht zu stark in die Gefühle des Präsidenten hineinziehen zu lassen.

Ich stellte mir dabei vor, ich wäre ein Zuschauer, der einen Menschen betrachtet, der zufällig genauso aussieht wie ich. Ich versuchte es. Ich trat in Gedanken aus meinem Körper aus und betrachtete mich von außen. Ich konnte es kaum glauben. Diese Frau sah genauso aus, wie ich es mir immer gewünscht hatte. Sie war unglaublich schön. Sie war einfach perfekt.

Das konnte doch wohl nur eine Wunschvorstellung dieser Frau sein, in deren Körper ich jetzt steckte. Ich öffnete die Augen und schaute an mir herunter. Es war real. Ich steckte in einem der attraktivsten Körper, die ich je gesehen hatte.

Als mir das bewusst wurde, spürte ich fast ein bisschen Euphorie. Immer schon hatte ich mir gewünscht, solch gigantische Kurven zu haben. Mein eigener Körper in der Zukunft sah dagegen eher aus wie eine Röhre. Von oben bis unten ein Umfang.

Meine überschwängliche Freude wurde jäh durch die Gefühle von Wertlosigkeit und Unzulänglichkeit unterbrochen. Ich schloss schnell wieder meine Augen und versuchte, mich wieder als Zuschauer zu betrachten. Es gelang.

Doch ich konnte immer noch keinen klaren Gedanken über meine jetzige Situation fassen. Stattdessen sah ich Jasmine auf ihrer Arbeit. Sie arbeitete als Sekretärin in einer staatlichen Behörde. Ich konnte deutlich erkennen, dass sie nicht in der Lage war, die Anforderungen, die an sie gestellt wurden, zu erfüllen. Sie fühlte sich von jeder kleinen Aufgabe überfordert. Ihr Chef war jedoch von ihrem bezaubernden Aussehen so betört, dass er die Arbeit, die er ihr gab, im Grunde genommen selbst erledigte. Jasmine fühlte sich dadurch sehr elend. Sie hatte das Gefühl, für diese Welt völlig wertlos zu sein.

Danach tauchten wieder Erinnerungen an Richard auf. Er stellte sie vor Freunden bloß und schikanierte sie, wann immer er Gelegenheit dazu hatte. Er tat dies offensichtlich, um sich selbst stark zu fühlen.

Jasmine war erfüllt von unsäglicher Wut und Verzweiflung. Es war vor allem die Wut gegen sich selbst, die ihr zu schaffen machte. Sie schaffte es nicht, sich gegen Richard zur Wehr zu setzen, und lehnte sich deshalb abgrundtief ab. Gleichzeitig war in ihr eine Trauer, die ich niemals für menschenmöglich gehalten hätte. Ich verstand zunächst nicht, wodurch diese Trauer ausgelöst wurde. Bis ich diese paradiesischen Wunschvorstellungen wahrnehmen konnte, die in Jasmines Kopf herumspukten. Offenbar hatte sie sich in eine innere Welt zurückgezogen. Sie träumte den ganzen Tag von einer Welt, in der die Menschen besser miteinander umgingen. Leider wurde sie immer wieder von Richard und ähnlichen Menschen in die Realität zurückgeholt. Sie konnte den Kontrast zwischen ihren Wunschvorstellungen und ihrer wirklichen Welt kaum aushalten. Ihre Machtlosigkeit in Bezug auf eine Veränderung ihrer Lebenssituation ließ sie in tiefe Depressionen verfallen. Sie hatte keine Hoffnung mehr. In ihr war nichts mehr als unerfüllte Sehnsucht.

Jasmine war wohl das krasse Gegenteil von mir. Offenbar musste irgendjemand dieser Frau ihr Selbstbewusstsein komplett genommen haben.

Plötzlich wurde mir schwindelig. Ich spürte, dass ich in ein tiefes Loch fiel. Das konnte nur eins bedeuten: Man versuchte, mich zurückzuholen.

Ich spürte plötzlich wieder meinen Körper in der Zukunft. Das Gefühl war noch nicht sehr deutlich, doch es war intensiv genug, um zu spüren, dass Jasmine bereits geraume Zeit in meinem Körper verbracht hatte. Ich konnte einige Gedächtnisinhalte in meinem Körper wahrnehmen. So wie es aussah, waren jetzt über drei Wochen in der Zukunft vergangen.

Die erste Erinnerung, die nach dem Seelentausch auftauchte, war das Gesicht von Lionel, dem Techniker, der den Seelentransfer überwachen sollte. Es war der Moment, an dem Jasmine in der Zukunft erwachte. Lionel stellte sofort fest, dass Jasmine nicht der US-Präsident war. Er sagte jedoch nicht sehr viel zu ihr, um sie nicht zu beunruhigen.

Nach einer Woche beschloss man, Jasmine zu Steve nach Hause zu schicken. Die Gründe dafür nannte man ihr leider nicht. Was ich jedoch spüren konnte, war, dass Jasmine Steve auf Anhieb sehr sympathisch fand.

Jasmine war begeistert von der Welt, in der sie jetzt war. Sie konnte sich gar nicht wieder einkriegen. Sie hielt alles für einen tollen Traum. Und das war nicht verwunderlich, denn die Vorstellungen ihrer Wunschtraumwelt waren der Welt meiner Zeit gar nicht so unähnlich. Bestimmt würde sie sich jetzt sehr wohl fühlen in der Zukunft.

Plötzlich wurde ich wieder aus meinem Körper herauskatapultiert. Ich fiel wieder in das tiefe Loch und fand mich wenig später im Körper von Jasmine in der Vergangenheit wieder.

Ich war fassungslos. Wieso war ich nicht in meinem eigenen Körper? Was hatte das zu bedeuten? Konnte man mich nicht zurückholen oder wollte man nicht? Wehrte sich Jasmine vielleicht dagegen, den schönen Traum von der besseren Welt zu beenden? Oder hatte man beschlossen, mich in der Vergangenheit zu lassen, in der Hoffnung, dass ich den Krieg vielleicht auch von Jasmines Körper aus verhindern könnte? Oder hatte die Anlage vielleicht nur einen technischen Fehler?

In diesem Moment spürte ich, dass Richard aufwachte. Meine Gefühle begannen wieder, verrückt zu spielen. Ich hatte das starke Gefühl, etwas für Richard tun zu müssen, und gleichzeitig eine riesengroße Abneigung vor diesem Fiesling. Ich schloss schnell die Augen und stellte mich schlafend. Doch das nutzte mir herzlich wenig. Richard gab mir einen kräftigen Stoß und sagte dabei sehr laut und barsch: "Los, aufstehen! Wieso liegst du denn immer noch im Bett?"

Ich tat so, als würde ich gerade erwachen. Ich wollte nicht, dass er merkte, dass ich nicht Jasmine war.

Während ich darüber nachdachte, was ich jetzt tun sollte, stand ich plötzlich in der Küche. Ich wusste gar nicht so recht, wie ich überhaupt hierher gekommen war. Ich versuchte, mich daran zu erinnern, was ich sonst morgens immer tat. Ich erschrak davor, was da zum Vorschein kam. Ich stand jeden Morgen eine halbe Stunde vor Richard auf, duschte und machte mich schön. Dann ging ich in die Küche und machte Frühstück für Richard. Ich selbst trank für gewöhnlich nur ein Glas Orangensaft. Kaffee gab es für mich keinen. Richard hatte ihn mir verboten, da er der Meinung war, dass der Kaffee schlecht für meine Haut sei.

Ich vermutete jedenfalls, dass das der Grund sei, denn ich verstand wieder einmal die Sprache dieser Zeit nicht so genau. Er wollte keinen verschrumpelten Apfel neben sich im Bett liegen haben, hatte Richard gesagt. Abgrundtiefste Hassgefühle durchfuhren mich bei diesen Erinnerungen.

In diesem Moment hörte ich Richard, wie er aus dem Badezimmer in aggressivem Tonfall nach mir rief.

"Jasmine, komm sofort hierher! Wieso haben wir kein Toilettenpapier mehr? Kannst du mir das mal sagen? Soll ich das jetzt auch noch selbst erledigen?"

Bevor ich überhaupt richtig denken konnte, hörte ich mich beschwichtigen: "Ich mach's schon, Schatz. Ich werde ganz bestimmt daran denken."

Ich fühlte mich schmutzig und unsagbar erniedrigt, dass ich auf diese Weise reagiert hatte. Doch ich konnte nicht anders. Die Gefühle dieses Körpers waren so übermächtig, dass ich nicht ich selbst sein konnte. Auch die Worte, die ich benutzte, waren eindeutig nicht die meinen. Noch nie hatte ich Steve Schatz genannt. Und Richard würde ich von mir aus sicherlich niemals so nennen.

Andererseits war es gut, dass ich offenbar automatisch Jasmines Art, sich auszudrücken, benutzte. Damit würde sicherlich weniger auffallen, dass ich nicht wirklich sie war.

Dieser Richard ging mir schwer auf die Nerven. Ich musste versuchen, meine Gefühle wieder in den Griff zu bekommen. Ich zog mich in die Küche zurück und setzte mich an den Tisch, der dort stand. Wieder und wieder stellte ich mir vor, wie ich Richard die Meinung sagen würde. Dabei stieg eine Todesangst in mir auf. Ich ließ nicht locker. Ich suggerierte mir, dass ich stark sei und mir das nicht länger gefallen lassen dürfte. Nach und nach fruchteten meine Bemühungen. Ich konnte zwar meine Gefühle nicht so gestalten, wie ich das gerne gehabt hätte, aber ich kam wenigstens einen kleinen Schritt weiter. Anstatt mich ruhig und überlegen zu fühlen, stieg eine unsagbare Wut in mir auf. Es war eine Wut, die das Gefühl in mir aufkochte, ich sei stark und gefährlich.

Mitten in meiner Wut klingelte es an der Tür. Ich wusste noch bevor ich die Tür öffnete, wer draußen stand. Es war ein Arbeitskollege von Richard, der ihn immer morgens abholen kam. Er hieß Mike.

Mike war genauso bescheuert wie Richard. Die beiden passten wirklich gut zusammen. Sie versuchten ständig, sich gegenseitig in allem zu übertrumpfen. Wenn Mike kam, spielte Richard total verrückt, was mich, oder genauer gesagt, Jasmine betraf. Er kommandierte Jasmine herum, als wäre sie seine Leibeigene. Offenbar versuchte er, vor seinem Freund zu demonstrieren, was für ein starker Kerl er war. Er erniedrigte Jasmine, wann immer sich die Gelegenheit dazu bot.

Und so war es auch an diesem Morgen. Ich hatte Richard kein Frühstück gemacht. Ich war ja die ganze Zeit mit der Regulierung meiner Gefühle beschäftigt. Als er kam, blaffte er mich sofort an.

"Was soll denn das heißen? Wo ist mein Frühstück? Hast du denn heute gar nichts in der Birne? Jetzt aber los! Schwing die Hufe und mach mir wenigstens ein paar Brote. Du hast drei Minuten."

Damals verstand ich kein Wort von dem, was Richard sagte. Was sollte "Schwing die Hufe!" oder "nichts in der Birne" wohl bedeuten?

Ich spürte nur an seinem Tonfall, dass ich etwas ganz Schlimmes getan haben musste. Ich fühlte mich schuldig.

Kurz darauf übernahm mein Bewusstsein wieder die Oberhand über meine Gefühle.

Ich sagte zunächst nichts. Ich schmierte ihm ein dickes, fettes Käsebrot und hielt es ihm lächelnd vor die Nase.

"Na, so recht?"

"Na endl..."

Richard kam nicht dazu, dieses Wort zu beenden. Ich drückte ihm das Käsebrot mitten ins Gesicht. Ich war dabei total aufgeregt. Einerseits spürte ich Angst, andererseits auch totale Genugtuung.

"Hast du nicht mehr alle Tassen im Schrank?", schrie mich Richard an.

Ich nahm die Bierflasche, die Mike sich geöffnet hatte, und goss sie im nächsten Moment über Richards verblüfftes Gesicht. Er sprang auf wie von der Tarantel gestochen. Im ersten Moment hatte ich Angst, dass er mich schlagen würde, doch er stand nur da und kochte vor Wut. Mike war unterdessen bemüht, sich das Lachen zu verbeißen.

Bevor Richard etwas sagen konnte, ergriff ich das Wort. Ich zitterte vor Aufregung am ganzen Körper. Mein Herz pochte wie eine Dampflokomotive, und meine Stimme schien fast zu ersticken.

"Du armes kleines Arschloch!", begann ich in einem sehr abfälligen Ton. "Glaubst du denn tatsächlich, dass du der Größte bist? Menschen, die andere klein machen müssen, damit sie sich selbst etwas größer fühlen, sind wohl das Überflüssigste, was auf dieser Erde herumläuft. Du bist wie ein verdrehter, kleiner Dackel, der einen von hinten anspringt und einem in die Wade beißt, dabei aber den Schwanz einzieht und abhaut, sobald man sich umdreht. Wobei bei dir ja nicht viel da ist, was du einkneifen könntest."

Ich wendete mich Mike zu und sagte: "Sicherlich hat er dir gegenüber angegeben, wie groß sein edles Stück proportioniert ist. Ich kann dir versichern, das war gelogen. Richard hat nicht mehr in der Hose als im Hirn."

Ich sah Richard direkt in die Augen und sprach weiter.

"Mensch, sieh dich doch bloß einmal an. Du bist nichts, du warst nichts, und du wirst auch nie etwas werden. Mit solch einem Würstchen will kein Mensch wirklich etwas zu tun haben. Ich kann mit dir noch nicht einmal Mitleid haben. Ich verabscheue solche Menschen wie dich. Tu uns beiden den Gefallen und entferne diesen verwahrlosten Körper aus meiner Wohnung. Und nimm diesen Penner gleich mit."

Ich deutete dabei auf Mike, der bis dahin nur vor sich hin gegrinst hatte. Ich war total erregt. Ich wusste nicht, was jetzt passieren würde.

Eigentlich wollte ich gar nicht so verletzend werden, doch die angestauten Wutgefühle dieses Körpers ließen mir keine andere Wahl.

Ich bemerkte in diesem Moment einen Gedanken in meinem Kopf, der eindeutig von Jasmines Körper kommen musste.

"Jetzt schmiert er mir gleich eine!"

Dieses Mal verstand ich die Worte sogar. Ich sah Richard an und war darauf gefasst, dass er mich schlagen würde.

Doch er stand nur da wie ein dummer Junge. Er kochte vor Wut, das konnte ich deutlich sehen. Aber er sagte kein einziges Wort. So wie es aussah, hatte ich genau seinen wunden Punkt getroffen. Er schämte sich vor Mike, der immer noch hämisch grinste.

Richard wischte sich das Käsebrot aus dem Gesicht und verließ mit hochroten Kopf die Wohnung, ohne noch einen Ton zu sagen.

Zuerst hatte ich wieder das Gefühl, etwas ganz Schlimmes getan zu haben. Mein Herz trommelte wie ein Maschinengewehr.

Doch dann stieg ein Gefühl von Genugtuung in mir auf. Ich hatte es diesem Scheißkerl so richtig gezeigt. Das war längst überfällig. Ich fühlte mich wie eine Rachegöttin. Noch nie in meinem Leben hatte ich so etwas getan. Doch es war gut. Ich hatte die Angst in mir besiegt und mich überwunden.

In diesem Moment klingelte es an der Tür. Ich zögerte zunächst, öffnete dann aber schließlich. Zwei Frauen und ein Kind standen vor der Tür und begrüßten mich fast überfreundlich. Ich war zunächst erfreut von der Herzlichkeit dieser Menschen. Offenbar redete man in dieser Zeit nicht nur ganz anders, sondern war auch viel freundlicher als in meiner.

Doch der Schein trügte. Diese Menschen führten etwas ganz Bestimmtes im Schilde. Eine der beiden Frauen stellte mir nach der Begrüßung eine Frage:

"Glauben Sie an Gott?"

"Das kommt darauf an, was Sie unter Gott verstehen", war meine Antwort. "Ich glaube nicht an einen alten Mann mit langem weißem Bart, der auf einer Wolke sitzt und mit Blitzen schleudert."

"Wie sehen Sie Gott?", wollte die Frau wissen.

"Ich denke, Gott ist einfach alles, was existiert."

"Denken Sie, Gott wacht über uns?", fragte die andere der beiden Frauen.

"Wie meinen Sie das?"

"Glauben Sie, Gott sieht sich noch lange an, was wir aus dieser Erde machen?", erklärte sie in einem sehr vorwurfsvollen Ton. "Glauben Sie, er wird nichts gegen die Gewalt und die Ungerechtigkeit auf dieser Welt unternehmen?"

Es war unglaublich. In mir stieg sofort wieder das Gefühl auf, etwas falsch gemacht zu haben. Dies musste wohl Jasmines Standardgefühl sein. Ich musste mich ganz schön beherrschen, um nicht außer Fassung zu geraten.

"Was soll er denn unternehmen?", fragte ich bedingt durch die Gefühle dieses Körpers erniedrigend beschwichtigend.

"Wir sind überzeugt, dass Gott die richten wird, die Unheil über uns bringen", war die drohende Antwort. "Er wird alle Menschen vernichten, die nicht nach seinen Gesetzen leben."

Die drei sahen mich sehr eindringlich an, als sie das sagten. Sie erwarteten irgendeine Reaktion von mir. Ich hatte den Eindruck, als warteten sie nur darauf, mit mir über diese Behauptung zu diskutieren. Ihre Drohung hatte seine Wirkung auf die Emotionen von Jasmines Körpers nicht verfehlt. Doch diese Angstgefühle waren natürlich völlig unsinnig.

"In meiner Vorstellung von Gott ist es nicht möglich, dass da jemand ist, der über uns richtet", erklärte ich ausweichend.

"Und wenn Sie Unrecht haben?", fragte eine der Frauen eindringlich. "Wollen Sie das Risiko eingehen? Können Sie es sich wirklich leisten, dieses Risiko einzugehen? Wir wissen, dass der jüngste Tag direkt bevorsteht. Es werden nur diejenigen überleben, die sich zu Gott bekennen und voller Demut bereuen."

Ich bereute bereits jetzt, und zwar, dass ich überhaupt die Tür geöffnet hatte. So langsam gingen mir die drei wirklich auf die Nerven. Meine eigenen Gefühle schienen so langsam die Führung zu übernehmen. Ich fragte ziemlich ironisch:

"So, wann wird der jüngste Tag denn sein?"

"Am 29. Juli dieses Jahres. Also in genau einer Woche", sagten sie und sahen mich dabei sehr eindringlich an. Man konnte deutlich erkennen, dass die drei tatsächlich glaubten, was sie sagten.

"So bald schon?", sagte ich ungläubig.

Ich hatte keine Lust mehr, mir diese Panikmache anzuhören.

"Na, dann kommen Sie am 30. Juli wieder", sagte ich und schloss die Tür.

Ich setzte mich ins Wohnzimmer, um mich zu beruhigen. Erst jetzt wurde mir klar, dass die Leute eben den 29. Juli als Datum für den jüngsten Tag angegeben hatten. Es war der Tag, an dem die Nefilim kommen würden und der Krieg begann. Konnte das Zufall sein? In einem Punkt hatten die drei von der Sekte allerdings nicht ganz Recht. Überlebt hatten nicht die Menschen, die sich demütig zu Gott bekannten, sondern die Militäroberhäupter in ihren Atombunkern.

Nach einer Weile wurde ich unruhig. Ich konnte zunächst das Gefühl nicht richtig beschreiben. Es war irgendwie, als hätte ich etwas Wichtiges vergessen. Plötzlich wurde es mir klar: Ich sollte eigentlich schon lange auf meiner Arbeit sein. Jasmine hatte ihrem Gehirn fest einprogrammiert, dass es nichts Wichtigeres gab, als morgens pünktlich auf der Arbeit zu erscheinen.

Es dauerte eine Weile, bis ich diesem Gehirn klar machen konnte, dass das jetzt nicht wichtig war. Ich hatte fürwahr andere Probleme. Trotzdem wurde ich den inneren Drang, zur Arbeit fahren zu müssen, nicht wirklich los. Die Beharrlichkeit, mit der dieses Gehirn an seinen Emotionen festhielt, machte mich fast ein bisschen wütend. Ich hatte den Eindruck, einem total sturen Menschen etwas begreiflich machen zu müssen.

Hoffnungslos

Ich war jetzt schon seit über zwei Stunden in diesem Körper. So langsam wuchs in mir die Gewissheit, dass man nicht vorhatte, mich in die Zukunft zurückzuholen. Offenbar hoffte man, ich würde es trotzdem schaffen, den Krieg zu verhindern.

Doch wie sollte ich das tun? An den US-Präsidenten würde ich nicht herankommen. Und wenn, hätte es keinen Sinn. Ich müsste ihm in den nächsten zwei Tagen seine Angst nehmen. Selbst wenn ich es schaffen würde, ihn in den nächsten beiden Tagen zu kontaktieren, würde er mir sicherlich nicht vertrauen, wenn ich ihm sagen würde, dass er keine Angst vor einer Invasion haben müsste. Und so lange er seine Angst behalten würde, war der Krieg vorprogrammiert. Was also konnte ich tun? Es war gerade mal noch eine Woche, bis die Nefilim kommen würden. Und in diesem von negativen Emotionen gebeutelten Körper hatte ich wohl kaum eine Chance. Doch irgendetwas musste ich tun. Ich wollte nicht sterben.

Eine halbe Stunde später verließ ich das Haus. Ich wollte auf keinen Fall diesem Richard wieder begegnen. Ich brauchte jetzt etwas Ruhe vor Jasmines Emotionen, damit ich einen klaren Gedanken fassen konnte. Irgendeine Lösung musste es geben. Ich wollte so schnell nicht aufgeben.

Nachdem ich ein paar Sachen von Jasmine zusammengepackt hatte, ging ich zu ihrem Wagen. Ich stieg ein und startete den Motor. Wieder einmal war ich davon fasziniert, wie dieser Körper allein funktionierte. Doch dann erlebte ich eine kleine Überraschung.

Ich mischte mich offensichtlich mit meinem Bewusstsein zu sehr in die unbewussten Bewegungsabläufe ein. Ich fuhr mit dem Wagen an, als sei er ein Känguruh. Ich gab Gas und bremste, gab wieder Gas und bremste erneut. Diese Prozedur wiederholte ich bestimmt zehnmal, bis ich schließlich anhielt und mich erst einmal beruhigte. Ich musste versuchen, meinen Körper allein machen zu lassen. Bewusst konnte ich diesen Wagen nicht bedienen. Er funktionierte völlig anders als die Individualtransportmittel meiner Zeit.

Ich versuchte es erneut. Ich dachte dabei an alles Mögliche, um mich abzulenken. Ich sah mir die Umgebung an und dachte darüber nach, wo ich ein Hotel finden könnte. Es funktionierte. Ich steuerte den Wagen völlig unbewusst. Ich musste nur entscheiden, wo ich hin wollte, und meine Arme und Beine taten, was nötig war.

Während meiner Fahrt durch die Stadt sah ich einige Hotels, doch ich konnte mich nicht dazu durchringen, dort abzusteigen. Schließlich kam ich an einem großen Hotel vorbei, das meine Aufmerksamkeit erregte. Es war irgendwie anders als die anderen. Ich konnte es nicht richtig in Worte fassen. Es sah irgendwie viel ansprechender aus.

Ich hatte großes Glück, in diesem Hotel noch ein Zimmer zu bekommen, denn es war wegen einer Messe, die in diesem Hotel veranstaltet wurde, fast völlig ausgebucht.

An der Rezeption fiel mir ein Plakat auf, auf dem ein sehr attraktiver Mann abgebildet war. Seltsamerweise hatte ich das Gefühl, diesen Mann irgendwoher zu kennen. Der Mann auf dem Plakat hieß Markus Benedict. Er hielt hier einen Vortrag über ungelöste Mysterien in Ägypten.

Plötzlich kam mir eine Idee. Das Raumschiff, das ich in der Zukunft mit Steve angeschaut hatte, wurde in Ägypten gefunden. War das Raumschiff vielleicht eine Möglichkeit, den Krieg zu verhindern? Möglicherweise hätte ich mit diesem Raumschiff die Nefilim kontaktieren können. Ich verstand ihre Sprache.

Ich müsste es natürlich erst einmal finden. Dann bräuchte ich zwei Menschen, die mitfliegen würden. Allerdings war fraglich, ob das Raumschiff überhaupt mit uns fliegen würde. Von den neunzig ausgebildeten Piloten gab es nur ein Team, mit dem das Raumschiff flog, und das noch nicht einmal sicher. Wir müssten permanent Glücksgefühle haben, sonst gäbe es Antriebsaussetzer. Wie sollte ich das in diesem Körper schaffen, und das innerhalb von einer Woche?

Doch ich wollte keine Chance ungenutzt lassen. Ich ging deshalb zum Vortrag von Markus Benedict, der gleich beginnen sollte. Er fand in einem kleinen Saal statt, in dem ca. einhundert Stühle aufgestellt waren. Vorne auf einer Bühne stand ein Mann und prüfte noch einmal den Diaprojektor, mit dem der Vortrag untermalt werden sollte.

Markus Benedict wurde angekündigt und betrat die Bühne. Die Zuhörerschaft applaudierte. Dieser Mann sah in Wirklichkeit noch besser aus als auf dem Poster. Ich war überwältigt. Er war groß und hatte eine wunderschöne, muskulöse, sportliche Figur. Seine Gesichtszüge waren sehr fein und trotzdem männlich. Insgesamt hatte er eine sehr männliche und starke Ausstrahlung. Das war genau die Art Mann, die mir gefährlich werden könnte. Ich ertappte mich dabei, dass ich darüber nachdachte, dass ich in diesem schönen Körper sicherlich alle Chancen hätte, diesen Mann für mich zu gewinnen.

"Meine Damen und Herren", begann Markus Benedict seinen Vortrag, "ich habe mich auf meinen Reisen sehr intensiv mit den Pyramiden von Gizeh auseinander gesetzt. Diese drei Pyramiden gemeinsam mit dem Sphinx bilden wohl das größte Mysterium der Weltgeschichte.

Wer auch immer die drei großen Pyramiden von Gizeh gebaut haben mag, es muss ein großer Wissenschaftler gewesen sein – einer Wissenschaft, die der unserer Zeit absolut ebenbürtig scheint. So betrug beispielsweise die Höhe der Cheops-Pyramide ursprünglich genau 146,6 Meter. Das entspricht genau der Entfernung Erde Sonne in Millionen Kilometer. Zufall?

Die doppelte Höhe dividiert durch die Grundfläche ergib die Zahl Pi. Die Pyramide liegt genau im Schwerpunkt der Kontinente. Die Seitenlänge der viereckigen Basis ergibt genau 365,342 ägyptische Ellen. Das ist exakt die Länge des tropischen Sonnenjahres in Tagen. Die exakte Länge eines Sonnenjahres konnte jedoch erst im 20. Jahrhundert von unseren Wissenschaftlern bestimmt werden. Woher wussten es also die Erbauer der Pyramiden?

Der Abstand vom Mittelpunkt der Erde ist exakt der gleiche wie zum magnetischen Nordpol. Die Pyramide ist absolut exakt auf die Himmelsrichtungen ausgerichtet und liegt genau auf dem 30. Breitengrad.

Die Aufzählung solcher Mysterien in Bezug auf die Cheops-Pyramide könnte beliebig fortgeführt werden. Tatsache ist, dass die Erbauer dieser Pyramide unserer heutigen Technik weit überlegen waren. Sie bauten einen riesigen künstlichen Berg mit einer Genauigkeit, mit der wir heute Edelsteine schleifen. Die Marmorplatten in der Königskammer sind so präzise aneinander gesetzt, dass es nicht möglich ist, eine Rasierklinge in die Fugen zu schieben.

Wer also waren die wirklichen Erbauer der Pyramiden von Gizeh? Waren es vielleicht die Götter, die im alten Ägypten verehrt wurden?

In 6.000 Jahre alten sumerischen Schriften wird von Wesen berichtet, die Anunnaki genannt wurden, was soviel heißt wie jene, die vom Himmel zur Erde kamen. Die Vermutung liegt nahe, dass diese Wesen Außerirdische waren. Waren diese Wesen vielleicht die Erbauer der Pyramiden? Und wenn ja, warum bauten sie sie?"

Markus Benedict redete noch eine ganze Weile über die Mysterien Ägyptens. Mir fiel auf, dass er mit keinem Wort die Kammer des Wissens oder das Raumschiff erwähnte. Ich wunderte mich darüber, da mir in der Zukunft erzählt worden war, dass in dieser Zeit sehr intensiv nach der Kammer des Wissens gesucht wurde.

Nach dem Vortrag wollte ich auf mein Zimmer und überlegen, wie ich weiter vorgehen sollte.

Plötzlich kam ein langer, hagerer Mann mit Kupferdrahtpyramide auf dem Kopf auf mich zu und lächelte mich dämlich an. Ich dachte zuerst, er hätte mich mit irgendjemand verwechselt, denn er wendete seinen Blick nicht ab. Er sah mir genau in die Augen und kam auf mich zu. Sein dämliches, irres Grinsen wurde immer breiter. Das konnte doch nicht sein, dass er wirklich mich meinte. Ich sah schnell weg, um ihm keinen Anlass zu geben, mich anzusprechen.

Es musste wohl an den panischen Gefühlen dieses Körpers liegen, dass mir das Herz in die Hose rutschte, als der Typ weiterhin direkt auf mich zu kam. Am liebsten hätte ich laut aufgeschrien und wäre in die andere Richtung davon gelaufen.

Er stand jetzt direkt vor mir und schaute mir tief in die Augen. Ich blieb stehen, erstarrt vor Angst. Die Gefühle dieses Körpers waren so übermächtig, dass ich weder denken noch handeln konnte. Der Typ mit der Pyramide legte plötzlich seine Hände um meinen Kopf und sagte mit eindringlichen Worten: "Lass die Liebe in dein Leben!"

Ich spürte, dass ich meine Augen vor Entsetzen weit aufgerissen hatte. Ich starrte ihn an, nicht fähig, meinen Blick von ihm abzuwenden. Er schaute mir weiterhin mit starrem Blick in die Augen und wiederholte seine Aussage.

"Lass die Liebe in dein Leben!"

Nach ein paar Sekunden ließ er los und lächelte mich an. Es war das Lächeln eines Wahnsinnigen. Er nickte noch einmal großmütig, als hätte er mir etwas sehr Wertvolles geschenkt, und ging weiter.

Ich war immer noch völlig erstarrt. Ich glaube, ich hatte in diesem Moment einen Nervenzusammenbruch.

Es dauerte ein Weilchen, bis ich wieder einigermaßen denken konnte. Ich drehte mich um, um nachzusehen, ob der Verrückte wirklich weg war. Ich sah ihn von Weitem mit seiner Kupferdrahtpyramide auf dem Kopf, wie er mit anderen Menschen das Gleiche tat wie mit mir.

Das wollte ich nicht noch einmal erleben. Ich hatte plötzlich vor jedem Menschen Angst, der auf dieser Messe herumlief. Wie viele Verrückte mochte es hier noch geben? Ich hatte keine Lust, es herauszufinden. Nicht in diesem Körper!

Als ich mein Zimmer aufschließen wollte, bemerkte ich, dass die Tür gar nicht richtig abgeschlossen war. Sofort durchzuckte mich wieder ein Gefühl von Panik. War jemand in meiner Abwesenheit in meinem Zimmer? Oder war dieser Jemand vielleicht sogar immer noch hier? Versteckte er sich vielleicht im Badezimmer?

Während ich auf die Badezimmertür zuging, versuchte ich mir einzureden, dass ich wahrscheinlich die Zimmertür nur nicht richtig abgeschlossen hatte. Doch die Angst, gleich von einer wilden Bestie angefallen zu werden, beherrschte nach wie vor meine Gefühle. Mit Gänsehaut griff ich langsam zum Türknauf der Badezimmertür. Der kalte Schweiß stand mir auf der Stirn. Sollte ich nicht doch vielleicht den Hotelpagen holen?

Plötzlich ging die Badezimmertür auf, und jemand kam im Bademantel heraus. Ich schrie laut auf. Was dann geschah, kann ich nicht sagen, denn ich wurde offensichtlich ohnmächtig. Ich fand mich schließlich auf dem Bett wieder. Ein Mann stand mit dem Rücken zu mir und telefonierte. Erst als er sich umdrehte, erkannte ich, wer es war: Markus Benedict! Was machte der in meinem Zimmer?

"Vergessen Sie den Arzt", sagte er zu seinem Gesprächspartner am anderen Ende der Leitung, "Sie ist wieder zu sich gekommen. Es scheint alles in Ordnung zu sein."

Danach hörte er für einen Moment zu und sprach weiter.

"Nein, nein. Die Polizei brauchen wir sicherlich nicht. Es ist alles in Ordnung. Auf Wiederhören."

Markus Benedict legte den Hörer auf und sah mich an.

"Geht es wieder?", fragte er in sehr nettem Tonfall.

"Was machen Sie in meinem Zimmer?", war meine immer noch verwirrte Antwort.

"Sie täuschen sich. Sie sind in meinem Zimmer", sagte er mit einem süßen Lächeln im Gesicht.

Ich war völlig verunsichert, und gleichzeitig irgendwie erregt, im Bett von Markus Benedict zu liegen.

"Das kann nicht sein. Hier ist doch 336?", erklärte ich verwirrt.

"236! Sie haben sich um ein Stockwerk vertan."

"Oh, das tut mir leid."

Ich stand auf und wollte das Zimmer verlassen, doch mein Körper funktionierte noch nicht richtig. Ich sackte einfach zusammen.

"Das ist sicherlich der Kreislauf", sagte Markus Benedict und fing mich geistesgegenwärtig auf. "Sie müssen sich ein wenig ausruhen. Legen Sie sich wieder hin. Es wird Ihnen sicher bald besser gehen. Wollen Sie vielleicht doch einen Arzt?"

Obwohl ich mich in diesem Moment todkrank fühlte, genoss ich den Augenblick, in dem er mich im Arm hielt.

"Nein, ich denke nicht, dass das nötig ist, danke", erklärte ich, nachdem er mich wieder ins Bett gelegt hatte.

"Kann ich sonst irgendetwas für Sie tun?", wollte Markus Benedict wissen.

Das Erste, was mir einfiel, war erotischer Natur – was mich total verwirrte. Bevor ich noch richtig denken konnte, hörte ich mich sagen: "Sie können mir helfen, die Kammer des Wissens zu finden!"

Markus Benedict sah irgendwie erschrocken aus. Er wurde regelrecht ein wenig blass. Er setzte sich auf einen der Sessel, die am Fenster standen.

"Ich habe noch nie von dieser Kammer gehört", erwiderte er sichtlich nervös. "Was soll denn das sein?"

Die Augen dieses Mannes waren der reine Wahnsinn. Ich hatte das Gefühl, dass sie mich völlig durchdringen. Mir liefen kalte Schauer über die Haut.

"Sind Sie sicher?", fragte ich ungläubig, bevor ich nachdenken konnte.

Markus Benedict reagierte sehr angespannt. Er stand auf und ging im Zimmer hin und her. "Sie sind Reporterin?"

"Wenn Sie eine Reporterin wollen, dann bin ich Reporterin", hätte ich am liebsten gesagt. Ich antwortete jedoch mit einem einfachen: "Nein, wieso?"

"Ich weiß nichts von einer Kammer des Wissens. Tut mir leid", war seine ausweichende Antwort.

Offenbar wollte er mir nicht helfen. Irgendwie war es mir in diesem Moment auch fast egal, ob er mir jetzt helfen würde oder nicht. Ich war so betört von diesem Mann, dass ich nicht mehr klar denken konnte. In meinem eigenen Körper wäre mir das mit hundertprozentiger Sicherheit nie passiert. Offenbar waren die erotischen Gefühle Jasmines für Männer sehr viel intensiver als meine. Und vor allem schienen ihre Gefühle ihren Verstand fast vollkommen auszuschließen.

"Ich brauche Sie!", zwang ich mich zu sagen. "Wenn Sie mir nicht helfen, das Raumschiff zu finden, werden wir alle sterben."

Markus Benedict drehte sich erschrocken um.

"Was haben Sie gesagt?", fragte er aufgeregt.

"Ich sagte, dass wir alle sterben werden."

"Woher wissen Sie von dem Raumschiff?", wollte er wissen.

Jetzt saß ich in der Zwickmühle. Würde ich ihm jetzt die Geschichte von der Zukunft erzählen, würde er mich mit absoluter Sicherheit für verrückt halten. Ich antwortete ausweichend: "Das würden Sie mir nicht glauben."

Er sah mich irritiert und aufgeregt an.

"Sie können nichts davon wissen. Ich bin der Einzige, der die Inschrift je gesehen hat. Wer sind Sie?"

"Das würden Sie mir auch nicht glauben", erklärte ich, weiterhin ausweichend.

So langsam riss sein Geduldsfaden. Ziemlich aggressiv sagte er:

"Sie wollen, dass ich Ihnen helfe, also überzeugen Sie mich. Woher wissen Sie von dem Raumschiff?"

Zaghaft fragte ich: "Können Sie sich vorstellen, dass es eines Tages möglich sein wird, durch die Zeit zu reisen?"

"Wollen Sie damit sagen, Sie kämen aus der Zukunft?"

Markus Benedict fragte dies in einem Ton, der unschwer erkennen ließ, dass er mir kein Wort glaubte.

"Mir ist klar, dass das für Sie schwer zu glauben ist, aber es stimmt."

Markus Benedict wurde ziemlich aggressiv.

"Hören Sie auf mit dem Quatsch! Was wollen Sie wirklich?"

Die Gefühle dieses Körpers schienen ganz genau zu wissen, was ich von ihm wollte. Ich hatte Schwierigkeiten, mich auf mein Vorhaben zu konzentrieren. Dieser Mann sah so attraktiv aus, wenn er aggressiv wurde. Sein Anblick ging mir durch und durch.

Ich kämpfte gegen diese Emotionen an. Ich musste jetzt meine fünf Sinne beisammen halten.

"Was kann ich tun, damit Sie mir glauben?", fragte ich vorwurfsvoll. "Ich belüge Sie nicht. Warum sollte ich das tun?"

"Wer sagt mir, dass Sie nicht für den Geheimdienst arbeiten?"

"Ich habe nichts mit Geheimdiensten zu tun. Mein Name ist Ronja Martin. Ich komme aus der Zukunft und bin hier, um mit Hilfe des Raumschiffs den 3. Weltkrieg zu verhindern. Das Raumschiff ist die einzige Chance."

"Aha, den 3. Weltkrieg! Nichts weiter, nur den 3. Weltkrieg. Und das Raumschiff wollen Sie fliegen? Wissen Sie, wie alt es sein muss?"

"Es funktioniert noch tadellos", erwiderte ich selbstsicher. "Wie kann ich es Ihnen nur begreiflich machen? Am 29. Juli dieses Jahres, also in genau einer Woche, wird ein riesiges Raumschiff in die Umlaufbahn der Erde eintreten. Eine außerirdische Lebensform, die sich Nefilim nennt, will von ihrem Planeten auf die Erde übersiedeln. Sie kommen in friedlicher Absicht. Doch das irdische Militär wird sich angegriffen fühlen und versuchen, die Eindringlinge zu vernichten. Dabei wird ein Atomkrieg ausgelöst. Fast die gesamte Menschheit wird bei diesem Krieg sterben."

Markus Benedict ging wieder in seinem Zimmer auf und ab und überlegte einen Moment. Dann fragte er wieder ungläubig.

"Und das soll ich jetzt glauben?"

"Sie müssen. Wir haben nur diese eine Chance. Außerdem wird die Zeit sehr knapp. Wir brauchen noch einen dritten Piloten, der bereit ist, mitzufliegen."

"Einen dritten Piloten?", fragte er plötzlich sehr neugierig.

"Ja, das Raumschiff benötigt drei Piloten", wiederholte ich ein wenig verwundert über seinen Sinneswandel.

"Ich kenne nur einen, der verrückt genug wäre, dabei mitzumachen. Wir können ihn noch heute treffen. Er ist hier auf der Messe", sagte er aufgeschlossen.

Der Mann war wie verwandelt. Er verhielt sich plötzlich, als wäre das alles bereits beschlossene Sache.

"Heißt das, Sie glauben mir?", fragte ich erstaunt.

"Niemand auf dieser Welt außer mir selbst weiß, dass drei Piloten nötig sind, um das Raumschiff zu fliegen", antwortete Markus Benedict.

"Kommen Sie!", drängte ich. "Lassen Sie uns sofort runtergehen."

"Sie bleiben erst einmal liegen", sagte er bestimmt. "Sie kämen momentan höchstens bis zur Zimmertür. Ich werde ihn holen."

Daraufhin verließ er das Zimmer.

Bei mir drehte sich alles. Meine Gefühle wollten diesen Mann um jeden Preis verschlingen. Mein Verstand machte mir unterdessen unentwegt klar, dass ich hier war, um die Menschheit und mein eigenes Leben zu retten.

Ich weiß nicht genau, wie lange es gedauert hat, bis Markus Benedict wiederkam. Ich hörte plötzlich den Schlüssel in der Tür.

Als ich aufsah, traf mich fast der Schlag. Der Typ mit der Pyramide auf dem Kopf betrat das Zimmer. Unmittelbar danach kam auch Markus Benedict herein.

"Das ist Peter. Er wird mitmachen. Ich habe ihm bereits gesagt, worum es geht", erklärte er.

Ich war nicht fähig zu antworten. Wieso musste es ausgerechnet dieser Typ sein? Der war doch nicht ganz bei Trost! Niemand konnte doch ernsthaft wollen, dass ich mit diesem Typ den dritten Weltkrieg verhindern sollte.

"Was ist mit Ihnen? Sie sehen aus, als hätten Sie einen Geist gesehen", fragte Markus Benedict verwirrt.

"Kann ich Sie mal unter vier Augen sprechen?"

Sichtlich genervt richtete sich Markus Benedict an den Mann, den er mitgebracht hatte:

"Entschuldige, Peter. Macht es dir was aus, einen Moment rauszugehen?"

"Kein Problem", sagte dieser. "Sag mir Bescheid, wenn ich wieder reinkommen soll. Ich warte so lange auf dem Flur."

Daraufhin verließ Peter das Zimmer.

"Was ist los? Warum musste Peter rausgehen?", wollte Markus jetzt wissen.

"Sie wollen doch nicht wirklich zusammen mit diesem Mann nach dem Raumschiff suchen?", fragte ich in einem Tonfall, der mehr als vermuten ließ, dass ich mit seinem Vorschlag nicht einverstanden war.

"Warum nicht?"

"Es tut mir Leid, das so direkt sagen zu müssen, aber der hat doch nicht alle Tassen in seinem Kopf", erklärte ich in der Sprache dieser Zeit.

Es war mir sehr peinlich, das so direkt zu sagen. Aber ich wollte meiner Abneigung gegen diesen Menschen deutlich Ausdruck verleihen. Markus reagierte etwas sonderbar, als ich das sagte.

Dann erklärte er: "Peter verfügt über ein immenses esoterisches Wissen, was uns bei der Suche sicherlich zugute kommen wird. Wir werden keinen Besseren finden. Zugegeben, er ist etwas sonderbar. Aber er ist absolut zuverlässig, und er ist mein bester Freund."

Markus ließ keinen Zweifel daran, dass er Peter unbedingt mit im Team haben wollte.

Beschwichtigend erklärte ich meine Abneigung: "Wieso ist er so komisch? Er hat mir unten auf der Messe die Hände auf den Kopf gelegt und mich angesehen wie ein Irrer. Dabei sagte er irgendetwas davon, dass ich die Liebe in mein Leben lassen solle."

Markus lachte: "Das ist typisch Peter. Er hatte vor ein paar Jahren einen Unfall. Er lag über einen Monat im Koma. Seitdem glaubt er, er wäre auf der Erde, um eine wichtige Aufgabe zu erfüllen. Er soll die Menschheit zur Liebe führen. Und das versucht er seitdem, mit zugegeben etwas seltsamen Methoden. Aber er ist absolut ungefährlich. Ich kenne keinen freundlicheren und wohlwollenderen Menschen als Peter. Er würde niemals irgendetwas Böses tun. Auch würde er niemals eine Bitte ablehnen, egal wie verrückt sie sein mag. Und Ihnen ist klar, dass Sie selbst einen verrückteren Eindruck machen, als Peter das je getan hat. Niemand außer Peter würde Ihre Geschichte wirklich glauben. Ich bin der Einzige, der etwas von dem Raumschiff und den drei Piloten weiß. Nur aus diesem Grund konnten Sie mich überzeugen.

Ich sage es jetzt noch einmal ganz direkt: Entweder Sie akzeptieren Peter, oder wir können die ganze Sache vergessen."

Ich bin kein Versager!

Peter und Markus saßen in den Sesseln von Markus Hotelzimmer. Ich lag immer noch leicht benebelt im Bett und hatte mich damit abgefunden, dass Peter dabei war. Was blieb mir auch anderes übrig? Ich hatte jedoch sehr große Zweifel daran, dass wir mit Peter zusammen das Raumschiff in Gang bringen könnten.

Peter erklärte, sein Vater sei ein Außerirdischer und habe ihn als kleines Kind zur Erde gebracht und ihn einer netten Familie untergeschoben. Bei einem Autounfall starb ihr eigenes Kind. Die Eltern lagen bewusstlos im Wagen. Bevor sie aufwachten, erzählte Peter, hätte sein Vater ihm das Aussehen des Kindes gegeben und ihn anstatt des Kindes in das Auto gelegt. Die Eltern merkten angeblich nichts von dem Austausch, wunderten sich nur, dass ihr Sohn bei solch einem schweren Verkehrsunfall unverletzt sein konnte.

Erst als Peter vor ein paar Monaten bedingt durch einen Unfall im Koma lag, sei die Erinnerungsblockade, die sein Vater ihm eingepflanzt hatte, außer Kraft gesetzt worden. Er wusste plötzlich, dass er ein Wesen aus dem Sternbild des Sirius war und auf der Erde war, um eine Mission zu erfüllen. Er sollte die Menschheit zur Liebe führen.

Ich glaubte ihm kein Wort.

Danach sprach er davon, dass es sehr viele Außerirdische auf diesem Planeten gäbe, die diese Aufgabe erfüllen sollten. Sie alle lebten als ganz normale Menschen und wüssten nichts davon. Erst ein kosmisches Ereignis würde sie aus ihrer Unbewusstheit aufwecken und sie erkennen lassen, wer sie wirklich sind. Er wusste jedoch nicht, was dies für ein Ereignis genau sein sollte.

Dass er selbst bedingt durch sein Koma schon früher aufgewacht wäre, sei nicht geplant gewesen.

Peter war überzeugt, dass das Raumschiff von Sirianern in der Kammer des Wissens versteckt wurde. Er vermutete, dass der Fund dieser Kammer das kosmische Ereignis sein könnte, das seine Brüder und Schwestern aufwecken würde.

Ich hatte Schwierigkeiten, mir diesen Unsinn noch länger anzuhören. Sirianer, die zu ihrer Aufgabe aufgeweckt werden müssten. So ein Schwachsinn! Dieser Peter lebte in einer Märchenwelt.

Doch es half nichts. Ich musste ihn in unserem Team akzeptieren. Entweder mit ihm oder gar nicht. Ich blieb jedoch zunächst sehr zurückhaltend, was Peter betraf. Ich sprach ihn nie direkt an. Auch konnte ich ihm nicht in die Augen schauen.

Normalerweise hätte mir das nicht so viel ausgemacht, doch in diesem Körper waren alle Gefühle zehnmal so stark wie in meinem eigenen.

Das alles trug nicht gerade dazu bei, der Zukunft mit Zuversicht entgegenzusehen. Markus war zwar ein wahnsinnig toller Mann. Es gab sicherlich keinen Besseren für unsere Mission. Aber dieser Peter war mit Sicherheit nicht geeignet, Pilot des Raumschiffes zu werden. Außerdem war fraglich, ob wir das Raumschiff überhaupt finden würden.

In diesem Moment fiel mir auf, dass ich in diesem Körper ganz anders dachte als in meinem eigenen. Meine Gedanken waren sehr viel pessimistischer. Ich traute mir selbst absolut nichts zu.

Ich konzentrierte mich einen Augenblick auf meine wahre Natur. Meine eigenen Emotionen wurden etwas stärker. Mir wurde plötzlich bewusst, dass es schon sehr seltsam war, dass ich auf Markus gestoßen war. Wenige Stunden nach meiner Ankunft in dieser Zeit hatte ich schon eine Möglichkeit gefunden, wie ich den Krieg vielleicht verhindern könnte. Doch würde das Raumschiff mit uns fliegen?

In meinem Kopf drehte sich alles. Meine Gefühle wechselten ständig zwischen denen von Jasmine und meinen eigenen. Ich wusste nicht mehr, was ich denken sollte. Ich fühlte mich plötzlich wieder unzulänglich und klein.

"Was können wir tun?", fragte ich unsicher. "Ich habe keinen blassen Schimmer, wo wir anfangen sollten."

"Als Erstes könntest du uns alles darüber erzählen, was du über das Raumschiff weißt", schlug Markus vor.

"Das meiste weißt du schon. Man braucht drei Piloten, um das Raumschiff zu fliegen. Die drei müssen permanent Glücksgefühle haben, sonst gibt es Antriebsaussetzer."

"Glücksgefühle?", hakte Markus verwundert nach.

"Ja, es hat wohl etwas damit zu tun, dass das Raumschiff sich mit dem Nervensystem seiner Piloten verbindet. Unsere Wissenschaftler glauben, dass es kein materieller Körper ist. Und dass es sehr wahrscheinlich lebt."

"Dass es lebt?", fragte Markus erstaunt.

"Ja. Die Piloten hatten das Gefühl, mit einem lebendigen Wesen zu verschmelzen, als sie in dem Raumschiff waren. Außerdem empfingen sie alle drei telepathisch den Ausdruck Ella. Seitdem wird das Raumschiff in meiner Zeit Ella genannt."

"Das ist der Wahnsinn!", sagte Markus beeindruckt.

Mir ging wieder durch den Kopf, dass wir kaum eine Chance hatten, den Krieg zu verhindern. Wie sollte ich in diesem Körper permanent Glücksgefühle haben? Außerdem war mir klar, dass wir mit dem, was ich von Ella wusste, wirklich nicht viel anfangen konnten. In mir keimte wieder das Gefühl auf, dass ich zu nichts zu gebrauchen sei.

So langsam ging mir das wirklich auf die Nerven. Ich beschloss, mir die Zeit zu nehmen, nach den Gründen für diese lähmenden Gefühle zu forschen.

Kurz darauf verließ ich Peter und Markus und zog mich auf mein Zimmer zurück. Als ich dort angekommen war, dachte ich darüber nach, was ich in der Zukunft über die menschlichen Gefühle gelernt hatte.

Gefühle sind eine Folge meiner Aufmerksamkeit. Wenn ich mich mit Gedanken, Dingen oder Situationen beschäftige, die ich schön finde, ernte ich auch automatisch schöne Gefühle. Beschäftige ich mich mit unangenehmen Dingen, sind logischerweise unangenehme Gefühle die unvermeidliche Folge.

Niemand beschäftigt sich jedoch aus Jux und Dollerei mit unangenehmen Dingen, die schlechte Gefühle auslösen. Wenn wir das tun, dann haben wir einen Grund dafür.

Der Grund besteht ganz allgemein darin, dass wir das Gefühl haben, uns mit dem unangenehmen Thema beschäftigen zu sollen oder zu müssen. Die Ursache dieses Denkens liegt wiederum darin begründet, dass wir die angeborene Motivation haben, das Unangenehme, oder anders ausgedrückt Unglück, zu vermeiden. Es ist uns Menschen in die Gene gelegt. Man könnte es als biologisches Bedürfnis oder als Instinkt bezeichnen. Wir wollen naturbedingt das Angenehme, also Glück, haben und das Unangenehme, sprich Unglück, vermeiden.

In der Zukunft begründete man dieses Bestreben mit der Frühgeschichte des Menschen. Wir hätten kaum überlebt, wenn wir diesen Instinkt nicht hätten. Uns wären Schmerzen, Kälte oder Hunger egal gewesen. Wir hätten uns nicht um Verletzungen oder Nahrung gekümmert und wären entweder an Unterernährung oder Erfrieren gestorben.

Wie stark dieser Instinkt ist, wurde mir klar, als man mir erklärte, warum sich Menschen manchmal freiwillig das Leben nehmen. Der Grund dieser Menschen ist immer der gleiche: Sie sehen keine Hoffnung mehr. Keine Hoffnung darauf, irgendwann wieder glücklich zu werden. Oder keine Hoffnung darauf, Unglück vermeiden zu können.

Die Motivation, Glück zu wollen und Unglück zu vermeiden, muss also stärker sein als unser Überlebensinstinkt!

Ich wusste also, wonach ich zu suchen hatte. Wenn ich schlechte Gefühle hatte, dann war die Ursache dafür darin begründet, dass ich meine Aufmerksamkeit auf etwas Unangenehmes richtete, weil ich Unglück vermeiden wollte.

"Warum fühle ich mich so minderwertig und unfähig?", begann ich mich zu fragen. "Was will ich hier vermeiden?"

Ein paar Augenblicke später spürte ich eine ungeheure Angst zu versagen. Mir war klar, dass diese Angst der wirkliche Grund dafür war, dass Jasmine die einfachsten Aufgaben nicht bewältigen konnte. Diese übergroße Versagensangst lähmte ihren Verstand. Sie konnte weder denken noch handeln. Sie stand nur da wie ein kleines, dummes Mädchen. Mit diesen Gefühlen konnte man nur versagen. Egal, wie sehr man sich bemühen würde.

"Warum will ich unbedingt vermeiden zu versagen?", begann ich mich zu fragen.

Den Grund dafür spürte ich sofort: Jasmine wollte sich und den anderen unbedingt beweisen, dass sie kein Versager war. Das war ihr das Wichtigste auf der Welt. Sie war fest davon überzeugt, dass niemand etwas mit einem Versager zu tun haben wollte.

"Warum wollte ich eigentlich vermeiden, dass niemand mit mir etwas zu tun haben will?", begann ich mich zu fragen.

"Ich will nicht ausgegrenzt werden und einsam sein", war die deutliche Antwort.

"Und warum will ich vermeiden, dass ich ausgegrenzt werde und einsam bin?"

"Weil ich dann nicht glücklich sein kann", sagte mir mein Gefühl.

Einsamkeit war also das Unglück, das ich vermeiden wollte. Deshalb richtete ich meine Aufmerksamkeit darauf, vermeiden zu müssen, dass ich versage.

Ich fragte mich, warum ich eigentlich allein nicht glücklich sein könnte, fand aber keine Antwort darauf. Das war einfach so. Ich spürte ganz deutlich, dass ich die Verbundenheit zu anderen Menschen genauso dringend brauchte wie Nahrung und Wärme. Möglicherweise war das auch ein Instinkt des Menschen, dachte ich.

Mir fielen kleine Babys ein. Sie waren eigentlich immer glücklich. Es sei denn, sie hatten Schmerzen oder Hunger. Oder ihnen fehlte die Zuwendung ihrer Eltern.

Möglicherweise war der Drang, sich mit anderen Menschen verbunden zu fühlen, auch so ein biologisches Bedürfnis wie Nahrung und so weiter.

Doch wenn das so war, dann war ich diesem Bedürfnis ja vollkommen ausgeliefert. Doch das konnte nicht stimmen. Ich war in der Zukunft auch nicht unglücklich, wenn mich nicht alle Menschen mochten. Es genügte mir, wenn ich ein paar Menschen hatte, mit den ich mich verbunden fühlen konnte. Wenn die jedoch nicht gewesen wären, hätte ich mich auch sehr einsam und unglücklich gefühlt.

Auf jeden Fall musste ich in der Zukunft nicht aller Welt beweisen, dass ich kein Versager war. Ich wusste, dass es Menschen gab, die mich mochten, wie ich bin. Ganz egal, ob ich etwas Wertvolles tat oder nicht. Ich musste also nicht wirklich vermeiden, Fehler zu machen und zu versagen. Ich wollte zwar alles richtig machen, aber wenn es nicht klappen würde, wäre das auch kein Unglück. Die Verbundenheit zu den geliebten Menschen wäre dadurch nicht zerstört worden.

Ich wusste, dass ich mit dieser Erkenntnis Jasmines Problem theoretisch gelöst hatte – doch praktisch noch lange nicht. Es würde eine Weile dauern, bis diese Erkenntnis meine Gefühle besänftigen könnte. Ich wusste jedoch auch, dass das Wissen, dass ich tatsächlich nicht jedem beweisen müsste, kein Versager zu sein, nach und nach meine Gefühle übernehmen würde. Am Anfang würde es sich irgendwie theoretisch anfühlen. Je mehr ich darüber nachdenken würde, würden die Gefühle jedoch stärker werden. Und schließlich würde der Drang, Versagen zu vermeiden, gänzlich überwunden sein.

Das Ganze würde jedoch nur funktionieren, weil ich meine Gedanken tatsächlich bejahen konnte. Es würde keinen Sinn machen, mir irgendetwas einreden zu wollen, bei dem ich das Gefühl hätte, dass es gar nicht wirklich stimmt. Denn das Gefühl, dass es nicht stimmt, würde auch verinnerlicht.

Aber zum Glück musste ich mir nichts einreden. Es war ja wirklich wahr. Ich musste wirklich nicht jedem beweisen, dass ich kein Versager war, um Menschen zu haben, mit denen ich mich verbunden fühlen konnte.

Und außerdem begann ich mich zu fragen, ob ich überhaupt Wert auf die Freundschaft oder Liebe von Menschen legen sollte, die mich nur mochten, wenn ich alles richtig machte. Diese Menschen mochten mich ja eigentlich gar nicht wirklich. Sie gaben mir nur das Gefühl, mich zu wollen, wenn ich nach ihren Wertmaßstäben funktionierte.

Eigentlich machte es gar keinen Sinn, Versagen zu vermeiden. Durch mein Versagen könnte ich sogar feststellen, wer mich wirklich mochte und wer mir nur Zuneigung entgegen brachte, weil ich funktioniere.

Ich machte mir dies bestimmt zehn Minuten unentwegt klar. Es half. Meine Gefühle hatten sich vollkommen verändert.

Ich hatte in der Zukunft gelernt, dass die schlechten Gefühle ab und an noch einmal aufflackern würden. Doch das war nicht schlimm. Ich könnte mir dann einfach erneut klar machen, dass meine Verbundenheit nicht davon abhängig war, dass ich beweisen konnte, kein Versager zu sein. Die Wahrheit würde sich innerhalb weniger Tagen durchsetzen. Dann würde es völlig unwichtig sein, irgendjemand etwas beweisen zu müssen. Diese Gewissheit tat sooo gut!

Ägypten

Am gleichen Abend noch saßen wir im Flugzeug und waren unterwegs nach Kairo. Unser Ziel war das Gizeh-Plateau. Markus hatte mir eindringlich klar gemacht, kein Sterbenswörtchen über unser Vorhaben verlauten zu lassen.

Während des Fluges musste ich immer wieder daran denken, dass Markus wirklich ein richtiger Traummann war. Ich merkte, dass ich aufpassen musste, mich nicht in ihn zu verlieben. Ich war hier nicht in meiner Zeit und nicht in meiner Welt. Möglicherweise würde man mich doch noch in die Zukunft zurückholen. Ich hatte keine Lust, schon wieder eine unerfüllbare Liebe zu erleben. Das hatte ich in der Zukunft schon zu oft erlebt. Ich wusste, wie weh das tat. Doch es fiel mir nicht leicht, die Gefühle zu unterdrücken, die für Markus in mir aufkeimten. Es wäre mir in meinem Körper sicherlich schon schwer gefallen, doch in Jasmines Körper war das fast eine Unmöglichkeit. Ich musste all meine Kraft zusammennehmen. Sobald ich für einen Augenblick losließ, schossen mir Fantasien durch den Kopf. Ich sah und fühlte mich in seinen starken Armen. Es war unglaublich schwer, diese Bilder und Gefühle loszuwerden.

Ich versuchte, mich auf unsere Mission zu konzentrieren, um damit die Gedanken an Markus zu verdrängen. Wir durften jetzt keinen Fehler machen. Markus erzählte mir vor dem Flug, dass die ägyptische Regierung seit ein paar Jahren nicht sehr begeistert sei von den unzähligen Wissenschaftlern, die sich an den Pyramiden von Gizeh zu schaffen machten. Er sagte, dass die Regierung versuche, den Wissenschaftlern Steine in den Weg zu legen, wann immer sie Gelegenheit dazu hätte.

Die Regierung behauptete, dass die Wissenschaftler den Ruf des ägyptischen Volkes verunglimpften. Genau wie Markus behaupteten auch andere Archäologen und Ägyptologen, dass die Pyramiden von Gizeh und der Sphinx nicht vom ägyptischen Volk gebaut wurden. Die Regierung verwahrte sich gegen diese Behauptung. Genau das sei der Grund dafür, dass die Regierung gegen die ausländischen Wissenschaftler vorgehe. Sie wollte angeblich das Ansehen Ägyptens schützen.

Niemand konnte dieses Argument so recht glauben. Man wusste, dass kein Ägypter das geringste Interesse an den komischen Steinhaufen hatte, die überall in der Wüste herumstanden. Für gläubige Islamisten waren die Pyramiden nichts anderes als wertloses, heidnisches Zeug. Noch nie hatte sich die Regierung um die Erhaltung oder Pflege der Bauwerke ernsthaft bemüht. Im Gegenteil: Es gab sogar Zeiten, in denen man die Steine der Pyramiden abbaute, um damit neue Häuser zu errichten. Nur dem Tourismus war es zu verdanken, dass die Pyramiden in ihrer momentanen Form noch existierten. Kein Ägypter konnte verstehen, was die vielen ausländischen Touristen daran fanden, diese seltsamen Steinhaufen zu besichtigen. Ägypter würden niemals freiwillig das Niltal verlassen, um sich in der Wüste eine Pyramide anzusehen.

Doch die Regierung heuchelte plötzlich großes Interesse an den Pyramiden und bestand darauf, über alle Forschungen ausländischer Wissenschaftler genau informiert zu werden. Sie ging mittlerweile sogar so weit, dass sie begonnen hatte, ausländische Wissenschaftler zu beobachten. Markus wusste nicht, was sie damit genau bezweckte. Doch er hielt es für besser, nicht als Wissenschafter in Ägypten einzureisen. Wir würden uns als ganz normale Touristen ausgeben und hoffen, dass Markus nicht auf irgendeiner schwarzen Liste stand.

Markus hielt es für möglich, dass in diesem Flugzeug Spitzel der ägyptischen Regierung sitzen könnten. Ich hielt diese Befürchtung für völlig unrealistisch. Es gingen täglich so viele Flugzeuge nach Ägypten. Man würde nicht in allen Agenten mitfliegen lassen. Doch ich tat Markus den Gefallen und erwähnte mit keinem Wort, warum wir eigentlich in diesem Flugzeug saßen.

23. Juli

Nach neunstündigem Flug gegen 13 Uhr Ortszeit setzten wir endlich zur Landung an. Ich wollte nur noch raus aus diesem Flugzeug. Als ich dann schließlich auf der Gangway stand, wollte ich am liebsten wieder gleich zurück. Es war so unglaublich heiß, dass ich innerhalb einer Minute im eigenen Saft stand. Es wehte zwar ein kräftiger Wind, aber der brachte keine Kühlung. Im Gegenteil, es war, als würde man von einem riesigen Föhn angeblasen.

Normalerweise war ich in Bezug auf Hitze gar nicht so empfindlich, doch Jasmines Körper anscheinend um so mehr. Wieder hatte ich mit dem labilen Kreislauf dieses Körpers zu kämpfen. Mir wurde sofort übel. Mir ging es in diesem Moment so elend, dass mir alles egal war. Meine Aufgabe, Markus, das Raumschiff, der Krieg ... Ich wollte in diesem Moment nichts davon wissen. Ich wollte nur in Ruhe sterben.

"Beug dich nach vorne!", sagte Markus eindringlich.

Ich wollte nicht. Mir war alles zu viel.

"Komm schon! Es wird dir gleich besser gehen."

Markus strich mir mit der Hand über den Nacken und den Hals, als er das sagte. Ein Schauer jagte durch meine Haut bei dieser Berührung. Im ersten Moment spürte ich überhaupt nichts mehr von meiner Übelkeit.

Plötzlich fühlte ich eiskaltes Wasser über meinen Nacken laufen. Es war wie ein Schock. Markus goss mir eine Flasche Wasser über den Nacken, die er aus dem Flugzeug mitgenommen hatte. Es war heftig, aber es half. Ich konnte wieder frei durchatmen.

Ein paar Minuten später ging es mir schon viel besser. Ich ging mit den anderen zum Bus, der uns zum Flughafengebäude fahren sollte. Meine Übelkeit war verschwunden.

Als ich in den vollbesetzten Bus einstieg, bemerkte ich, dass mich die Leute anstarrten. Offenbar war es ihnen aufgefallen, dass mir beim Verlassen des Flugzeuges schlecht wurde. Doch die Leute verhielten sich irgendwie seltsam. Sie sahen mich so komisch an. Und jedes Mal, wenn ich mich ihnen freundlich zuwendete und ihren Blick suchte, wichen sie mir aus. Sie sahen schnell in eine andere Richtung. Was sollte das? Sie benahmen sich, als wäre irgendetwas an mir nicht in Ordnung.

In diesem Augenblick bemerkte ich den Grund für das komische Verhalten der Leute. Ich sah an mir herunter. Oh mein Gott! Es war klar, dass die Leute so gafften. Mein weißes T-Shirt war von dem Wasser, das mir Markus übergegossen hatte, total durchnässt und dabei durchsichtig geworden. Und bei der gigantischen Oberweite dieses Körpers gab es da allerhand zu sehen. Dummerweise hatte ich auch keinen BH an. Es war mir sehr peinlich. Sofort stiegen wieder Jasmines Gefühle in mir auf, etwas ganz Schlimmes getan zu haben. Ich fühlte mich durch und durch unanständig. Die Gefühle waren wieder so stark, dass mein Verstand keine Chance hatte, beschwichtigend einzugreifen. Ich versuchte in meiner Not, meine Brüste zu verstecken. Ich verschränkte die Arme vor meinem Körper.

Als wir unsere Koffer holten, war Peter so nett und nahm meinen Koffer an sich. Er sagte zwar nichts, hatte aber mit Sicherheit gemerkt, dass ich beide Arme brauchte. Ich konnte jetzt keinen Koffer tragen und mich öffentlich zur Schau stellen. Die Leute schauten immer noch so böse. Auch die Zollbeamten verglichen das Bild in meinem Ausweis nicht mit meinem Gesicht. Sie starrten ziemlich unverschämt und ungeniert auf meinen Busen. Dabei hatte ich die ganze Zeit Angst, dass ich wegen des nassen T-Shirts vielleicht verhaftet werden könnte. So wie die alle glotzten, hätte mich das nicht gewundert.

Das Ganze hatte jedoch auch einen Vorteil, der mir allerdings erst sehr viel später bewusst werden sollte.

Markus und Peter mieteten uns am Flughafen einen Wagen. Ich nutzte die Gelegenheit und zog mir in der Flughafentoilette erst einmal eine trockene Bluse an.

Mir reichte es wieder einmal mit den blöden Gefühlen dieses Körpers. Was war denn schon so schlimm daran, dass mein T-Shirt nass geworden war? Ich wollte nicht einsehen, dass ich mich deswegen so schrecklich fühlte.

Mir fiel auch wieder Ella ein. Der Antrieb von Ella würde aussetzen, wenn ich solche Gefühle bekommen würde. Das durfte ich nicht zulassen.

Meine Gefühle richteten sich nach meiner Aufmerksamkeit. Und die wurde davon bestimmt, was ich für wichtig hielt. Wichtig war nur eines: Ella zu finden und gute Gefühle zu haben, damit wir sie auch fliegen könnten. Unwichtig war, ob so ein blödes T-Shirt nun nass war oder nicht. Auch unwichtig war, ob die Leute hier in einer fremden Zeit und an einem fremden Ort mich verachten würden. Das war doch völlig egal!

Ich versuchte, mir dies klar zu machen. Immer wieder und wieder dachte ich daran, was jetzt wirklich wichtig war und was nicht. Doch es gelang nur teilweise. Das Gefühl, etwas ganz Schlimmes getan zu haben, wollte sich nicht wirklich verdrängen lassen. Ich wurde wütend darüber. Ich beschloss, diese Toilette nicht eher zu verlassen, bis ich meine Gefühle in Ordnung gebracht hätte.

Was hielt dieses Gehirn wieder für so wichtig, dass es seine Aufmerksamkeit so beharrlich auf das Gefühl richtete, etwas ganz Schlimmes getan zu haben? Was wollte ich hier wieder vermeiden?

Ich spürte, dass ich nicht von anderen Menschen verachtet werden wollte. Dieses Gefühl war ein unbändiger Zwang. Ich durfte nicht von anderen Menschen abgelehnt werden. Es war fürchterlich, wenn sie das taten. Warum war dies so schlimm? Warum musste ich das so unbedingt vermeiden?

Als ich darüber nachdachte, flammte die Angst auf, die ich gestern schon einmal bearbeitet hatte: die Angst vor Einsamkeit. Die Angst, dass möglicherweise niemand auf dieser Welt etwas von mir wissen wollte. Ich wollte nicht allein sein.

Doch irgendetwas war trotzdem anders als gestern. Es ging mir nicht nur darum, anderen Menschen zu beweisen, dass ich kein Versager war. Ich spürte, dass es mir noch wichtiger war, von anderen Menschen begehrt zu werden. Genauer gesagt war es mir wichtig, von allen Männern begehrt zu werden. Das war eigentlich das Wichtigste überhaupt.

Erinnerungen an Jasmines Leben gingen mir durch den Kopf. Sie bezirzte alle Männer, denen sie begegnete, nach allen Regeln der Kunst. Ihr Aussehen half ihr dabei natürlich sehr.

Aber auch den Frauen wollte ich gefallen. Jedoch aus einem anderen Grund. Ich versuchte, so nett zu ihnen zu sein wie irgend möglich, denn ich wollte unbedingt vermeiden, dass irgendjemand schlecht über mich redet. Ich wusste, dass mich kein Mann mehr begehren würde, wenn ich einen schlechten Ruf bekommen würde.

Warum wollte ich so unbedingt von allen Männern begehrt werden? Nein, warum musste ich von allen Männern begehrt werden? Denn das war ein unbändiger Zwang und kein Wunsch.

Ich wusste, dass ich solch ein zwanghaftes Verlangen nur dann haben konnte, wenn ich etwas vermeiden wollte oder musste. Hätte ich es nur schön gefunden, dass mich alle Männer begehren, wäre mein Gefühl ganz anders gewesen. Ich hätte es einfach nur gewollt und es genossen. Wenn mich mal jemand nicht begehrt hätte, wäre mir das egal gewesen. Aber das war nicht so. Ich empfand es als Katastrophe, wenn ich nicht begehrt wurde. Was also wollte ich hier vermeiden?

Mir ging plötzlich ein ungewöhnlicher Gedanke durch den Kopf: "Irgendwann begegnet mir der Richtige. Ich muss alles tun, damit dieser Mann mich dann auch will. Es kann jedoch sein, dass ich ihn nicht direkt erkenne. Wenn er mich jedoch direkt begehrt, kann nichts passieren!"

So langsam wurden mir meine Gefühle klar: Jasmine wollte unbedingt vermeiden, hier einen Fehler zu machen. Sie hatte Angst, dass sie den Mann ihres Lebens nicht erkennen und an ihm vorbeilaufen würde. Sie hatte ja ständig Angst, irgendetwas falsch zu machen. Die einzige Lösung, um dieses Unglück zu vermeiden, war, dafür zu sorgen, dass sie alle Männer begehrten. Damit hätte sie mehr Zeit gehabt, den Mann ihrer Träume zu erkennen.

Das war also das Unglück, das sie wirklich vermeiden wollte. Es ging zwar wieder um Einsamkeit, genau wie gestern. Aber dieses Mal bezog sich diese Angst darauf, einsam zu sein, weil sie den Mann verpassen könnte, der für sie bestimmt war.

Jetzt war mir klar, warum dieses Gehirn nicht akzeptieren konnte, dass es völlig unwichtig war, wie die Leute hier über sie dachten. Gehirne machen nämlich keinen Unterschied, ob man die Leute je wiedersieht oder nicht. Wenn man ihnen einprogrammiert hat, von jedem Mann begehrt werden zu müssen, dann wollen sie das immer und machen keine Ausnahme.

Das Schlimme ist, dass diese Programme die Aufmerksamkeit so radikal beeinflussten, dass einen hundert Männer total toll finden könnten und man trotzdem nur an den einen denkt, der einen nicht begehrt. Dieser eine zieht dann die gesamte Aufmerksamkeit an sich. Nur der ist wichtig. Dieser eine könnte ja der Richtige sein.

Die Menschen, die einen mögen, sind nicht wichtig. Um die muss man sich nicht kümmern, denn da ist ja alles in Ordnung. Man muss sich nur um den einen kümmern, bei dem es nicht in Ordnung ist.

Man denkt nur noch an ihn und daran, dass er einen nicht leiden kann. Natürlich gestalten sich die Gefühle dementsprechend. Man fühlt sich abgelehnt. Würde man die hundert Menschen, die einen mögen, als wichtiger ansehen, würde man das Gefühl bekommen, dass man sehr beliebt ist.

Mir ging wieder durch den Kopf, was ich in der Zukunft über meine Gefühle gelernt hatte. Manchmal ist man darauf fixiert, irgendetwas ganz Bestimmtes zu wollen und nichts anderes. Man bezeichnete dieses Phänomen als die Ich-will-aber-meinen-Teddy-Fixierung.

Die meisten Menschen fixieren sich so auf ihren Partner, mit dem sie sich verbunden fühlen wollen, was ich eigentlich als sehr schön empfinde. Zumindest so lange, wie die Beziehung in Ordnung ist.

Wenn aber von Beziehung schon lange keine Rede mehr sein kann und man dann immer noch auf diesen Partner fixiert ist und nicht loslassen kann, dann bringt diese Fixierung kein Glück mehr mit sich. Im Gegenteil: Wir halten Verbindungen aufrecht, wo keine Verbundenheit mehr ist. Und wir versuchen krampfhaft, diese Verbundenheit wieder zu erzwingen.

Mir ging das selbst in der Zukunft so mit Steve. Wir hatten schon lange keine wirkliche Liebesbeziehung mehr. Trotzdem schaffte es keiner von uns, die Beziehung zu beenden. Ich hatte Angst, dass ich niemanden mehr finden würde, mit dem ich mich so verbunden fühlen könnte, wie es mit Steve am Anfang war. Ich wollte mich unbedingt wieder mit Steve verbunden fühlen. Ich wollte meinen Teddy!

Bei solch einer Fixierung kann jedoch von Wollen keine Rede mehr sein. Die Motivation heißt nicht: "Ich will mich verbunden fühlen." Sie heißt: "Ich muss vermeiden, mich getrennt zu fühlen."

Meine Aufmerksamkeit beschäftigt sich also wieder einmal mit dem, was ich nicht will. Ich will Getrenntsein vermeiden. Damit schaue ich auf Getrenntsein und fühle mich in Folge dessen getrennt. Diese Gefühle verstärken meinen Drang, Getrenntsein zu vermeiden, und ich schaue noch intensiver auf Getrenntsein. Die Gefühle verstärken sich wiederum.

Ein Teufelskreis, aus dem man für gewöhnlich erst dadurch herauskommt, dass die Gefühle einfach zu schlecht werden und man dadurch von dem, was man unbedingt will, loslässt. Man kann es einfach nicht mehr ertragen.

Nachdem man losgelassen hat von dem einen, auf den man sich fixiert hatte, kommen wieder andere Menschen ins Leben. Möglicherweise beginnt eine neue Liebe mit einer neuen Verbundenheit. Oft ist diese dann noch stärker als die vorherige, und man kann gar nicht mehr verstehen, wieso man so festgehalten hat.

Ich hatte in meinem Leben mehrere Beziehungen, bei denen das so war. Und jedes Mal hatte ich Angst, dass ich die Verbundenheit, die ich für mein Glück so dringend brauchte, nicht mehr finden würde. Doch jedes Mal erwies sich diese Angst als unbegründet.

Meine Fixierungen bezogen sich jedoch auf die Männer, mit denen ich eine Partnerschaft hatte. Jasmines Fixierung hingegen war auf eine nebulöse Männergestalt in der Zukunft gerichtet, die man möglicherweise nicht gleich erkennen kann, wenn man ihr begegnet.

Ich wusste, dass Jasmines Glück nicht von dieser Traumfigur abhing, sondern nur von ihrem Gefühl der Verbundenheit, das sie entwickeln würde. Doch dieses Gefühl der Verbundenheit könnte nur dann entstehen, wenn ihre Aufmerksamkeit sich auf Verbundenheit ausrichten würde. Bei Jasmine war jedoch die Motivation, Getrenntsein zu vermeiden, so ungleich viel stärker, dass sie immer nur die Gefahren für den Verlust von Verbundenheit sah. Ihre Aufmerksamkeit richtete sich nie auf Verbundenheit, sondern immer auf die Gefahr der Einsamkeit. Deshalb fühlte sie sich sehr einsam.

Nun war mir bei alledem klar, dass ich nicht wirklich von diesem Traummann begehrt werden wollte, sondern dass es mir um das Gefühl der Verbundenheit ging. Sollte dieses Gefühl nicht entstehen, würde mir der Traummann auch nichts nützen. Was ich also wirklich wollte, war das Gefühl von Verbundenheit. Und genau das schien ich mir selbst unmöglich zu machen.

Ich machte mir deshalb eine Weile klar, dass ich diesen unbekannten Mann nicht wirklich brauchte, um glücklich sein zu können. Die Verbundenheit, die ich eigentlich begehrte, war ein Gefühl in mir selbst. Das konnte mir niemand geben. Auch nicht der Traummann. Ich bekam das heiß ersehnte Gefühl, wenn ich meine Aufmerksamkeit auf Menschen richtete, mit denen ich mich verbunden fühlen wollte. Diese waren jedoch nicht für meine Gefühle verantwortlich. Die machte ich ganz allein. Ich suchte nach Merkmalen für Verbundenheit mit diesen Menschen und richtete damit meine Aufmerksamkeit auf Verbundenheit. Damit fühlte ich auch Verbundenheit. So einfach war das.

Ich musste also wirklich nicht vermeiden, dass mich irgendwelche fremden Menschen missachteten. Es war schön, wenn sie mich mochten, machte mich aber nicht unglücklich, wenn es nicht so war.

Mit diesem Gefühl verließ ich die Toilette und ging zu Markus und Peter.

Markus hatte einige Freunde, die in Ägypten lebten. Er hatte unseren Besuch bei einem Archäologen angekündigt, mit dem er früher zusammenarbeitete. Er war Deutscher und hieß Michael Graf. Bei ihm würden wir für ein paar Tage wohnen können.

Kairo war erfüllt von pulsierendem Leben, laut und hektisch, stickig und staubig, nervenaufreibend und voller Kontraste. Auf den Straßen war die Hölle los. Solch einen chaotischen Verkehr hätte ich mir in meinen kühnsten Träumen nicht ausmalen können. Gigantische Automassen wälzten sich unter ständigem Gehupe durch die ewig verstopften Straßen. Und niemand schien sich an irgendwelchen Verkehrsregeln zu stören. Auf den Trittbrettern der Busse hingen die Menschen in Trauben. Mitten im Gewühl fuhren Esels- und Pferdekarren, beladen mit Obst, Gemüse oder Müll. Kleine Straßenjungs verkauften Zeitungen. Fliegende Händler boten mit lautem Geschrei ihre Waren an. Mutige Fußgänger versuchten, springend und rennend die Lücken zwischen den Fahrzeugen zu nutzen, um die Straße zu überqueren.

Markus meinte, dass es hier vierspurige Straßen gäbe, bei denen es das Beste sei, sich ein Taxi zu nehmen, um von einer Straßenseite zur anderen zu gelangen.

Zu allem Überfluss wurden auch noch Schaf- und Ziegenherden mitten durch die Stadt getrieben. Es war unglaublich, was hier auf der Straße los war. Egal in welche Richtung man wollte, es war überall das Gleiche.

Nach einer Dreiviertelstunde kamen wir am Stadtrand von Kairo an. Hier wohnte Michael Graf. Er hatte vor einigen Jahren Rie, eine japanische Archäologin, geheiratet und lebte seitdem in Ägypten.

Als wir den Wagen vor dem Haus parkten, kamen uns Michael und Rie schon entgegen. Er war ein großer, blonder Mann in den Fünfzigern. Rie war höchstens halb so alt wie Michael, wirkte aber dennoch sehr reif. Sie war hübsch und ihr Lächeln ehrlich. Ich fand die beiden auf Anhieb sehr sympathisch.

Nach einer euphorischen Begrüßung luden wir den Wagen aus. Rie und Michael bestanden darauf, uns die Koffer ins Haus zu tragen. Offenbar war dies eine Geste des Anstandes oder der Gastfreundschaft in dieser Zeit und in diesem Land.

Es war ein sehr einfaches Haus. Die Wände waren weiß gekalkt, der Boden mit orientalischen Teppichen belegt und die Möblierung spartanisch.

Das Haus hatte nur zwei Zimmer. Ein Schlaf- und ein Wohnzimmer. Ich ging davon aus, dass ich zusammen mit Markus und Peter im Wohnzimmer übernachten würde. Mit Markus in einem Zimmer zu übernachten hatte schon seinen Reiz. Nur hätte nicht unbedingt dieser Peter dabei sein müssen.

Doch es kam ganz anders. Michael trug meinen Koffer ins Schlafzimmer. Hier stand ein breites Bett mit Moskitonetz, das aussah wie aus Tausend und einer Nacht, und ein breiter Kleiderschrank aus edlem Holz.

Michael erklärte, Rie und er würden im Garten in Hängematten schlafen. Markus und Peter könnten das Wohnzimmer nehmen.

"Markus könnte ja auch in meinem Zimmer schlafen", hätte ich am liebsten gesagt.

Was ich natürlich nicht tat. Stattdessen bedankte ich mich für die Gastfreundschaft, die Rie und Michael uns entgegenbrachten.

Im Wohnzimmer wartete ein üppiges Mahl auf uns. Beim Essen wollte Michael nun wissen, warum wir eigentlich hier in Ägypten seien.

"Wir haben eine Woche Zeit, die Kammer des Wissens zu finden", erklärte Markus schlicht.

"Eine Woche? Du beliebst zu scherzen!", erwiderte Michael ungläubig.

"Leider nicht. Wir haben genau eine Woche, keinen Tag mehr und keinen Tag weniger", gab Markus ernsthaft zurück.

"Hat die Regierung ihr Einverständnis dazu gegeben?", fragte Michael verwundert.

"Nein, wir sind als ganz normale Touristen eingereist", erklärte Markus.

"Das hätte mich auch gewundert", meinte Michael.

"Weißt du, wie weit man bisher gekommen ist mit der Kammer des Wissens?", fragte Markus.

"Leider nicht. Man hört überhaupt nichts mehr. Früher konnte man in den Tageszeitungen lesen, wenn es etwas Neues gab. Doch heutzutage steht darüber überhaupt nichts mehr drin."

"Hast du denn überhaupt keinen Kontakt mehr zu anderen Archäologen?", fragte Markus verwundert.

"Leider nein. Ich habe hin und wieder versucht, einige Leute zu treffen, aber seltsamerweise sagten die dann kurzfristig wieder ab. Halt, warte! Mit einem habe ich mich vor ein paar Monaten getroffen. Es war ein sehr komisches Treffen. Er wirkte irgendwie gehetzt. Das Seltsamste aber war, dass er jedes Mal meinen Fragen auswich, wenn ich ihn darauf ansprach, was es Neues bei seiner Arbeit gäbe. Ich hatte den Eindruck, als hätte er vor irgendetwas Angst."

"Vor was könnte er Angst gehabt haben?", fragte Markus neugierig.

"Ich weiß nicht. Vielleicht vor der Regierung", spekulierte Michael. "Ich habe gehört, dass sie den Wissenschaftlern ganz schön zusetzt."

"Das habe ich auch gehört", bestätigte Markus. "Man sagt, die Regierung wollte den Ruf des ägyptischen Erbes schützen."

"Das ist völliger Unsinn", erklärte Michael. "Und dennoch, ich rate euch, auf jeden Fall vorsichtig zu sein. Nehmt das nicht auf die leichte Schulter. Die Regierung ist sehr mächtig in diesem Land. Und sie ist sehr gefährlich."

"Hast du eine Idee, wo wir anfangen könnten?", wollte Markus wissen.

"Nicht direkt", sagte Michael etwas ausweichend. "Von einer direkten Kontaktaufnahme mit anderen Wissenschaftlern würde ich abraten. Ich kann es nicht beschwören, aber ich hatte den Eindruck, dass man mich einige Tage beobachtet hat, nachdem ich den Kollegen traf, von dem ich vorhin erzählte."

"Du meinst richtig beschattet?", fragte ich erstaunt, denn ich konnte das alles noch nicht so richtig glauben.

"Ich bin wie gesagt nicht hundertprozentig sicher. Aber ich hatte das Gefühl, dass es so ist. In der Nähe unseres Hauses standen dauernd fremde Wagen. Ich weiß, dass das Zufall gewesen sein kann, aber das glaube ich nicht. Immer, wenn ich das Haus verließ und mit meinem Wagen wegfuhr, fuhren mir diese Wagen hinterher. Ich habe seitdem nie wieder versucht, mit anderen Wissenschaftlern Kontakt aufzunehmen. Ich will hier in Ruhe leben."

"Also, was schlägst du vor? Wie kommen wir weiter?", wollte Markus wissen.

"Was ich euch am liebsten vorschlagen möchte, ist, dass ihr das Land so schnell wie möglich wieder verlasst. Aber darauf werdet ihr wahrscheinlich nicht hören", antwortete Michael ausweichend.

"Komm schon! Raus mit der Sprache! Ich sehe doch, dass du schon eine Idee hast", erwiderte Markus.

"Du hast Recht", gab Michael zu. "Kannst du dich noch an den Beduinen erinnern, den wir früher oft als Führer angeheuert haben?"

"Du meinst Sharaf? Ist der immer noch an der Chephren-Pyramide zu finden?", fragte Markus.

"Ich denke schon. Auf jeden Fall ist es einen Versuch wert, ihn dort zu suchen. Wie du weißt, war Sharaf besser darüber informiert, was in Ägypten lief, als der ägyptische Geheimdienst. Wenn dir einer weiterhelfen kann, dann er."

"Glaubst du, Sharaf kennt mich noch?"

"Seit ich hier in Kairo lebe, glaube ich, dass ein Beduine niemals etwas vergisst. Weder ein Gesicht noch einen Namen noch irgendetwas. Ich halte es sogar für möglich, dass die Beduinen wissen, wo die Kammer des Wissens versteckt ist, aber nichts sagen."

"Wie kommst du darauf?", fragte Markus erstaunt.

"Ich habe, seit ich hier bin, Dinge über die Beduinen gehört, die mir fast den Atem verschlagen haben. Diese Leute tun immer so harmlos. So, als könnten sie kein Wässerchen trüben. Doch die haben es faustdick hinter den Ohren, das kannst du mir glauben."

Dieser Michael machte mich neugierig. Was sollten das für Dinge sein, die er da ansprach? Ich fragte nach.

"Die Beduinen", begann Michael zu erklären, "sollen eine unterirdische Stadt haben, in der sie unglaubliche Schätze angehäuft haben. Doch sie nutzen ihren Reichtum nicht. Sie schlafen lieber in der Wüste bei ihren Kamelen und lauern bereits früh morgens den Touristen auf, um sie auszunehmen. Sie tun das aus reinem Sportsgeist. Das Geld brauchen sie schon lange nicht mehr. Es heißt auch, dass die Beduinen geheime Gänge unter dem Gizeh-Plateau kennen, die noch kein Wissenschaftler gefunden hat."

"Ja, aber das können doch alles bloß Märchen sein", erwiderte ich.

"Logisch betrachtet schon. Aber ich fühle, dass da etwas dran ist."

Hassad, das böse Auge des Wächters

Am Nachmittag dieses Tages versuchten wir, Sharaf zu finden. Für gewöhnlich hielt er sich in der Nähe der Chephren-Pyramide auf. Hier wartete er bereits früh morgens mit seinen Kamelen auf Touristen, um ihnen seine Dienste als Führer anzubieten. Doch dort war nichts von ihm zu sehen.

Wir fragten einen Beduinen nach Sharaf, der mit seinen Freunden im Sand saß und Tee trank. Der Mann sah ziemlich verwahrlost aus. Seine Kleidung war sehr schmutzig und zerrissen. Sein Alter war sehr schwer zu schätzen, denn seine dunkle, vernarbte Haut ließ ihn sehr alt aussehen. Seinem Körperbau nach schätzte ich ihn höchstens auf vierzig Jahre. Ihm fehlten einige Zähne, was ihm irgendwie einen verwegenen Ausdruck verlieh.

Markus sprach ihn auf Arabisch an, woraufhin der Beduine uns einlud, einen Tee mit ihnen zu trinken. Wir setzten uns zu ihm und seinen Freunden in den Sand. In einem zerbrochenen Tonkrug brannte ein kleines Feuer, auf dem sie einen kleinen Teekessel aufgesetzt hatten. Einer der Beduinen fächerte dem Feuer Wind zu.

Nachdem sie jedem von uns ein kleines Gläschen mit sehr starkem, gesüßtem Tee gereicht hatten, fragte Markus höflich, ob jemand wüsste, wo Sharaf zu finden sei. Die Beduinen verhielten sich jedoch, als würden sie Sharaf nicht kennen. Es war offensichtlich, dass dies gelogen war. Markus gab dem Mann Geld, den er zu Beginn angesprochen hatte, und fragte ihn erneut.

"Ach, den Sharaf meint ihr", sagte der Beduine, als wäre es ihm zufällig wieder eingefallen. "Ja, den kenne ich. Doch der ist schon sehr lange nicht mehr hier gewesen."

"Weißt du, wo wir ihn jetzt finden können?", wollte Markus weiter wissen.

"Das ist schwierig", gab der Beduine zurück und machte dabei ein Gesicht, als ob es ihn große Mühe kosten würde, darüber nachzudenken.

Markus gab ihm einen weiteren Geldschein. Ohne auch nur den geringsten Anschein eines Schamgefühls nahm ihn der Beduine an und gab an, Sharaf wäre sicherlich an seinem Stammplatz zu finden.

"Und wo ist dieser Stammplatz?", fragte Markus.

Der Beduine zögerte, bis Markus ihm erneut einen Geldschein unter die Nase hielt. Ich fand das Benehmen des Beduinen völlig unmöglich.

Nachdem er uns den Ort genannt hatte, verabschiedete sich Markus auffallend freundschaftlich. Peter und ich folgten seinem Beispiel, ohne eigentlich richtig zu wissen, warum. Ich musste dabei ganz schön über meinen Schatten springen. Ich hätte dem Beduinen am liebsten etwas ganz anderes erzählt.

Sharafs Stammplatz war am Nilufer am Stadtrand von Kairo. Nach Markus Erzählungen war Sharaf der gleiche Typ Mensch wie der Beduine, dem er Geld geben musste, um eine Auskunft zu bekommen. Doch dies war in diesem Land nicht verwerflich. Touristen auszunehmen war hier Nationalsport, erklärte Markus, nachdem ich ihn auf das Benehmen des Beduinen angesprochen hatte.

Wir fanden Sharaf dann tatsächlich an dem Ort, den der Beduine uns beschrieben hatte. Ich hatte ehrlich gesagt nicht wirklich daran geglaubt.

Sharaf saß mit zwei anderen Männern auf einer kleinen Mauer. Als er Markus erkannte, kam er sofort auf uns zu.

Markus hatte Recht. Sharaf war wirklich der gleiche Menschentyp wie der Beduine, den wir angesprochen hatten. Sharaf begrüßte Markus mit einem freundlichen, zahnlosen Lächeln und einem Händedruck. Bei Peter und mir blieb es bei einem Lächeln.

"Was führt euch hierher, mein Freund?", fragte Sharaf und sprach dabei Markus an.

"Wir suchen nach der Kammer des Wissens", gab Markus fast beiläufig an.

Sharaf erschrak sichtlich, als Markus das sagte. Ihm fiel regelrecht die Kraft aus dem Gesicht. Sein zahnloses Lächeln verwandelte sich in eine sehr ernste Miene.

"Wisst ihr denn nicht, was geschehen ist?"

Sharaf sah uns entsetzt an, als er dies fragte.

"Wovon redest du?", wollte Markus wissen.

"Das kann ich euch nicht sagen. Es ist in eurem eigenen Interesse, wenn ihr es nicht wisst", erwiderte Sharaf geheimnisvoll.

"Mach keinen Quatsch, Sharaf! Du willst doch wohl mit uns kein Geschäft machen?", sagte Markus energisch.

"Du kennst mich gut, alter Freund", erwiderte Sharaf mit einem zahnlosen Lächeln. "Aber dieses Mal bist du auf dem Holzweg. Lass die Finger von der Kammer des Wissens. Ich sage dir dies als Freund und nicht als Geschäftsmann."

"Sharaf, für uns ist es wirklich sehr wichtig, die Kammer des Wissens zu finden", erklärte Markus eindringlich. "Das Leben sehr vieler Menschen hängt davon ab."

"Ihr könnt sie nicht finden. Es wäre euer sicherer Tod", gab Sharaf zurück.

"Wovon redest du?", fragte Markus ungläubig. "Was soll denn plötzlich so gefährlich an der Kammer sein?"

"Das kann ich dir nicht sagen. Du bist mein Freund", erklärte Sharaf mit Leidensmiene.

"Lass den Unsinn, Sharaf. Wenn du uns nicht hilfst, werden wir jemand anderen finden", sagte Markus barsch.

"Warum vertraust du mir nicht?", erwiderte Sharaf beleidigt. "Habe ich dich jemals betrogen?"

"Es geht nicht um Vertrauen", beschwichtigte Markus. "Wir müssen die Kammer finden. Wir haben keine andere Wahl. Also, hilfst du uns oder nicht?"

"Ich weiß, dass ich es wahrscheinlich bereuen werde", erklärte Sharaf. "Doch bevor ich euch alles erzähle, müsst ihr mir versprechen, sofort anschließend zu einem Priester zu gehen, um den Fluch zu bannen."

"Du weißt, ich glaube nicht an Zauberei", hielt Markus abweisend dagegen.

"Das ist meine Bedingung", erklärte Sharaf energisch. "Erfüllt sie oder vergesst das Ganze."

"Okay, okay, wir gehen zum Priester", lenkte Markus ein. "Wir versprechen es. Und nun raus mit der Sprache. Worum geht es?"

"Es geht um den Fluch des Wächters!", sagte Sharaf mit weit aufgerissenen Augen.

Er flüsterte, als er dies sagte. Es schien, als hätte er Angst davor, dass irgendjemand ihn hören könnte.

"Vor ein paar Wochen kamen vier Wissenschaftler durch mysteriöse Umstände ums Leben. Zwei von ihnen hatten eine geheime Inschrift gefunden. Eine Warnung, die vom Wächter des Schreckens ausgesprochen wurde", Sharaf machte eine theatralische Pause, um dem Gesagten Nachdruck zu verleihen.

"Was genau besagt die Inschrift?", wollte Markus wissen.

"Das weiß ich nicht", erklärte Sharaf weiterhin flüsternd. "Doch alle Menschen sind tot, die den Inhalt der Inschrift erfahren haben. Der Wächter hatte das *hassad*, das böse Auge", erklärte Sharaf. "Ich bin sicher, dass die vier Wissenschaftler dadurch getötet wurden."

"Das mit dem bösen Blick ist doch bloß Aberglaube", erwiderte Markus. "Du erwartest doch wohl nicht, dass wir das glauben."

"Ungläubiger!", erwiderte Sharaf ziemlich ungehalten, "Es gibt Dinge zwischen Himmel und Erde, die dir das Blut in den Adern gefrieren lassen.

Price und Richards, die beiden Wissenschaftler, die die Inschrift fanden, kamen mit ihrem Wagen von der Straße ab und fuhren gegen einen Felsen. Sie waren beide auf der Stelle tot."

"Was hat das mit dem Fluch zu tun? So etwas passiert jeden Tag tausend Mal", sagte Markus ungläubig.

"Auch auf gerader Strecke ohne jeglichen Grund?", fragte Sharaf eindringlich. "Und der Felsen ... Du musst wissen, dass er das einzige Hindernis ist, das weit und breit zu finden ist. Sie hätten an tausend anderen Stellen von der Straße abkommen können, es wäre nichts passiert."

"Das nenne ich Pech", meinte Markus.

"Es war kein Pech. Es war hassad. Jeder, dem die beiden von der Inschrift erzählten, ist tot. Charnou bekam gleich nach dem Treffen mit Price und Richards eine mysteriöse Kehlkopfentzündung. Sein Hals schwoll an wie ein Kürbis. Die Ärzte sollen alles versucht haben, doch es war nichts zu machen. Zwar konnten sie ihn vor dem Ersticken bewahren, doch er bekam hohes Fieber. Einen Tag später starb er im Krankenhaus. Die Ärzte wissen bis heute nicht, woran er gestorben ist. Glücklicherweise war er durch die Kehlkopfentzündung nicht in der Lage, jemandem sein Wissen anzuvertrauen. Sonst gäbe es noch viel mehr Tote."

"Ich sehe da keinen Zusammenhang mit dem bösen Auge", zweifelte Markus. "Er wird sich mit irgendeinem seltenen Virus infiziert haben. So ungewöhnlich ist das nicht."

"Ignorant!", beschimpfte Sharaf Markus. "Der zweite Mann, dem Price und Richards von der Inschrift erzählten, war ein gewisser Karl."

"Torsten Karl?", fragte Markus neugierig. "Den kenne ich. Was ist mit ihm geschehen?"

"Er sollte der ägyptischen Regierung über die neue Inschrift berichten. Alles, was er jedoch darüber sagen konnte, war, dass es sich um eine Warnung handelt. Nach den ersten Sätzen brach er plötzlich zusammen und fiel tot zu Boden. Er hatte einen Hirnschlag."

"Mein Gott, Torsten Karl war doch noch nicht einmal vierzig", sagte Markus entsetzt.

"Die Inschrift ist mit dem Fluch des Wächters belegt. Deshalb musste er sterben. Es war hassad."

"Ich will dir und deinem Glauben wirklich nicht zu nahe treten", sagte Markus einfühlsam, "aber ich glaube, dass es für seinen Tod mit Sicherheit einen natürlichen Grund gibt."

"Und was ist mit den Leuten von der Regierung, denen er von der Warnung erzählt hat?", gab Sharaf scharf zurück. "Sie sind alle schwer krank geworden. Sie sind in ständiger ärztlicher Beobachtung, und ihr Leben hängt am seidenen Faden. Ist das etwa auch natürlich?"

"Und wieso bist du nicht krank geworden?", erwiderte Markus aggressiv. "Du weißt doch auch, dass es eine Warnung ist. Und wir wissen es jetzt auch."

"Ihr werdet krank, wenn ihr euch nicht vor dem Fluch schützt", sagte Sharaf drohend. "Gegen hassad gibt es einen Schutz. Ihr müsst zu unserem Priester, und zwar schnell. Das ist die einzige Chance, die ihr habt. Er wird euch vor der Krankheit bewahren, genauso wie er mich davor bewahrt hat. Ihr braucht dafür einen sehr starken Schutz."

Mir war bei der ganzen Sache ganz schön mulmig zumute. Ich weiß nicht, ob das wieder an der Ängstlichkeit von Jasmines Körper lag. Auf jeden Fall lief es mir eiskalt den Rücken herunter, als Sharaf das mit dem Fluch erzählte. Bisher glaubte ich genau wie Markus nicht an so etwas wie Flüche oder den bösen Blick. Aber in einem Punkt war ich ganz Sharafs Meinung: Es gibt mehr Dinge zwischen Himmel und Erde, die wir nicht erklären können, als uns lieb ist. So ganz auszuschließen war das mit dem Fluch ja nicht. Auch wenn Markus immer noch so tat, als würde ihn das alles völlig kalt lassen. Ich spürte, dass er nicht so cool blieb, wie er es uns weismachen wollte. Außerdem hatte er es verdächtig eilig mit dem Gegenzauber des Priesters.

Wir fuhren mit Sharaf hinaus aus der Stadt in die Wüste. Nach ein paar Kilometern hörte die Straße einfach auf. Wir fuhren nach Sharafs Angaben weiter querfeldein Richtung Südwesten. Weit und breit war nichts zu sehen außer ein paar Sanddünen. Der Boden der Wüste war wie ein Waschbrett und hart wie Stein. Der Wagen holperte mit lautem Geklapper über die Piste.

Nach einer Weile begann mir übel zu werden. Ich dachte zunächst an Kreislaufschwierigkeiten wegen der Hitze. Ich kannte das ja schon vom Flughafen. Doch dieses Mal war es irgendwie anders. Ich bekam heftige Magenkrämpfe. Kurz darauf musste ich Markus bitten, anzuhalten. Ich musste mich übergeben. So krank hatte ich mich nie zuvor in meinem Leben gefühlt. Ich schaffte es nicht mehr, aus eigener Kraft in den Wagen einzusteigen.

Das war mehr als nur ein bisschen Kreislaufschwierigkeiten. Ich fühlte mich, als wäre ich vergiftet worden. Und es wurde immer schlimmer. Ich wehrte mich gegen den Gedanken, dass der Fluch daran Schuld haben könnte, doch ich fand keine andere Begründung für meinen Zustand. Ich hatte nichts gegessen, was Markus und Peter nicht auch gegessen hatten. Auch gab es vor einer Stunde absolut keinen Hinweis darauf, dass ich krank würde. Langsam aber sicher machte sich die Angst in mir breit, dass es nur eine Erklärung für meinen Zustand gab: hassad, das böse Auge des Wächters.

Sharaf war sehr aufgebracht. Fast schon hysterisch. Er schrie Markus an, schneller zu fahren. So, wie er sich verhielt, schien er wohl sicher zu sein, dass ich nicht mehr lange zu leben hätte, wenn wir nicht schnell zu dem Mann kämen, der uns von dem Fluch erlösen sollte.

Sharafs Hysterie wirkte nicht gerade beruhigend auf mich. Auch Markus geriet in Panik. Er jagte unseren Wagen so schnell es ging über die Piste. Die Angst vor dem Fluch erfasste jede Faser meines Herzens. Völlig verzweifelt flehte ich die drei an, mich nicht sterben zu lassen. Peter versuchte alles, um mich zu beruhigen. Er war wirklich unheimlich lieb. Doch ich schrie ihn nur hysterisch an.

"Ich will nicht sterben! Tut etwas! Verdammt noch mal, tut etwas!"

Mir ging es von Minute zu Minute schlechter. Mein Herz hämmerte wie verrückt, und meine Magenkrämpfe brachten mich fast um den Verstand. Fast ohnmächtig vor Schmerzen und Angst kamen wir endlich bei dem Nomadenlager an, in dem wir den Priester finden sollten, der uns den Gegenzauber machen würde.

Die Siedlung bestand aus ein paar großen Zelten. Überall lagen Kamele im Sand. Sie schreckten auf, als wir mit dem Wagen angerast kamen. Mit lautem Gezeter kamen uns die Menschen des Lagers entgegen. Im Nu war unser Wagen von Menschen umringt. Als sie sahen, dass es mir sehr schlecht ging, hörte das Gezeter auf.

Ich war mittlerweile nicht mehr in der Lage, allein zu gehen. Markus und Peter stützten mich. Sharaf bahnte uns den Weg durch die Menge. Der Priester kam uns bereits entgegen und geleitete uns zu seinem Zelt. Er sprach arabisch mit Sharaf. Ich konnte nicht verstehen, was sie sagten, aber es sah so aus, als würde der Medizinmann Sharaf Vorwürfe machen.

Sie legten mich auf eine Pritsche. Der Priester wählte verschiedene getrocknete Kräuter aus, die er in kleinen tönernen Gefäßen aufbewahrte. Dieser Kräuter vermischte er in einer Schale miteinander und zündete sie an. Dabei murmelte er irgendetwas auf Arabisch. Es hörte sich an wie Zaubersprüche oder Gebete. Die verbrannten Kräuter verbreiteten einen Gestank, der ein Brennen auf der Lunge auslöste. Nachdem die Kräuter abgebrannt waren, nahm er die Schale und hielt sie Sharaf vor die Nase. Er sagte etwas zu ihm, was wie ein Befehl klang, woraufhin Sharaf mehrmals in die Asche spuckte. Danach vermischte der Medizinmann Asche und Speichel zu einem Brei.

Ich empfand Ekel und Abscheu vor dieser Prozedur. Mir ging nur ein Gedanke durch den Kopf: "Hoffentlich muss ich das Zeug nicht schlucken." Lieber wäre ich gestorben.

Der Priester wendete sich mir zu und tauchte seinen Finger in den Brei. Daraufhin malte er damit etwas auf meine Stirn. Es war zwar nicht so schlimm wie das Zeug schlucken zu müssen, aber ich fand es trotzdem eklig.

Der Priester sagte dann etwas zu mir, was Sharaf theatralisch übersetzte.

"Das Zeichen muss so lange auf deiner Stirn bleiben, bis es von selbst abfällt. Es darf nicht weggewaschen oder sonst irgendwie entfernt werden. Auch darfst du nicht daran reiben. Und wenn es noch so sehr juckt, lass es jucken. Berühre das Symbol niemals, sonst trifft dich der Fluch doppelt schlimm."

Das waren ja rosige Aussichten. Jetzt hatte ich diesen ekelerregenden Matsch im Gesicht und durfte mich noch nicht einmal waschen. Doch eines musste ich zugeben. Mir ging es innerhalb von wenigen Minuten wieder gut – keine Schmerzen mehr und keine Übelkeit.

Markus und Peter bekamen das gleiche Symbol auf die Stirn gemalt. Auch die beiden waren nicht unbedingt begeistert von dieser Prozedur. Markus konnte man ansehen, dass er immer noch nicht an diesen Zauber und an den Fluch glauben wollte.

Nachdem wir einen anständigen Preis für den Gegenzauber bezahlt hatten, machten wir uns wieder auf den Weg nach Kairo. Sharaf erklärte uns unterwegs, warum er in die Asche spucken musste. Wir hatten die Information über die Inschrift aus seinem Munde bekommen. Aus diesem Grund musste der Gegenzauber auch aus seinem Mund kommen. Bei ihm selbst sei es sehr viel schwieriger gewesen, da er den Mann nicht dabei hatte, der ihm von der Inschrift erzählt hatte. Sharaf verbrachte eine ganze Nacht bei dem Priester, bis der Gegenzauber wirkte. Und das sei noch großes Glück gewesen. Denn der Fluch des Wächters sei sehr mächtig. Es sei nur der Genialität des Priesters zu verdanken, dass der Gegenzauber gelungen sei.

Ich wusste nicht mehr, was ich von all dem halten sollte. War ich jetzt tatsächlich durch den Fluch krank geworden? Die Tatsache, dass es mir durch das Symbol auf meiner Stirn augenblicklich besser ging, sprach dafür. Doch das würde ja bedeuten, dass es so etwas wie Zauberei tatsächlich gab. Eine Schlussfolgerung, die ich als ungeheuerlich einstufte. Wenn das wirklich wahr wäre, dann würde es alles auf dem Kopf stellen, was ich zuvor über das Leben geglaubt hatte. Ich wehrte mich innerlich dagegen, meine alte Weltanschauung aufzugeben.

Als Sharaf jedoch erklärte, der Gegenzauber habe einige Nebenwirkungen, die je nach Persönlichkeit anders ausfielen, erkannte ich an der Angst, die in mir aufstieg, dass ich bereits begonnen hatte, an

Flüche und Zauberei zu glauben. Augenblicklich begann ich, nach Nebenwirkungen zu suchen. Mir fiel jedoch auf Anhieb nichts Ungewöhnliches auf.

Stattdessen wurde mir bewusst, dass Markus sein Symbol nicht wegwischte, als wir mit dem Wagen nach Kairo zurückfuhren. Angeblich glaubte er ja nicht an Flüche und Ähnliches. Es konnte allerdings auch sein, dass er es nicht tat, weil er es Sharaf versprochen hatte.

Wir waren jetzt eine knappe halbe Stunde unterwegs, seit wir das Nomadenlager verlassen hatten. Ich musste immer wieder daran denken, dass Sharaf irgendwelche Nebenwirkungen des Gegenzaubers erwähnt hatte. Ich war mir nicht sicher, ob das durchaus angenehme Körpergefühl, das sich bei mir einstellte, eventuell diese Nebenwirkung war. Es war jedoch schon etwas ungewöhnlich. Ein angenehmes, warmes Kribbeln machte sich in meinem Unterleib breit. Als ich mich darauf konzentrierte, wurde es immer stärker. Es kitzelte schon fast ein wenig. Es war allerdings ein sehr schönes Kitzeln. Das Gefühl war so stark, dass ich das Gespräch der anderen gar nicht mehr richtig verfolgen konnte. Ich spürte immer stärker in mich hinein. Ich nahm meinen Körper sehr intensiv wahr und wurde mir seiner Schönheit wieder einmal bewusst.

Das Gefühl wurde immer intensiver. Gelegentlich liefen mir regelrecht angenehme Schauer über die Haut. Einmal wurde das Gefühl sogar so stark, dass mir ein leiser Seufzer entglitt.

Markus, der neben mir im Wagen auf der Rückbank saß, bemerkte meinen Seufzer und fragte mich, ob alles in Ordnung sei.

"Ich bin okay", erwiderte ich hastig. "Ich bin nur sehr heiß. Ich meine natürlich, mir ist sehr heiß!", korrigierte ich mich schnell.

Mein Gott, war mir dieser Versprecher peinlich. Was sollte er bloß von mir denken? Am liebsten wäre ich vor Scham im Erdboden versunken.

Nach einer Weile übernahm das angenehme Kribbeln wieder die Oberhand über meine Gefühle. Mir fiel erneut auf, was für ein toller Mann Markus doch war. Er hatte eine so betörende männliche und erotische Ausstrahlung. Ich betrachtete seine Hände. Sie waren sehr feingliedrig und dennoch männlich.

In diesem Moment schoss eine Fantasievorstellung durch meinen Kopf. Ich dachte daran, wie schön es wäre, wenn Markus mich mit seinen zarten, starken Händen streicheln würde. Ich erschrak über diese Vorstellung. Mir war bewusst, dass ich drauf und dran war, mich in ihn zu verlieben. Ich versuchte meine Gedanken zu zerstreuen und diese Fantasievorstellung loszuwerden. Das war mir bisher immer gelungen. Doch dieses Mal hatte ich keine Chance. Die Gefühle, die sich momentan in mir breit machten, raubten mir den Verstand.

Ich sah Markus an. Ich konnte nicht anders. Ich wusste, dass er sich darüber wundern würde, aber es war mir egal. Ich sah seinen wunderschönen Mund. Zu gerne hätte ich ihn geküsst.

Gute Geister, böse Geister

Am Abend saßen wir mit Rie und Michael zusammen beim Essen. Sharaf hatten wir wieder an seinem Stammplatz abgesetzt und uns für den nächsten Tag mit ihm verabredet.

Michael wollte wissen, was die Zeichen zu bedeuten hätten, die wir alle drei auf der Stirn trugen. In diesem Moment fiel mir auf, dass Markus sein Symbol immer noch nicht entfernt hatte, obwohl er sich angeblich ganz sicher war, dass es so etwas wie Flüche und Zauberei nicht gibt. Na, so ganz sicher schien er ja wohl doch nicht zu sein.

Markus erzählte Michael von dem Fluch und von dem Gegenzauber. Man sah ihm an, dass es ihm peinlich war, das Symbol immer noch zu tragen. Er war schließlich ein seriöser Wissenschaftler. An Zauberei zu glauben war nun ganz und gar unwissenschaftlich.

Zu meinem Erstaunen reagierte Michael völlig unerwartet. Für ihn war Zauberei etwas ganz Natürliches. Seit er hier in Ägypten lebte, hatte sich seine Weltanschauung völlig verändert. Er hatte in den letzten Jahren so viele mystische Begebenheiten erlebt, dass er den Glauben an die klassische Naturwissenschaft nicht mehr aufrecht halten konnte. Er erzählte uns von höheren Mächten, welche das Geschehen auf der Erde lenken würden.

"Die Erde ist eine Zone der Willensfreiheit. Aus diesem Grund tummeln sich hier die verschiedensten Wesensformen: gute und böse."

Michael betonte die Worte gute und böse, auf eine Art und Weise, die klar machen sollte, dass dies nicht als Scherz gemeint war.

"Diese außerirdischen Lebensformen sind energetische Wesen, die keinen Körper besitzen, wie wir ihn haben. Man könnte diese Wesen als Geister bezeichnen. In Ägypten nennt man sie Dschinns, Afrits und Ghouls. Im Koran wird davon berichtet, dass Gott die Dschinns lange vor dem Menschen erschaffen hat, und zwar aus dem Feuer des heißen Windes. Euch wird das wahrscheinlich als Aberglaube erscheinen. Aber hier in Ägypten berichten ganz seriöse Tageszeitungen von Fällen der Besessenheit durch einen Dschinn.

Vor Hunderttausenden von Jahren kamen die Dschinns zur Erde und erkannten, dass der Mensch sich hervorragend als Zuchtvieh eignen würde. Ihr müsst wissen, dass die bösen Dschinns sich von Emotionen ernähren. Und zwar von Angst und Verzweiflung."

Markus unterbrach Michael in seinen Ausführungen. "Was erzählst du denn da für Gruselgeschichten? Du solltest nicht so viele schlechte Filme schauen."

Die Miene von Michael verfinsterte sich. Mit einem Anflug von Wut und Entsetzen in seiner Stimme schaute er Markus tief in die Augen.

"Wenn du wüsstest, was ich alles erlebt habe. Du könntest keine Nacht mehr ruhig schlafen. Vor etwa einem Jahr habe ich noch genauso gedacht wie du. Bis zu dem Tag, an dem das Unfassbare geschah. Es war ein Tag wie jeder andere auch. Ich arbeitete mit Kollegen an der Entschlüsselung einer alten sumerischen Schrift. Ich hielt die Tontafel in der Hand und betrachtete sie. Auf dieser Tontafel standen die letzten Worte eines Mannes, der glaubte, von einem Dschinn besessen zu sein. Dieser Mann hatte offenbar unter dem Einfluss des Dschinns die scheußlichsten Gräueltaten begangen. Er versuchte mit allen Mitteln, den Dschinn loszuwerden. Doch alle seine Bemühungen blieben erfolglos. Ihm blieb nur noch eine einzige Möglichkeit. Ein Zauber, durch den er den Dschinn in die Tontafel verbannen wollte. Der Nachteil: Er selbst würde das Ritual nicht überleben. Die Tontafel enthielt die letzten Worte eines total verzweifelten Mannes und die Warnung, den Namen des Dschinns, der auf der Tontafel stand, unter keinen Umständen laut auszusprechen.

Wie du weißt, reagiere ich etwas kopflos, wenn mir jemand etwas verbieten will. Und genau das geschah in diesem Augenblick. Ich glaubte ohnehin kein Wort von dem, was auf der Tontafel stand. Ich hielt es für einen dummen Scherz oder für die Ausführungen eines Verrückten. Ich sprach den Namen des Dschinns mit einem Gefühl der Genugtuung aus: ‘Ransai!‘

Plötzlich spürte ich einen eiskalten Luftzug im Nacken. Ein kalter Schauer jagte mir über den Rücken. Bevor ich mich richtig über diesen kalten Luftzug wundern konnte, lag ich schon ohnmächtig am Boden. Meine Kollegen eilten mir zu Hilfe und richteten mich auf.

Was dann geschah, kann ich nur aus den Erzählungen meiner Kollegen berichten. Ich selbst kann mich an nichts erinnern.

Ich sprach plötzlich in einer völlig fremden Sprache. Einer meiner Kollegen hatte ein Diktiergerät dabei, das er für die Übersetzungen der Tontafeln benutzte. Er schaltete das Tonband geistesgegenwärtig ein. Keiner meiner Kollegen verstand auch nur ein Wort von dem, was ich da von mir gab. Nach ein paar Minuten kam ich wieder zu mir und konnte mich an nichts erinnern, nur der eiskalte Wind im Nacken blieb mir unvergesslich. Ich fand zunächst keine vernünftige Erklärung für diesen kalten Luftzug und für alles, was noch geschehen war.

In den darauf folgenden Wochen suchten wir verschiedenste Sachverständige für alte Sprachen auf. Schließlich hatten wir Glück. Die Sprache auf dem Tonband war Sanskrit, und zwar ein bisher unbekannter Dialekt. Die Botschaft auf dem Band lautete folgendermaßen: Sechstausend Jahre war ich in dieser Tontafel gefangen. Du hast mich erlöst. Aus diesem Grund sollst du verschont bleiben. Doch du sollst wissen, dass ich sehr hungrig bin. Ich werde Leid und Unheil über die Menschen in diesem Land bringen.

Seltsamerweise ereigneten sich in den darauffolgenden Wochen unglaublich viele brutale Gewaltverbrechen. Man kann davon halten, was man will. Mich jedenfalls hat dieses Erlebnis dazu gebracht, weitere Nachforschungen anzustellen, wer dieser Ransai gewesen sein soll. Lange Zeit blieb meine Suche ergebnislos. Doch schließlich traf ich mehr aus Zufall auf ein Trancemedium, das eine Wesensform Namens Shering chanelte. Bekannte hatten mich zu einem Vortrag dieses Mediums mitgenommen. Es war eine Frau. Ihren Namen weiß ich leider nicht mehr. Sie versetzte sich vor versammelter Mannschaft in Trance und hielt als Shering einen Vortrag. Ich fiel fast vom Stuhl, als sie davon sprach, dass durch einen Unwissenden ein Wesen des Bösen zurück auf diese Welt gebracht wurde. Ein Wesen, das an Bosheit alles übertreffe, was jemals auf der Erde verweilte. Dieses Wesen würde sich eines Menschen bemächtigen und mit Hilfe seines Körpers Angst und Schrecken verbreiten. Dagegen könne man nichts tun. Der Mensch, der von dem Wesen besetzt würde, würde dabei lediglich einen eiskalten Luftzug im Nacken spüren. Danach sei er vollkommen in der Gewalt des Wesens.

Ich war völlig fertig. Ich hatte mir diesen kalten Luftzug im Nacken also doch nicht eingebildet. Ransai war in mich eingedrungen und hatte sich meiner bemächtigt.

Im weiteren Verlauf ihres Vortrages erklärte Shering, was tatsächlich auf dieser Erde geschieht. Sie sprach von guten und bösen Geistern und davon, dass die Erde eine Zone der Willensfreiheit sei. Aus diesem Grund könne niemand den bösen Geistern ihr Treiben auf der Erde verwehren. Nach Aussage von Shering haben die bösen Geister die Menschheit geschaffen, um sich von ihren negativen Emotionen zu ernähren. Wir sind für sie schlicht und ergreifend Zuchtvieh. Sie haben uns so erschaffen, dass die Angst ein fundamentaler Bestandteil unseres Wesens ist.

Die Lichtenergien versuchen hingegen, den bösen Geistern die Nahrung zu entziehen, indem sie die Menschheit von der Angst befreien wollen. Wenn dies gelingt, wären die bösen Geister gezwungen, sich nach einer neuen Nahrungsquelle umzusehen und würden die Erde verlassen. Nach Aussage von Shering sei dies die einzige Möglichkeit, die Herrschaft der bösen Geister abzustreifen."

"Das heißt, du glaubst jetzt an Gespenster?!", sagte Markus in einem ziemlich provokanten Tonfall.

"Geistwesen, Markus. Keine Gespenster."

"Und die ernähren sich von unseren negativen Emotionen?!", sagte Markus verächtlich.

"So ist es. Und sie sorgen dafür, dass wir Menschen Angst haben. Sie beeinflussen uns telepathisch. Sie lesen unsere Gedanken und sorgen dafür, dass unsere Ängste sich realisieren. Wenn du beispielsweise Angst hast, einem bestimmten Menschen zu begegnen, dann beeinflussen sie diesen Menschen, zu genau dem Zeitpunkt an dem Ort zu sein, wo du auch bist.

*Thomas, ein Freund von mir, war vor ein paar Wochen zum Skilaufen. Thomas war Geschwindigkeitsfan. Er jagte für gewöhnlich jeden Hang im Schuss runter. Dieses Mal beschloss er jedoch, langsam und gemütlich zu fahren. Die Piste war sehr breit, die Sonne schien, und es waren nur wenige Skifahrer unterwegs – alles in allem also gute Verhältnisse. Ein Skiunfall durch Fremdverschulden war bei diesen Platz- und Sichtverhältnissen eher unwahrscheinlich.

Thomas fuhr gemütlich die Piste runter, da stieg plötzlich die Angst in ihm auf, dass ein Pistenrowdy von hinten kommen könnte.

Es dauerte keine zehn Sekunden, da fuhr ihm jemand in den Rücken und brach ihm einen Wirbel.

Wie hoch schätzt du die Wahrscheinlichkeit ein, dass so etwas genau zu dem Zeitpunkt passiert, wo er Angst davor bekommt?"

"Das ist kein Beweis", wehrte Markus ab. "Er kann den anderen Skifahrer doch schon gehört und unbewusst erkannt haben, dass er direkt auf ihn zufährt."

"Auf der Piste hörst du immer andere Skifahrer hinter dir", gab Michael zu bedenken. "Du darfst nicht vergessen, die Piste war breit genug für zehn Skifahrer nebeneinander."

"Du willst also behaupten, die bösen Geister haben den Pistenrowdy telepathisch dazu veranlasst, deinem Freund genau in dem Moment in den Rücken zu fahren, wo er davor Angst bekommt."

"Genau so ist es", erklärte Michael selbstsicher.

"Und das haben sie alles in den zehn Sekunden gemanagt, die zwischen der Angst und dem Unfall lagen?", fragte Markus zweifelnd.

"Diese Wesen sind nicht an die Zeit in der gleichen Weise gebunden wie wir Menschen. Sie haben da ganz andere Möglichkeiten. Sie kennen die Zukunft und beeinflussen die Menschen rechtzeitig genug. So haben sie dem Pistenrowdy lange vor dem Unfall klar gemacht, dass er zu dem bestimmten Zeitpunkt Urlaub machen soll. Sie haben dafür gesorgt, dass er zur richtigen Stunde am richtigen Ort ist. Alles wird von diesen Wesen genau gesteuert. Auch haben sie zu dem entsprechenden Zeitpunkt den Gedanken bei Thomas aufsteigen lassen, es könnte ihm jemand in den Rücken fahren."

"Das hört sich ja so an, als wären die Menschen nur Marionetten, die von deinen bösen Geistern beliebig manipuliert werden können", erwiderte Markus ablehnend.

"Genau das ist der Fall", beteuerte Michael. "Wir Menschen befinden uns auf einer sehr niedrigen Entwicklungsstufe. Die Wesen, die uns manipulieren, sind uns um Millionen von Jahren voraus. Die einzige Chance, die für uns besteht, sind die Lichtenergien. Wir müssen uns für die Lichtenergien öffnen. Sie sind die Einzigen, die unsere Ängste in den Griff kriegen können. Jeder Mensch muss sich den Lichtenergien demütig hingeben, dann haben die bösen Geistwesen keine Chance mehr."

Peter ergriff zum ersten Mal in dieser Runde das Wort. Ich bemerkte schon die ganze Zeit, dass ihn das Gespräch sehr interessierte.

"Michael, darf ich dir eine Frage stellen? Hast du etwas davon gehört, wo die Lichtenergien hergekommen sind?"

"Sie kommen von den Plejaden", gab Michael an.

"Hast du schon einmal etwas von Wesen gehört, die vom Sirius kommen?", fragte Peter neugierig.

"Nicht dass ich wüsste, warum?"

"Das ist nicht so wichtig", lenkte Peter wieder ab. "Ich wollte dich nicht unterbrechen. Danke für deine Antwort."

Ohne noch einmal bei Peter für die ungewöhnliche Frage nachzuhaken, fuhr Michael in seinen Ausführungen fort.

"Ich kenne noch eine Menge Beispiele für die Realisierung von Ängsten. Ereignisse, die mit bloßem Zufall nicht mehr zu erklären sind."

"Für alles gibt es eine wissenschaftliche Erklärung", antwortete Markus, "auch wenn sie manchmal auf den ersten Blick nicht zu erkennen ist. Wenn ein Mensch beispielsweise auf der Toilette vom Blitz erschlagen wird, glauben viele Menschen bereits an den Einfluss höherer Mächte, an Gott oder das Schicksal. Wenn du jedoch das Phänomen wissenschaftlich seriös untersuchst und dabei alle Haushalte im Bereich des Gewitters und die Häufigkeit, mit der die Menschen ihre Toilette besuchen, in Betracht ziehst, wirst du feststellen, dass der Einschlag des Blitzes absolut im Rahmen der Wahrscheinlichkeit liegt."

"Wo du gerade von Blitzen sprichst", hakte Michael ein. "Versuch einmal, folgende Geschichte mit deiner Wahrscheinlichkeit zu erklären. Sie ist tatsächlich passiert, und zwar in Deutschland. Sie war so ungewöhnlich, dass sogar in den Fernsehnachrichten darüber berichtet wurde.

*Ein Mann in mittlerem Alter ging mit seinem zehnjährigen Sohn im Wald spazieren. Sie kamen in ein Gewitter und suchten Zuflucht vor dem Regen. Sie stellten sich unter einen Baum, der dichtes Blattwerk hatte. Der Mann ging davon aus, dass ein Blitzeinschlag in diesem Baum eher unwahrscheinlich sei, da in unmittelbarer Nähe sehr viel höhere Bäume standen. Doch der Blitz schlug genau in diesen Baum ein und zwar genau in dem Moment, wo der Junge ein paar Meter vom Baum weglief. Der Blitz traf nur den Vater. Der Junge blieb unverletzt. Er eilte seinem Vater zu Hilfe, doch es war nichts mehr zu machen. Das Herz des Mannes hatte aufgehört zu schlagen. Nach minutenlanger Verzweiflung rannte der Junge los, um Hilfe zu holen. Er war gerade einmal zehn Meter vom Baum entfernt, da schlug der Blitz ein zweites Mal in genau den gleichen Baum ein und traf wieder den Mann, der ohnmächtig mit Herzstillstand am Boden lag. Bedingt durch den elektrischen Schlag fing sein Herz wieder an zu schlagen. Wenig später erwachte er aus seiner Ohnmacht und war völlig unverletzt – keine Verbrennungen oder sonstige Verletzungen. Wäre der Sohn in diesem Moment nicht losgelaufen, um Hilfe zu holen, hätte ihn der Blitz auch getroffen und sehr wahrscheinlich getötet. Für seinen Vater jedoch war der zweite Einschlag wie ein Elektroschock, der sein Herz wieder zum Schlagen brachte. Vater und Sohn kehrten beide wohlbehalten nach Hause zurück.

Das sind für meinen Geschmack zu viele Zufälle auf einmal. Findest du nicht?"

"Was soll daran so unwahrscheinlich sein?", fragte Markus, weiterhin zweifelnd. "Der Baum stand wahrscheinlich genau unter einem Spannungsfeld der Gewitterwolke. Die Wolke wird sich nicht fortbewegt haben, und so schlug der Blitz halt zweimal dort ein."

"Und das immer genau in dem Moment, wo der Junge sich von dem Baum entfernte? Ach, hör doch auf! Die Chance, dass beide unverletzt aus dieser Situation herauskommen, war doch wohl mehr als dürftig."

"Dann waren es wohl nicht die bösen Geister, die dafür gesorgt haben, dass der Junge im entscheidenden Augenblick vom Baum weglief", stellte Peter fest.

"Du meinst, weil die beiden nicht getötet wurden? Die bösen Geister wollen nicht töten", erklärte Michael. "Ein toter Mensch nutzt ihnen nichts. Es sei denn, sein Tod ist notwendig, um Angst und Schrecken bei anderen Menschen zu verbreiten. Die bösen Geister wollen Ängste wecken. Sie haben nur dieses eine Ziel. Der Junge wird genau wie sein Vater Zeit seines Lebens Angst vor Gewittern haben. Und die Angehörigen der beiden sicherlich auch. Aber ich habe noch eine andere Situation, die ich euch gerne erzählen möchte. Dieses Mal habe ich es selbst erlebt.

*Ich war damals noch Student. An meiner Universität wurde über mehrere Monate ein Sanitärraum mit acht Toiletten und einem großen Waschraum renoviert. Es war für mich die nahegelegenste Toilette. Als sie fertiggestellt war, sah ich mir das Ganze einmal genauer an. Bisher hatte kaum jemand bemerkt, dass die Toilette wieder offen war. Als ich eintrat, war ich ganz allein in den renovierten Räumlichkeiten. Für eine Universitätstoilette war das sehr ungewöhnlich, was mir auch direkt auffiel. In diesem Moment stieg das Gefühl in mir auf, hier sei etwas nicht in Ordnung. Vielleicht war die Toilette ja doch noch nicht fertiggestellt? Ich bekam plötzlich Angst, dass jemand den Raum abschließen und mich darin einsperren könnte. Ich verließ ihn hastig. Als ich draußen stand, kam ich mir ein bisschen albern vor. Aber ich ging nicht wieder zurück. Die Angst vor dem Eingesperrtwerden war größer.

Am nächsten Tag ging ich erneut zu dieser Toilette. Zu meiner Erleichterung waren mehrere Studenten bereits drinnen. Sie war also doch fertiggestellt. Ich brauchte mir keine Sorgen zu machen.

Ich saß noch nicht einmal eine Minute auf der Schüssel, da stieg plötzlich wieder die Angst in mir auf, dass man mich einsperren könnte. Ich wollte gerade ansetzten, mir klar zu machen, das diese Angst unsinnig sei, da hörte ich, wie jemand den Schlüssel in die Tür des Sanitärraumes steckte. Das konnte doch nicht wahr sein! Der Schlüssel wurde umgedreht, und ich war eingesperrt. Wer auch immer den Schlüssel umdrehte, er empfand es noch nicht einmal als notwendig, in dem Raum, wo die Toiletten waren, nachzuschauen, ob da noch jemand drin war.

Außer mir hatten alle anderen Studenten den Sanitärraum rechtzeitig verlassen. Meine Angst war tatsächlich Realität geworden. Ich konnte es zunächst selbst nicht glauben.

Es dauerte schließlich fast eine Stunde, bis ich wieder aus meiner Gefangenschaft befreit wurde. Das Mysteriöseste war jedoch, dass niemand wusste, wer mich dort eingesperrt hatte. Außer dem Hausmeister, der die Tür wieder aufschloss, hatte niemand den Schlüssel für diese Tür. Und der Hausmeister beteuerte mehrere Male, dass er mich nicht eingesperrt hatte. Er war sehr vorsichtig, als er die Tür aufschloss. Ich kann das verstehen. Man kann ja nicht wissen, wie jemand drauf ist, den man fast eine Stunde im Klo eingesperrt hat.

Auf jeden Fall weiß ich bis heute nicht, wer die Tür abgeschlossen hat. Ich weiß nur, dass dieses Ereignis kein Zufall gewesen sein kann. Die Wahrscheinlichkeit, dass meine Angst sich tatsächlich in die Tat umsetzt und die Tür in der Minute abgeschlossen wird, wo ich als Einziger auf der Schüssel hocke, ist wohl so gering, dass auch du in diesem Fall nicht von Zufall reden kannst, oder?"

Markus sah ziemlich nachdenklich aus. Er blieb dann auch in seiner Antwort sehr unkonkret. Er stimmte Michael weder zu, noch beharrte er auf seiner alten Meinung.

Peter nahm das alles wieder einmal völlig gelassen. Was ich von mir nicht behaupten konnte. Während Michael von den Realisierungen seiner Ängste berichtete, hatte ich alle Hände voll damit zu tun, meine Gefühle im Zaum zu halten. Ich war noch bedient von der Sache mit dem Fluch. Mehr konnten die kleinen Nervchen von Jasmines Körper an einem Tag einfach nicht verkraften.

Ich bemühte mich, an irgendetwas Schönes zu denken. Ich fand nichts. Nach einer Weile tat ich das Einzige, von dem ich wusste, dass es meine schlechten Gefühle zerstreuen würde. Ich schaute Markus an. Ich wollte die schönen Gefühle, die ich auf der Rückfahrt nach Kairo hatte, wieder aufleben lassen. Mir war klar, dass ich mich damit vielleicht in noch größere Gefahr begeben würde.

Doch so sehr ich mich auch bemühte, es funktionierte nicht. Meine Gefühle wurden immer schlechter. Michaels ungeheuerliche Behauptung, unser Leben würde von bösen Geistern bestimmt, verursachte mir eine Gänsehaut nach der anderen. Ich wehrte mich innerlich gegen diese Behauptung und versuchte, eine andere Erklärung für seine Erlebnisse zu finden. Ich wollte es nicht glauben, dass die Menschen nur Marionetten für höhere Wesen sein sollen. Das widersprach allem, was ich bisher über das Leben glaubte.

Als ich jedoch den unwiderstehlichen Drang verspürte, meine Blase zu entleeren, erkannte ich, dass meine Bemühungen, die Behauptungen von Michael von mir zu weisen, kaum Früchte trugen. Ich hatte plötzlich Angst, auf die Toilette zu gehen. Ich wäre dort ganz allein. Ich kann noch nicht einmal genau sagen, wovor ich eigentlich Angst hatte. Ich vermute, es war die Angst vor dem Bösen schlechthin. Ich hatte die Wahnvorstellung, dass das Böse mich holt, wenn niemand bei mir ist. Die gesamte Zeit, in der Michael erzählte, versuchte ich, diese Ängste in den Griff zu bekommen.

Doch mit jeder neuen Geschichte loderten die Flammen meiner Angst neu auf. Ich konnte nun unmöglich allein auf die Toilette gehen. Ich beschloss zu warten, so lange es ging. Ich hoffte, dass es mir mit der Zeit gelingen würde, meine Angst zu besiegen. Doch das Gegenteil war der Fall. Die Angst besiegte mich. Jedes Mal, wenn ich daran dachte, jetzt aufzustehen und auf die Toilette zu gehen, liefen mir kalte Schauer über die Haut. Und jedes Mal wurde es schlimmer. Als mein Harndrang schon fast unerträglich war, überlegte ich schon, ob ich Rie bitten sollte, mit mir zur Toilette zu gehen. Mein Schamgefühl hielt mich jedoch vor diesem Schritt zurück. Ein paar Minuten später konnte ich es nicht länger hinauszögern. Meine Blase drohte, jeden Moment zu platzen. Ich nahm all meinen Mut, kniff alles zusammen, damit sich meine Blase nicht gleich an Ort und Stelle entleerte, und stand auf, um auf die Toilette zu gehen. Mit jedem Schritt, den ich mich von den anderen entfernte, wurde meine Gänsehaut stärker. Ich spürte, dass ich meine Augen vor Angst ganz weit aufgerissen hatte.

Als ich die Badezimmertür hinter mir schloss, schüttelte mich ein Angstschauer so durch, dass ich beinahe unmittelbar vor dem Klo in die Hose gemacht hätte. Trotzdem konnte ich mich nicht auf die Toilette setzen, ohne vorher gründlich nachgeschaut zu haben, ob in der Toilette irgendetwas ungewöhnlich war. In meinem Kopf spukte die Horrorvorstellung, dass die Hand des Bösen in dem Moment nach mir greifen würde, in dem ich mich hinsetze. Es kostete mich unglaublich viel Überwindung, mich trotzdem zu setzen und meinem Blasendrang nachzugeben. Als ich fertig war, sprang ich auf wie von der Tarantel gestochen und schaute mit Entsetzen ins Klo hinein. Ein weiterer kalter Schauer durchzuckte dabei meinen Körper. Ich klappte schnell den Deckel herunter und zog mir die Hose hoch. Danach ging ich zum Waschbecken, über dem ein Spiegel hing. Als ich in den Spiegel sah, erschrak ich vor meinem eigenen Spiegelbild. Ich hatte den Eindruck, das Böse würde aus einer Welt hinter dem Spiegel hervorschauen und nur darauf warten, dass ich nahe genug an dem Spiegel herankomme. Ich drehte auf der Stelle um und verließ fluchtartig das Badezimmer.

Vor Angst noch völlig aufgelöst, kam ich zu den anderen. Zu meiner Erleichterung hatte das Gespräch eine positive Wendung genommen. Michael erzählte von Ereignissen, die seiner Meinung nach von den Lichtenergien initiiert worden waren.

Die Absicht der Lichtenergien war es laut Michael, dass wir Menschen erkennen sollen, dass die Geschehnisse in unserer Welt kein Zufall sein können. Sie würden uns damit klar machen wollen, was wirklich auf dieser Welt geschieht, erklärte Michael. Auf diese Weise könnten wir Menschen uns frei dazu entscheiden, uns für die Lichtenergien zu öffnen. Diese Entscheidung wäre von immenser Bedeutung. Ohne diese Erlaubnis würden die Lichtenergien die Führung über uns Menschen nicht übernehmen. Doch das sei die einzige Möglichkeit für uns, die Herrschaft der bösen Geister zu beenden.

Es klang im ersten Augenblick zwar ziemlich weltfremd, was Michael da erzählte, doch die Ereignisse, die er aufführte, waren bei näherer Betrachtungsweise schon etwas ungewöhnlich.

Ich hatte solche Geschichten bisher immer mir dem Begriff *Glück* abgetan. Seltsamerweise hatte ich mir über diese Glücksfälle noch nie zuvor wirklich Gedanken gemacht. Doch jetzt, wo Michael behauptete, gute Geister seien dafür verantwortlich, wurde mir klar, dass diese glücklichen Zufälle nicht wirklich alle Zufälle sein konnten.

Jeder Mensch erlebt während seines Lebens eine ganze Menge solcher seltsamer Zufälle. Die meisten Menschen haben irgendwann in ihrem Leben gefährliche Situationen erlebt, bei denen sie unwahrscheinliches Glück hatten.

Man bremst zum Beispiel aufgrund eines komischen Gefühls vor einer Kreuzung, bei der man eigentlich Vorfahrt hat, und im nächsten Moment rast ein Sattelschlepper quer über die Kreuzung. Wäre man wie gewohnt weitergefahren, hätte man den Unfall mit Sicherheit nicht überlebt.

Aber auch Kleinigkeiten machen ziemlich deutlich, dass die Geschehnisse in unserer Welt kein Zufall sein können. Man will zum Beispiel jemand anrufen, und im gleichen Augenblick klingelt bei einem selbst das Telefon, und der andere ist dran.

Oder es erfüllen sich die unglaublichsten Wünsche, wie es bei Rie vor ein paar Wochen passiert war.

*Sie hatte eines Morgens plötzlich große Lust, etwas aus einem ganz bestimmten Maismehl zu backen. Das Problem war jedoch, dass man dieses Mehl in Ägypten nicht bekam. Das gab es nur in den USA. Am nächsten Tag besuchte sie eine Freundin und brachte zwei Kilogramm Maismehl mit, die eine Verwandte ihr aus Amerika geschickt hatte. Sie wusste wohlgemerkt nichts von Ries Wunsch, mit diesem Maismehl etwas zu backen.

Solch ein einzelnes Ereignis an sich wäre noch kein Beweis gegen den Zufall. Aber all die seltsamen Zufälle zusammengenommen waren sicherlich so unwahrscheinlich, dass nur die weltfremdesten Ignoranten diese Glücksfälle als Zufall bezeichnen konnten.

24. Juli

Peter, der Erlöser

Am Morgen des nächsten Tages waren wir unterwegs zum Ägyptischen Museum, das mitten im modernen Stadtzentrum von Kairo lag. Markus hoffte, dort einen alten Kollegen zu treffen, der sich mit dem Schatz von Tut-Anch-Amun beschäftigte. Sharaf würden wir erst am frühen Nachmittag treffen, da er, wie er sagte, etwas zu erledigen hatte, was keinen Aufschub duldete. Bis dahin wollten wir jedoch nicht völlig untätig die Zeit verstreichen lassen. Den Wissenschaftlern, die am Gizeh-Plateau arbeiteten, wollten wir vorerst noch nicht zu nahe kommen, da Michael uns eindringlich vor der Regierung und deren Spitzeln gewarnt hatte. Wir waren überzeugt, Sharaf würde eine Möglichkeit finden, den ägyptischen Geheimdienst auszutricksen.

Wir fuhren mit dem Bus in die Innenstadt, da dort kaum Parkplätze für unseren Wagen zu bekommen waren. Bereits im Bus hatte ich den Eindruck, dass mit Peter irgendetwas nicht stimmte. Ich konnte es nicht genau definieren, aber seine Augen hatten einen sehr seltsamen Ausdruck.

Der Bus wurde immer voller, je weiter wir in die Stadt hineinkamen. Mittlerweile standen die Menschen überall in den Gängen und nach einer Weile sogar auf den Trittbrettern des Busses. Markus und ich saßen auf einer Sitzbank. Peter hatte seinen Platz einer älteren Frau überlassen. Er stand direkt neben uns im Gang. Irgendwie wirkte er unruhig. Ich hatte ständig den Eindruck, dass er gleich irgendetwas Dummes tun würde. Und plötzlich tat er es. Er legte seine Hände auf den Kopf eines Mannes, der ihm genau gegenüber stand, so wie er es auf der Esoterikmesse auch mit mir gemacht hatte. Der Mann wusste absolut nicht, wie ihm geschah. Peters berühmten Satz, lass die Liebe in dein Leben, verstand er sicherlich nicht. Er nahm Peters Hände von seinem Kopf und lächelte, als wäre das Ganze ein Scherz gewesen. Davon ließ sich Peter jedoch nicht beeindrucken. So wie er sich verhielt, musste er wohl fest davon überzeugt sein, dass sein Opfer seine Hilfe dringend benötigte. Er legte seine Hände also wieder auf den Kopf des Mannes. Dieser brüllte Peter in einem sehr aggressiven Ton auf Arabisch an und befreite sich mit einer impulsiven Geste von Peters Händen, dieses Mal entschieden energischer als das erste Mal.

Ich konnte es kaum glauben. Ich sah Markus verwirrt an und suchte in seinen Augen eine Erklärung für Peters Verhalten. Doch Markus zuckte nur mit den Schultern.

An Peters Stelle wäre ich jetzt vor Scham im Erdboden versunken. Doch Peter war wie von Sinnen. Er lächelte nur liebevoll und legte dem Mann seine Hände wieder auf den Kopf. Damit hatte Peter den Bogen eindeutig überspannt. Sein Opfer schlug Peters Hände sehr gewalttätig zur Seite. Als Peter seine Hände erneut auf den Kopf des Mannes legen wollte, galt der nächste Schlag Peters Nase. Peter fiel in die Menge wie ein nasser Sack. Ich eilte ihm erschrocken zu Hilfe. Seine Nase blutete heftig. Ich gab ihm ein Taschentuch und half ihm aufzustehen. Erst danach wurde mir bewusst, dass uns alle Menschen im Bus anstarrten. Es war mir unsagbar peinlich. Am liebsten hätte ich so getan, als würde ich Peter nicht kennen. Doch mit dem Symbol auf der Stirn, das wir alle drei immer noch trugen, konnte jeder Blinde mit Krückstock erkennen, dass wir zusammengehörten. Jasmines Gefühl, alles falsch gemacht zu haben, meldete sich wieder lautstark zu Wort. Hin und her gerissen zwischen der Anteilnahme an Peters blutender Nase und der Scham vor den Leuten half ich Peter aufzustehen.

"Warum tust du denn solche Sachen?", fragte ich Peter mit den Gefühlen einer Mutter, deren Kind etwas angestellt und sich dabei wehgetan hat.

"Er braucht meine Hilfe, er weiß es nur noch nicht," stammelte Peter und hielt sich dabei die blutende Nase.

Ich wusste nicht, was ich auf diesen Unsinn antworten sollte. Offenbar war Peter momentan nicht ganz bei Sinnen. Ich setzte ihn auf meinen Platz neben Markus und blieb selbst stehen. Markus legte seine Hand auf Peters Rücken, der sich wegen seiner blutenden Nase nach vorne gebeugt hielt und sagte etwas zu ihm. Ich konnte nicht verstehen, was er sagte, aber Peter nickte.

Die Menschen im Bus schauten immer noch ganz irritiert. Vor allem der Mann, der angeblich Peters Hilfe so dringend brauchte, schaute mich ziemlich grimmig an. Er nahm wohl an, wir drei seien einer Irrenanstalt entsprungen oder von irgendeiner missionierenden Sekte. Ich wusste vor Scham gar nicht, wo ich hinschauen sollte. Überall sahen mich entgeisterte Augen an.

Damit war zumindest eines klar: Ich hatte Jasmines Gefühle immer noch nicht im Griff. Ich spürte, dass ich immer noch von der Beurteilung anderer Menschen abhängig war. Mir wurde regelrecht schlecht. Ich wendete mich schließlich von den Menschen ab und sah beschämt auf den Boden. Ich wünschte mir in diesem Moment nichts sehnlicher, als augenblicklich diesen Bus zu verlassen.

Peters Nase hatte schnell aufgehört zu bluten. Er saß frustriert da und schaute aus dem Fenster. Markus hatte immer noch seinen Arm um ihn gelegt.

Endlich hielt der Bus an der Station, an der wir aussteigen mussten. Endlich würden die Menschen aufhören, mich so verächtlich anzustarren. Ich schaute beim Aussteigen weder rechts noch links. Ich wollte nur noch raus. Erst als der Bus wieder abfuhr, beruhigten sich meine Nerven etwas. Doch ich hatte höchstens zwei Minuten, um diese Ruhe zu genießen.

Wir mussten eine gigantische, achtspurige Kreuzung überqueren, um zum Ägyptischen Museum zu kommen. Dieser Umstand allein wäre kein Problem gewesen, wenn Peter nicht gewesen wäre.

Die Fußgängerampel zeigte grün, und wir gingen los. Plötzlich blieb Peter wie angewurzelt stehen. Oh nein! Er hatte schon wieder diesen seltsamen Ausdruck in den Augen. Das konnte doch nicht wahr sein. Seine blutende Nase musste ihm doch eine Lehre gewesen sein – war es aber offensichtlich nicht.

Er verließ den Fußgängerweg und steuerte mitten auf die Kreuzung zu. Dabei hielt er die ausgestreckten Arme in die Luft, als wollte er alle Menschen segnen. Markus versuchte, ihn aufzuhalten, doch die Ampeln der Autos schalteten auf grün, und die Wagen brausten ohne Rücksicht auf Verluste los. Markus wurde beinahe angefahren. Er konnte sich gerade noch mit einem gekonnten Sprung in Sicherheit bringen.

Peter blieb unterdessen in der Mitte der Kreuzung stehen. Die Wagen gaben ein ohrenbetäubendes Hupkonzert von sich. Ihre Fahrer schlängelten und drängten sich schimpfend an Peter vorbei. Peter blieb davon ungerührt. Er stand wie ein Mahnmal in der Mitte der Kreuzung und hielt seine Arme weiterhin segnend in die Luft. Die Autos fuhren ihm fast über die Füße, doch er zeigte keinerlei Anstalten, seinen fest eingenommenen Platz zu räumen. Und so kam es, wie es bei einer Herde wildgewordener Autofahrer und einem sturen

Hindernis auf der Fahrbahn kommen musste. Die Wagen auf Peters Spur wichen ihm aus und drängten auf die Spuren daneben. Das ließen sich die Fahrer auf diesen Spuren jedoch nicht gefallen. Sie kämpften um jeden Meter und versuchten, die Wagen auf Peters Spur nicht reinzulassen. Als die Querspuren grünes Licht bekamen, starteten die Wagen, die dort warteten, blindlings auf das Recht ihrer grünen Ampel pochend, in die noch volle und chaotische Kreuzung. Innerhalb einer Minute waren die Wagen so ineinander verkeilt, dass niemand mehr weder vor noch zurück fahren konnte. Ein Hupkonzert ohnegleichen erfüllte die Innenstadt. Es war wohl das gigantischste Verkehrschaos, das Kairo je gesehen hatte, und Peter stand weiterhin da und lächelte den Fahrern mit erhobenen Armen zu. Endlich nahm er die Arme herunter und setzte sich in Bewegung. Ich dachte, dass er endlich Vernunft angenommen habe und nun die Kreuzung freigeben würde. Doch weit gefehlt. Peter tanzte zu den wütenden und fluchenden Menschen, die mittlerweile aus ihren Wagen ausgestiegen waren und sich gegenseitig wild beschimpften, und legte ihnen seine Hände auf den Kopf. Die Menschen schauten, als hätte sie ein Pferd getreten. Bevor sie jedoch wirklich reagieren konnten, tanzte Peter bereits zu dem nächsten Autofahrer, der seine Hilfe brauchte, und legte ihm seine Hände auf.

Markus und ich standen hilflos in der Zuschauermenge der Fußgänger. Denn natürlich war Peters Aktion auch bei der befußten Bevölkerung nicht unbemerkt geblieben.

Ich wünschte mir, hier an Ort und Stelle gleich tot umzufallen. Hundertschaften von Menschen starrten auf Peter. Wenn sie merken würden, dass ich das gleiche Symbol wie Peter auf der Stirn trug, würden sie sicherlich auch mich anstarren, als wäre ich nicht von dieser Welt. Für einen kurzen Moment war ich drauf und dran, mein Symbol abzuwischen. Doch die Angst vor dem Fluch hielt mich davor zurück. Ich war verdammt, wegen dieses Irren von den Menschen um mich herum verachtet zu werden. Etwas Schlimmeres hätte ich mir nicht vorstellen können.

In einer Kurzschlussreaktion drehte ich mich um und lief davon, ohne ein Wort zu Markus zu sagen. Ich konnte die Vorstellung nicht ertragen, dass mich diese Menschenmassen verachten würden. Lieber würde ich sterben. Ich rannte und rannte, bis ich plötzlich bemerkte, dass ich die Orientierung völlig verloren hatte. Ich war verzweifelt. Ich hielt die scheußlichen Gefühle von Jasmines Körper nicht mehr aus. Ich wollte zurück in meine Zeit und in meinen Körper. In meinem eigenen Körper war das Leben kein Problem, doch in diesem mutierte die einfachste Aufgabe zu einem Höllentrip.

Mir fielen wieder die bösen Geister ein, die Michael für alles Negative verantwortlich machte. Dem Nervenzusammenbruch nahe setzte ich mich in ein nahegelegenes Café. Mir war egal, wo ich war und ob ich die anderen beiden wiederfinden würde. Ich wollte nur noch meine Ruhe haben.

Während ich meinen Milchkaffee trank, beruhigte ich mich langsam wieder. Ich versuchte, einen klaren Kopf zu bekommen. Die größten Schwierigkeiten bereitete mir dabei die Ablehnung, die ich für Peter spürte. Ich gab ihm die Schuld für meine schlechten Gefühle. Wenn er sich nicht so bescheuert verhalten hätte, hätte ich auch kein Problem mit der Ablehnung der Leute gehabt.

Doch mir war klar, dass es nicht wirklich Peter war, der für meine schlechten Gefühle verantwortlich war. Es war das gleiche Problem wie gestern. Ich wollte immer noch unbedingt vermeiden, dass Menschen mich ablehnten. Ich war nicht sicher, ob es genau das gleiche Problem wie gestern war oder nur ähnlich. Deshalb fragte ich mich sicherheitshalber, warum es für mich so schlimm war, dass mich diese Menschen verachtend angeschaut hatten. Was wollte ich hier vermeiden?

Ich fühlte tief in mich hinein und spürte, dass ich Angst davor hatte, in Wirklichkeit absolut wertlos zu sein und eine Belastung für meine Umwelt darzustellen. Ich erinnerte mich daran, dass meine Eltern sich, als ich klein war, wahnsinnig bemüht hatten, mich vor Schaden zu bewahren. Sie nahmen mir jede Entscheidung ab und gaben mir mit der Zeit das Gefühl, dass ich allein dem Leben da draußen in der Welt nicht gewachsen sei. Sie hielten das Leben für undurchsichtig, gemein und gefährlich.

Diese Lebenseinstellung ließ mich übervorsichtig sein – bei allem, was ich tat. Es versteht sich von selbst, dass mir ein Missgeschick nach dem anderen geschah. Und jedes Mal musste ich feststellen, dass ich für andere Menschen eine Belastung war.

Mir war klar, dass niemand dazu bereit sein konnte, über längere Zeit so einen Klotz am Bein, wie ich es war, durchs Leben zu schleppen. Und da war sie wieder: Meine Angst vor Einsamkeit. Ich wollte also wieder einmal Einsamkeit vermeiden. Dieses Mal, indem ich unbedingt eine Bereicherung für andere Menschen darstellen wollte. Meine Aufmerksamkeit richtete sich jedoch nicht darauf, eine Bereicherung sein zu wollen. Ich wollte keine Belastung sein. Das war es, was ich fühlte und was mich beschäftigte.

Ganz offensichtlich zog das Negative meine Wahrnehmung sehr viel stärker an als das Positive. Wenn mein Motiv gewesen wäre, eine Bereicherung für andere sein zu wollen, hätte ich damit gute Gefühle geerntet. Ich hätte nach Möglichkeiten Ausschau gehalten, wie ich eine Bereicherung darstellen könnte. Diese hätte ich auch sicherlich gefunden und mich gut gefühlt. Stattdessen suchte ich nach Gefahren dafür, eventuell eine Belastung für andere zu sein. Damit lähmte ich meine Kreativität und Leistungsfähigkeit. Ich brachte gar nichts zustande.

Das Gemeinste war, dass mir überhaupt nicht auffiel, wenn ich etwas richtig machte. Dann war das einfach okay. Mehr nicht. Okay hieß so viel wie: Es ist ja alles in Ordnung. Also brauche ich mich nicht darum zu kümmern.

Mir fiel dafür umso mehr auf, wenn ich etwas falsch machte. Denn das war nicht in Ordnung. Genauer gesagt war es eine Katastrophe. Für jemand, der immer alles richtig machen muss, ist nur in Ordnung, wenn man immer alles richtig macht und kein bisschen weniger.

Da ich mich nur mit dem beschäftigte, was ich falsch machte, hatte ich das Gefühl, dass ich immer alles falsch machte, was logisch betrachtet gar nicht stimmte.

Warum um alles in der Welt zog mich das Negative so stark in seinen Bann? Selbst jetzt, wo mir das alles klar war, richtete sich meine Aufmerksamkeit immer noch auf die Vermeidung, eine Belastung zu sein.

In diesem Moment fiel mir etwas ein, was ich in der Zukunft gelernt hatte, um den Gedanken des US-Präsidenten zu verhindern, der den Krieg auslösen würde. Das konnte eine Erklärung für meine Gefühle sein.

Der Präsident dachte, dass man kein Risiko für die Menschheit eingehen dürfe. Man müsste so schnell wie möglich erkennen, ob die Außerirdischen eine Gefahr darstellten oder nicht. Wenn sie eine Gefahr sein sollten, dann müsste man reagieren, bevor es zu spät sei. Also klar ausgedrückt: Erst einmal schießen und dann fragen, was sie eigentlich wollen.

Man erklärte mir in der Zukunft, dass diese Einstellung nicht so leicht zu verändern sei. Sie sei auf einen Grundinstinkt des Menschen zurückzuführen. Der Mensch sei in seinem Ursprung ein Fluchttier. Es gab Raubtiere, vor denen er sich schützen musste. Dafür gab es nur eine Möglichkeit: Der Mensch musste versuchen, Gefahren so schnell wie möglich zu erkennen, und sich sofort in Sicherheit bringen. Erst, wenn er sicher war, dass es keine Gefahren gab, konnte er sich dem widmen, was er wollte. Der Drang, eventuelle Gefahren zu erkennen, war also ungleich wichtiger als nach etwas Schönem Ausschau zu halten. Die Aufmerksamkeit des Menschen richtet sich also erst einmal auf die Suche nach den Gefahren und nur, wenn er keine findet, auf das Schöne.

So ging es mir eigentlich auch. Ich wollte ja eigentlich begehrt werden und eine Bereicherung sein. Anstatt die Möglichkeiten hierzu wahrzunehmen, wurde meine Aufmerksamkeit von den Gefahren angezogen, eventuell eine Belastung für andere sein zu können.

In diesem Moment wurde mir auch bewusst, warum ich gestern durch die Geschichte von Michael so aus den Fugen geraten war. Ich war nicht in der Lage, meine Aufmerksamkeit den Schönen Dingen zu widmen, sondern musste zwanghaft nach eventuellen Gefahren Ausschau halten. Sogar ins Klo schaute ich panisch hinein, um mich zu vergewissern, dass von dort keine Gefahr für mich ausging.

Mir war auch klar, dass ich mich erst sicher fühlen würde, wenn ich keine Gefahren mehr finden würde. So lange noch die Möglichkeit einer eventuellen Gefahr bestand, würde ich nicht von dieser Suche loskommen.

So wie es aussah, hatte ich jetzt nur noch die Chance, die man mir in der Zukunft für den US-Präsidenten beigebracht hatte. Ich müsste den Sicherheitsinstinkt befriedigen. Wenn ich die Gefahr sehr unwahrscheinlich machen könnte, würde meine Motivation, diese Gefahr vermeiden zu müssen, sehr klein werden. Die Motivation, das Positive zu wollen, würde irgendwann stärker werden und mein Handeln und meine Gefühle bestimmen. So sollte ich das mit dem Präsidenten machen. Ich sollte seine Motivation darauf lenken, zusammen mit dieser hoch technisierten außerirdischen Rasse eine neue Lebensqualität auf dem Planeten Erde zu erschaffen. Dafür müsste ich jedoch zuerst einmal seine Angst vor einer eventuellen Invasion kleiner machen. Dafür hatte ich mir eine Menge Argumente zurecht gelegt. Es hätte sicherlich funktioniert. Nur leider war ich nicht der US-Präsident, sondern diese Jasmine, deren Gefühle ich jetzt in Ordnung bringen musste.

Mein Problem war jetzt die Angst vor Einsamkeit. Genauer gesagt die Gefahr, mich irgendwann einsam fühlen zu müssen.

Aber eigentlich bestand diese Gefahr doch gar nicht wirklich. Einsam würde ich mich nur dann fühlen, wenn ich meine Aufmerksamkeit auf Einsamkeit richten würde. Das müsste ich jedoch nicht tun. Ich könnte genauso gut nach Menschen, Situationen und Dingen suchen, die mir ein Verbundenheitsgefühl machten. Davon gab es doch mehr als genug.

Mir war bewusst, dass ich mich in der Zukunft beispielsweise mit meinem Beruf sehr verbunden fühlte. Ich fühlte mich auch in meinem Zuhause sehr wohl. Mich zuhause zu fühlen war ja auch nichts anderes als ein Verbundenheitsgefühl. Ich fühlte mich auch mit meinen Freunden und meiner Familie verbunden. Mit Steve sicherlich auch. Zwar anders als zu Anfang unserer Beziehung, aber dennoch verbunden. Mir war auch klar, dass ich einen anderen Mann finden könnte, mit dem ich mich verbunden fühlen könnte. Die Welt wimmelte nur so von Möglichkeiten für diese Verbundenheitsgefühle.

Ich hatte in der Zukunft erlebt, dass mir für mein Glück absolut nichts fehlte, wenn ich mit einer Aufgabe beschäftigt war, mit der ich mich verbunden fühlte. Deswegen war auch der Mangel an Liebe, den ich bei Steve fühlte, gar nicht so drängend wichtig für mich gewesen. Ich hatte mein Verbundenheitsgefühl, und das war das Einzige, was ich wirklich brauchte.

Bei genauerer Betrachtung gab es also gar keine wirklichen Gefahren für Einsamkeitsgefühle. Die Welt hielt so viele Möglichkeiten der Verbundenheit für mich offen, dass ich sie gar nicht alle nutzen konnte. Die Verbundenheit mit einem geliebten Partner wäre schon ganz besonders toll gewesen. Aber es hätte mich auch nicht unglücklich gemacht, wenn ich sie nicht bekommen hätte.

Ich spürte, dass dies wahr war. Ich spürte auch, dass ich mir die Verbundenheit zu einem Partner immer noch wünschte. Doch es war keine Vermeidenwollen-Motivation mehr. Ich richtete jetzt meine

Aufmerksamkeit auf das, was ich wollte. Und das war Verbundenheit.

Mir fiel wieder Peter ein. Peter strahlte manchmal unbeschreibliches Glück und Zufriedenheit aus. Er hatte offensichtlich einen Weg gefunden, seine Verbundenheit woanders zu finden als in einer Partnerschaft.

Ich hatte plötzlich gar keinen Groll mehr auf Peter. Im Gegenteil. Ich freute mich jetzt darüber, solch einen ungewöhnlichen Menschen kennen gelernt zu haben. Ich würde von ihm lernen können.

Nachdem ich mit meinen Gefühlen wieder einmal ins Reine gekommen war, bestellte ich mir noch einen Milchkaffee.

Der Kellner des Lokals kam zu mir und versuchte, zwanglos ein Gespräch mit mir zu beginnen. Ich fand ihn ganz nett, bis mir auffiel, dass ich mein Begehrtwerdenwollenprogramm gestartet hatte. Ich merkte dies, als der Kellner unentwegt auf meinen Busen starrte und mir dies gefiel.

Ich hatte genug davon, jedem Mann schöne Augen machen zu müssen, damit er mich begehrte. Offensichtlich war es mir noch nicht gelungen, diesen Drang loszuwerden.

Ich wollte das nicht mehr. Auch wollte ich nicht wie ein Sexobjekt behandelt werden. Ich zahlte meinen Kaffee und fragte den Kellner, wie ich zum Ägyptischen Museum käme. Ich vermutete, dass Markus und Peter dort auf mich warten würden. Die Erklärung des Kellners war jedoch so kompliziert, dass ich mich entschloss, ein Taxi zu nehmen.

Ich stand an der Straße und winkte einem Taxi, das gerade auf mich zu kam. Zu meiner Verwunderung war das Taxi schon besetzt. Der Fahrer hielt trotzdem an und forderte mich auf, einzusteigen. Ich kam seiner Aufforderung nach und setzte mich nach hinten, obwohl dort schon jemand saß.

Ich wollte es unter allen Umständen vermeiden, auf dem Beifahrersitz Platz zu nehmen, da Markus mir erklärt hatte, dass dies in diesem Land als eine Aufforderung zum Fummeln angesehen werde. Wenn eine Frau sich auf den Beifahrersitz neben dem Fahrer setzte, bedeutete dies, dass sie an einem Abenteuer mit ihm Interesse hatte. Und das war ganz sicherlich nicht der Fall.

Ich gab mein Ziel an und schloss die Tür. Der Taxifahrer nickte und fuhr los. Nach vielleicht drei Minuten hielt er vor dem Ägyptischen Museum und verlangte einen horrenden Preis für die kurze Fahrt. Ich zahlte unter Protest und ging verärgert auf den Haupteingang des Museums zu.

So langsam frustrierte mich die Angelegenheit mit Jasmines schlechten Gefühlen. Meine Gedanken saugten sich förmlich an solchen Dingen fest wie dem Taxifahrer, der sich möglicherweise einbilden könnte, ich hätte Interesse an ihm. Und warum ärgerte ich mich bloß über so etwas Unwichtiges wie den überhöhten Preis, den er für die kurze Fahrt verlangte?

Es konnte nur wieder etwas damit zu tun haben, dass Jasmine sich antrainiert hatte, auf alles zu achten, was nicht in Ordnung war. Alles, was in Ordnung war, war unwichtig, denn darum brauchte man sich ja nicht zu kümmern. Man musste sich nur um das kümmern, was nicht in Ordnung war, um dies in Ordnung zu bringen.

Ein Mensch, der so trainiert ist, muss ja unentwegt schlechte Gefühle haben. Er beschäftigt sich ja permanent nur mit allem, was schlechte Gefühle macht.

Ich hatte keine Lust, schon wieder Jasmines Gefühle in Ordnung zu bringen. Wenn ich das alles richten sollte, was da schief lief, wäre ich noch hundert Jahre damit beschäftigt. Es musste eine andere, schnellere Lösung geben.

Noch bevor ich am Museum ankam, erkannte ich Markus, der dort auf mich gewartet hatte. Er war allein. Mein erster Gedanke war, dass man Peter wegen dem Verkehrschaos verhaftet und eingesperrt hatte. Doch dem war nicht so. Markus hatte ihn von der Kreuzung geholt und ihn wenig später in ein Taxi verfrachtet, dass ihn nach Hause zu Rie und Michael bringen sollte. Danach versuchte er, mir zu erklären, was mit Peter wirklich los war.

"Du darfst nicht schlecht über Peter denken", begann er zu erklären. "Er kann nichts dafür. Ich habe dir von dem Unfall erzählt, den Peter hatte. Ich habe dir jedoch nicht alles erzählt. Normalerweise hat Peter diese Anfälle nur alle paar Wochen. Während seines Komas ist etwas in seinem Gehirn passiert. Die Ärzte vermochten nicht zu sagen, was dies genau für Peter bedeuten würde. Erst sehr viel später wurde klar, dass es gelegentlich Wahnvorstellungen auslösen würde. Peters Wahnvorstellungen zielen darauf, dass er plötzlich glaubt, der Erlöser der Menschheit zu sein. Dann will er alle Menschen in seiner Umgebung mit seiner Liebe beglücken. Dass dies von den Leuten nicht unbedingt positiv aufgenommen wird, hast du ja selbst mitbekommen. Doch auch, wenn sie ihm die Nase zu Brei schlagen, er fühlt nur Liebe für sie. Niemals würde er sie verachten für das, was sie getan haben. Peters Liebe ist in diesen Momenten unermesslich."

Als Markus mir das alles erzählte, spürte ich totale Verachtung für mich selbst. Ich verachtete mich dafür, dass ich Peter abgelehnt hatte, ohne auch nur das geringste Interesse für die Gründe seines Verhaltens zu zeigen. Wer gab mir das Recht, so über einen anderen Menschen zu urteilen? Jetzt, wo ich wusste, was mit ihm los war, tat er mir leid. Ich ärgerte mich jedoch darüber, dass Markus mir nicht von Anfang an reinen Wein eingeschenkt hatte.

Und da waren sie wieder: Meine schlechten Gefühle. Wieder einmal verurteilte ich mich selbst, weil ich etwas falsch gemacht hatte. Ich verurteilte Markus ebenfalls, weil er in meinen Augen, etwas falsch gemacht hatte. Ich hielt es offenbar immer noch für extrem wichtig, dass alle alles richtig machten. Jasmines Gefühle waren echt anstrengend.

Sharafs Plan

Am Nachmittag dieses Tages waren wir unterwegs, um uns mit Sharaf zu treffen. Peter war wieder völlig normal. Ich vermied es, ihn auf seinen Anfall am Morgen anzusprechen.

Als wir am Stammplatz von Sharaf ankamen, wartete bereits eine ganze Horde Beduinen auf uns. Uns war zunächst nicht klar, was das zu bedeuten hatte.

Sharaf bat uns, uns mit in die Runde zu setzen. Wir bekamen eine Tasse sehr starken orientalischen Kaffee gereicht. Sharaf machte uns mit seinen Freunden bekannt. Für eine Weile wurde nur über belangloses Zeug geredet. Ich wurde dabei leicht ungeduldig. Alle verhielten sich so, als hätten wir alle Zeit der Welt. Dabei war Zeit das, was wir am allernötigsten hatten. Ich spürte jedoch, dass ich die Beduinen nicht drängen durfte. Offenbar war es eine Geste des Anstandes, erst einmal eine Weile zu palavern, bevor man zur Sache kam. Nach einer Viertelstunde kam Sharaf endlich heraus mit der Sprache.

"Die Sache ist schwieriger als ich dachte", sagte er und machte dabei ein Gesicht, als erwarte er bereits große Dankbarkeit im Voraus. "Ich habe herausbekommen, dass die Regierung tatsächlich alle Wissenschaftler beschatten lässt, und zwar rund um die Uhr. Momentan ist mir noch nicht klar, warum sie das tun. Es muss etwas sehr Bedeutendes sein."

Markus und ich sahen uns irritiert an. Uns beiden war klar, dass wir uns die gleiche Frage stellten. Was um aller Welt war der wirkliche Grund für das Vorgehen der Regierung gegen die Wissenschaftler? Markus wendete sich Sharaf zu und stellte ihm eine Frage.

"Was genau hast du vor? Deine Leute sind ja sicherlich nicht nur zum Spaß hier."

"Wir brauchen sie", sagte Sharaf und sah dabei in die Runde. "Du brauchst dir auch keine Gedanken über Geld zu machen", fuhr er fort. "Sie helfen kostenlos."

Markus sah Sharaf ungläubig in die Augen. Solch eine Aussage hatte er von Sharaf offenbar noch nie gehört. Er zögerte noch, ob er nun über den gelungenen Scherz lachen oder mit dankbarer Miene nicken sollte. Als er merkte, dass Sharaf weiterhin ernst blieb, entschied er sich für Letzteres. Sharaf fuhr in seinen Ausführungen fort.

"Die Regierung hat bereits einige Forscher des Landes verwiesen. Offiziell heißt es, diese Forscher hätten das Ansehen des ägyptischen Volkes geschädigt. Einige von uns waren Führer bei diesen Wissenschaftlern. Wir können beschwören, dass diese absolut nichts dergleichen getan haben. Sie baten lediglich um die Genehmigung, am Gizeh-Plateau einige Untersuchungen unternehmen zu dürfen. Die meisten Wissenschaftler ließ man so lange auf diese Genehmigung warten, bis sie von selbst wieder abreisten. Denjenigen, die die Genehmigung schließlich erhielten, weil sie an entscheidender Stelle eine Menge Geld hängen ließen, warfen sie nach ein paar Wochen vor, sie würden Lügen über das ägyptische Volk verbreiten, und verwiesen sie als Staatsfeinde des Landes.

Die Regierung führt eine schwarze Liste, auf der alle Wissenschaftler stehen, die jemals eine Genehmigung für die Forschungen am Gizeh-Plateau hatten. Bereits bei der Einreise werden auf diese Leute Agenten angesetzt. Was ich in diesem Zusammenhang nicht verstehe, ist, wieso ihr noch nicht beschattet werdet?"

Markus zögerte etwas und gab dann eine sehr ausweichende Antwort. Ich verstand zunächst überhaupt nicht, warum er das tat. Bis er mich grinsend anschaute und meinte, wir hätten es mir zu verdanken, dass die Regierung uns nicht erkannt hatte. Ich hätte die Beamten abgelenkt.

Plötzlich fiel es mir wie Schuppen aus den Haaren. Mein nasses T-Shirt! Deshalb benahm sich Markus so seltsam. Ich hatte die Beamten mit meinem durchsichtigen T-Shirt so aus der Fassung gebracht, dass sie vergaßen, unsere Namen richtig zu kontrollieren. Dieser peinlichen Angelegenheit hatten wir es also jetzt zu verdanken, dass wir uns frei in diesem Land bewegen konnten.

Sharaf spürte, dass Markus die Geschichte nicht erzählen wollte. Er bohrte nicht weiter nach. Er fuhr mit seinem Bericht über die ungewöhnlichen Aktionen der Regierung fort.

"Die Regierung hat den Wissenschaftlern lebenslange Haft angedroht, wenn sie Lügen über das ägyptische Volk verbreiten. Alle Unterlagen und Pressemeldungen müssen vor ihrer Veröffentlichung von der Regierung freigegeben werden. Zuwiderhandlungen werden sehr hart geahndet. Ich habe von mehreren Wissenschaftlern gehört, deren Unterlagen von der Regierung vernichtet wurden. Es wurden Hausdurchsuchungen angeordnet, bei denen das gesamte Material der Forscher beschlagnahmt und vernichtet wurde. Eine Gruppe von Geologen, die das gesamte Gizeh-Plateau mit seismologischen Geräten nach der Kammer des Wissens abgesucht hatte, ist wie vom Erdboden verschwunden. Offiziell behauptet die Regierung, diese Leute wären abgereist. Doch das stimmt nicht. Ihre Lager stehen immer noch voll intakt am Gizeh-Plateau."

"Was werden wir jetzt tun?", fragte ich Sharaf ungeduldig.

Mit einem zahnlosen, hämischen Grinsen antwortete er: "Wir werden der Regierung in den Arsch treten."

Mir wurde plötzlich klar, warum die Beduinen uns helfen wollten. Sie hatten wohl eine persönliche Rechnung mit der Regierung offen. "Ich verstehe", erwiderte ich euphorisch. "Die haben wohl eine Abtreibung verdient!", erklärte ich in der Sprache dieser Zeit.

Sharafs Grinsen mutierte zu einer Grimasse, als ich das sagte. Er freute sich offenbar schon sehr darauf, die Regierung reinzulegen.

Stolz verkündete er: "Wir haben die meisten Wissenschaftler, die am Gizeh-Plateau arbeiten, bereits heute Morgen aufgesucht und ihnen unsere Dienste als Führer angeboten. Für die Regierung ist dies nichts Besonderes, da wir das immer schon getan haben. Unsere Leute konnten also ungestört agieren. Sie haben den Wissenschaftlern klar gemacht, dass sie nur eine Chance haben, ihr Material aus dem Land zu schaffen: Sie müssen mit uns und dir zusammenarbeiten. Die meisten der Archäologen kannten dich. Wir haben ihnen gesagt, dass du ihre Forschungen unbehelligt aus dem Lande schmuggeln könntest. Wir Beduinen würden die Mittelsmänner sein.

Die Wissenschaftler hatten natürlich bereits bemerkt, dass sie beobachtet wurden. Sie staunten nicht schlecht, als wir ihnen sagten, was die Regierung mit ihren Forschungsergebnissen machen würde, sobald sie sie in die Finger bekäme. Sie waren nicht schwer zu unserem Vorschlag zu überreden."

Langsam dämmerte mir der wirkliche Grund dafür, warum die Beduinen uns helfen wollten. Sie nahmen zwar kein Geld von uns, aber dafür von allen Wissenschaftern, die ihre Forschungsergebnisse außer Landes schaffen wollten. Mir war klar, dass die Beduinen die Wissenschaftler anständig zur Kasse baten. Es war sicherlich viel mehr als wir für die Dienste der Beduinen zu zahlen in der Lage gewesen wären.

Sharaf überreichte Markus ein Bündel Unterlagen, das offenbar die gesammelten Werke der momentanen Forschungen darstellte. Markus gab mir einen Teil der Unterlagen, weil ich so neugierig danach trachtete. Ich konnte damit jedoch absolut nichts anfangen. Es war mir ein Rätsel, wie Markus dieses Gekritzel aus Buchstaben, Hieroglyphen und Zahlen entziffern wollte. Wir verabschiedeten uns von der Runde und fuhren zu Rie und Michael, wo Markus die Unterlagen auswerten wollte.

Als wir in die Straße von unserem Wohnsitz einbogen, bemerkten wir den schwarzen Wagen, der an der Straßenseite stand. Beim Vorbeifahren erkannten wir, dass zwei Männer in schwarzen Anzügen in dem Wagen saßen. Wir waren nicht sicher, aber unabhängig voneinander hatten wir das Gefühl, dass es Agenten der Regierung sein mussten. Markus fuhr an unserem Haus vorbei und bog um die nächste Ecke. Wir konnten nicht riskieren, dass die Regierung sich an unsere Fersen heften würde. Wir warteten eine Weile, um zu sehen, ob der Wagen weiterfahren würde. Nach einer halben Stunde war der Wagen immer noch nicht an uns vorbeigefahren. Ich konnte die Ungewissheit nicht länger ertragen, deshalb stieg ich aus und ging vorsichtig auf die Kreuzung zu, von der aus ich sehen könnte, ob sie weg wären. Ich hielt mich nahe an den Häusern, als ich an die Kreuzung kam. Vorsichtig schaute ich um die Ecke. Verdammt! Sie waren noch da. Ich zuckte erschreckt zurück und hoffte, dass sie mich nicht gesehen hatten. Sofort stieg die Angst in mir auf, dass sie gleich mit ihrem Wagen um die Ecke biegen könnten und mich verhaften würden. Mein erster Impuls war, schnell zum Wagen zu laufen und abzuhauen. Doch dann schaltete sich mein Verstand wieder ein. Die beiden Agenten konnten doch unmöglich irgendetwas von mir wissen. Weder wie ich aussah, noch meinen Namen. Der Einzige, der ihnen vielleicht bekannt sein könnte, wäre Markus gewesen. Und selbst das war fraglich. Sollten es tatsächlich Agenten des ägyptischen Geheimdienstes sein, dann waren sie wahrscheinlich wieder wegen Michael hier.

Ich ging noch einmal zur Kreuzung und warf erneut einen Blick auf den schwarzen Wagen. Er stand immer noch an Ort und Stelle. Ich drehte um und ging zurück zu unserem Wagen.

"Sie sind noch da", sagte ich zu Markus und Peter und setzte mich wieder auf den Beifahrersitz. "Aber ich denke nicht, dass sie wegen uns da sind", fügte ich hinzu. "Wenn es wirklich Agenten sind, haben sie es sicherlich wieder auf Michael abgesehen."

"Wir sollten auf jeden Fall noch eine Weile warten", riet Markus.

Peter nickte zustimmend.

Nachdem wir eine weitere Stunde gewartet hatten, hielt ich es nicht mehr länger aus. Ich wollte wissen, ob es tatsächlich Agenten waren oder nicht.

"Mir reicht es jetzt!", sagte ich zu den anderen. "Ich gehe jetzt hin und sehe mir die beiden Männer einmal genauer an. Wir können nicht den ganzen Tag hier verplempern."

"Ich weiß nicht", warf Peter ein. "Da habe ich kein gutes Gefühl dabei."

"Ich finde auch, das ist keine so gute Idee", kritisierte Markus.

"Aber irgendetwas müssen wir doch unternehmen. Was soll schon passieren? Ihr glaubt doch wohl nicht, dass diese beiden Männer, wenn es wirklich Agenten sind, ausgerechnet nach mir suchen. Woher sollten sie wissen, wer ich bin und was ich vorhabe?"

"Unterschätz die Regierung nicht!", sagte Markus eindringlich. "Die hören das Gras wachsen."

"Die hören Gras wachsen?", fragte ich verständnislos.

"Ich wollte damit sagen, dass die Regierung alles mitbekommt", erklärte Markus.

"Mein Gras können die nicht wachsen gehört haben. Ich bin eine ganz normale Touristin. Ich werde jetzt rausgehen und mir die beiden ansehen."

Markus gefiel mein Vorhaben offensichtlich überhaupt nicht. Er verzog das Gesicht und sagte zu Peter, er solle mich begleiten. Ein Paar würde sicherlich weniger auffallen als eine Frau, die allein durch die Straßen schlenderte.

Wir bogen an der Kreuzung um die Ecke, ohne unseren Schritt zu verlangsamen. Der schwarze Wagen stand immer noch da. Als wir noch etwa fünfzig Meter von dem Wagen entfernt waren, startete er plötzlich den Motor und fuhr auf uns zu. Mist! Was hatte das zu bedeuten? Augenblicklich brach mir der Angstschweiß aus.

In diesem Moment öffnete sich plötzlich die Tür von dem Haus, an dem wir gerade vorbeigingen. Eine junge ägyptische Frau stand in der Tür und forderte uns in gebrochenem Englisch auf, zu ihr zu kommen. Verwundert gingen wir hin.

Sie bat uns, schnell hereinzukommen und schloss hastig die Tür hinter uns. Dann überreichte sie mir einen Zettel.

"Rie, Michael", flüsterte sie dabei.

Auf dem Zettel standen folgende Worte: "Wenn ihr diesen Brief in euren Händen haltet, scheint ihr noch einmal davongekommen zu sein. Fahrt zu folgender Adresse und fragt nach Andre. Er wird euch weiterhelfen."

Darunter stand die Adresse einer kleinen Pension.

Der schwarze Wagen war vorbeigefahren. Wir warteten noch einen Moment und gingen dann hastig zu Markus zurück. Ohne lange zu überlegen, fuhren wir zu der Adresse auf dem Zettel.

Andre war der Besitzer dieser Pension. Er war gebürtiger Deutscher und lebte seit über zwanzig Jahren in Ägypten. Andre war ein seriöser, älterer Mann, der mit Michael vor vielen Jahren in einem deutschen Club Bekanntschaft geschlossen hatte. Seitdem pflegten sie eine lockere Freundschaft, vorwiegend um ihre Muttersprache nicht ganz verkommen zu lassen.

Andre war sofort bereit, uns zu helfen, als Michael ihn von einem öffentlichen Fernsprecher anrief. Er hatte keine Angst vor der Regierung. Insgeheim hoffte er, glaube ich, sogar, dass die Regierung ihn irgendwann ausweisen würde, da er von heftigem Heimweh geplagt wurde und seinen Lebensabend viel lieber in Deutschland verbringen wollte. Er brachte es jedoch nicht fertig, alles aufzugeben, was er sich hier in den letzten zwanzig Jahren aufgebaut hatte.

Andre erklärte, dass unsere Sachen Stück für Stück zu ihm gebracht würden. Bis dahin müssten wir irgendwie improvisieren.

In Andres Pension hatten wir alle unser eigenes Zimmer. Markus machte sich an die Ausarbeitung der Unterlagen, die wir von den Beduinen bekommen hatten. Es war von vornherein klar, dass er dazu die ganze Nacht brauchen würde.

Peter und ich aßen mit Andre zu Abend und hörten uns, mehr aus Höflichkeit und Dankbarkeit als aus Interesse, seine Lebensgeschichte an. Ich ging an diesem Abend recht früh zu Bett und dachte über die Sache mit der Regierung nach. Ob sie wohl tatsächlich schon nach uns suchten? Leider war es uns nicht möglich, mit Michael Kontakt aufzunehmen, um diese Frage zu klären. Sein

Telefon würde mit Sicherheit abgehört. Aus dem Zettel von Michael ging nicht so genau hervor, ob sie es nun auf ihn oder auf uns abgesehen hatten. Die Aussage, dass wir noch einmal davongekommen seien, konnte auch bedeuten, dass wir nicht in sein Haus gegangen waren, während er von der Regierung beobachtet wurde. Hätten wir dies getan, wären wir sofort für die Regierung interessant geworden, und man hätte uns sicherlich ebenfalls beschattet.

25. Juli

Jene, die vom Himmel zur Erde kamen

Der nächste Morgen begann wieder mit meinem üblichen Morgengrauen. Ich wurde wach und überlegte sofort, was ich eventuell falsch gemacht haben könnte. Mittlerweile hatte ich mich schon daran gewöhnt, dass ich mir nach dem Aufwachen als erstes die Decke über den Kopf zog. Auf diese Weise konnte ich meine Gefühle am schnellsten unter Kontrolle bringen.

An diesem Morgen war es nicht so schlimm wie die Tage zuvor. Offenbar waren meine Bemühungen gestern doch wenigstens teilweise erfolgreich gewesen.

Um mir bessere Gefühle zu machen, dachte ich an den schönen Körper, den ich jetzt hatte, und an alles, was mir noch Schönes einfiel. Es gelang mir jeden Tag ein bisschen besser, meine Gefühle auf diese Art und Weise zu beruhigen.

An diesem Morgen ging mir wieder einmal Markus durch den Kopf. Mir war klar, dass ich nicht so intensiv an ihn denken sollte. Ich wusste nicht, ob und wann ich möglicherweise wieder in die Zukunft zurückgeholt würde. Angst vor einer verlorenen Liebe wäre bestimmt nicht das Gefühl, das ich jetzt gebrauchen könnte.

Andererseits dachte ich, dass doch wohl nichts Falsches daran sein könnte, an etwas zu denken, was schöne Gefühle macht. Man schaut sich ja auch gerne schöne Bilder oder Schmuck an. Ich war kein Kind mehr. Ich sollte doch wohl in der Lage sein, an schöne Dinge zu denken, ohne dabei den Verstand zu verlieren. Ich ließ meinen Fantasien also freien Lauf.

Nach einer Viertelstunde stand ich schließlich mit einigermaßen guten Gefühlen auf und ging zum Frühstück. Markus erstattete uns Bericht über den derzeitigen Stand seiner Ausarbeitung. Er hatte die ganze Nacht durchgearbeitet und sah ziemlich fertig aus. Dennoch fühlte ich mich sehr zu ihm hingezogen. Ich konnte nicht umhin, das zu bemerken. Offenbar hatte meine morgendliche Übung eine gewisse Wirkung gehabt.

"Ich habe so langsam die Spreu vom Weizen getrennt", begann Markus zu berichten. "Das Einzige, was ich in Bezug auf die Kammer des Wissens gefunden habe, stammt von einem Fund sechstausend Jahre alter sumerischer Tontafeln. Ich bin jedoch nicht sicher, ob diese Tontafeln über eine wahre Geschichte berichten. Die Sumerer waren ein sehr schreibseliges Völkchen. Jedes noch so unwichtige Geschäftchen wurde in einer Tontafel verewigt. Wir wissen, dass es damals schon Märchenerzähler gab, die ihre erfundenen Geschichten aufschrieben. Was auf diesen Tontafeln steht, ist deshalb nur mit Vorsicht zu genießen. Ich tendiere dazu, sie für eine Sage zu halten. Sie erinnert an eine Schöpfungsgeschichte, wie sie in jeder Religion vertreten ist. Sicherlich hat sie einen wahren Kern, aber das Meiste ist vermutlich erfunden. Wie dem auch sei, es ist das Einzige, was wir über die Kammer haben."

"Nun leg schon los!", begann ich neugierig zu drängen.

"Also gut. Aus diesen Tontafeln geht hervor, dass die Sumerer, bereits ein Jahrtausend bevor die erste Dynastie Ägyptens überhaupt gegründet wurde, von den großen Pyramiden wussten. Es wird in den Tontafeln behauptet, dass die Anunnaki die Pyramiden nach der großen Sintflut gebaut haben. Anunnaki heißt übersetzt: Jene, die vom Himmel zur Erde kamen.

Sie kamen lange vor der Sintflut zur Erde und gründeten Kolonien. Sie veredelten die Frühmenschen genetisch und vermischten sich mit den Töchtern der Menschen, um den Homo Sapiens zu gründen. Nach der Sintflut mussten die Anunnaki erneut beginnen, die Erde zu besiedeln. Sie errichteten einen neuen Raumflughafen auf der Halbinsel Sinai.

Nach und nach vermischten sich die Anunnaki mit der Menschheit. Ihre reine Rasse existierte nach einigen Jahrtausenden nicht mehr. Viele der neuen Menschen verließen mit Raumschiffen die Erde, um auf anderen Planeten Kolonien zu gründen.

Einer der Anunnaki, die auf der Erde zurückblieben, war Ra, der in der ägyptischen Mythologie als Gott bezeichnet wird. Ra übergab die Königsherrschaft über Unterägypten seinem Sohn Shu. Während der siebenhundert Jahre dauernden Herrschaft von Shu wurden die großen Pyramiden von Gizeh gebaut. Der Grund für den Bau der Pyramiden wird auf den Tontafeln auch genannt. Es wird euch sicherlich überraschen."

Nachdem Markus das sagte, machte er andächtig eine Pause, um der kommenden Information mehr Bedeutung zu verleihen. Ich hatte keinen Nerv für solch eine Theatralik. Ungeduldig sagte ich, er solle es nicht so spannend machen.

"Nun gut, wie du willst. Shu hatte einen Halbbruder, der von einer irdischen Mutter geboren wurde. Dieser Typ muss ein ganz fieser Kerl gewesen sein. Er versuchte, Shu seine Herrschaft streitig zu machen. Dabei ließ er keine Gräueltat aus, zu welcher die menschliche Fantasie fähig ist. Er führte eine Heerschar des Bösen an, die Schrecken und Angst über das Land brachte. Ich bin sonst nicht so leicht zu beeindrucken, doch als ich den Namen dieses Mannes las, lief es mir eiskalt den Rücken herunter."

Markus machte wieder eine seiner theatralischen Pausen. Dieses Mal war ich jedoch gar nicht mehr so scharf darauf zu erfahren, was Markus erschauern ließ. Wenn Markus sich schon von etwas beeindrucken ließ, dann würde es meinem empfindlichen Nervenkostüm wahrscheinlich die Sicherungen durchbrennen. Mir wurde bereits flau im Magen, als ich nur daran dachte.

Peter blieb wie üblich wieder ganz locker. Er bekundete seine Neugier, indem er sich interessiert vorlehnte und dabei freudig lächelte. Ich wünschte mir in diesem Augenblick, meinen Körper mit Peter tauschen zu können. Offenbar war Angst ein Gefühl, das Peters Körper überhaupt nicht kannte.

Markus fuhr in seinen Ausführungen fort. Es war deutlich zu erkennen, dass ihn immer noch tief bewegte, was er erzählen wollte.

"Shus Halbbruder war Ransai! Ich bin sicher, es handelt sich hier um den gleichen Ransai wie in Michaels Erzählung."

Als Markus das sagte, wäre ich fast rückwärts vom Stuhl gefallen. Die Angst vor dem Bösen, die mich bei Michaels Geschichte schon einmal so heftig heimgesucht hatte, schüttelte mich regelrecht durch. Markus schien von meiner Reaktion nichts mitbekommen zu haben. Er fuhr ohne Unterbrechung mit seinen Erörterungen fort.

"Ransai führte einen grausamen Volksaufstand gegen seinen Halbbruder. Viele Jahrzehnte war das Land von Terroranschlägen gebeutelt. Schließlich gelang es Shu, Ransai dingfest zu machen. In den Tontafeln heißt es, dass Shu seinen Halbbruder durch einen mächtigen Zauber besiegen konnte, den er von seinem Vater Ra bekam.

Nach diesem Kampf gründete Shu eine geheime Loge: die Wächter des Wissens. Ziel dieser Loge war es, die Zauberwaffe, die Ransai zur Strecke brachte, vor Unwürdigen zu schützen. Die Wächter des Wissens wussten, dass bösartige Menschen wie Ransai die Zauberwaffe dazu benutzen würden, alle Menschen zu versklaven, die auf diesem Planeten lebten. Sie bauten die Pyramiden von Gizeh als Schutz für die Zauberwaffe. Den Sphinx statteten sie mit geheimnisvollen Kräften aus, um die Zauberwaffe zu bewachen. Nur drei Menschen, die reinen Herzens sein würden, wären in der Lage, die Kammer, in der die Zauberwaffe versteckt ist, lebend zu betreten."

Mir war klar, dass hier von der Kammer des Wissens die Rede war und dass die Zauberwaffe nichts anderes als Ella sein konnte. Ich konnte jedoch noch keinen klaren Gedanken fassen. In meinem Kopf spukte immer noch Ransai herum. Die Tatsache, dass offenbar der gleiche Ransai auf diesen Tontafeln erwähnt wurde, den Michael befreit hatte, ließ für mich keinen Zweifel daran, dass böse Geister tatsächlich existierten. Ich geriet fast in Panik darüber, dass solch ein böser Geist jederzeit von mir Besitz ergreifen könnte. Bei der Macht eines solchen Geistwesens wäre kein noch so starker Gegenzauber in der Lage, mich zu beschützen.

Erst jetzt erkannte Markus, dass mit mir etwas nicht stimmte. Besorgt sah er mich an und fragte: "Ist alles in Ordnung, Ronja?"

"Nichts ist in Ordnung!", sagte ich fast hysterisch. "Wie kann denn alles in Ordnung sein, wenn es solche Wesen wie Ransai gibt, die uns jederzeit manipulieren können, wie sie gerade wollen?"

Ich brach augenblicklich in Tränen aus, als ich das sagte. Ich hatte furchtbare Angst davor, dass mich die ganze Zeit schon ein böser Geist manipulierte und sich von meiner Angst ernährte.

Markus rückte zu mir herüber und legte seinen Arm tröstend um mich.

"Mach dir keine Sorgen", sagte er beruhigend. "Das sind doch alles nur Geschichten. Märchen, nichts weiter. Du glaubst doch auch nicht wirklich, dass der liebe Gott Adam und Eva als die ersten Menschen genauso erschaffen hat, wie es in der Bibel steht? Das sind alles bloß Metaphern."

Markus legte sanft seine Hand auf meine Wange und drehte zärtlich meinen Kopf, damit ich ihm direkt in die Augen sehen konnte. Ich fühlte mich plötzlich sehr geborgen.

"Michael hat das mit den Tontafeln erlebt", meinte Markus. "Na und? Das war kein böser Geist, der ihn Sanskrit reden ließ. Es war ein Phänomen, dass in hypnotischer Trance schon viele Male aufgetreten ist. Michael war beim Aussprechen von Ransais Namen in einem erhöhten emotionalen Stresszustand. Das hat spontan eine Trance ausgelöst. Glaub mir, das war kein Geist!"

"Wie kannst du das so sicher sagen?", fragte ich ungläubig. "Es ist doch kein Zufall, dass der gleiche Name auf verschiedenen sumerischen Tafeln zu finden ist."

Markus lächelte mich an, wie man ein naives Kind anlächelt, das noch an den Weihnachtsmann glaubt. Mein Verstand wollte mir klar machen, dass niemand mich behandeln dürfte, wie ein kleines, dummes Ding. Doch meine Gefühle sprachen eine andere Sprache. Ich fühlte mich von Markus beschützt und begann sofort daran zu zweifeln, dass die Geschichte mit Ransai wahr war.

"Das ist sicher kein Zufall", antwortete Markus auf meine Frage, "sondern der Beweis dafür, dass es sich hier um eine bekannte Sage handelt. Nichts weiter. Es gibt keine bösen Geister. Glaub mir! Es gibt sie genauso wenig wie es Flüche gibt.

Du kommst doch aus der Zukunft. Die Menschheit wurde bei dem Atomkrieg, den wir verhindern wollen, fast völlig ausgelöscht. Wenn die bösen Geister, die sich von unseren Emotionen ernähren, uns so toll manipulieren können, dann hätten sie den Krieg verhindert. Sie hätten sich doch nicht selbst die Nahrungsgrundlage entzogen, oder?"

Ich schaute Markus ungläubig und zugleich ängstlich an und fragte ihn: "Und warum trägst du dann immer noch dein Symbol?"

Markus lächelte wieder etwas überheblich und schüttelte dabei den Kopf.

"Tja, das frage ich mich auch gerade."

Er nahm kurzerhand eine Serviette und wischte sich die Reste seines Symbols, die noch nicht abgefallen waren, von der Stirn.

Um Gottes Willen! Das konnte er doch nicht wirklich tun!? Er hatte doch erlebt, wie der Fluch mich beinahe umgebracht hätte. Sich das Symbol abzuwischen, würde den Fluch doppelt schlimm machen. Ich war sicher, das war sein sicherer Tod.

Markus sah Peter auffordernd an und nickte ihm zu. Peter nahm ohne zu Zögern auch seine Serviette und wischte gleichermaßen sein Symbol ab.

Ich konnte nicht glauben, was ich sah. Sie würden beide elendig sterben. Nichts konnte sie jetzt noch retten. Bis zu dem Priester in der Nomadensiedlung war es viel zu weit, und ich kannte den Weg nicht. Was sollte ich jetzt tun? Ich war völlig aufgelöst.

"Bleib ganz ruhig, Ronja", sagte Markus beruhigend und nahm mich wieder tröstend in den Arm. "Es wird nichts geschehen. Es gibt keinen Fluch, es sei denn, man glaubt daran."

"Habt ihr denn schon vergessen, wie es mir ging, bevor mich der Gegenzauber gerettet hat?", fragte ich aufgeregt.

"Ich weiß, dass es dir schlecht ging. Doch das war nicht der Fluch. Du hast dich in diese Symptome aus Angst hineingesteigert. Man kann sich in alles hineinsteigern, und du scheinst dazu ein ganz besonderes Talent zu haben. Ich sage das nicht, um mich über dich lustig zu machen. Es ist einfach so. Du hast die Fähigkeit, sehr leicht und schnell etwas als real anzusehen. Das bringt gewisse Vorteile mit sich, kann aber auch das Gegenteil bedeuten."

Ich glaubte Markus kein Wort. Ich war immer noch sicher, die beiden würden in ein paar Minuten bitter bereuen, dass sie ihr Symbol abgewischt hatten.

Markus schien meine Ängste zu spüren. Er sagte in ruhigem und einfühlsamen Ton: "Wir werden jetzt einfach weiter frühstücken. Wenn es wirklich einen Fluch geben sollte, dann dürften wir das Frühstück nicht unbeschadet überstehen. Sollten wir aber dann immer noch bei bester Gesundheit sein, dann wirst du hoffentlich glauben, dass es keine Flüche gibt."

Daraufhin rückte er wieder auf seinen Platz und wendete sich seinem Frühstück zu.

Ich konnte jetzt nichts essen. Ich war viel zu beunruhigt. Die Sicherheit und Gelassenheit, mit der die beiden aßen, ließ jedoch zum ersten Mal Zweifel darüber aufkommen, dass der Fluch sie wirklich umbringen würde.

Die beiden schlugen sich jetzt schon seit einer halben Stunde den Bauch voll. Nichts Ungewöhnliches war passiert. Sollte das mit meinem Fluch doch so gewesen sein wie Markus behauptete? Hatte ich mich nur in diese Symptome hineingesteigert? So langsam wurden meine Zweifel immer stärker.

Plötzlich krümmte sich Peter vor Schmerz und hielt sich schreiend den Bauch. Oh Gott! Was sollte ich jetzt tun? Ich sprang auf wie von der Tarantel gestochen und wollte um Hilfe schreien. Da hielt mich Peter am Arm fest. Ich sah ihn erschrocken an. Ich befürchtete im ersten Moment, dass er im nächsten Augenblick tot umfallen würde. Doch dann bemerkte ich das Grinsen in seinem Gesicht. Er hielt sich jetzt vor Lachen den Bauch. Was sollte das? Wollte er mich auf den Arm nehmen?

"Tut mir Leid, Ronja", sagte Peter lachend, "aber ich konnte der Versuchung einfach nicht widerstehen. Es war zu verlockend."

Ich wurde ärgerlich. Er hatte mir eine Scheißangst eingejagt. Wütend fuhr ich ihn an: "Du blöder Kerl. Was soll denn daran witzig gewesen sein?"

"Es tut mir wirklich Leid", betonte Peter noch einmal. "Aber du hättest einmal dein Gesicht sehen sollen. Das war zu komisch."

Peter lachte so ausgelassen, dass ich plötzlich mitlachen musste. Bedingt durch die Anspannung meiner Nerven, tat ich etwas, was ich normalerweise nie getan hätte. Ich ging auf Peter los, um ihn im Spaß zu verhauen. Er hielt sich lachend die Hände vors Gesicht und flehte um Gnade. Bevor ich jedoch von ihm abließ, zog ich ihm kräftig die Ohren lang.

Als ich mich wieder setzte, ging es mir viel besser. Diese ungewöhnliche Aktion hatte gut getan. Markus bekräftigte noch einmal, dass es weder Flüche noch irgendwelche böse Geister gebe, die unser Leben manipulierten.

Ich wusste im ersten Moment nicht mehr, was ich von all dem halten sollte. Offenbar ließ sich der Fluch bei den beiden nicht blicken.

Verwirrt fragte ich Markus: "Und was ist mit den Leuten, die von der Inschrift erfahren haben und daraufhin auf mysteriöse Weise gestorben sind?"

"Dafür kann es mehrere Gründe geben. Es sind schon viele Menschen gestorben, die von einem Arzt die Falschdiagnose bekamen, sie hätten nur noch einige Wochen zu leben. Sie sind dann tatsächlich gestorben, obwohl sie die diagnostizierte Krankheit nachweislich gar nicht hatten. Das Gleiche gilt auch für Fälle von Voodoo-

Zauber oder eben bei Flüchen. Wenn man glaubt, man müsse sterben, passiert das auch sehr häufig.

Dieser Effekt ist bekannt. Er nennt sich Placebo-Effekt. Er wirkt im Positiven wie im Negativen.

Andererseits weiß ich nicht, ob überhaupt Menschen aufgrund des Fluches, den Sharaf genannt hat, gestorben sind. Sharaf dichtet gewöhnlich in seinen Geschichten immer etwas hinzu. Und die Leute, die es ihm erzählt haben, vermutlich genauso."

"Na gut, gehen wir einmal davon aus, dass das mit dem Fluch keine Wirklichkeit war. Das heißt aber noch lange nicht, dass es auch keine guten und bösen Geister gibt, die unser Leben bestimmen. Was ist mit all den unglaublichen Zufällen, die Michael erzählt hat?"

Markus lehnte sich zurück und meinte, ungewöhnlich beeindruckt für seine Verhältnisse:

"Das ist nun etwas, was ich tatsächlich nicht erklären kann. Ich habe vor einigen Jahren selbst etwas erlebt, was mein Weltbild ganz schön ins Wanken brachte.

*Angefangen hatte es damit, dass ich einem Freund bei einem Bierchen von einer Jugendsünde erzählte. Ich war damals zwanzig und hatte mich mit einem siebzehnjährigen Mädchen verabredet. Ich mochte dieses Mädchen zwar, aber auch nicht mehr. Blöderweise spielte ich jedoch mit ihr und ließ sie glauben, ich hätte großes Interesse an einer festen Beziehung. Ich genoss es, von ihr begehrt zu werden.

Als wir schließlich eines Abends ausgingen, sah ich eine andere Frau, in die ich mich auf den ersten Blick verliebte. Ich ließ meine Begleiterin kurzerhand stehen und machte mich an meinen neuen Schwarm heran.

Erst nach ein paar Jahren begann ich, mir für diese Tat Vorwürfe zu machen. Glücklicherweise war sie mit ihren Eltern in eine andere Stadt gezogen. Ich ließ die Sache auf sich beruhen und versuchte, es zu vergessen. Doch alle Jahre dachte ich wieder an sie und fühlte mich schuldig.

Als ich diese Geschichte meinem Freund erzählte, stieg der Wunsch in mir auf, mich bei ihr zu entschuldigen. Es war das erste Mal, wo ich zu einer Entschuldigung den Mut gefunden hätte. Bisher wäre mir die Sache viel zu peinlich gewesen. Als ich an diesem

Abend zu Bett ging, dachte ich noch einmal darüber nach, dass ich mich wirklich gerne bei ihr entschuldigen würde.

Am nächsten Tag ging ich mit meiner damaligen Frau zum Schuhe Einkaufen in die Stadt. Sie probierte ein Paar nach dem anderen, und ich stand jedes Mal dumm daneben und versuchte, sie zum Kauf zu überreden, damit die Tortur ein Ende hätte. Nach dem fünften Schuhgeschäft hielt ich es nicht mehr aus. Ich konnte den Trubel in den Schuhgeschäften und die schlechte, verbrauchte Luft nicht mehr ertragen. Ich sagte meiner Frau, ich müsse mal Luft schnappen.

Ich lief zuerst noch durch die Fußgängerzone, bis die vielen Menschen mir auf den Keks gingen. Danach bog ich in eine Seitenstraße ab, die fast menschenleer war. Nach ein paar Hundert Metern stand ich plötzlich vor einem Café. Normalerweise ist das nicht meine Art, aber an diesem Tag schaute ich sehr genau in dieses Café hinein. Im gleichen Moment schaute mich eine Frau aus dem Inneren des Cafés an. Mich traf fast der Schlag. Ich glaubte, träumen zu müssen. Es war sie, die Frau, bei der ich mich entschuldigen wollte. Sie erkannte mich auch sofort, obwohl wir uns jetzt zwei Jahrzehnte nicht mehr gesehen hatten. Sie stand auf und kam zur Tür des Cafés. Im ersten Moment hatte ich sofort wieder mein schlechtes Gewissen, doch sie begrüßte mich so voller Freude, dass ich mich langsam entspannte. Sie lud mich dazu ein, mit ihr einen Kaffee zu trinken. Wir redeten natürlich über alte Zeiten. In dem Gespräch ergab es sich ganz automatisch, dass ich mich für damals entschuldigen konnte. Ich war eine schwere Last losgeworden.

Als ich wieder zu meiner Frau zurückging, die immer noch kein akzeptables Paar Schuhe gefunden hatte, dachte ich über diesen seltsamen Zufall nach. Es war unglaublich, dass ich sie ausgerechnet jetzt, wo ich daran dachte, mich bei ihr zu entschuldigen, getroffen hatte. Sie wohnte immer noch in einer anderen Stadt. Und die war mehr als hundert Kilometer entfernt. Mittlerweile war sie verheiratet und hatte zwei Kinder in jugendlichem Alter. Sie erzählte mir, dass sie am gleichen Tag unheimlich große Lust gehabt hatte, in ihre alte Heimat zurückzufahren und dort ein wenig über ihre Kindheit nachzudenken. Es war das erste Mal, dass sie etwas ohne ihre Kinder und ohne ihren Ehemann unternommen hatte. Ausgerechnet an diesem Tag trafen wir uns in dem Café. Ich muss dazu sagen, dass es auch bei mir sehr ungewöhnlich war, dass ich meine Frau zum Einkaufen begleitete. Ich wusste, wie sie einkauft, und dass es eine stundenlange Tortur geben würde. Trotzdem ging ich mit. Es kamen bei genauerer Betrachtung so viele günstige Faktoren zusammen, damit unsere Begegnung stattfinden konnte und wir über die Situation damals reden konnten, dass ich dieses Ereignis nicht als Zufall erachten konnte. Allein schon die Tatsache, dass sie normalerweise immer mit ihrem Mann unterwegs war, nur an diesem Tag nicht, war schon unwahrscheinlich genug, damit ich am Zufall gezweifelt hätte. Wäre ihr Mann dabei gewesen, hätte ich mich sicherlich nicht entschuldigt.

Der bedeutendste Faktor, der mich am Zufall zweifeln ließ, war jedoch, dass ich die Frau genau in dem Moment traf, wo ich bereit war, mich bei ihr zu entschuldigen.

Dieses Ereignis blieb mir lange unvergessen. Ich fand mit meinem wissenschaftlichen Weltbild keine Erklärung dafür."

Die Geschichte von Markus hatte mich tief bewegt. Dieses Erlebnis konnte wirklich niemand als Zufall bezeichnen. Dann schon eher als eine Schöpfung der Lichtenergien. Es wäre zumindest eine Erklärung für diesen unglaublichen Zufall gewesen.

"Warum lehnst du es so rigoros ab, dass die Lichtenergien dieses Ereignis für dich erschaffen haben?", wollte ich von Markus wissen.

"Für mich ist dieser Erklärungsversuch von Michael nichts anderes als eine Metapher", antwortete Markus. "Ich glaube nicht an eine Fremdbestimmung des Menschen. Bedingt durch den unglaublichen Zufall, den ich eben erzählte, fing ich an, eine wissenschaftliche Erklärung für dieses Phänomen zu suchen. Nach einigem Hin und Her stieß ich auf die Quantenmechanik.

Es gibt eine Menge Experimente aus dem Bereich der modernen Wissenschaft, die eindeutig beweisen, dass unser bisheriges Verständnis von der Welt absolut falsch ist – was vielen konventionellen Physikern natürlich ein Dorn im Auge ist. Diese Wissenschaftler versuchen seit vielen Jahrzehnten, die Quantenmechanik zu widerlegen. Doch alle Experimente, mit denen sie beweisen wollten, dass die Quantenphysik falsch ist, bestätigten sie stattdessen. Das hat mich irgendwie überzeugt."

"Wenn unser Verständnis von der Welt falsch ist, wie du sagst, was ist dann das richtige Verständnis?", wollte ich von Markus wissen.

"Das ist leider noch nicht so ganz klar", antwortete Markus. "Es gibt verschiedene Deutungen der physikalischen Experimente, die von der Quantenphysik gemacht werden. Im Grunde genommen gibt es zwei Hauptrichtungen: Die erste ist, dass die Welt erst in dem Moment Wirklichkeit wird, in dem wir hinschauen. Bevor wir hinschauen ist sie nur eine Wahrscheinlichkeit und nicht wirklich real. Die Welt wird erst in dem Moment, wo jemand hinschaut, zu der anfassbaren und sichtbaren Welt, die wir kennen."

"Und was soll sie vorher sein?", fragte ich zweifelnd.

"Alles und nichts", erklärte Markus. "Alles, was du dir vorstellen kannst. Jedoch nicht als reale Welt, sondern eher wie eine Fantasie."

"Wie soll ich das verstehen?", hakte ich nach. "Alles, was ich mir vorstellen kann!?"

"Nimm einmal die Situation von vorhin mit Peter. Peter hätte in dem Moment, an dem er sich vor Schmerzen den Bauch hielt, tatsächlich Schmerzen haben können. Es hätte der Fluch sein können, der ihn tötet. Es hätten aber auch nur Verdauungsstörungen sein können. Es hätte auch irgendeine Krankheit sein können. Oder eben nur eine Verarschung. Es hätte alles Mögliche sein können.

Diese Deutung der Quantenmechanik besagt, dass es bis zu dem Moment, wo du es wahrgenommen hast, nicht entschieden war, was mit Peter jetzt wirklich los ist. Du hast es erst in dem Moment entschieden, wo es passiert ist."

"Dann hätte ich ja entschieden, dass es nur Quatsch war", wandte ich ein. "Das kann nicht sein. Ich habe gedacht, dass es tatsächlich der Fluch ist."

"Die Quantenphysik hat noch nicht herausgefunden, wie wir es genau anstellen, eine bestimmte Wahrscheinlichkeit wahr werden zu lassen", erwiderte Markus. "Tatsache ist, dass die Experimente der Quantenmechanik eindeutig beweisen, dass die Wirklichkeit von unserer Beobachtung abhängig ist. Wie das Ganze funktioniert, wissen sie wie gesagt noch nicht so genau."

"Das hört sich alles wie Science Fiction an", erklärte ich skeptisch.

"Das finden konventionelle Wissenschaftler auch", stimmte Markus zu. "Deshalb versuchen sie ja ständig, die Quantenphysik zu widerlegen. Tatsache ist, dass alle Versuche, die Theorien der Quantenmechanik zu widerlegen, darin geendet haben, sie zu bestätigen. Und die konventionellen Wissenschaftler haben sich wirklich mächtig ins Zeug gelegt, um zu beweisen, dass die Quantenphysik sich irrt. Es scheint tatsächlich zu stimmen, dass die Welt, wie wir sie kennen, erst durch unsere Beobachtung entsteht. So unglaublich das auch sein mag."

"Du sagtest eben, dass es zwei Deutungen der Quantenmechanik gibt", hakte ich noch einmal nach. "Was ist die zweite Deutung?"

"Es ist die Annahme, dass es nicht nur diese eine Welt gibt", erwiderte Markus.

"Was soll das heißen?", fragte ich verständnislos.

"Es ist sehr gut möglich, dass es unendlich viele Parallelwelten gibt. In dieser Deutung der Forschungsergebnisse der Quantenphysik wählen wir als Beobachter immer eine bestimmte Parallelwelt aus."

"Ich glaube, eure Wissenschaftler haben tatsächlich zu viele Science-Fiction-Filme gesehen", erwiderte ich ungläubig.

"Ich weiß, dass es unglaublich klingt", meinte Markus. "Mir ist es auch schwer gefallen, das ernst zu nehmen. Als ich mir jedoch die Experimente einmal genau anschaute, welche die Quantenphysiker durchführen, hielt ich es gar nicht mehr für so abwegig, dass es viele parallele Welten gibt. Es ist sogar wahrscheinlicher als die Deutung, dass die Welt erst in dem Moment der Beobachtung aus den Wahrscheinlichkeiten entsteht."

"Für mich ist eher wahrscheinlich, dass beide Deutungen vollkommener Quatsch sind", erwiderte ich energisch.

"Ich kann nur sagen: Schau dir an, was die Quantenphysiker tatsächlich tun. Schau dir die Experimente an. Ich kann dir versprechen, dass du die Welt nicht mehr so sehen wirst, wie du sie bis jetzt gesehen hast. Auch wenn es alles über den Haufen wirft, was wir bis jetzt über die Welt dachten. Die Ergebnisse der Quantenmechanik kann niemand wegdiskutieren. Die Welt scheint sehr viel abgefahrener zu sein als wir das bisher glaubten."

"Du hast gesagt, dass du in der Quantenmechanik eine wissenschaftliche Erklärung gefunden hast für die Situation mit der Frau, bei der du dich entschuldigen wolltest. Wie sieht diese Erklärung aus?"

"Da habe ich mir auch lange Gedanken darüber gemacht", erwiderte Markus. "Ich weiß nicht, wodurch ich das Ereignis herbeigeführt habe. Tatsache ist, dass ich es nicht für Zufall halten kann. Entweder habe ich dieses Ereignis aus Wahrscheinlichkeiten geschaffen oder aus parallelen Welten ausgesucht. Oder etwas in dieser Art. Klar ist nur, dass ich etwas mit der Entstehung dieses Ereignisses zu tun habe. Das hat die Quantenmechanik eindeutig bewiesen. Nur wie es funktioniert, ist noch unklar.

Was ich von der Quantenmechanik auch als eindeutig bewiesen ansehe, ist, dass es keine Fremdbestimmung gibt. Wir sind für alles, was wir in unserem Leben erleben, selbst verantwortlich. Und damit kann es auch keine guten und bösen Geister geben, die unsere Wirklichkeit erschaffen. Wenn es diese Geister gibt, dann haben wir sie entweder erschaffen oder aus unendlich vielen parallelen Welten ausgesucht. Damit ist jedoch klar, dass wir Macht über diese Geister haben und nicht die über uns.

Für mich ist klar, dass unsere Welt gewissen Gesetzen gehorcht. Die Aufgabe der Wissenschaft war schon immer, diese Gesetze herauszufinden. Und ich bin sicher, dass alles mit der Existenz solcher Naturgesetze erklärbar ist. Wir kennen diese Gesetze nur noch nicht alle."

"Es ist der Glaube, Markus", mischte sich Peter ein, der bisher eher passiv dem Gespräch beigewohnt hatte. "Wenn du glauben kannst, dass du einen Sechser im Lotto haben wirst, dann hast du ihn bereits. Wenn du wirklich glauben könntest, dass du fliegen kannst, dann würdest du dich augenblicklich in die Lüfte schwingen."

Das war nun wieder typisch Peter. Und wenn ich wirklich glauben würde, dass Hamburger an Bäumen wachsen, dann würden sie auch dort wachsen, oder was?! Am liebsten hätte ich ihm das gesagt, aber ich wollte Peter nicht beleidigen. Dieser Mann war der Wirklichkeit einfach völlig entrückt wie ein Kind. Aber ansonsten war er ein wirklich lieber Mensch. Ich hatte keinen Grund, ihn wegen seiner Spinnereien anzugreifen.

Markus ging auch immer auf seine Äußerungen ein, als würde er ihn ernst nehmen. Er antwortete ihm, als hätte Peter etwas sehr Wichtiges gesagt.

"Das kann gut sein", stimmte Markus zu. "Unser Glaube hat sicherlich einen großen Einfluss auf die Art, wie wir die Welt beobachten."

"Ich habe mich eine Zeit lang sehr intensiv mit Heilen beschäftigt", begann Peter zu erzählen. "Ich wollte nämlich selbst Heiler werden. Was mir jedoch Schwierigkeiten machte, war, dass die Heiler, die ich aufsuchte, völlig gegensätzliche Dinge behaupteten. Die einen sagten, sie würden mit Energie heilen. Um dies zu erlernen, könnte ich von ihrer Energie profitieren. Sie könnten mich sozusagen einweihen. Danach müsste ich intensiv an mir arbeiten, um meine Energie zu verstärken.

Diese Heiler waren sehr erfolgreich mit dem, was sie taten. Ich hätte die Ausbildung bei ihnen wahrscheinlich sogar direkt begonnen, wenn ich nicht vorher schon bei anderen Heilern gewesen wäre, die mir etwas ganz anderes erzählten.

So waren beispielsweise einige dabei, die erklärten, dass man mit Informationen heilen würde. Wenn ein Mensch krank sei, hätte sein körperliches und geistiges System eine falsche Information. Man müsse diesem System die richtige Information geben, und der Mensch würde gesund. Auch diese Heiler brachten wahre Wunder hervor.

Die Art und Weise, wie sie ihre Informationen an den Patienten brachten, war jedoch sehr unterschiedlich. Manche redeten mit ihren Patienten. Oder sie hypnotisierten sie. Manche sendeten ihnen telepathisch die Information. Andere wiederum benutzten Edelsteine oder Homöopathie und Ähnliches.

Eine weitere Gruppe von Heilern versicherte mir glaubhaft, dass der Mensch im Grunde genommen aus Schwingung bestehe. Ein Mensch, der krank sei, habe demzufolge die falsche Schwingung. Dieses Gedankenmodell war nicht zu verwechseln mit der Vorstellung von Energie, wie es auf den ersten Blick den Anschein haben könnte. Zwar glaubten die Energieanhänger auch an bestimmte Frequenzen ihrer Energie, doch sie sahen die Energie als etwas Fließendes. Etwas, was man abziehen oder hinzufügen kann. Das Gedankenmodell der Schwingungen ging hingegen davon aus, dass der Körper selbst die Energie ist. In dieser Vorstellung kann man keine Energie von einem Menschen auf den anderen überfließen lassen. Man kann jedoch die Schwingungsfrequenz eines anderen

Menschen durch Resonanzwirkung verändern. Manche benutzten dafür ihren eigenen Körper, andere solche Dinge wie Klangschalen oder Stimmgabeln. Wieder andere versuchten, die Schwingung bestimmter erkrankter Körperstellen mit farbigem Licht zu bestrahlen, die den Körper in eine bestimmte heilende Frequenz bringen sollten.

Eine ganz andere Gruppe von Heilern bediente sich höherer Mächte. Dies waren sehr oft energetische Wesenheiten oder Engel. Viele dieser Heiler ließen diese Geistwesen durch sich hindurch sprechen. Andere riefen sie nur an und baten sie um Hilfe. Eine spezielle Form dieser Heilung ist beispielsweise auch das Gebet.

*Ich habe auch Heiler erlebt, die vorgaben, Gott selbst heile durch sie. Sie selbst seien nur das Werkzeug Gottes. Einer davon war ein japanischer Wunderheiler. Er brachte Phänomene hervor, die mir die Sprache verschlugen. Er brachte tatsächlich Lahme zum Gehen und verwandelte Wasser in Wein.

Das Problem war nur, dass er überzeugt war, die Menschen seien nur krank, weil sie zu viel Negatives in ihren Herzen trügen und dass Gott diesen Menschen durch ihn als Heiler zeigen wolle, was geschehen würde, wenn sie das Negative aus ihren Herzen verbannen würden. Aus diesem Grund konnte er sie nur für genau drei Wochen heilen. Danach kamen ihre Symptome wieder zurück.

Bei all diesen wunderbaren Möglichkeiten des Heilens konnte ich mich einfach nicht entscheiden, welchen Weg ich gehen sollte. Alle waren sie erfolgreich. Obwohl sie alle etwas völlig anderes taten. Mir war klar, dass es dafür eine gemeinsame Wahrheit geben musste. Ich wusste bloß nicht, welche. Ich verschob meine Heilerausbildung auf unbestimmte Zeit. Ich wollte nicht irgendwas lernen. Ich wollte mit den wahren Fähigkeiten umgehen, die es dem Heiler ermöglichen, seine Arbeit zu tun.

Ich bin überzeugt: Jeder, der an seine Methode glaubt, wird seinen Patienten heilen. Es ist jedoch mit Sicherheit nicht wirklich die Methode, die für die Heilung verantwortlich ist. Es kann nur der Glaube sein. Entweder glauben die Patienten selbst, oder der Heiler tut es. Es scheint ziemlich egal zu sein, wer glaubt."

Jasmines neues Leben

Nach dem Frühstück fuhren wir mit dem Wagen wieder zu Sharaf. Markus hoffte, dass Sharaf einen Weg finden würde, wie wir den Sphinx einmal genauer unter die Lupe nehmen könnten, ohne dass die Regierung auf uns aufmerksam würde. Aus den sumerischen Schrifttafeln ging ja eindeutig hervor, dass der Sphinx etwas mit der Kammer des Wissens zu tun haben könnte.

Unter dem Sphinx waren in den letzten Jahren zwei Kammern gefunden worden, die jedoch leer waren. Zumindest wurde es von der Regierung so dargestellt. Markus hatte jedoch erfahren, dass die Regierung in den ersten Monaten nach dem Fund keine ausländischen Wissenschaftler an diese Kammern herangelassen hatte. Die Vermutung lag nahe, dass sie entgegen der Aussage der Regierung nicht leer waren, sondern etwas enthielten, was die Regierung veranlasste, zu den ungewöhnlichen Maßnahmen gegenüber den Wissenschaftlern zu greifen.

Für Touristen waren die beiden Kammern jedoch noch heute nicht zugänglich. Wir hatten also auf normalem Wege keine Möglichkeit, hineinzukommen. Markus hoffte jedoch, dass wir darin etwas finden könnten, was der Regierung entgangen war. Irgendetwas, was in Zusammenhang mit den Tontafeln einen Sinn ergab.

Noch bevor wir den Stammplatz von Sharaf erreichten, wurde mir plötzlich ganz komisch. Mir schwanden die Sinne. Zuerst glaubte ich, der Fluch hätte mich doch heimgesucht. Nachdem bei Markus und Peter immer noch nichts passiert war, hatte ich nämlich mein Symbol ebenfalls abgewaschen. Doch dann merkte ich, was wirklich los war. Ich konnte nur noch schnell rufen: "Schnell, macht irgendetwas! Man versucht, mich zurückzuholen", da verlor ich auch schon das Bewusstsein.

Ich spürte plötzlich wieder meinen Körper in der Zukunft. Er kam mir schon fast fremd vor. Ich merkte auch, dass ich momentan unter keinen Umständen zurück wollte. Ich wehrte mich dagegen, bis die Erinnerungen meines Körpers in Bezug auf die letzten drei Wochen mein Interesse fanden. Offenbar hatte es in der Zukunft wieder drei Wochen gedauert, bis sie mich erneut zurückholen wollten. Warum sie mich jedoch nicht zum gleichen Zeitpunkt abholten wie beim letzten Mal, blieb mir ein Rätsel.

Doch das war mir momentan auch ziemlich egal. Ich interessierte mich vielmehr dafür, was ich in den Erinnerungen meines Körpers über Jasmine und Steve fand.

Jasmine hatte sich offensichtlich in Steve verliebt. Im ersten Moment erwartete ich, dass ich eifersüchtig sein müsste, denn Steve war ja schließlich mein Ehemann. Doch ich hatte mich in den letzten Tagen emotional so weit von Steve entfernt, dass ein solches Gefühl nicht aufkam. Ich hoffte nur, dass es den beiden nicht allzu weh tun würde, wenn Jasmine wieder in die Vergangenheit zurück müsste.

Jasmine erlebte die Welt der Zukunft immer noch so, als wäre alles ein schöner Traum. Sie wusste nichts davon, dass sie wieder zurück in die Vergangenheit geschickt werden sollte. Man ließ sie glauben, diese Maschine wäre notwendig, damit der Traum nicht zu Ende geht.

Innerhalb weniger Sekunden überströmten mich Eindrücke, die Jasmine in meiner Welt in den letzten drei Wochen aufgenommen hatte. Es war, als erlebte ich dies wie im Zeitraffer.

Sie war total fasziniert von unseren technologischen Errungenschaften. Über jede Kleinigkeit freute sie sich wie ein kleines Kind.

Als sie das erste Mal in unsere Wohnung kam, gingen ihr fast die Augen über. Noch nie zuvor hatte sie einen virtuellen Spielfilm erlebt. In meiner Zeit spielt sich ein Film nicht auf der Mattscheibe eines Fernsehers ab. Er ereignet sich direkt im Kopf des Zuschauers. Die Eindrücke des Films werden direkt in die Wahrnehmungszentren des Gehirns übertragen. Der Zuschauer ist mit all seinen Sinnen in den Film einbezogen. Die Figuren in diesen Filmen betrachten den Zuschauer als realen Bestandteil ihrer Welt. Dieser kann somit auch den Ablauf der Geschichte verändern. Es ist so ähnlich wie ein Traum, bei dem man weiß, dass man träumt, und dadurch den Ablauf des Traumes bewusst bestimmen kann.

Jasmine konnte sich über diese technische Errungenschaft unserer Zeit gar nicht mehr einkriegen. In den ersten Tagen nach ihrer Ankunft verbrachte sie fast die ganze Zeit damit, sich Filme anzuschauen. Sie unterbrach ihre Filme nur, um sich etwas zu Essen zu machen oder auf die Toilette zu gehen. Und auch darüber war sie überaus begeistert.

Die Gerichte, die sie essen wollte, teilte sie unserer Küchenhilfe mit und erhielt wenige Minuten später das fertige Produkt. Küchenhilfe ist in meiner Zeit die Bezeichnung für ein Gerät, das mit Hilfe von bestimmten Grundrohstoffen in Minutenschnelle fast jede denkbare Mahlzeit anrichten kann. Jeder Haushalt verfügt über eine Küchenhilfe. Es war für uns langweilige Realität, dass wir unser Essen so herstellten. Für Jasmine grenzte es jedoch jedes Mal an ein Wunder. Sie probierte so viele Speisen aus, bis ihr schlecht wurde. Dabei zweifelte sie jedes Mal erneut daran, dass die Maschine tatsächlich ein einwandfreies Essen liefern würde.

Als ich diese Erinnerungen miterlebte, war mir klar, dass diese Frau in ihrem ganzen bisherigen Leben noch nicht einmal annähernd so viel Freude gehabt hatte wie in den paar Wochen, die sie jetzt in meinem Körper war. Auch hatte sie keine Schuldgefühle und keine Ängste mehr. Das musste für eine Frau mit Jasmines Emotionen der Himmel auf Erden gewesen sein. Sie traute sich endlich zu sagen, was sie wollte, oder einfach selbstbewusst auf wildfremde Menschen zuzugehen und sie anzusprechen.

Durch ihre freudige, naive Art wirkte sie auf alle Menschen so erfrischend, dass sie überall mit sehr viel Herzlichkeit aufgenommen wurde. Sie war sofort der Mittelpunkt des Geschehens, weil sie den Menschen wieder bewusst machte, welch tolle Welt sie sich geschaffen hatten. Jasmine konnte es kaum glauben, aber sie schien in diese Welt zu passen wie der Arsch auf den Eimer, wie man in der Vergangenheit zu sagen pflegte.

Lustig war, wie die Menschen sich über ihre Art zu reden wunderten. In meiner Zeit benutzte man ja keine Kraftausdrücke wie cool oder geil. In meiner Zeit nahm man wie gesagt alles sehr viel wörtlicher.

Ich sah in Jasmines Erinnerungen eine Situation, in der sie mit einer Nachbarin über die Haushaltsgeräte in unserer Wohnung redete. Dabei benutzte sie immer wieder die Ausdrücke cool und geil. Die Nachbarin wunderte sich sehr darüber, dass in Jasmines Wohnung alles kalt sein sollte, wie Jasmine es ständig bekräftigte. Der Fernseher sei total kalt, erklärte sie, das Bett und die Couch seien auch total kalt. Und die Küchenhilfe mit all den vielen tollen Gerichten, total kalt. Generell sei die ganze Wohnung an sich total kalt. Die Nachbarin fragte Jasmine, warum sie keinen Techniker kommen ließe, der ihre Wohnung in Ordnung bringen könnte. Als Jasmine dann sagte, die Wohnung wäre doch super in Ordnung, alles sei doch total kalt, verstand die Nachbarin gar nichts mehr. Sie zweifelte an Jasmines Verstand und verabschiedete sich unter einem Vorwand.

Aber auch, wenn Jasmine etwas komisch redete, sie war die ungekrönte Königin meiner Zeit. Viele Menschen begannen nach und nach zu ahnen, dass Jasmine mit den Begriffen cool und geil etwas anderes ausdrücken wollte als die tatsächlichen Bedeutungen dieser Begriffe. Da Jasmine diese tolle Wirkung auf andere Menschen hatte, wurde sie schnell zu einer Art Trendsetterin mit ihrer Art zu reden. Viele Menschen ahmten sie nach und benutzen fortan die Ausdrücke cool und geil an den unmöglichsten Stellen. Jasmine wunderte sich dann jedes Mal über die komische Art zu reden dieser Leute.

Steve wollte es ganz besonders gut machen. Er hatte Jasmines Verwunderung mitbekommen. Da er als Einziger wusste, dass Jasmine aus der Vergangenheit kam, ging er in eine Bibliothek und stöberte in alten Wörterbüchern nach den Begriffen, die Jasmine ständig benutzte. Er wollte die Bedeutung dieser Worte herausfinden und infolgedessen vernünftiger damit umgehen können als die anderen Leute, die es versuchten. Er fand jedoch unter dem Begriff cool überhaupt nichts. Dafür aber bei dem Wort geil. In einem über zweihundert Jahre alten Lexikon fand er eine sehr sonderbare Bedeutung für dieses Wort: *paarungsbereit.* Steve verstand zwar nicht, warum in Jasmines Erzählungen immer alles paarungsbereit und kalt war, aber er dachte sich, dass die meisten Menschen sich unter paarungsbereit zumindest mehr vorstellen könnten als unter geil. Er benutzte also fortan in seinen Gesprächen immer häufiger die begeisternde Redewendung: *total paarungsbereit!* Jasmine wunderte sich nicht schlecht über diese seltsame Gepflogenheit. Doch in dieser Welt schien Vieles etwas seltsam zu sein. Sie machte sich also nicht sonderlich viele Gedanken darüber.

Was Jasmine trotz ihres neuen, nicht mehr ganz so attraktiven Körpers nicht verloren hatte, war ihre Erotik. Sie heizte meinem Steve ganz schön ein.

Jasmine bewegte sich in meinem Körper völlig anders als ich. Sie warf ihre Hüften beim Gehen ausladend von links nach rechts. Ihr Gang sah zudem sehr beschwingt aus. Insgesamt schienen ihre

Bewegungen sehr viel weiblicher zu sein als meine. Steve staunte nicht schlecht, als sie das erste Mal vor ihm herlief, zumal sie eine sehr enge Hose und hochhackige Schuhe angezogen hatte. Als Jasmine bemerkte, dass Steve ihr auf den Po schaute, ließ sie ihre Hüften noch einladender kreisen. Sie reckte meinem Steve ihre aufreizende Rückseite entgegen. Er wusste gar nicht, wie ihm geschah. Jasmine spürte Steves Erregung regelrecht körperlich. Ihr Bewusstsein schien für solche Wahrnehmungen wesentlich sensibler zu sein als meines. Sie genoss das Gefühl, von Steve begehrt zu werden, ohnegleichen. Dabei tat sie die ganze Zeit so, als würde sie von all dem überhaupt nichts merken.

Jasmine genoss es jedoch nicht nur, von Steve begehrt zu werden. Sie genoss es, von jedem Mann begehrt zu werden. Sie hatte also ihr Begehrtwerdenprogramm mit in die Zukunft genommen.

Als sie zusammen mit Steve bei einer Art Party war, hatte sie sich einen langen, engen Rock angezogen, der bis in den Schritt geschlitzt war. Der Schlitz war jedoch nicht offen, das wäre zu auffällig gewesen. Sie beiden Rockseiten überlappten sich etwa zehn Zentimeter. Es erübrigt sich zu betonen, dass Jasmine drauf geachtet hatte, dass der Rock ihren Po hervorragend zur Geltung brachte.

Auf der Party sorgte sie durch ihre Art, sich zu bewegen, erst einmal dafür, dass die Männer auf sie aufmerksam wurden. Als sie sich auf einen Barhocker setzte, ließ sie ihren Po ein ganzes Stück über die Sitzfläche hinausragen. Dabei streckte sie ihn aufreizend heraus. Was die Art betraf, wie sie sich setzte, so könnte man das folgendermaßen ausdrücken: Jasmine setzte sich nicht, sie bestieg den Barhocker! Sie rutschte mit herausgestrecktem Po langsam und aufreizend über die Sitzfläche. Sie tat dies so langsam, dass es jedem sofort auffiel.

Die größte Freude hatte sie jedoch, wenn sie sich auf einen ganz normalen Sessel setzte. Sie sorgte erst einmal dafür, dass man auf sie aufmerksam wurde, indem sie entweder laut lachte, als hätte jemand einen gelungenen Witz gemacht, oder sie sagte etwas in sehr lautem Ton. Dann nahm sie ihren Rock und zog die beiden Hälften so übereinander, dass man den Eindruck hatte, sie wollte ganz sittsam verhindern, dass ihre Knie unter dem Rock zum Vorschein kämen. Sie tat dies mit übertriebener Sorgfalt, so dass wiederum jeder hinsah, um herauszufinden, was sie genau anstellte. Dann setzte sie sich ganz langsam hin, weiterhin darauf bedacht, dass der Rock immer schön geschlossen blieb. In dem Moment, wo sie sich hinsetzte, platzte der Rock mit einem Ruck auseinander und zeigte ihre Beine bis zum Höschen. Sie legte dann ihre Beine elegant übereinander und ließ es so aussehen, als wäre es ihr peinlich, dass man so viel von ihren Beinen sehen konnte. Um dies zu erreichen, unternahm sie immer wieder den vergeblichen Versuch, mit dem engen Rock ihre Beine zu verdecken. Der Rock fiel natürlich immer wieder herunter und zeigte jedes Mal noch etwas mehr von ihren Beinen.

Steve blieb genau wie alle anderen Männer nicht unbeeindruckt von Jasmines Spielchen. Obwohl Jasmine in meinem Körper nicht die schönste Frau auf der Party war, war sie mit Sicherheit die begehrteste. Sie hatte es besser als jede andere drauf, den Männern den Verstand in die Hose rutschen zu lassen.

Am Anfang war es Steve ein wenig peinlich, wie seine Frau sich in der Öffentlichkeit bewegte. Als er jedoch merkte, wie positiv die Reaktionen der Leute auf Jasmine waren, wich seine Scham einem Gefühl von Stolz. Besonders die Tatsache, dass Jasmine ihn begehrte, ließ sein Selbstbewusstsein zu ungeahnten Höhen emporwachsen. Steve war durch den Einfluss von Jasmine zu einem völlig neuen Menschen geworden. Ich konnte in Jasmines Erinnerungen ganz klar sehen, dass Steve sich verliebt hatte. Sicherlich wünschte er sich insgeheim, dass Jasmine für immer bei ihm in der Zukunft bleiben könnte.

In diesem Moment wurde mir wieder bewusst, dass ich noch gar nicht zurück wollte. Ich hatte eine Aufgabe zu erledigen. Ich versuchte, mich dagegen zu wehren, dass man mich in meinen Körper zurückholte. Ich konzentrierte mich mit aller Kraft auf die Empfindungen von Jasmines Körper. Plötzlich war der Spuk vorüber. Ich befand mich wieder in der Vergangenheit. Ich weiß nicht genau, was dafür wirklich verantwortlich war. Allein die Konzentration auf Jasmines Körper konnte es nicht gewesen sein.

Noch bevor ich richtig zu mir kam, spürte ich, dass mich jemand im Arm hielt. Und nicht nur das! Es strich mir jemand vorsichtig die Haare aus dem Gesicht und streichelte mich zärtlich. Ich ließ die Augen geschlossen und stellte mich weiterhin ohnmächtig.

Markus hatte mich aus dem Wagen herausgeholt und in dessen Schatten gelegt. Er saß mit dem Rücken an den Wagen gelehnt und hielt mich im Arm. Er streichelte weiterhin zärtlich mein Gesicht. Es war sehr schön. Ich spürte seine starken Arme, mit denen er mich hielt. Innerhalb einer Minute begann mein Unterleib, wieder so komisch zu kribbeln. Es war das gleiche Kribbeln, das ich beim letzten Mal dem Gegenzauber zugeschrieben hatte. Offenbar handelte es sich dabei doch nicht um Nebenwirkungen eines Zaubers. Dieses schöne Gefühl war anscheinend Bestandteil von Jasmines Körper. Plötzlich fühlte ich mich wieder unsagbar wohl. Ich fühlte mich auf eine wundervolle Art und Weise sehr weiblich. Markus' Zärtlichkeiten gingen mir durch und durch und verursachten mir angenehme Schauer, die durch meine Haut jagten. Es war unglaublich schön, mit diesen Empfindungen in Markus' Armen zu liegen. Während er mein Gesicht streichelte, sagte eine innere Stimme in mir immer wieder:

"Weitermachen! Nur nicht aufhören. Immer weitermachen."

Ich wollte Markus nicht merken lassen, dass ich wach war. Sicherlich hätte er dann aufgehört, mich zu streicheln. Andererseits hätte ich auch nicht gewollt, dass er mich weiter streichelte, wenn ich wach wäre, denn das hätte bedeutet, dass wir miteinander eine Beziehung eingegangen wären. Und das wollte ich unter keinen Umständen. Wenn es irgendwie möglich wäre, würde ich nach meiner Mission in die Zukunft zurückkehren. Mein Leben war dort. All meine Freunde und Bekannten, meine Familie, mein Beruf, alles, was mir lieb und teuer war, war in der Zukunft.

Ich durfte und wollte mich also nicht in Markus verlieben, obwohl er mit Sicherheit der tollste Mann war, der mir je über den Weg gelaufen war.

Doch im Moment war es so schön, in seinen Armen zu liegen, dass ich diese Gedanken wieder verdrängte. Ich beschloss, mich so lange ohnmächtig zu stellen wie Markus mich liebkosen würde.

Noch nie in meinem Leben konnte ich Zärtlichkeiten so intensiv genießen. Das musste an der Empfindsamkeit von Jasmines Körper liegen. Sobald ich wieder in meinem eigenen Körper sein würde, wäre es aus mit diesen tollen, genussvollen Gefühlen.

Ich genoss Markus' Zärtlichkeiten sicherlich noch eine weitere halbe Stunde, bis Peter plötzlich wieder auftauchte. Ich merkte, dass er im Anmarsch war, weil Markus plötzlich aufhörte, mich zu streicheln.

Peter hatte während meiner Ohnmacht solche Hektik verbreitet, dass Markus ihm gesagt hatte, er solle für eine Weile verschwinden. Noch bevor Peter bei uns angelangt war, tat ich so, als würde ich gerade aus meiner Ohnmacht erwachen. Markus richtete mich sofort auf und sah mir eindringlich in die Augen.

"Bist du es?", fragte er vorsichtig.

"Ja, ich bin es. War ich lange weg?", fragte ich scheinheilig, denn ich schämte mich etwas wegen des Genusses seiner Zärtlichkeiten.

"Ungefähr eine Stunde. Wie geht es dir?"

"Ich bin noch etwas matschig in der Birne, aber sonst geht es."

Ich freute mich darüber, dass es mir tatsächlich so gut ging. Mein Standardgefühl, alles falsch gemacht zu haben, war gänzlich verschwunden. Entweder hatten meine Bemühungen endlich gegriffen, oder es waren die vielen Streicheleinheiten dafür verantwortlich. Oder es war beides. Auf jeden Fall fühlte ich mich wunderbar.

Die Mafia

Sharaf saß mit zwei anderen Männern wieder an seinem Stammplatz. Wieder hatten sie ein kleines Feuer angezündet und kochten Tee. Diese Leute schienen nichts anderes zu tun zu haben, als den ganzen Tag hier zu sitzen und Tee zu trinken.

Dieses Mal wurden wir von Sharaf aufgenommen, als würden wir zu seinen besten Freunden gehören. Nach zehnminütigem Smalltalk über Gott und die Welt kam Sharaf endlich zur Sache.

"Was führt euch her, Freunde?"

Es war das erste Mal, dass Sharaf Peter und mich wirklich in seine Rede mit einbezog. Bisher hatte er vor allem immer mich ignoriert.

"Wir brauchen deine Hilfe", antwortete Markus. "Wir müssen in die beiden Kammern, die unter dem Sphinx gefunden wurden. Es ist wirklich sehr wichtig für uns. Und wir müssen bald dort rein. Heute oder spätestens morgen."

"Was wollt ihr denn dort?", fragte Sharaf ungläubig, als wollte er damit zum Ausdruck bringen, dass es völlig überflüssig sei, dort hineinzugehen.

"Wir hoffen, dort etwas zu finden, was in Zusammenhang mit den Unterlagen steht, die wir von dir bekommen haben", erklärte Markus.

"Ihr konntet also etwas damit anfangen?", fragte Sharaf mit einem Leuchten in den Augen.

"Nicht direkt, aber die Unterlagen geben uns genug Anlass, uns in den Sphinxkammern umzusehen."

"Das könnt ihr euch sparen", war Sharafs Antwort.

Der Ton, in dem er das sagte, ließ vermuten, dass er mehr wusste als er uns bisher gesagt hatte.

"Woher weißt du das?", fragte Markus. "Ist dir der Inhalt dieser Kammern bekannt?"

"Die Regierung behauptet, dass die Kammern leer waren", sagte Sharaf ausweichend.

"Das wissen wir. Aber wir glauben es nicht", erwiderte Markus.

"Wie viel Geld habt ihr?", fragte Sharaf plötzlich ohne Umschweife und sah uns dabei leicht erregt an.

"Wie viel Geld brauchen wir denn?", wollte Markus wissen.

Ich verstand wieder einmal überhaupt nicht, über was die beiden redeten. Eben sagte Sharaf noch, es lohne sich nicht, in die Kammern hineinzugehen, und jetzt wollte er mit uns über den Preis seiner Hilfe verhandeln.

"Ihr werdet sehr viel Geld brauchen", meinte Sharaf eindringlich.

"Und wofür genau?", wollte ich jetzt endlich wissen.

Sharaf sah mir tief in die Augen und sagte ganz langsam, wobei er jedes Wort einzeln betonte: "Für das, was in den Kammern gefunden wurde!"

Daraufhin lehnte er sich zurück, als hätte er gerade einen gelungenen Schachzug gemacht und erwarte nun, dass sein Gegner eine Weile braucht, um sich seinen nächsten Zug zu überlegen.

Ohne lange zu fragen, um was es sich handelte und wie Sharaf es anstellen wollte, dass wir an den Inhalt der Kammern herankämen, antwortete Peter: "Geld ist kein Problem."

Ich war überrascht über diese Antwort. Wieso sollte Geld für uns kein Problem sein? Ich hatte gerade einmal genug, um mir etwas zu Essen zu kaufen. Aber da Markus nicht widersprach, sagte ich auch nichts.

Sharaf beugte sich erfreut nach vorn und sah uns lächelnd an.

"Ich meinte, dass ihr wirklich sehr viel Geld brauchen werdet."

"Wie viel?", wollte Peter wissen.

"So genau kann ich das nicht sagen, aber ein paar Millionen ägyptische Pfund könnten es schon sein."

"Das ist kein Problem!", sagte Peter wieder sehr selbstbewusst.

Ich sah Peter nur ungläubig an und überlegte, ob das jetzt wieder eine seiner Spinnereien sei, die Markus und ich wieder ausbaden müssten.

Wir fuhren mit Sharaf zu einem Basar. Ich verstand überhaupt nicht, was wir hier sollten. Sharaf schleppte uns quer über den Basar, bis wir zu einem kleinen Laden kamen, der offensichtlich imitierten Markenschmuck verkaufte. Eine Vielzahl von goldenen Uhren und Ketten lag in diesem Laden aus.

Ohne ein Wort zu sagen, folgten wir Sharaf zum Besitzer dieses Ladens. Die beiden begrüßten sich, als wären sie Brüder. Sharaf sagte etwas auf Arabisch zu dem Händler, woraufhin sich die Miene dieses Mannes deutlich verfinsterte. Einen Augenblick sah es aus, als würden die beiden streiten.

Markus, der etwas Arabisch verstand, flüsterte mir zu:

"Der Mann traut uns nicht. Er faselt etwas von Spitzeln der Regierung."

Doch dann lächelte der Händler uns an und sagte in gebrochenem Englisch: "Ihr von mir hören."

Sharaf hatte ihn offenbar davon überzeugt, dass er uns trauen konnte.

"Wir haben nicht viel Zeit", sagte ich zu dem Händler. "Wir brauchen die Ware noch heute, allerspätestens morgen."

Sharaf nahm mich am Arm und führte mich, ohne ein Wort zu sagen, aus dem Laden. Ich konnte deutlich fühlen, dass ich etwas getan hatte, was nicht in Ordnung war.

"Wir werden den Zeitpunkt des Handels akzeptieren müssen. Wann immer es sein mag", sagte Sharaf eindringlich.

Wir fuhren zurück zu Sharafs Stammplatz, wo er uns dann erklärte, was das Ganze sollte.

"Nachdem die Regierung die beiden Sphinxkammern gefunden hat, sickerte die Information durch, dass dort etwas sehr Wertvolles gefunden wurde. Was genau, weiß ich nicht. Doch es gibt eine sehr mächtige Institution hier in Ägypten, die sich der Sache angenommen hat." Sharaf unterbrach seine Ausführungen und sah uns eindringlich an. "Ich müsst euch nicht erschrecken. Es handelt sich bei dieser Institution um die ägyptische Mafia."

Als Markus und Peter das hörten, schauten sie aus der Wäsche, als hätten sie soeben einen Geist gesehen. Mir sagte der Begriff Mafia nichts, deshalb konnte ich die Aufregung der beiden nicht verstehen. Ich fragte also nach, um was es sich bei dieser Organisation genau handele. Die Antwort erschreckte mich dann gleichermaßen.

"Weltweites organisiertes Verbrechen von der übelsten Sorte", antwortete mir Markus leicht erregt.

"Ihr braucht keine Angst zu haben", versuchte uns Sharaf zu beruhigen. "Wenn ihr euch an die Regeln haltet, wird euch nichts passieren. Es ist ein ganz normales Geschäft."

"Was sind die Regeln?", wollte ich wissen.

"Also, als Erstes: Mit der Mafia wird nicht verhandelt. Wenn sie euch einen Preis nennen, akzeptiert ihn. Weiterhin werden sie mit euch Kontakt aufnehmen, niemals umgekehrt. Des Weiteren versteht es sich von selbst, dass ihr mit niemandem darüber reden dürft. Sollte man euch mit der Ware erwischen, dürft ihr auf keinen Fall verraten, woher ihr sie habt – egal, was sie euch für Gegenleistungen anbieten. Sie werden euch vielleicht Straffreiheit und Schutz versprechen. Wenn das geschieht, schlagt es euch aus dem Kopf. Es gibt keinen Ort der Welt, wo sie euch vor der Mafia verstecken könnten. Wenn ihr euch an diese Regeln haltet, ist es ein ganz normales Geschäft."

Mir war ganz schön mulmig zumute, als Sharaf die Regeln für dieses Geschäft erklärte. Woher sollten wir so viel Geld nehmen? So wie ich das aufgefasst hatte, wäre es undenkbar gewesen, uns den Fund anzuschauen und dann zu sagen, wir hätten nicht genug Geld dafür. Allmählich wurde ich wirklich unsicher, ob wir uns aus diesem Geschäft nicht rechtzeitig wieder zurückziehen sollten. Doch es schien unsere einzige Chance zu sein, an den Inhalt der Sphinxkammern heranzukommen – was auch immer es sein mochte.

Nach dem Gespräch mit Sharaf fuhren wir wieder zurück zu unserer Pension. Im Wagen sprach ich meine Bedenken an.

"Seid ihr sicher, dass das Ganze wirklich eine so gute Idee ist? Was wird passieren, wenn sie uns die Ware zeigen und wir sie nicht bezahlen können?"

"Das wird nicht geschehen", sagte Peter selbstbewusst.

Ich schaute Peter nur ungläubig an.

"Unser lieber Peter ist ein waschechter Multimillionär", erklärte Markus.

Ich war nicht schlecht erstaunt, denn das hätte ich nie vermutet. So ein verrückter Kerl und Millionär ... Trotzdem hatte ich bei der ganzen Angelegenheit ein ungutes Gefühl. Mit solch einer Verbrecherorganisation Geschäfte zu machen, verstieß gegen meinen Gerechtigkeitssinn. Außerdem hatte ich Angst, dass sie uns aus irgendeinem Grund etwas antun würden. Vielleicht würden sie nur unser Geld nehmen und uns dann um die Ecke bringen?

Markus und Peter hatten jedoch beschlossen, das Geschäft durchzuziehen, und so sagte ich nichts mehr. Es war sehr deutlich spürbar, dass auch die beiden ziemlich nervös waren.

Wir warteten jetzt schon seit Stunden in unserer Pension, dass die Mafia mit uns Kontakt aufnehmen würde. So langsam kamen mir

Zweifel darüber, dass sie uns überhaupt finden würden. Der Händler auf dem Basar hatte weder Sharaf noch uns nach unserer Adresse gefragt. Vielleicht sollten wir doch noch einmal zu ihm hinfahren?

Markus war jedoch sicher, dass sie uns finden würden. Egal, wo auf der Welt wir uns aufhalten würden. Für ihn stellte sich nur die Frage, wann sie mit uns Kontakt aufnehmen würden. Es könnte im nächsten Moment sein, aber auch erst in ein paar Tagen. Dann wäre das Ganze umsonst gewesen.

Es waren jetzt nur noch vier volle Tage, in denen wir Ella finden mussten. Wobei wir davon ausgingen, dass wir ein paar Tage benötigen würden, um Ella tatsächlich fliegen zu können. Bis dahin mussten wir dafür sorgen, dass wir permanent Glücksgefühle hatten beim Flug, sonst gäbe es Antriebsaussetzer. Da wir bisher nur untätig herumsaßen, kam mir der Gedanke, dass wir die Zeit nutzen und etwas für unsere Gefühle tun könnten.

"Ich habe euch doch erzählt, dass Ella nur fliegt, wenn wir Glücksgefühle haben", sagte ich zu den beiden. "Wir sollten die Zeit nutzen und etwas dafür tun."

"Was können wir dafür tun?", erwiderte Markus ahnungslos. "Man kann Glücksgefühle doch nicht einfach so auf Bestellung haben. Oder doch?"

"In gewissem Sinne schon", antwortete ich Markus. "Unsere Gefühle fallen nicht vom Himmel. Sie werden von uns gemacht. Genauer gesagt werden sie von uns wahrgenommen, indem wir unsere Aufmerksamkeit darauf lenken."

"Du hörst dich an, als würdest du dich damit auskennen", schlussfolgerte Markus.

"Ich habe in der Zukunft ein Trainingsprogramm durchlaufen, in dem es um Emotionen und deren Veränderung ging. In diesem Training habe ich gelernt, wodurch Emotionen beeinflusst werden können."

"Weißt du, was wir tun müssten, damit wir nur noch Glücksgefühle haben würden?", wollte Markus wissen.

"Theoretisch schon", gab ich an. "Ich weiß es nicht sicher. Ich wurde nicht auf Glücksgefühle trainiert. Aber so wie ich das sehe, müsste das realisierbar sein."

"Und wie soll das funktionieren?", hakte Markus nach.

"Unsere Emotionen sind wie gesagt eine Folge unserer Aufmerksamkeit. Ich meine damit jedoch vorwiegend unsere unbewusste Aufmerksamkeit. Wir lenken den Fokus unserer Wahrnehmung unbewusst. Dieser Fokus wird jedoch davon bestimmt, was wir unserem Gehirn als wichtig einprogrammiert haben."

"Was heißt das im Klartext? Kannst du ein Beispiel machen?", unterbrach mich Markus.

"Machen wir ein kleines Experiment", schlug ich vor. "Was ist euch zum Beispiel persönlich unheimlich wichtig? Ist euch beispielsweise finanzielle Sicherheit wichtig? Oder persönlicher Erfolg?"

"Mir ist Zufriedenheit sehr wichtig", gab Markus an.

"Okay, Zufriedenheit ist gut. Daran kann ich es gut erklären."

"Ich denke, es gibt nur eines, was wichtig ist: die Liebe", erklärte Peter.

"Die Liebe, gut. Fangen wir mit der Zufriedenheit an", schlug ich vor. "Wenn man zufrieden sein will, erfordert das einen Vergleich zwischen dem, was ist und dem, wie man es haben will. Stimmt beides überein, ist man zufrieden. Fehlt was zur Zufriedenheit, ist man logischerweise unzufrieden.

Was rückt für gewöhnlich in den Fokus deiner Aufmerksamkeit, wenn du den Tag beginnst. Denkst du dann an die Dinge, mit denen du zufrieden bist? Oder denkst du an die Dinge, die du noch in Ordnung bringen musst, damit du zufrieden sein kannst?"

"Wenn du mich so direkt fragst, denke ich an die Dinge, die ich in Ordnung zu bringen habe", erklärte Markus.

"Und was ist mit all dem, was schon in Ordnung ist?", fragte ich nach.

"Was soll damit sein?", fragte Markus verständnislos zurück.

"Warum denkst du nicht darüber nach?"

"Komische Frage!", erwiderte Markus. "Was soll ich darüber nachdenken?"

"Du meinst, du brauchst nicht darüber nachzudenken, weil es ja in diesen Punkten nichts zu denken und nichts zu tun gibt?"

"Genau!", bestätigte Markus.

"Das heißt, du richtest deine Aufmerksamkeit immerzu auf Dinge, mit denen du noch nicht zufrieden bist, um Wege zu finden, wie du sie in Ordnung bringen kannst", fasste ich zusammen. "Und was tust du, wenn du etwas in Ordnung gebracht hast?", wollte ich wissen.

"Ich freue mich darüber", gab Markus an.
"Wie lange?", hakte ich nach.
"Was weiß ich. Eine Weile halt."
"Wie lange genau?", wollte ich wissen.
"Keine Ahnung. Ein paar Minuten. Ein paar Stunden. Kommt darauf an, um was es geht."
"Das ist nicht sehr lange, wenn man bedenkt, dass der Tag 24 Stunden hat. Was tust du danach?"
"Ich beschäftige mich wieder mit anderen Dingen", erklärte Markus.
"Mit den Dingen, die noch in Ordnung zu bringen sind. Also mit den Dingen, mit denen du noch nicht zufrieden bist, oder?"
"Sicher, warum fragst du so genau nach?", wollte Markus wissen.
"Um dir bewusst zu machen, woher deine Unzufriedenheit kommt", erklärte ich. "Du willst zufrieden sein. Zufriedenheit ist ein Gefühlszustand. Wie alle Emotionen wird Zufriedenheit durch deine Aufmerksamkeit ausgelöst. Das heißt, wenn du dich mit etwas beschäftigst, das deiner Meinung nach in Ordnung ist, fühlst du Zufriedenheit. Probier es doch einfach einmal aus."
"Das ist schon klar", meinte Markus. "Wenn ich an Dinge denke, mit denen ich zufrieden bin, fühle ich logischerweise auch Zufriedenheit."
"Das ist der Punkt", betonte ich. "Und wenn du dich mit Dingen beschäftigst, mit denen du nicht zufrieden bist, fühlst du Unzufriedenheit."
"Auch klar", bestätigte Markus, dass er verstanden hatte.
"Wenn du dich mit deinem Leben zufrieden fühlen willst, dann müsstest du dich eigentlich nur mit den Dingen beschäftigen, die in Ordnung sind", erklärte ich. "Du tust aber immer genau das Gegenteil."
"Weil eben nicht alles in Ordnung ist", erwiderte Markus.
"Und du musst alles in Ordnung bringen?", hakte ich nach.
"Sicher", bestätigte Markus.
"Jetzt schau dir bitte einmal an, wie viel Zeit du mit den Dingen verbringst, die in Ordnung sind und infolgedessen Zufriedenheit auslösen könnten, und wie viel Zeit du mit der Unzufriedenheit verbringst. Fällt dir da was auf?"

"So wie es aussieht, verbringe ich 99 Prozent der Zeit mit der Unzufriedenheit", gab Markus an. "Das ist ja erschreckend! Und wenn ich etwas in Ordnung gebracht habe, hake ich das nach kürzester Zeit ab und beschäftige mich wieder mit der Unzufriedenheit."

"Eigentlich willst du den Zustand erreichen, immer zufrieden zu sein, stimmt's?"

"Stimmt! Und um das zu erreichen, beschäftige ich mich immer nur mit der Unzufriedenheit und bin infolgedessen fast immer unzufrieden. Das ist doch bescheuert!"

"Aber es ist genau die Art, wie wir normalerweise versuchen, unsere Emotionen zu erreichen. Wir versuchen, die äußeren Umstände unseres Lebens so zu gestalten, dass wir dadurch Glücksgefühle bekommen. Das Problem dabei ist, dass wir erst zufrieden sind, wenn wir alles so gestaltet haben, wie wir es wollen. Wir geben uns nicht mit 95 Prozent zufrieden. Wir wollen alles. Deshalb werden die 95 Prozent, die in Ordnung sind, einfach als okay abgehakt. Wir beschäftigen uns nicht mehr damit und fühlen infolgedessen auch die Zufriedenheit nicht, die eigentlich da wäre.

Dafür ist uns umso wichtiger, uns mit den fünf Prozent zu beschäftigen, mit denen wir unzufrieden sind. Damit fühlen wir sehr viel mehr Unzufriedenheit als Zufriedenheit.

Es ist also egal, wie viel du in deinem Leben in Ordnung gebracht hast. Du wirst dich mit dem, was in Ordnung ist, kaum beschäftigen und damit auch keine Zufriedenheit daraus ziehen. Du wirst dich, so lange du Dinge findest, die noch nicht in Ordnung sind, mit diesen Dingen beschäftigen und damit Unzufriedenheit fühlen.

Wie groß sind deiner Meinung nach deine Chancen, dein Ziel der Zufriedenheit tatsächlich zu erreichen?"

"Ich glaube, die gehen gegen Null. Ich werde immer etwas finden, was ich in Ordnung zu bringen habe. Danke, dass du mir das erklärt hast. So werde ich sicherlich nicht weitermachen", erklärte Markus bestimmt.

"Wenn du das ändern willst, dann mach dir bewusst, dass nicht die Dinge von Bedeutung sind, die in Ordnung gebracht werden müssen, sondern das, was du wirklich willst: das Zufriedenheitsgefühl."

"Das würde jedoch bedeuten, dass ich nichts mehr ändern würde, was nicht in Ordnung ist. Das will ich aber auch nicht", gab Markus zurück.

"Warum nicht?", wollte ich wissen.

"Weil es ein paar Dinge gibt, die auf jeden Fall geändert werden müssen, wenn sie nicht in Ordnung sind", erwiderte Markus.

"Was sind das für Dinge?", hakte ich nach.

"Wenn meine Existenz auf dem Spiel steht zum Beispiel."

"Meinst du finanziell? Oder gesundheitlich?", fragte ich nach.

"Beides", erwiderte Markus. "Wenn ich krank bin, dann werde ich nicht dadurch gesund, indem ich mich mit Dingen beschäftige, mit denen ich zufrieden bin. Und wenn ich kein Geld mehr in der Tasche habe, um mir was zu essen zu kaufen, dann werde ich auch nicht satt davon, dass ich mich ans Meer setze und den Wellen zuschaue."

"Das ist sicherlich richtig. Die meisten deiner Ziele oder Probleme sind jedoch nicht von solch einer existenziellen Bedeutung. Meistens geht es doch um Kleinigkeiten, die dich unzufrieden machen. Dinge, die man doch eigentlich nicht wirklich zum Glücklichsein braucht. Du setzt dir Ziele und fixierst dich darauf. Das kann ein gemeinsamer Abend mit Freunden sein, für den du dir einen ganz bestimmten Ablauf vorstellst. Das kann ein neuer Wagen sein, den du unbedingt gerne hättest, du musst aber jetzt noch mit deinem alten rumfahren. Das kann der neue Computer sein, der Freitag geliefert werden soll und von dem du dann erfährst, dass er erst eine Woche später ausgeliefert werden kann.

Diese Kleinigkeiten sind es doch, die dich dauernd beschäftigen. Kleinigkeiten, die nicht so laufen, wie du das willst. Und nur so, wie du das willst, ist es in Ordnung. Alles andere macht dich unzufrieden. Glaubst du, diese Dinge sind es wert, dir deine Zufriedenheit dafür zu nehmen?"

"Ich werde nur noch dann an die Dinge denken, die in Ordnung gebracht werden müssen, wenn es wirklich sein muss", erklärte Markus. "Wenn ich das so genau überdenke, ist das gar nicht so viel."

"Was bleibt denn übrig?", wollte ich wissen.

"Eben die existenziellen oder gesundheitlichen Dinge", meinte Markus.

"Gehen wir mal so einer existenziellen Sache nach, die geändert werden muss. Was wäre das zum Beispiel?", wollte ich wissen.

"Wenn ich keine Aufträge mehr bekommen würde und damit auch kein Geld verdienen könnte", meinte Markus.

"Das ist also etwas, was nicht in Ordnung wäre. Das heißt, du müsstest diese Situation vermeiden. Warum müsstest du sie vermeiden?"

"Eben weil ich dann kein Geld mehr hätte", gab Markus verständnislos zurück.

"Warum musst du vermeiden, kein Geld mehr zu haben?", hakte ich nach.

"Weil ich was essen muss. Ich müsste dafür mein Haus verkaufen."

"Und warum musst du das vermeiden?"

"Es ist mein Haus!", erwiderte Markus energisch. "Mein Zuhause."

"In der Zukunft sagen wir immer: Ich will meinen Teddy! Ist aber jetzt nicht so wichtig. Warum musst du vermeiden, dein Haus zu verlieren?"

"Weil ich dann auf der Straße sitze", erwiderte Markus.

"Sitzt du direkt auf der Straße, wenn du dein Haus verkaufen musst?", hakte ich nach.

"Nicht direkt. Ich müsste mir eine billigere Wohnung mieten. Frieren müsste ich nicht."

"Und wenn du dafür auch kein Geld mehr hättest? Was wäre dann?"

"Dann sähe es sehr trübe aus. Dann müsste ich auf der Straße schlafen", meinte Markus.

"Und aus diesem Grund musst du vermeiden, dass du kein Geld mehr hast. Ist das richtig?"

"Ja, natürlich."

"Vielleicht hast du es noch nicht gemerkt, aber du lebst in einem Sozialstaat. Wenn du kein Geld mehr verdienst, springt der Staat ein und sorgt dafür, dass du ein Dach über dem Kopf hast. Der Staat gibt dir auch Geld, um dir was zu essen und Kleidung zu kaufen. Du musst nicht verhungern und erfrieren."

"Und wenn ich das nicht will?", meinte Markus energisch.

"Das hat nichts mit Wollen zu tun. Wir haben von Dingen gesprochen, die in Ordnung gebracht werden müssen. Das macht die schlechten Gefühle. Wenn du daran denkst, dass du gerne viel Geld haben willst und sehr gerne im Wohlstand lebst, dann macht das keine schlechten Gefühle."

"Du hast Recht", gab Markus zu. "Das macht einen Unterschied. Wenn ich daran denke, dass ich diesen sozialen Abstieg vermeiden muss, dann habe ich schlechte Gefühle. Denke ich daran, dass ich gerne meinen sozialen Status halten oder sogar steigern will, macht das schöne Gefühle. Ich denke, dass ich auch viel größere Chancen habe, meinen Status zu steigern, wenn ich mich gut fühle."

"Schlecht fühlst du dich nur, wenn du glaubst, du musst den Abstieg vermeiden. Doch warum solltest du das müssen?"

"Vielleicht weil ich dann unglücklich wäre?!"

"Wärst du das dann? Unglücklich bist du nur, wenn du dich unglücklich fühlst. Unglücklich fühlst du dich jedoch nur, wenn du dich mit dem Unglück beschäftigst. Wenn das vermeintliche Unglück jedoch schon geschehen ist, gibt es nichts mehr, was du noch vermeiden könntest. Deshalb beschäftigst du dich dann auch gar nicht so damit und fühlst dich gar nicht so unglücklich."

"Da hat Ronja Recht", mischte sich jetzt Peter ein. "Ich war in der Situation. Ich hatte mein gesamtes Geld verloren durch meinen Unfall. Die Krankenhauskosten waren so hoch, dass mir nichts übrig blieb. Ich musste alles verkaufen, was ich hatte. Als ich alles verloren hatte, stellte ich plötzlich fest, dass ich damit auch eine Menge Sorgen losgeworden war. Ich stellte auch fest, dass das Leben immer noch eine Menge Schönes zu bieten hatte. Vor allem die Liebe. Und die ist kostenlos."

"Du hattest alles verloren und daher nicht mehr das Gefühl, dass du vermeiden musst, alles zu verlieren. Wolltest du dann wieder Geld haben?", fragte ich Peter.

"Natürlich. Aber es war irgendwie ganz anders als früher. Ich wollte zwar gerne wieder Geld haben, aber ich hatte keine Angst mehr davor, dass es nicht klappt oder dass ich es wieder verlieren könnte."

"Du hattest nicht mehr das Gefühl, ein Unglück vermeiden zu müssen, sondern nur noch das Gefühl, Glück haben zu wollen. Könnte man das so zusammenfassen?", fragte ich.

"Ich denke, das trifft den Nagel ziemlich genau auf den Kopf", erwiderte Peter. "Ich fühlte mich gut und unbeschwert. Ich fühlte mich auch gut, wenn ich an Geld dachte. Im Gegensatz zu vorher. Da hatte ich nur Katastrophengedanken. Das Interessante war jedoch, dass ich danach immer mehr Geld bekam. Ich konnte machen, was ich wollte. Ich kam aus der Freude, immer mehr Geld zu bekommen, gar nicht mehr raus. Und es wurde immer mehr."

"Eigentlich habt ihr Recht", meinte jetzt Markus. "Ich muss tatsächlich hier kein Unglück vermeiden. Aber es wäre trotzdem superschön, wenn ich meine Ziele erreichen könnte."

"Und? Macht dieser Gedanke jetzt gute oder schlechte Gefühle?", wollte ich wissen.

"Gute natürlich", erwiderte Markus.

"Obwohl du an die gleiche Sache denkst, die vorher schlechte Gefühle gemacht hat?"

"Das ist komisch. Aber so ist es", bestätigte Markus.

"Wie gesagt: Gefühle sind eine Folge unserer Aufmerksamkeit. Beschäftigen wir uns damit, Unglück vermeiden zu wollen, haben wir schlechte Gefühle. Wollen wir Glück erreichen, was ja logisch gesehen dasselbe ist, haben wir jedoch Glücksgefühle, weil wir unsere Aufmerksamkeit auf das Glück richten, das wir erreichen wollen. Wir sind sicherlich auch sehr viel motivierter und leistungsfähiger, wenn wir das Glück wollen, anstatt das Unglück vermeiden zu müssen."

"Das leuchtet ein", meinte Markus. "Es dürfte also doch nicht so sonderlich schwer sein, nur noch Glücksgefühle zu haben. Damit wäre das Fliegen von Ella geklärt."

"Leider liegen uns noch ein paar Stolpersteine im Weg", entgegnete ich.

"Was für Stolpersteine?", wollte Markus wissen.

"Ich habe da so eine Theorie", begann ich zu erklären. "Mir sind kleine Babys aufgefallen. Ich bin sicher, dass wir als erwachsene Menschen auch nichts anderes brauchen, um glücklich zu sein, als kleine Babys.

Ein kleines Baby ist eigentlich grundsätzlich glücklich. Es gibt nur ein paar Ausnahmen. Es kann sich nicht glücklich fühlen, wenn es Schmerzen oder Hunger hat. Oder wenn ihm die Zuwendung seiner Eltern fehlt. Das scheinen so die grundsätzlichen Dinge zu sein, die wir tatsächlich brauchen, um glücklich zu sein. Sicherlich werden wir in diesen Punkten nicht einfach das Vermeidenwollen eines Unglücks ausschalten können. Wenn die Gefahr bestünde, dass wir krank werden könnten und dabei so richtig leiden müssten, dann würden wir den Vermeidungsdrang nicht loswerden können. Unglücksgefühle wären die Folge.

Oder, wenn wir Gefahr laufen würden, die Liebe eines Menschen zu verlieren, der uns sehr wichtig ist, würden wir auch nicht einfach denken können, dass wir das nicht vermeiden müssen. Zumindest nicht so einfach."

"Das würde ich nicht so sehen", meinte Peter. "Es ist nicht so wichtig, geliebt zu werden. Wichtiger ist, selbst zu lieben."

"Gehen wir das Ganze mal logisch durch", schlug ich vor. "Was würde in den Fokus deiner Aufmerksamkeit rücken, wenn es dir sehr wichtig wäre, geliebt zu werden?"

"Ich würde verstärkt darauf achten, ob ich wirklich geliebt werde", meinte Peter nach kurzer Bedenkzeit.

"Worauf würdest du genau achten?", hakte ich nach.

"Zum Beispiel darauf, ob man wirklich mich liebt oder nur mein Geld", meinte Peter.

"Du würdest also vermeiden wollen, dass man dich nicht richtig liebt?", fasste ich zusammen.

"So ist es", bestätigte Peter.

"Wie wichtig wären die Situationen, in denen du spürst, dass du geliebt wirst?", wollte ich wissen.

"Sehr wichtig", erwiderte Peter.

"Wie wichtig im Vergleich zu Situationen, in denen du nicht sicher bist, ob du wirklich geliebt wirst?"

"Die wären mir sicherlich sehr viel wichtiger. Vom Gefühl her jedenfalls. Vom Kopf her würde ich sagen, dass beides gleich wichtig ist. Aber wenn ich meine Gefühle beachte bei dieser Frage, würde ich sagen, dass mir die Situationen, in denen ich nicht sicher bin, sehr viel mehr zu schaffen machen. Ich würde mich sehr viel intensiver und anhaltender mit diesen Situationen beschäftigen."

"Das ist ein wichtiger Punkt", erklärte ich. "Vom Kopf her, also theoretisch, müsste beides gleich wichtig sein. In deinem Gehirn ist es jedoch ganz anders abgespeichert. Das kommt daher, dass wir das Vermeiden des Negativen als sehr viel wichtiger empfinden als das Erreichen des Positiven. Das heißt in deinem Fall: Die Situationen, in denen alles in Ordnung ist, das heißt in denen du geliebt wirst, würdest du schnell als okay abhaken. Wohingegen die Situationen, in denen du daran zweifelst, geliebt zu werden, dich den ganzen Tag oder sogar wochenlang begleiten würden."

"So ist es. Glücklicherweise ist es mir offensichtlich nicht so wichtig, geliebt zu werden. Da habe ich mir wohl ziemlich viel Stress erspart", meinte Peter erfreut.

"Wie ist es jetzt mit dem Selbstlieben? Willst du alles lieben?", wollte ich wissen.

"Das war mal so", gab Peter an. "Ich glaubte einmal, ich müsse alles und jeden lieben. Das war tatsächlich ziemlich stressig."

"Soll ich raten, was passiert ist?", fragte ich.

"Versuch es", meinte Peter.

"Deine Aufmerksamkeit richtete sich kaum wirklich auf die Liebe. Es rückten vielmehr die Situationen oder Menschen in den Vordergrund, die du nicht lieben konntest. Mit denen beschäftigtest du dich, um zu erreichen, dass du auch die lieben konntest."

"Genau so war es", meinte Peter. "Und plötzlich konnte ich nicht mehr lieben. Ich empfand dies als eine Katastrophe, denn dafür war ich doch auf dieser Welt. Da ich nicht mehr lieben konnte, wurden die Gründe dafür natürlich extrem wichtig. Wenn ich dich richtig verstehe, lenkte ich dadurch meine Aufmerksamkeit unbewusst auf alles, was mir das Lieben unmöglich machte. Ich fühlte also noch weniger Liebe. Ich fühlte, worauf sich meine Aufmerksamkeit richtete. Und das waren tausend Gründe, warum ich es nicht schaffte, lieben zu können. Je weniger Liebe ich fühlen konnte, desto wichtiger wurde es mir, meine Liebe wieder zurückzugewinnen. Und je wichtiger es mir wurde, desto mehr nahm ich die Gründe wahr, die mich davon abhielten. Es wurde immer schlimmer statt besser."

"Und wie bist du da rausgekommen?", fragte ich neugierig. "Es scheint ja jetzt nicht mehr so zu sein."

"Ich hab‘ losgelassen", meinte Peter. "Mir wurde klar, dass man Liebe nicht erzwingen kann. Und plötzlich kam sie von ganz allein."

"Ist dir klar, was beim Loslassen geschehen ist?", hakte ich nach.

"Ich habe meinen Zwang losgelassen", meinte Peter.

"So, wie ich das sehe, hast du aufgehört, vermeiden zu wollen, dass du jemanden nicht liebst."

"Das kann nicht sein", erwiderte Peter. "Ich wollte eigentlich immer noch alle lieben."

"Ich meinte nicht, dass du nicht mehr lieben wolltest. Du wolltest nur nicht mehr vermeiden, nicht zu lieben. Das ist zwar theoretisch dasselbe, aber vom Gefühl her ein gewaltiger Unterschied. Wenn du lieben willst, richtet sich deine Aufmerksamkeit auf die Liebe. Willst du vermeiden, nicht zu lieben, hingegen auf alle Gründe, die eine Gefahr für deine Liebe bedeuten könnten. Du beschäftigst dich vorwiegend mit den Eigenschaften von Menschen, die du nicht lieben kannst. Damit kannst du dann keine Liebe mehr fühlen. Du fühlst, was du wahrnimmst. Und du nimmst auf diese Weise nur die Eigenschaften wahr, die du nicht lieben kannst. Und je mehr du dich anstrengst, desto schlimmer wird das.

Dadurch, dass du aufgehört hast, das Nichtlieben vermeiden zu wollen, rückte wieder das Liebenwollen in den Vordergrund. Und damit auch wieder die Menschen und deren Eigenschaften, die du toll fandest und lieben konntest. Du spürtest damit wieder deine Liebe."

"Genauso war es. Das ist eigentlich ganz einfach", meinte Peter.

"Was wir tun müssten, um dauerhaft Glücksgefühle zu empfinden, ist eigentlich genau das Gleiche, was du mit der Liebe getan hast. Wir können die Motivation, schlechte Gefühle vermeiden zu wollen, gegen die Motivation austauschen, gute Gefühle haben zu wollen. Wann immer wir etwas vermeiden wollen, lenken wir unsere Aufmerksamkeit darauf und fühlen infolgedessen genau das, was wir vermeiden wollten. Wenn wir hingegen Glück erreichen wollen, suchen wir nach dem Glück und lenken unsere Aufmerksamkeit auf Glück. Damit fühlen wir dann auch Glücksgefühle."

"Ich habe einmal von einer Studie gehört, in der Menschen danach befragt wurden, was ihnen im Leben wirklich wichtig ist", begann Peter zu erzählen. "Die ersten Antworten waren noch sehr unterschiedlich. Die Menschen wünschten sich Geld, eine glückliche Beziehung, Gesundheit und so weiter.

Als man diese Menschen danach fragte, warum sie das wollten, fingen die Antworten an, sich immer mehr aneinander anzugleichen. Warum wollte man zum Beispiel Geld? Die meisten Menschen erklärten, Geld gäbe ihnen Freiheit. Sie wollten also in Wirklichkeit Freiheit. Doch wozu wollten sie Freiheit? Sie wollten tun können, was ihnen Spaß macht. Und wozu wollten sie das tun können? Weil sie sich glücklich fühlten, wenn sie das taten. Sie wollten sich also letztendlich glücklich fühlen.

Das Gleiche kam raus, als sie nach ihren Motiven für eine Beziehung gefragt wurden oder nach Gesundheit. Das letztendliche Motiv war immer das Glücklichsein. Genauer gesagt wollten die Leute sich glücklich fühlen. Es ging ihnen also um Glücksgefühle.

Diese Studie wurde mit Hunderten von Leuten gemacht. Bei allen kam das gleiche Ergebnis heraus. Es sollte uns demnach nicht sonderlich schwer fallen, uns klar zu machen, dass wir Glücksgefühle wollen. Es ist ja tatsächlich so. Mit dem Vermeiden des Unglücks wollten wir ja auch nur Glücksgefühle erreichen."

"Dann sollten wir das jetzt einfach einmal üben", schlug ich vor.

"Was können wir tun?", fragte Markus verständnislos.

"Wir sollten umschalten von Unglück-vermeiden-Wollen auf Glück-haben-Wollen", erwiderte ich.

"Das haben wir doch eben schon alles besprochen", meinte Markus.

"Das nützt leider nicht viel", erklärte ich eindringlich. "Unser Gehirn reagiert nicht auf theoretische Erkenntnisse. Es hört nur auf das, was wir im Alltag tatsächlich tun."

"Und wie mache ich meinem Gehirn das jetzt richtig klar?", wollte Markus wissen.

"Am leichtesten dadurch, dass du dir jedes Mal, wenn du schlechte Gefühle wegen deiner Finanzen bekommst, klar machst, dass du diese Gefühle nur hast, weil du Unglück vermeiden willst. Mach dir dann klar, dass in unserer Gesellschaft solch ein Unglück eigentlich gar nicht passieren kann. Es kann nicht passieren, dass du Hunger und Kälte ausgesetzt bist. Auch kann kaum passieren, dass wir einsam sein müssen. Es gibt so viele Möglichkeiten, sich mit anderen Menschen, der Natur oder mit den Dingen, die wir tun, verbunden zu fühlen, dass es hier kaum eine Gefahr für wirkliche Einsamkeit gibt."

Wir redeten bis sehr spät in die Nacht über unsere Vermeidengefühle. Es tat richtig gut, von all diesen Zwängen loslassen zu können.

Nachdem uns klar wurde, dass sich mit der Mafia an diesem Tag nichts mehr tun würde, gingen wir zu Bett.

26. Juli

Der Stein des Wissens

Als ich am Morgen aufwachte, bemerkte ich als Erstes, dass etwas anders war: mein gewohntes Morgengrauen. Meine Katastrophengefühle waren verschwunden. Die Übungen gestern mit dem Loslassen des Vermeidenwollens hatten also recht gut funktioniert. Trotzdem waren meine Gefühle nicht sonderlich gut. Ich war sehr unruhig. Mir gingen unglaublich viele Situationen durch den Kopf, wo ich noch schlechte Gefühle bekommen würde. Die müsste ich alle noch in Ordnung bringen, bevor ich Ella fliegen könnte.

Mir war klar, dass die Zeit dafür nicht reichen würde, bis die Nefilim kommen würden. Es musste einen anderen Weg geben.

Sicherlich müsste ich nicht die gesamte Gefühlssituation dieses Körpers ändern. Es würde ausreichen, wenn ich es so weit hinbekommen könnte, dass ich während des Fluges mit Ella keine schlechten Gefühle bekäme. Dafür müsste ich doch eigentlich meine Aufmerksamkeit nur auf das Erreichenwollen des Positiven lenken. So lange ich das tun würde, würde ich gute Gefühle haben.

Ich versuchte, an etwas Schönes zu denken, so wie ich es die letzten Tage am Morgen immer getan hatte. Doch irgendwie schaffte ich es nicht, bei schönen Gedanken zu bleiben. Ich schweifte immer wieder zu den Dinge ab, die ich noch in Ordnung bringen müsste. Es war ein regelrechter Zwang, über diese Dinge nachzudenken.

Plötzlich wurde mir klar, was hier geschehen war. Ich hatte meinem Gehirn gestern Abend antrainiert, nach Situationen zu suchen, in denen ich schlechte Gefühle bekomme, weil ich diese Situationen in Ordnung bringen wollte.

In der Zukunft hatte ich gelernt, dass das menschliche Gehirn eine wichtige Eigenart besitzt: Es übernimmt alles, was wir bewusst für eine Weile tun. Anders ausgedrückt, gewöhnen wir uns sehr schnell etwas an, was wir dann automatisch tun. Genau das war wohl geschehen mit der Suche nach allem, was mir schlechte Gefühle machen könnte.

Ich erinnerte mich daran, dass ich genau diese Eigenart nutzen sollte, um das Denken und Fühlen des US-Präsidenten zu verändern. Ich sollte immer wieder die gleiche Gefühlskette durchlaufen, um dies zu einer Gewohnheit zu machen. Mein Auftrag bestand darin, das Gefühl des US-Präsidenten zu bearbeiten, dass man nicht zu lange warten dürfe mit einer eventuellen Gegenwehr, falls die Nefilim Invasionsabsichten haben sollten. Dieses Gefühl würde auf jeden Fall aufkommen. Die Gründe für dieses Denken lagen im menschlichen Drang, Gefahren vermeiden zu müssen. Es hätte keinen Sinn gehabt, den Präsidenten irgendwie beruhigen zu wollen. Selbst wenn es tausend Gründe gäbe, warum die Nefilim in friedlicher Absicht kommen könnten, wäre das nie sicher gewesen. Der Instinkt, eine große Gefahr vermeiden zu müssen, hätte sich auf jeden Fall gegen jeden Beruhigungsversuch durchgesetzt. Zu viel stand auf dem Spiel.

Mein Auftrag war deshalb, erst gar nicht zu versuchen, gegen diesen Instinkt zu kämpfen, sondern ihn für mich zu nutzen. Ich sollte die Angst aufgreifen, mit der Gegenwehr nicht zu lange warten zu dürfen und sie in eine andere Angst umleiten. Und zwar in eine Angst, für die ich gute Vorraussetzungen mitbrachte.

Ich wusste, dass das Verhalten des Präsidenten einen weltweiten atomaren Krieg zur Folge hatte. Dieses Wissen verlieh mir eine große Angst vor einem falschen Verhalten des Präsidenten. Es ging ja jetzt auch um mein Leben.

Ich hatte gelernt, dass ich diese Angst nutzen könnte. Jedes Mal, wenn der Präsident daran denken würde, dass er nicht zu lange warten dürfe, sollte ich den Gedanken anfügen, dass er auf keinen Fall zu voreilig reagieren dürfe, weil er sonst einen weltweiten atomaren Krieg auslösen würde. Dieser Gedanken war mit meiner Todesangst belegt.

Der Gedanke des Präsidenten war rein spekulativ. Er konnte nicht wissen, ob die Außerirdischen nicht doch friedlich sein würden. Mein Gedanke jedoch war sicher. Ich wusste, dass er durch vorschnelles Handeln den Krieg auslösen würde. Meine Angst davor war deshalb größer als die des Präsidenten. Mein Gefühl war demnach stärker.

Man hatte mir beigebracht, dass Menschen immer nach ihrem stärksten Gefühl handeln. Damit hätte der Präsident zweifellos nach meinem Gefühl handeln müssen.

Das Einzige, was ich zu tun hatte, war, dem Präsidenten anzugewöhnen, bei dem Gedanken an ein zu zögerliches Handeln sofort auch daran zu denken, dass sein vorschnelles Handeln das Ende der Menschheit bedeuten würde. Nachdem ich das zwei Tage lang getan hätte, wäre der Präsident nicht mehr in der Lage gewesen, seinen Ursprungsgedanken zu denken, ohne meinen Gedanken hinzuzufügen. Sein Gehirn hätte das zu einem automatischen Ablauf gemacht.

Mir war klar, dass mit mir gestern Abend etwas sehr Ähnliches geschehen war. Ich hatte meinem Gehirn etwas Neues angewöhnt. Und zwar die Suche nach Dingen, die geändert werden müssen. Das war eigentlich so ziemlich genau das, was ich nicht gebraucht hätte. Dieses Gehirn war jetzt darauf programmiert, immer nach dem Vermeidenwollen zu suchen. Zwar um das in Ordnung zu bringen, doch das nutzte mir eigentlich gar nichts – zumindest nicht, wenn ich permanent Glücksgefühle haben wollte. Solange ich nach Gefahren suchen würde, die ich vermeiden müsste, würde ich auch Gefahren finden. Ich würde niemals hundertprozentig sicher sein können, dass kein Unglück passieren kann. Damit würde ich nach Dingen suchen, bei denen ich ein Vermeidenwollengefühl bekäme, bis mein Sarg zugenagelt würde. Ich sollte mir das also schnell wieder abgewöhnen.

Plötzlich wurde mir etwas klar: Wenn mein Gehirn so schnell Gewohnheiten erschaffen konnte, dann könnte ich doch das Gleiche, was ich mit dem Präsidenten tun sollte, jetzt mit Jasmines Körper machen. Ich könnte diesem Gehirn eine neue Gewohnheit antrainieren. Ich könnte genau das tun, was wir gestern Abend gemacht hatten. Nur mit einem kleinen Unterschied. Ich würde nicht mehr auf die Suche nach Situationen gehen, in denen ich etwas vermeiden will. Denn diese Suche wollte ich mir ja nicht angewöhnen. Nur wenn schlechte Gefühle von selbst aufkommen würden, würde ich auf das Erreichenwollen umschalten. Ich würde mir dann jedes Mal klar machen, dass ich diese Gefühle nur habe, weil ich Unglück vermeiden will. Dann könnte ich mir sagen, dass in unserer Gesellschaft solch ein Unglück eigentlich gar nicht passieren kann. Es kann nicht passieren, dass ich Hunger und Kälte ausgesetzt bin. Auch kann kaum passieren, dass ich einsam sein muss. Es gibt so viele Möglichkeiten, sich mit anderen Menschen, der Natur oder mit den Dingen, die ich tue, verbunden zu fühlen, dass es hier kaum eine Gefahr für wirkliche Einsamkeit gibt.

Mit diesen Gedanken könnte ich leicht von Vermeidenwollen des Unglücks auf Erreichenwollen des Glücks umschalten. Mein Gehirn würde das als Gewohnheit übernehmen. Damit wäre die Sache dann erledigt. Das Schöne dabei war, dass ich von den negativen Gefühlen dann gar nichts mehr spüren würde. Sie würden zwar durch Situationen oder Gedanken erst einmal ausgelöst, sie würden jedoch nicht lange genug stehen bleiben, damit überhaupt ein richtiges Gefühl dafür entstehen könnte. Gefühle brauchen ein bis zwei Sekunden, bis sie im menschlichen Körper entstehen. Die gewohnheitsmäßigen Gedankenketten, die wir unserem Gehirn angewöhnen, laufen jedoch in einem Bruchteil einer Sekunde ab. Damit hätten die negativen Gefühle gar nicht die Zeit, zu entstehen. Ich hatte also tatsächlich eine Möglichkeit, permanent Glücksgefühle zu bekommen. Sogar in der Kürze der Zeit, die uns noch blieb, bis wir mit Ella den Krieg verhindern müssten.

Das Einzige, was die Sache etwas schwieriger machte, war, dass ich nicht nach schlechten Gefühlen suchen durfte, um mir das nicht gleichzeitig auch anzugewöhnen. Stattdessen sollte ich mir angewöhnen, nach Glücksgefühlen zu suchen. Dies würde dafür sorgen, dass ich dann auch Glücksgefühle habe. Bei der Suche nach dem Glück wäre meine Aufmerksamkeit ja immer mit dem Glück beschäftigt. Und wenn ich einmal ungewollt schlechte Gefühle auslösen würde, würde meine neue Gewohnheit das automatisch ganz schnell wieder in Ordnung bringen.

Ich wollte diesen Tag damit beginnen, nach dem Schönen zu suchen. Was hatte dieser Morgen Schönes? Was hatte ich von dem Tag Schönes zu erwarten?

Mir fiel auf Anhieb wieder Markus ein. Fantasien schossen mir erneut durch den Kopf. Ich war mir nicht so sicher, ob ich daran wirklich denken sollte. Ich wollte mich nicht in Markus verlieben.

Und da war es auch schon das erste Mal passiert: mein erstes Vermeidenmüssengefühl. Ich musste vermeiden, mich in Markus zu verlieben. Mir wurde plötzlich klar, was dieses Gefühl für Folgen hätte. Wenn ich vermeiden will, mich in jemand zu verlieben, werde ich jedes gute Gefühl für diesen Menschen als Gefahr ansehen. Ich werde mich instinktiv auf diese Gefahr konzentrieren, so wie ich das mit Gefahren immer tue. Damit werde ich logischerweise dieses Gefühl permanent auslösen und sogar noch verstärken. Die Anziehungskraft, die dieser Mensch dann auf mich ausübt, wird immer stärker werden. Ich werde das natürlich wiederum als große Gefahr wahrnehmen und mich darum kümmern. Ich konzentriere mich noch mehr auf diese Gefahr und damit auf das Gefühl der Anziehung. Die Anziehungskraft wird noch stärker und damit die Gefahr, was die Anziehungskraft wiederum verstärkt und so weiter.

So, wie es aussah, war dies wohl die beste Möglichkeit, sich schnellstmöglich zu verlieben. Das Leben war schon komisch. Wenn ich vermeiden wollte, mich in jemand zu verlieben, dann verliebte ich mich umso schneller, je mehr ich es vermeiden wollte.

Mir war klar, dass ich Markus für mein Glück nicht brauchte. Ich wollte Verbundenheit. Das könnte mit Markus sein oder mit einem anderen Mann oder mit Gott und der Welt. Ich musste also Markus nicht haben, um glücklich zu sein. Aber gewollt hätte ich ihn schon.

Ich spürte, dass ich mich schon wieder besser fühlte. Ich hatte soeben von Vermeidenwollen des Verliebens auf ein Es-wäre-schön-Gefühl umgeschaltet. Ich dachte noch eine Weile darüber nach, bis ich spürte, dass dieses Gefühl stabil blieb.

Ich suchte sicherlich noch eine Viertelstunde nach weiteren schönen Dingen, die diese Zeit und dieses Leben für mich zu bieten hatten. Es tat richtig gut, das zu tun.

Als ich gut gelaunt zum Frühstück kam, warteten die anderen beiden schon auf mich.

"Hallo, Ronja. Hast du gut geschlafen?", fragte Markus in einem Tonfall, in dem Erwachsene mit ihren Kindern reden.

Zum ersten Mal störte es mich, dass Markus mit mir in diesem Ton redete. Vor ein paar Tagen war ich noch dahingeschmolzen und hatte mich dabei beschützt gefühlt. Jetzt passte es irgendwie nicht mehr. Ich wurde immer mehr die Ronja, die ich in der Zukunft war. Doch ich konnte es Markus nicht verdenken. Er hatte eine Frau kennen gelernt, die sich alles andere als selbstbewusst benahm. Ich spürte auch, dass ihm das schwache Frauchen, das er kennen gelernt hatte, ganz gut gefiel. Eine Tatsache, die mir allerdings nicht sonderlich zusagte. Ich wollte kein schwaches Frauchen sein. Aber was machte ich mir Gedanken darüber. Ich wollte gute Gefühle haben. Markus konnte eigentlich tun, was er wollte. Ich musste ihn nicht haben. Ich musste auch nicht vermeiden, dass er mich wie ein kleines, schwaches Frauchen behandelt. Es konnte mich nicht unglücklich machen. Es konnte mir doch eigentlich egal sein, ob er ein schwaches Frauchen wollte. Und dennoch, ein komisches Gefühl blieb trotzdem zurück. Ich spürte, dass dafür wieder mein Begehrtwerdenwollen-Programm verantwortlich war. Das war also auch noch eine Art Gewohnheit. Doch auch diese würde sich mit der Zeit immer mehr ändern. Das Gefühl war ohnehin nur noch ein Zehntel von dem, was es zu Anfang einmal war. Bald würde dieses Programm ganz verschwunden sein.

Ich machte mir also kurz bewusst, dass es nicht wichtig war, von allen Männern begehrt zu werden, um nicht einsam zu sein. Ich musste nicht vermeiden, dass mich jemand nicht begehrte. Es war nur schön, wenn sie es taten.

Nach ein paar Minuten hatte ich meine Gefühle wieder im Griff. Mir fielen wieder die schönen Dinge beim Frühstück auf. Mir schmeckte das Frühstück an diesem Morgen auch sehr viel besser als sonst. Das konnte jedoch nur an mir und meinen Gefühlen liegen. Das Frühstück war das gleiche.

Während wir aßen, kamen plötzlich zwei Männer zur Tür herein. Sie waren ganz in Schwarz gekleidet. Sie wirkten auf den ersten Blick gefährlich. Mir rutschte fast das Herz in die Hose, als die beiden direkt ohne zu zögern auf uns zusteuerten.

Offenbar mussten es zwei Männer der Mafia sein. Oder waren es doch Agenten des ägyptischen Geheimdienstes? Sie sahen eigentlich genauso aus wie die Männer, die vor Michaels Haus gewartet hatten. Dieser Gedanke erschreckte mich noch mehr. Meine Ungewissheit wurde jedoch sehr schnell wieder zerstreut, als einer der beiden Männer uns ansprach.

"Kommen Sie bitte mit!", sagte er in ruhigem, aber bestimmtem Ton. "Sie haben einen Termin."

Es war offensichtlich, dass die beiden keine Widerrede duldeten. Selbst wenn wir an dem Geschäft nicht mehr interessiert gewesen wären, wir müssten es jetzt auf jeden Fall durchziehen.

Jetzt fühlte ich mich doch wieder wie ein kleines, schwaches Frauchen. Mein Selbstbewusstsein, das sich gerade erst wie eine kleine, zarte Blüte entfalten wollte, wurde durch das massive Auftreten der beiden Mafiosi im Keim erstickt.

Wir stiegen in den Wagen der beiden Männer ein. Sie redeten weder ein Wort mit uns noch untereinander. Wir fuhren mitten durch die Stadt und kamen zu einem großen Bürohaus. Der Fahrer parkte den Wagen in der Tiefgarage dieses Hochhauses. Mit einem Fahrstuhl fuhren wir ganz nach oben ins Penthaus. Der Fahrstuhl hatte keinen Knopf für diese Etage. Offenbar wurde er von außen gesteuert. Mir war sofort klar, dass es keine andere Möglichkeit gab, in das Penthaus hineinzukommen – und auch keine Möglichkeit wieder dort heraus. Wer auch immer hier lebte oder arbeitete, er hatte sich eine kleine Festung aufgebaut, in die kein ungebetener Gast eindringen konnte.

Als sich die Tür des Fahrstuhls öffnete, war ich sehr gespannt, was sich dahinter verbergen würde. Ich war fast enttäuscht, dass es wie in einem gewöhnlichen Geschäftsbüro aussah und uns eine Sekretärin am Fahrstuhl abholte. Sie bat uns, mit ihr zu kommen und führte uns in eine Art Vorraum, in dem sie ihren Arbeitsplatz hatte. Über Lautsprecheranlage informierte sie ihren Chef, dass wir angekommen seien.

"Danke, bitten Sie sie herein", war die höfliche Antwort.

"Ob wir hier richtig sind?", begann ich mich zu fragen. "Für eine Verbrecherbande gehen die doch eigentlich viel zu höflich miteinander um!"

Die Sekretärin stand auf und bat uns mitzukommen. Sie ging mit uns zu einer großen Bürotür. Es war offensichtlich, dass sich der Mann, den wir durch die Sprechanlage hörten, hinter dieser Tür verbergen würde. Die Sekretärin öffnete die Tür und ging hindurch. Wir gingen zögernd hinterher.

"Kommen Sie bitte rein", sagte eine überaus freundliche Stimme zu uns.

Ein Mann saß hinter einem gigantischen Schreibtisch und lächelte uns freundlich an. Sein Büro war riesig. Und alles war vom Feinsten. Vor dem Schreibtisch standen drei moderne Ledersessel. Er selbst saß auf einem teuren Drehsessel mit sehr hoher Lehne.

"Bitte setzen Sie sich!", sagte der Mann höflich.

Daraufhin wandte er sich zu seiner Sekretärin und bedankte sich. Sie verließ augenblicklich das Büro und schloss die Tür hinter sich.

"Kommen wir gleich zum Geschäft, wenn Sie gestatten", fuhr der Mann fort.

Ich nickte ehrfürchtig. Ich hoffte, dass er mich nicht direkt ansprechen würde, denn ich hatte viel zu viel Angst in diesem Moment. Eine Angst, die ich auch nicht wegschieben konnte. Ich wollte unter keinen Umständen, dass er das merkte. Er sprach uns jedoch nur allgemein an.

"Sie sind an etwas interessiert, das uns gehört. Nun zunächst einmal möchte ich wissen, warum Sie daran interessiert sind."

Ich war erleichtert, dass Markus antwortete.

"Wir sind Wissenschaftler. Unser Interesse ist rein wissenschaftlicher Natur", erklärte er schlicht.

Der Mann wurde leicht massiv. Er lehnte sich vor und sagte in ruhigem, aber eindringlichem Ton:

"Ich rate Ihnen, uns nicht für dumm zu verkaufen. Sie sind hier, um nach der Kammer des Wissens zu suchen. Sie sind erst seit drei Tagen hier und haben bereits die Forschungsergebnisse aller anderen Wissenschaftler an sich gebracht. Ihre Vorgehensweise gefällt uns. Wir möchten Ihnen unsere Zusammenarbeit anbieten. Wir sind sehr an der Kammer interessiert. Sie werden für uns arbeiten. Sie werden jede erdenkliche Unterstützung bekommen."

Uns war sofort klar, dass dies in Wirklichkeit kein Angebot war, denn wir würden es nicht ausschlagen können. Wir hatten keine andere Wahl als zuzustimmen.

Ich hatte das Gefühl, dass unsere Mission damit gescheitert war. Die Mafia würde uns sicherlich nicht als erste in die Kammer hereinlassen. Sie würden uns beschatten und in dem Moment die Kontrolle übernehmen, wenn wir die Kammer gefunden hätten. Ein Gefühl von Verzweiflung machte sich in mir breit. Glücklicherweise behielt Markus die Nerven und antwortete.

"Danke für das Angebot, wir nehmen gerne an", sagte er ruhig.

"Das freut mich", erwiderte der Mann in seiner ursprünglichen Freundlichkeit. "Sie werden unsere Unterstützung brauchen können."

"Sie sagen das so, als wüssten Sie schon etwas Konkreteres?", fragte Markus.

"Die Regierung ist Ihnen dicht auf den Fersen", erklärte der Mafioso. "Vermutlich werden sie noch heute ihre Pension ausgemacht haben."

"Dann müssen wir so schnell wie möglich wieder zurück. Die Forschungsergebnisse, die wir von den Beduinen bekommen haben, sind noch dort", meinte Markus aufgeregt.

"Machen Sie sich keine Gedanken", beruhigte uns der Mafioso. "Ich habe doch gesagt, dass Sie vollste Unterstützung von uns haben."

Er sagte das in einem Ton, der erkennen ließ, dass er dieses Thema nicht weiter besprechen wollte. So wie es aussah, war er irgendwie in der Lage, zu verhindern, dass die Agenten der Regierung in der Pension nach uns suchen würden. Offenbar hatte er großen Einfluss auf den Geheimdienst.

"Sie werden jetzt an den Ort gebracht, an dem Sie den Inhalt der Sphinxkammern besichtigen können. Doch ich rate Ihnen, sich dort respektvoll zu verhalten. Sie werden mit einer der höchsten Führungspersönlichkeiten sprechen. Wenn Sie etwas gefragt werden, dann geben sie offen und ehrlich Antwort."

Die Sekretärin brachte uns zum Fahrstuhl, der uns wieder in die Tiefgarage brachte. Dort stiegen wir in eine Luxuslimousine mit Chauffeur, die auf uns wartete. Sie brachte uns zu einem der größten Juweliere Kairos. Ich war erstaunt, wie vornehm es bei der Mafia zuging.

Als wir aus der Limousine ausstiegen, wurden wir bereits von einem Angestellten des Juweliers in Empfang genommen. Er trug wohl einen der teuersten Anzüge, die man für Geld kaufen kann. In Anbetracht dieser Eleganz fühlte ich mich in meinen Jeans völlig unpassend angezogen. Ich bemerkte jedoch sofort, dass dies wieder eines von Jasmines Standardgefühlen war, das darauf aufbaute, alles falsch gemacht zu haben. Ich beruhigte meine Gefühle wieder, was mir erstaunlich schnell gelang.

Der Angestellte führte uns in einen Raum, in dem wir warten sollten. Es war ein kleiner Besprechungsraum, in dem ein ovaler Tisch mit zwölf Stühlen stand. Der Raum hatte keine Fenster.

Der Mann bat uns, uns zu setzen. Nachdem er gegangen war, kam eine Frau herein und fragte uns, ob wir eine Tasse Kaffee trinken wollten. Wir bejahten und bekamen unmittelbar unseren Kaffee serviert. Danach verließ die Frau den Raum und schloss die Tür hinter sich.

Plötzlich spürten wir ein leichtes Vibrieren. Es war auch deutlich in unseren Kaffeetassen sichtbar, dass der Raum vibrierte. Konnte das ein Erdbeben sein? Dann bewegte sich der Raum. Ganz langsam fuhr er abwärts. Wir saßen in einem getarnten Fahrstuhl. Wir sahen, wie die Wände nach oben verschwanden. Der Fahrstuhl fuhr sicherlich zwanzig Meter in die Tiefe und schließlich durch die Decke eines hell erleuchteten Saales hindurch. Eine Menge Menschen waren hier mit den unterschiedlichsten Aufgaben beschäftigt. Sie nahmen überhaupt keine Notiz von uns.

Die Plattform, auf der der Tisch und die Stühle standen, versenkte sich in den Boden dieses Saales. Es sah danach so aus, als hätte der Tisch immer schon hier unten gestanden. Die Leute, die hier arbeiteten, gingen an uns vorbei und wünschten uns einen guten Tag. Für sie war es offensichtlich völlig normal, hier unten von fremden Menschen besucht zu werden. Sie verhielten sich genauso freundlich und höflich wie oben im Juwelierladen.

Kurz nachdem der Tisch zum Stillstand gekommen war, öffnete sich eine Tür und eine sehr elegant gekleidete, hübsche Frau kam auf uns zu.

"Herzlich willkommen", sagte sie sehr freundlich zu uns. "Wenn Sie mir bitte folgen möchten?"

Wir verließen den Saal und wurden durch einen langen Gang in einen abgelegenen Raum geführt. Ein Mann und eine Frau in Uniform standen in diesem Raum. Sie hatten Metallsuchgeräte in der Hand, wie sie an Flughäfen auch benutzt werden.

"Eine reine Vorsichtsmaßnahme!", sagte die Frau, die uns hergeführt hatte, und ging wieder durch den Gang zurück.

Wir wurden von den Uniformierten gründlich durchsucht. Schließlich ließen sie uns passieren. Sie öffneten eine bis dahin noch verschlossene Tür. Eine Videokamera nahm uns dabei auf. Hinter der Tür wartete wieder ein Mann, der uns weitergeleitete. Er brachte uns zu einem kleinen Fahrstuhl, der sehr nobel ausgestattet war. Die Einrichtung dieses Fahrstuhles musste mehr gekostet haben als das Haus, in dem Michael und Rie wohnten. Ich muss gestehen, dass mich das alles sehr beeindruckte.

Der Fahrstuhl fuhr eine ganze Weile abwärts. Wir mussten uns sehr tief unter der Erde befinden. Schließlich öffnete sich die Tür. Wir waren offenbar in einem Hochsicherheitstrakt. Von hier aus gab es mehrere Panzerglastüren, die nur mit einer Sicherheitskarte zu öffnen waren. Kurz nachdem wir ausgestiegen waren, sahen wir durch das Panzerglas einer Tür einen elegant gekleideten Mann auf uns zukommen. Er öffnete die Tür.

"Kommen Sie bitte", sagte er höflich.

Wir folgten ihm durch ein Labyrinth von Gängen. Offenbar war dies eine riesige unterirdische Anlage. Auf den Gängen begegneten uns einige Menschen mit Akten unter ihren Armen.

Schließlich kamen wir zu einem Büro mit Vorzimmer. Die Sekretärin dieses Büros kündigte uns über Sprechanlage bei ihrem Chef an. "Sie sind da", sagte sie schlicht.

Wir wurden gleich zu dem Büro geleitet. Ich hatte langsam schon das Gefühl bekommen, dass wir nie an unserem Ziel ankommen würden.

In diesem Büro, das riesige Ausmaße hatte, saß ein älterer, nicht einheimisch aussehender Mann in einem Sessel. Zwei jüngere ägyptische Männer standen daneben. Der ältere Mann sprach uns an.

"Schön, dass wir uns persönlich kennen lernen. Ich bin Carlos Barba."

Daraufhin reichte er uns zur Begrüßung die Hand. Wenn ich nicht gewusst hätte, dass dies der Anführer einer riesigen Verbrecherbande war, ich hätte ihn für den Präsidenten Ägyptens gehalten. Er mutete so vornehm und gleichzeitig mächtig an, dass ich mich sofort klein und unbedeutend fühlte. Ich wäre nie in der Lage gewesen, diesem Mann Widerworte zu geben.

Ich stellte mich ehrfürchtig mit dem Namen Jasmine Roberts vor und gab ihm die Hand. Ich hatte tatsächlich das Gefühl, dass es eine Ehre sei, diesem Mann die Hand schütteln zu dürfen.

Er hielt meine Hand sehr lange und machte mir dabei Komplimente.

"Es ist mir eine ganz besondere Ehre, eine so schöne Frau bei mir begrüßen zu dürfen." Daraufhin küsste er meine Hand.

Danach begrüßte er Markus mit einem langen Händedruck.

"Es freut mich sehr, Ihre Bekanntschaft zu machen. Ich habe schon viel von Ihnen gehört", sagte er dabei freundlich.

Als er sich Peter zuwendete, traf mich fast der Schlag. Peter hatte wieder seinen seltsamen Blick aufgesetzt.

"Jetzt ist alles aus!", durchfuhr es meine Gedanken. "Wenn er ihm jetzt die Hände auf den Kopf legt und seinen berühmten Spruch ablässt, werden wir diesen Raum nicht mehr lebend verlassen." Ich kniff die Augen zusammen, als erwarte ich eine Explosion.

Carlos Barba reichte Peter die Hand und lächelte ihn an. Peter lächelte zurück. Zum Glück tat er es nicht. Mir fielen tausend Steine vom Herzen. Doch wie lange würde es gut gehen? Peter war nicht zurechnungsfähig in diesem Zustand. Jeden Augenblick könnte es wieder so weit sein. Ich stand in diesen Momenten Todesängste aus.

Für Carlos Barba unbemerkt gab ich Markus ein Zeichen, dass er sich Peter anschauen sollte. Als Markus Peters Augen sah, fuhr ihm ebenfalls ein tüchtiger Schrecken durch die Glieder. Als wir uns setzten, trat Markus Peter ziemlich fest gegen das Schienbein. Peter schaute Markus liebevoll an.

"Oh nein! Er ist voll drauf", sagte mir meine innere Stimme. "Das wird nicht gutgehen. Er wird es gleich tun. Lieber Gott, lass es ihn nicht tun! Lass ihn wieder normal werden", ließ ich ein Stoßgebet gen Himmel los. Doch Gott erhörte mich nicht. Peter war drauf und dran, dem obersten Mafiaboss die Hände auf den Kopf zu legen und ihm zu sagen, er solle die Liebe in sein Leben lassen.

Carlos Barba sagte gerade etwas auf Spanisch zu einem der Männer.

Markus nutzte den Moment und versuchte noch einmal, Peter zur Vernunft zu bringen.

"Peter, beherrsch dich!", flüsterte er.

Doch seine Aktion blieb nicht unbemerkt. Ich hätte in diesem Moment vor Angst fast in die Hose gemacht.

Carlos Barba sah Markus und Peter an und sagte: "Na, wir wollen doch wohl keine Heimlichkeiten haben!"

Ich war fix und fertig. Markus wohl in diesem Moment auch, denn er sagte plötzlich: "Ich habe meinen Freund hier nur ermahnt, sich anständig zu benehmen. Er rastet nämlich manchmal aus."

Ich weiß nicht, warum Markus in diesem Moment keine Ausrede nannte. Möglicherweise war er so nervös, dass er nur die Wahrheit sagen konnte. Vielleicht wollte er aber auch das Schlimmste vom Schlimmen vermeiden und den Mafioso darauf vorbereiten, dass Peter eventuell etwas sehr Ungewöhnliches tun könnte.

Ich war dem Nervenzusammenbruch nahe. Ich wiederholte in Gedanken immer wieder ein und denselben Satz:

"Er tut es nicht. Er tut es nicht ..."

Ich bekam einen großen Teil des Gesprächs gar nicht so richtig mit. Ich wurde erst wieder auf das Geschehen im Raum aufmerksam, als der Oberboss seine Leute hinausschickte. Er war jetzt ganz allein mit uns.

"Dann wollen wir uns das gute Stück einmal anschauen", hörte ich ihn sagen.

Er ging zu einem Wandsafe und gab eine Zahlenkombination ein. Dann öffnete er langsam die Tür. Er holte etwas aus dem Safe, das in ein Samttuch gewickelt war, und brachte es zu uns. Er stellte es auf den Tisch und wickelte es aus.

Kurz bevor das Teil zu Vorschein kam, sah er uns eindringlich an und sagte: "Und jetzt möchte ich eine Antwort."

Er legte das Teil frei.

"Was um alles in der Welt ist das?"

Mir fiel fast die Kraft aus dem Gesicht. Er hatte eine Kristallkugel mit Sterntetraeder aus dem Tuch gewickelt, die genauso aussah wie Ella. Ich starrte wie gebannt auf den Kristall. Dann sah ich Markus an. Ich konnte mir denken, was Markus jetzt dachte. Sicherlich war ihm klar, dass dieser Kristall mit Ella etwas zu tun haben musste.

Ich fühlte einen ungeheuren Druck auf mir lasten. Einer von uns müsste jetzt antworten. Und ich war die Einzige, die wirklich etwas über den Kristall sagen konnte.

Carlos Barba brach jedoch das Schweigen.

"Dieses Ding hier sieht aus wie ein Kristall. Doch es ist keiner. Wir haben versucht, ihn zu zerkleinern. Und was ist dabei passiert? Weiß das einer von euch?"

Carlos Barba sah uns fordernd an. Er erwartete eine Erklärung.

"Sie konnten ihn nicht zerkleinern", antwortete Markus glücklicherweise, bevor ich es tun konnte.

"Genauso ist es. Und jetzt möchte ich von euch wissen, warum wir das nicht konnten."

"Es muss sich hierbei um den Stein des Wissens handeln", log Markus selbstsicher. "Es gibt eine Inschrift, die auf diesen Kristall hinweist. Angeblich wird der Kristall von einem Zauber geschützt. Zumindest steht es so in der Inschrift. Ich kann mir jedoch vorstellen, dass wir es hier mit einem Gegenstand zu tun haben, der nicht von dieser Welt ist."

"Wir sind nicht in der Lage, diesem Ding auch nur den kleinsten Kratzer zuzufügen", erklärte Carlos Barba in einem vorwurfsvollem Tonfall. "Wir konnten noch nicht einmal ein einzelnes Atom entnehmen, um das Material zu analysieren. Auf jeden Fall ist es kein Kristall. Wir haben ihn gigantischer Hitze ausgesetzt, nichts ist passiert.

Ein Kristall wäre längst geschmolzen. Kein Material auf der Erde hält so hohe Temperaturen aus. Ich frage also noch einmal. Was um alles in der Welt ist das?"

Wir schauten Carlos Barba nur schulterzuckend an. Glücklicherweise schien er uns zu glauben. Und glücklicherweise schien er zu hoffen, dass wir es herausfinden könnten. Sonst hätten wir diesen Raum mit Sicherheit nicht mehr lebend verlassen.

"Darf ich ihn mal anfassen?", fragte Peter unverfroren.

Ich erschrak über diese unverschämte Bitte fürchterlich. Mein Nervenkostüm war zum Zerreißen gespannt.

Carlos Barba blieb jedoch ganz cool und nickte.

"Nur zu", sagte er dabei. "Wenn das etwas nutzt."

Peter nahm sich den Kristall und schaute hinein, als wäre es die Kugel einer Wahrsagerin. Carlos Barba ignorierte Peter und redete weiterhin mit Markus. Ich starrte wie gebannt auf Peter und hoffte, dass er keinen Unsinn mit dem Kristall anstellen würde. Plötzlich hatte ich den Eindruck, als würde Peters Hand in den Kristall eintauchen. Ein seltsames orangenes Leuchten war dabei zu sehen. Es war nur ein Augenblick, dann war das Leuchten wieder weg. Ich schaute Peter ins Gesicht, denn er begann seltsam zu lächeln. Peter schaute mich in diesem Moment direkt an. War das eine Sinnestäuschung? Ich hatte den Eindruck, als hätten Peters Augen für einen Moment das gleiche orangene Leuchten angenommen.

Peter legte den Kristall wieder zurück auf den Tisch und verhielt sich ganz normal. Sein Hände-auf-den-Kopf-leg-Blick war glücklicherweise ganz verschwunden.

Das Gespräch neigte sich dem Ende zu. Carlos Barba gab letzte Anweisungen.

"Ihr werdet eure gesamten Aktivitäten darauf konzentrieren, herauszufinden, um was es sich bei diesem Kristall handelt. Wir werden euch jegliche Unterstützung zubilligen. Wenn ihr etwas braucht, lasst es einen unserer Männer wissen. Es wird immer jemand in eurer Nähe sein. Solltet ihr etwas herausfinden, dann bin ich persönlich der Einzige, der davon erfährt. Und nun müssen Sie mich entschuldigen, ich muss in eine wichtige Besprechung."

Wir verabschiedeten uns von Carlos Barba und wurden wieder an die Oberfläche dieses schönen Planeten gebracht.

Die Welt ist so, wie ich sie wahrnehme

Die Limousine, die uns hergebracht hatte, fuhr uns jetzt in unsere Pension zurück. Keiner von uns redete ein Wort während der Fahrt. Wir hatten alle zu viel Angst, dass wir etwas Falsches sagen könnten und der Fahrer es mitbekäme. Uns allen war klar, dass wir nicht wie zuvor weitermachen könnten. Wir mussten es wenigstens so aussehen lassen, als würden wir nach dem Ursprung des Kristalls forschen.

Das Ganze war ein Riesenreinfall. Das Einzige, was der Inhalt der Sphinxkammern mit sich gebracht hatte, war, dass jetzt die Mafia an unseren Fersen haftete und wir keinen Schritt mehr unbeobachtet tun konnten. Wie sollten wir jetzt weiterkommen? Und selbst wenn wir noch irgendeine Möglichkeit finden würden: Sobald wir nahe genug an der Kammer des Wissen dran wären, würde die Mafia das Feld übernehmen. Unsere Mission war damit so gut wie gescheitert. Auch wussten wir nicht, was wir noch tun könnten, um in den nächsten drei Tagen die Kammer zu finden. Unsere einzige Spur war der Inhalt der Sphinxkammern gewesen. Und diese Spur hatte sich als eine Sackgasse entpuppt. Alles in allem sah es also nicht besonders rosig aus.

Als wir an unserer Pension ankamen, war die Stimmung ziemlich gedrückt. Auch Markus ließ mittlerweile den Kopf hängen. Peter war wie immer guter Dinge. Er grinste vergnügt vor sich hin. Ihm konnte wohl nichts die Stimmung verderben. Na, immerhin hatte er es geschafft, sich unter Kontrolle zu halten, als wir bei dem Mafiaboss waren. Es fiel ihm zwar sichtlich schwer, aber er hatte es geschafft. Ich konnte also froh sein, dass wir wenigstens noch unser Leben hatten.

Wir setzten uns in Markus‘ Zimmer, denn wir wollten das, was wir erlebt hatten, nicht öffentlich im Aufenthaltsraum der Pension besprechen. Als wir die Tür schlossen, fing Peter plötzlich an, lauthals zu lachen. Was sollte denn das schon wieder? War er jetzt ganz übergeschnappt?

"Wir werden es schaffen, Leute", sagte Peter euphorisch. "Wir werden die Kammer finden."

Markus und ich sahen uns ungläubig an. Jetzt war es wohl passiert. Peter war durchgeknallt. Irgendwann musste das ja passieren.

"Ich weiß jetzt, warum die Regierung die Wissenschaftler beobachtet", sagte Peter immer noch völlig euphorisch. "Sie haben die Botschaft erhalten, bevor der Kristall von der Mafia gestohlen wurde."

"Wovon redest du?", fragte Markus irritiert.

"Du hast den Kristall vorhin Stein des Wissens genannt. Ich lach mich tot. Wenn du wüsstest, wie Recht du damit hattest."

Peter freute sich weiterhin wie ein kleines Kind.

"Sprich nicht in Rätseln. Was weißt du?", fragte Markus.

"Der wahre Grund, warum die Regierung gegen die Wissenschaftler vorgeht, ist nicht, dass sie den Ruf des ägyptischen Volkes schützen will. Der Fund der Kammer des Wissens wird ein neues Zeitalter einläuten. Der Kristall von Carlos Barba enthält Informationen über eine ungeheure, unermessliche Energiequelle, mit der unter anderem die Pyramiden von Gizeh gebaut wurden. Sie befindet sich in der Kammer des Wissens. Wenn das stimmt, dann wird dieser Fund unsere Kultur völlig verändern. Es gibt offensichtlich Leute, die Angst davor haben, ihre Macht zu verlieren, wenn diese Energie der gesamten Welt kostenlos zur Verfügung steht. Oder sie wollen die Energie unter ihre Kontrolle bringen. Deshalb wollen sie die Kammer des Wissens finden, bevor es die Archäologen tun. Das ist der wirkliche Grund für das Verhalten der Regierung."

"Wie kommst du zu dieser Behauptung?", wollte ich wissen.

"Ich habe den Kristall angefasst", schwärmte Peter mit einem Leuchten in den Augen. "Es ist kein normaler Kristall. Es ist ein Informationsträger. Er hat mir sein Wissen offenbart."

Normalerweise hätte ich dies wieder für eine von Peters Spinnereien gehalten, doch ich konnte mich an das seltsame orangene Licht erinnern, dass ich zuerst im Kristall und dann in seinen Augen gesehen hatte. Dieses Mal hatte ich das Gefühl, dass Peter tatsächlich die Wahrheit sagte.

Er fuhr fort: "Der Kristall enthält eine Botschaft, die die Welt verändern wird. Er hat mir diese Botschaft innerhalb einer Sekunde gegeben."

"In welcher Sprache war die Botschaft?", fragte Markus neugierig.

"In keiner, oder in allen. Es war keine Sprache, und es waren keine Bilder oder Symbole. Es war einfach Wissen. Direktes und unmittelbares Wissen."

"Um was ging es in diesem Wissen?", fragte Markus ungeduldig. "Spann uns nicht so lange auf die Folter."

"Es ging um die gleiche Frage, die wir gestern erörtert haben. Die Frage, nach welchen Naturgesetzen diese Welt aufgebaut ist."

Peter machte eine Pause, um zu sehen, ob uns das auch wirklich interessierte. Ich drängte ihn, weiter zu erzählen.

"Die Welt ist so, wie ich sie wahrnehme!", rief er euphorisch aus.

"Was meinst du damit?", fragte ich verständnislos.

"Wir haben immer geglaubt, dass wir die Welt mit unseren Augen und Ohren wahrnehmen. Der Kristall hat mir jedoch zu verstehen gegeben, dass Wahrnehmung etwas völlig anderes ist als wir bisher glaubten. Unsere Sinnessysteme sind nur ein kleiner Bestandteil unserer Wahrnehmung. Wir nehmen zum Beispiel auch die Zukunft unbewusst wahr. "

"In der experimentellen Quantenphysik", sagte Markus, "wurde bereits bestätigt, dass die Zukunft von Elementarteilchen vorausgesehen wird. Bei einigen Versuchen wissen Elektronen schon vorher, was ein Zufallsgenerator später für eine Versuchsanordnung produziert und reagieren im Vorfeld bereits dementsprechend. Das können sie wie gesagt nur, wenn sie die Zukunft bereits gekannt haben.

Man hat in Experimenten bereits bestätigt, dass Menschen unbewusst ebenfalls in die Zukunft schauen. In einem dieser Experimente wurden Probanden an ein Biofeedback-Gerät angeschlossen, mit dem man Veränderungen in ihrer Physiognomie messen konnte. Dann hat man ihnen für kurze Augenblicke Bilder gezeigt, die ein Zufallsgenerator aus einer Vielzahl verschiedenster Fotografien auswählte. Unter diesen Bildern waren auch Bilder erotischer Natur und Bilder mit wirklich abstoßenden Inhalten, wie verstümmelte Leichen und Ähnliches. Alle Bilder wurden nur für wenige Augenblicke gezeigt, dann kam sofort das nächste. Die Probanden reagierten erwartungsgemäß auf die "besonderen" Bilder mit einer starken Reaktion auf dem Biofeedback-Gerät. Das Seltsame war jedoch, dass sie im Durchschnitt eine Sekunde vorher reagierten, bevor das besondere Bild überhaupt gezeigt wurde. Sie mussten diese Bilder offenbar unbewusst schon wahrgenommen haben, bevor sie gezeigt wurden. Und mehr noch: Sie nahmen die Bilder schon wahr, bevor der Zufallsgenerator sie überhaupt ausgewählt hatte.

Aufgrund dieses Experimentes streiten sich nun die Gelehrten, ob der Mensch die Zukunft unbewusst voraussieht, oder ob er die Zukunft unbewusst beeinflusst."

"Da gibt es gar keinen Unterschied! Es ist gigantisch, viel fantastischer, als ich mir das jemals vorstellen konnte", rief Peter euphorisch aus. "Und der Kristall hat mir mitgeteilt, wie das alles funktioniert."

"Und wie?", fragte ich hastig.

"Wenn du deine Aufmerksamkeit auf etwas richtest, was du erreichen möchtest, suchst du dir damit eine bestimmte Realität aus", begann Peter zu erklären. "Wenn du zum Beispiel deine Aufmerksamkeit darauf richtest, die Kammer des Wissens zu finden, wählst du damit diese Realität."

"Das ist doch Unsinn!", meinte ich energisch. "Wenn das so wäre, müssten wir die Kammer doch schon längst gefunden haben."

"Ich muss mich vielleicht etwas klarer ausdrücken", meinte Peter. "Wenn wir die Kammer finden wollen, rückt nicht der Fund der Kammer in den Fokus unserer Aufmerksamkeit, sondern das, was wir dafür tun müssen. Oder hattet ihr in den letzten Tagen immer nur die Bilder im Kopf, wie wir die Kammer finden und mit Ella abheben, um den Krieg zu verhindern? Das hattet ihr sicherlich genauso wenig wie ich. Dafür hatten wir permanent Gedanken im Kopf, was wir wohl noch tun müssten, um die Kammer zu finden.

Daher suchten wir nicht die Realität aus, in der wir die Kammer finden, sondern die Realität, die uns das Gefühl gab, etwas für den Fund tun zu müssen."

"Und wie suchen wir uns jetzt den Fund aus?", hakte ich nach. "Sofern das überhaupt stimmt, was du in dem Kristall wahrgenommen hast."

"Ich denke schon, dass es stimmt", meinte Markus. "Diese Informationen stimmen ziemlich gut mit den Ergebnissen der Quantenphysik überein."

"Also, wie machen wir das jetzt richtig?", wollte ich erneut wissen.

"Es ist eigentlich ganz einfach", meinte Peter. "Es wird wahr, was du für wahr hältst. Oder anders ausgedrückt, was du für wahr nimmst. Das meinte ich eigentlich mit Wahrnehmung. Du nimmst dir eine Wahrheit."

"Was soll das heißen – Ich nehme mir eine Wahrheit?", fragte ich verständnislos nach.

"So ganz habe ich das selbst noch nicht verstanden", gab Peter zu. "Ich weiß nur, dass wir uns eine Wahrheit oder anders ausgedrückt eine Realität irgendwie nehmen. Das war die Botschaft des Kristalls."

"Peter, wie finden wir jetzt die Kammer?", wollte Markus jetzt auch wissen. "Was müssen wir jetzt tun?"

"Wir müssen es für Wahrheit oder anders ausgedrückt für Realität halten, dass wir die Kammer rechtzeitig finden", antwortete Peter.

"Wie kann ich das so einfach als Realität ansehen?", zweifelte ich. "Ich kann doch nicht einfach als wahr ansehen, was mir gerade in den Kopf kommt. Entweder ist etwas wahr oder nicht."

"Du kannst etwas als Realität ansehen, wenn du es als real empfindest", meinte Peter dazu. "Mit diesem Gefühl bestimmst du deine Wahrnehmung und damit deine Realität. Und dafür könnten wir etwas tun. Ich habe da schon eine Idee."

"Wir brauchen das Gefühl, dass etwas real ist, sagst du?", fragte Markus noch einmal nachdenklich.

"Ja, so ist es", bestätigte Peter.

"Das ist interessant", erwiderte Markus. "Das würde mir das Ereignis mit der Frau erklären, bei der ich mich entschuldigen wollte."

"Natürlich! Du hast so intensiv an diese Frau und an die Entschuldigung gedacht, dass du es bereits als Realität empfunden hast, stimmt's?", fragte Peter begeistert.

"Stimmt. Ich hatte tatsächlich das Gefühl, als hätte ich mich bereits entschuldigt. Ich habe mich beim Gespräch mit meinem Freund so intensiv in die Situation hineinversetzt, dass ich es wohl für einen Moment als reales Ereignis wahrgenommen habe."

"Dieser kleine Moment hat genügt", bestätigte Peter.

"Bist du sicher?", fragte ich ungläubig. "Dieser kleine Moment?"

"Ja! Ein einziger Gedanke genügt. Sobald du ihn als real empfindest, hast du bereits deine Wahrnehmung auf diese Realität eingestellt. Du darfst hinterher nur nicht mehr daran zweifeln. Der Zweifel würde ansonsten deine Wahrnehmung wieder verändern und alles rückgängig machen. Es würde dann etwas passieren, was dich wieder zweifeln lässt.

Bei dir, Markus, hat dieser Moment deshalb so schnell seine Wirkung gezeigt, weil du nicht weiter darüber nachgedacht hast. Du hast es ein einziges Mal als Realität wahrgenommen und es einfach dabei belassen."

"Das heißt, ein einziger Gedanke, den wir als wahr empfinden, würde genügen, um den Fund der Kammer Wirklichkeit werden zu lassen?", fragte Markus fasziniert.

"Natürlich!", rief Peter wieder voller Freude aus. "Du darfst danach nur nicht mehr daran zweifeln."

"Die Situation mit der Toilette, die Michael uns erzählt hat, hat mich sehr beeindruckt", sagte ich zu Peter. "Wie ist das genau zu erklären?"

"Michael hat Angst davor gehabt, dass man ihn dort einsperrt. Der Grund, warum sich Ängste normalerweise nicht ereignen, liegt darin begründet, dass man seine Wahrnehmung lediglich auf die Realität einstellt, es könnte etwas passieren. Mehr nicht. Es wird genau das widergespiegelt, was man wahrnimmt. Und das ist die Angst, es könnte was passieren. Also passiert auch etwas, was einem diese Angst macht. Mehr nicht. Es sei denn, ich tue aus Sicherheitsgründen so, als sei meine Angst absolut realistisch und überlege nur, was ich tun würde, wenn meine Angst eintrifft. Damit hat Michael das Eingesperrtwerden als Realität wahrgenommen und es passierte."

"So ganz einleuchtend ist das für mich noch nicht", sagte Markus. "Ich kann mir vorstellen, dass das klappt, wenn kein anderer Mensch betroffen ist. Aber dass meine Wahrnehmung einen anderen Menschen so beeinflusst, dass dieser sich in seinen Wagen setzt und zum richtigen Zeitpunkt zu genau dem richtigen Ort fährt, scheint mir doch etwas zu weit hergeholt."

"Soweit ich den Kristall verstanden habe, können wir niemanden beeinflussen", erklärte Peter. "Genauer gesagt gibt es so etwas wie Beeinflussung gar nicht. Ich habe noch nicht genau verstanden, wieso. Ich weiß nur, dass es so ist."

"Wenn du gestattest, erzähle ich dir eine wahre Geschichte", sagte ich zu Peter. "Sie ist etwas merkwürdig. Es würde mich interessieren, wie dieses Ereignis deiner Meinung nach zustande gekommen sein könnte."

"Klar, schieß los!", erwiderte Peter neugierig.

*"Es gibt einen kleinen Ort in Deutschland, der Wetzlar genannt wird. Ich war dort einmal im Urlaub. Diesen Ort kennt auf der Welt wirklich niemand. Es gibt dort nichts, was wirklich interessant wäre.

Nun, in diesem kleinen Städtchen gibt es eine Brücke, die über einen kleinen Fluss führt. Der Fluss heißt Lahn. Auf dieser Brücke lernte ich damals meinen Mann kennen und verliebte mich in ihn. Von da an hatte diese Brücke eine symbolische Bedeutung für uns. Wir unternahmen unsere Hochzeitsreise dorthin und besuchten unsere Brücke. Und jedes Mal, wenn wir in Europa waren, machten wir einen Abstecher zu unserer Brücke. Etwa drei Jahre später besuchte ich einen Sprachkurs für Nefilim. Der Kurs dauerte zwei Wochen. Der Abschluss des Kurses war ein kleiner Vortrag, den jeder von uns spontan halten sollte. Wir bekamen ein Foto in die Hand gedrückt, auf dem die berühmten Sehenswürdigkeiten dieser Welt abgebildet waren. Singapur, New York, die Niagarafälle, der Grand Canyon und so weiter. Was glaubt ihr, habe ich bekommen?"

"Die Lahnbrücke von Wetzlar?", fragte Markus fasziniert.

"Du hast den Nagel mit dem Kopf getroffen", antwortete ich begeistert in der Sprache dieser Zeit. "Aber das Beste kommt noch. Die Kursleiter waren ein Paar. Ich habe sie gefragt, woher sie dieses Bild hätten. Die Antwort haute mich fast mit dem Hocker. Sie erzählten mir, dass sie sich vor zehn Jahren auf der Lahnbrücke von Wetzlar kennen und lieben gelernt hatten. Seitdem seien sie sehr oft dorthin zurückgekehrt, um ihre Brücke zu sehen. Die Brücke habe für sie eine symbolische Bedeutung.

Es war genau das Gleiche wie bei mir, nur sieben Jahre früher. Das kann doch unmöglich Zufall gewesen sein. Jetzt erkläre mir doch bitte einmal, wie dieses Ereignis zustande kommen konnte", sagte ich zu Peter.

Markus und Peter fanden meine kleine Geschichte seltsamerweise wahnsinnig lustig. Sie lachten sich ein Fäustchen.

Nach einer Weile antwortete Peter endlich: "Das ist ganz einfach. Du hast genau wie die Kursleiter die Lahnbrücke als etwas ganz Besonderes angesehen. Mit dieser Wahrnehmung, oder anders ausgedrückt, mit dieser Sichtweise hast du eine Realität ausgewählt, die für euch alle etwas ganz Besonderes darstellte. Sicherlich habt ihr alle nach diesem Vorfall das Gefühl bekommen, dass die Lahnbrücke von Wetzlar etwas ganz Besonderes ist. Das waren genau die Gefühle, die ihr vorher auch schon hattet."

"Ich wünschte, ich hätte die Informationen des Kristalls auch bekommen", erklärte ich. "Dann würde ich das alles wohl etwas besser verstehen."

"So hundertprozentig verstehe ich auch noch nicht alles", antwortete Peter. "Der Kristall hat mein gesamtes Gehirn mit Informationen gefüllt. So viel wie reinging jedenfalls. Ich habe bisher nur einen ganz kleinen Teil davon mitbekommen. Ich spüre aber, dass noch sehr viele Informationen aus meinem Unbewussten ins Bewusstsein aufsteigen werden."

"Wieso hat er es gerade dir mitgeteilt? Es haben doch sicherlich noch viele andere Menschen den Kristall angefasst", wunderte ich mich.

"Diese Frage kann ich beantworten. Du kannst das Wissen des Kristalls nur dann wahrnehmen, wenn du in seiner Frequenz schwingst. Und das tust du dann, wenn du reine Liebe empfindest. Das ist die höchste Schwingungsfrequenz, die für materielle Wesen möglich ist. Die Wesen, die diesen Kristall hinterlassen haben, lebten offenbar immer in dieser Schwingungsfrequenz. Wenn ich das richtig wahrgenommen habe, dann wollten unsere Vorfahren, dass die Macht unserer Wahrnehmung erst dann den Menschen offenbart wird, wenn sie sich zur Liebe entwickelt haben. Damit wollte man einen eventuellen Machtmissbrauch ausschließen."

"Du meinst, die Wesen, die den Kristall hinterlassen haben, waren unsere Vorfahren?", fragte ich erstaunt.

"Das waren sie definitiv. Sie haben uns genetisch verändert und veredelt", erklärte Peter.

"Die Wesen, die den Kristall hinterlassen haben, waren also die Anunnaki, wie es auf den Tontafeln überliefert ist", unterbrach Markus unseren Dialog. "Peter, mir brennt eine Frage auf den Lippen. Wenn ich dich vorhin richtig verstanden habe, glaubst du, dass jemand aus der Regierung diese Botschaft erhalten hat und sie geheim halten will. Glaubst du, die Regierung will die Macht dieses Wissens missbrauchen?"

"Möglicherweise hat auch nur jemand Angst davor, dass die Menschheit diese Macht missbrauchen würde, wenn sie jedem zugänglich gemacht würde. Ich weiß es nicht. Auf jeden Fall bin ich sicher, dass die Regierung die Botschaft des Kristalls zumindest teilweise kennt."

"Meinst du, sie wissen, wer ihnen den Kristall gestohlen hat?", wollte Markus wissen.

"So wie es aussieht, glauben sie, dass ausländische Wissenschaftler ihn haben. Deshalb werden wohl alle beschattet."

"Im Moment interessiert mich eigentlich viel mehr, ob wir mit dem Wissen des Kristalls die Kammer finden können", sagte ich zu den beiden.

"Natürlich geht das!", rief Peter voller Freude aus. "Und genau das werden wir auch jetzt tun."

Das Ritual

Peters Euphorie wirkte ansteckend wie eine Krankheit. Im ersten Augenblick hatte ich das Gefühl, die Welt aus den Angeln heben zu können. Was konnte uns jetzt noch aufhalten? Mafia? Scheißegal! Regierung? Völlig uninteressant! Ich fühlte mich in diesem Moment allmächtig. Immer wieder kreisten die gleichen Gedanken in meinem Kopf. Der orangene Schein, den ich in dem Kristall und in Peters Augen gesehen hatte, und dann die vielen Zufälle, die keine Zufälle sein konnten. Das alles ließ mich glauben, dass Peters Geschichte möglicherweise wahr war. Die große Freude, die ich in mir fühlte, brachte noch ein anderes Gefühl mit sich, das ich schon fast vergessen hatte. Ich fühlte mich plötzlich wieder wunderbar wohl in diesem Körper. Ich fühlte mich schön. Kurz darauf spürte ich, wie ich mich zu Markus hingezogen fühlte. Er hatte eine wahnsinnig tolle Ausstrahlung. Ich sah ihm für einen Moment tief in die Augen. Es waren wundervolle, zärtliche Augen.

Markus und Peter unterhielten sich weiterhin über die Möglichkeiten, unsere Realität wunschgemäß auszuwählen. Ich konnte momentan nicht mehr richtig zuhören. Ich war viel zu beglückt von diesem schönen Mann. Wie gerne hätte ich mich einmal bei ihm auf den Schoß gesetzt und meinen Arm um ihn gelegt.

In meinen Gedanken malte ich mir aus, wie wir beide allein auf einer einsamen Südseeinsel wären und das Leben und die Liebe genießen würden. Die Sonne würde scheinen und ein laues Lüftchen wehen. Über uns strahlend blauer Himmel, vielleicht ein paar kleine Wölkchen ab und an. Ich stellte mir vor, wie ich am Strand in der Sonne liegen und aufs Meer hinausschauen würde. Ein wunderbarer weißer Sandstrand. Das Meer hätte eine türkisblaue Farbe und große Wellen und ein ganz tolles Meeresrauschen. Das Meer würde angenehm nach Salzwasser riechen.

"Ronja, ist mit dir alles in Ordnung?", fragte Markus plötzlich und holte mich wieder in die Realität zurück.

"Ja, wieso?", fragte ich scheinheilig.

"Du hast so komisch geseufzt. Tut dir irgendetwas weh?"

"Nein, nein. Es ist alles in Ordnung. So was mache ich immer."

Ich kam mir sehr dämlich vor bei dieser Antwort. Doch die Situation war mir so peinlich, dass mir auf Anhieb nichts Besseres einfiel.

In diesem Moment kam ich wieder zur Besinnung. Was tat ich hier schon wieder? Ich war erneut drauf und dran, mich in Markus zu verlieben. Das konnte ich nicht zulassen. In drei Tagen würde der dritte Weltkrieg stattfinden, den zu verhindern meine Aufgabe war, und ich saß hier und träumte von einer einsamen Insel. Außerdem würde ich möglicherweise sowieso nicht in dieser Zeit und in Jasmines Körper bleiben.

Ich musste jetzt einen klaren Kopf bewahren und mich nicht von den Gefühlen dieses Körpers aus der Bahn werfen lassen. Wahrscheinlich war die Schwärmerei für Markus sowieso nur eine Sache meiner Hormone. Was wäre, wenn es mit Markus gar nicht so schön sein würde wie ich mir das immer vorstellte? Ich durfte unsere Mission nicht durch meine Schwärmerei gefährden.

Ich wendete mich Markus und Peter wieder zu, um herauszufinden, wie wir mit dem neuen Wissen eine Lösung für unsere Mission finden könnten.

"Wir können es mit einem Ritual versuchen", meinte Peter.

"Was für ein Ritual?", fragte ich.

"Wir müssen es irgendwie hinbekommen, dass wir den Fund der Kammer als Realität empfinden können. Ich habe Markus vorgeschlagen, die Macht der Rituale dafür zu nutzen."

"Was meinst du mit der Macht der Rituale?", wollte ich wissen.

"Es ist etwas Ähnliches wie der Gegenzauber des Priesters", sagte Peter. "Auch wenn es kein Zauber war, der dir geholfen hat, es hat gewirkt. Du kannst dich sicherlich daran erinnern."

"Es ging mir innerhalb weniger Minuten besser", stimmte ich zu.

"Der Grund, warum ein Ritual funktioniert, besteht darin, dass du dabei etwas tust, bei dem dein Unbewusstes nicht mehr Realität und Fantasie auseinander halten kann. Wenn du ein gutes Ritual machst, nimmst du dabei einen gewünschten Gedanken als real wahr. Du tust zumindest so, als wäre er real."

"Und damit können wir eine Lösung für unsere Mission erschaffen?", fragte ich fasziniert.

"Das können wir tun", bestätigte Peter.

"Ich glaube", sagte Markus zu Peter, "du solltest Ronja einmal erzählen, wie du zu deinen Millionen gekommen bist. Das wird sie sicherlich interessieren."

Ich wusste nicht, was Markus damit meinte, aber es erregte meine Neugier. Peter sah mich an und lächelte.

*"Weißt du, Ronja", begann er, "ich war, seit ich denken kann, immer sehr leichtgläubig. Wenn mir jemand etwas erzählt hat, habe ich es sofort geglaubt. Das war auch schon so, bevor ich wusste, dass ich ein Wesen vom Sirius bin. Oft wurde ich als Kind deswegen gehänselt. Und auch später machte man sich ständig über mich lustig. Bis zu dem Tag, an dem ich ein interessantes Buch in die Hände bekam. Es handelte von wirksamen heiligen Ritualen, die ein Universitätsprofessor aus aller Welt zusammengetragen hatte. Eines dieser Rituale befasste sich mit Geld. Es hieß, wenn man Geld haben wolle, dann müsse man bei Vollmond in die Natur gehen und so laut man kann folgende Worte rufen:

Geld, Geld, komm zu mir!
Geld, komm heut' zu mir!
Was ich will, das muss ich bekommen!

Danach müsse man ganz fest in die Hände klatschen, damit die Schwingung dieser Worte ins Universum getragen werde. Das würde genügen. Das Geld würde dann unweigerlich kommen.

Für mich gab es keinen Grund, an der Wahrheit dieser Behauptung zu zweifeln. Schließlich hatte dieses Buch ein Professor geschrieben. Ich freute mich also darüber, dass es so einfach war, und ging bei Vollmond auf eine Wiese und rief, so laut ich konnte, die magischen Worte. Danach klatschte ich in die Hände.

Ein paar Wochen später hatte ich plötzlich das Gefühl, ich müsste Lotto spielen. Ich hatte zuvor noch nie Lotto gespielt. Ich wusste auch nicht so richtig, was man dazu alles tun muss. Auch wusste ich nicht, welche Zahlen ich nehmen soll. Da sah ich die Gewinnzahlen des Mittwochslottos. Ich dachte, wenn diese Zahlen schon einmal gewonnen haben, dann sind es gute Zahlen. Ich trug diese Zahlen in meinen Lottoschein ein. Aus Versehen hatte ich jedoch einen Systemlottoschein genommen. Der Mann in der Lottoannahmestelle erklärte mir, ich müsse noch eine siebte Zahl in den Schein eintragen, da es ein Systemlottoschein ist. Ich tat, was der Mann sagte, und kreuzte eine weitere Zahl an.

In der Samstagsziehung kamen dann tatsächlich fünf von den sechs Zahlen, die am Mittwoch bereits gewonnen hatten, noch einmal. Etwas, was statistisch nur alle zweihundert Jahre passieren dürfte. Und die sechste Zahl hatte ich dank meines Systemlottoscheins auch noch richtig. Seitdem brauche ich mir über Geld keine Gedanken mehr zu machen."

"Das ist ja unglaublich", sagte ich fasziniert. "Wenn das geklappt hat, dann müsste das mit unserer Aufgabe auch funktionieren."

"Das sehe ich auch so", erklärte Peter. "Wir müssen es einfach nur tun."

"Habt ihr eine Idee, wie unser Ritual aussehen könnte? Auf Vollmond können wir leider nicht warten", sagte ich zu den beiden.

"Wir müssen irgendwie den Gedanken fühlen", meinte Markus.

Peter korrigierte Markus. "Wir können den Gedanken auch sehen oder hören. Es muss nicht unbedingt das Fühlen sein. Wir müssen ihn nur als Realität wahrnehmen."

"Okay", antwortete Markus. "Hast du schon eine Idee?"

"Ich kenne ein interessantes Phänomen aus der Energiearbeit, wenn man die Handflächen so gegenüber hält."

Peter führte uns vor, was er meinte, indem er die Arme ausstreckte und seine Hände etwa fünfzehn bis zwanzig Zentimeter auseinander hielt. Die Handflächen zeigten dabei zueinander.

"Wenn man sich dabei vorstellt", erklärte er weiter, "dass Energie in den Raum zwischen den Händen fließt und dabei eine Energiekugel bildet, dann dauert es nicht lange und man fühlt diese Kugel. Es ist so ein Gefühl, als würde sich Energie zwischen den Händen puffern. Viele Leute sehen diese Energiekugel auch. Versucht es einmal!"

Ich hielt meine Hände genauso wie Peter es vorgeführt hatte. Dann stellte ich mir vor, wie ein leuchtender Nebel aus meinen Händen treten würde und zwischen meinen Händen eine Kugel bildet. Doch ich konnte dabei nichts fühlen. Ich sah Peter ungläubig an.

"Warte noch einen Augenblick", sagte er. "Das dauert manchmal ein paar Minuten."

Ich konzentrierte mich also wieder auf meine Kugel. Plötzlich bemerkte ich an meinen Handflächen ein seltsames Kribbeln. Es fühlte sich an wie Schwachstrom.

"Spürst du, wie es sich puffert?", fragte Peter und schaute mich an.

Er drückte dabei seine Hände immer wieder ein paar Zentimeter zusammen. Es sah so aus, als hätte er einen Luftballon in der Hand. Ich tat das Gleiche. Und tatsächlich, ich hatte den Eindruck, dass etwas zwischen meinen Händen war. Sie federten immer wieder leicht zurück, wenn ich auf meine Energiekugel einen leichten Druck ausübte.

"Wie sieht es bei dir aus, Markus?", fragte Peter. "Kannst du die Energie fühlen?"

"Ja, ich fühle es. Das gefällt mir."

"Dann werden wir das jetzt mit dem Gedanken tun, den wir verwirklichen wollen", erklärte Peter.

Peter nahm seine Hände wieder herunter. Markus und ich bejahten seine Aussage mit einem Nicken und nahmen unsere Hände gleichermaßen herunter.

"Okay", fuhr Peter fort. "Dann nehmt eure Hände wieder hoch, und projiziert euren Gedanken in die Kugel. Macht das so lange, bis ihr ihn deutlich fühlen könnt."

Ich konzentrierte mich auf meine Hände. Mir war sofort klar, was für einen Gedanken ich nehmen wollte.

Er lautete: "Ich weiß, wie ich Ella finden kann."

Ich dachte diesen Gedanken immer wieder und stellte mir vor, wie er sich zu einem Energieball zwischen meinen Händen verdichtete. Es dauerte nicht lange, da fühlte ich wieder das seltsame Kribbeln in den Handflächen. Wenig später war auch das Gefühl wieder da, dass ich tatsächlich etwas in der Hand hielt.

"Spürt ihr den Gedanken schon?", fragte Peter.

"Ja, sehr gut", antworte ich.

Markus nickte.

"Macht euch klar, dass dies ein wunderbarer Gedanke ist. Einer der schönsten, die ihr je gedacht habt. Gebt diesem Gedanken die Liebe und Anerkennung, die er verdient."

So blöd das auch klang, was Peter sagte, es ergab einen Sinn. Ich konnte tatsächlich Liebe für diese Gedankenkugel fühlen. Das Gefühl, etwas Reales in meinen Händen zu halten, wurde dabei noch deutlicher.

"Und jetzt werden wir den Gedanken in die Realität entlassen", sagte Peter. "Jeder sendet ihn dorthin, wo er es am realsten fühlen kann."

Peter ließ seinen Gedanken fliegen, wie man einen Luftballon loslassen würde. Markus nahm seine Gedankenkugel und nahm sie in seinen Körper auf. Er war dabei ganz vorsichtig und tat es ganz langsam. Ich glaube, er fühlte, wie der Gedanke sich in ihm ausbreitete.

Ich hatte eher das Gefühl, dass ich den Gedanken in die Erde geben müsste. Sie war das Realste, was ich in unserer Welt fassen konnte. Ich bückte mich also und übergab meinen Gedanken fast zärtlich der Erde. Ich spürte, wie der Gedanke mich verließ und in die Erde hineinsank. Ich fühlte bei diesem Schritt sehr viel Liebe.

Als wir alle fertig waren, sagte Peter: "Okay, und jetzt kommt der wichtigste Schritt. Wir müssen so weit wie möglich vergessen, was wir eben getan haben. Sonst schaltet sich unser Zweifel wieder ein und macht alles wieder kaputt. Wir sollten uns jetzt mit irgendetwas ablenken. Hauptsache, wir denken nicht mehr über das Ritual und über unseren Gedanken nach."

Die Lösung

Dieser Schritt fiel mir am allerschwersten. Wie sollte ich mich jetzt ablenken? Bis zum Krieg waren es nicht einmal mehr drei Tage, und ich sollte so tun, als ob nichts wäre. Das war ein bisschen zu viel verlangt. Doch Peter verlieh seinen Worten so viel Nachdruck, dass ich seinen Rat befolgen wollte. Ich überlegte krampfhaft, wie ich mich ablenken könnte. Schließlich fiel mir ein, dass ich meine Sachen einmal waschen müsste. Wir hatten unsere Koffer immer noch nicht bekommen. Offenbar war es Michael zu gefährlich, sie zu uns zu bringen. Ich hatte nichts Frisches mehr anzuziehen. Den anderen beiden ging es natürlich genauso.

Ich erklärte Markus und Peter, dass ich in mein Zimmer gehen und meine Sachen waschen wolle, und verließ Markus' Zimmer.

Ich wusch meine Sachen mit Shampoo, denn etwas anderes hatten wir nicht. Auch nutzte ich die Gelegenheit, um mal wieder richtig zu duschen. Für mich war das immer noch etwas Besonderes.

Das Duschen war wunderbar. Wie das Wasser so an mir herunterlief ... einfach schön. Als würde es meinen Körper liebkosen. Und da waren sie wieder: meine erotischen Gefühle. Wieder dachte ich an Markus. In meiner Fantasie stellte ich mir vor, wie wir gemeinsam duschen würden. Ich würde mir von Markus den Rücken einseifen lassen. Seine Hände wären wie ein zarter Lufthauch auf meiner Haut. Mit meinen Augen würde ich ihm dann zu verstehen geben, dass er mich küssen sollte. In diesem Moment würde er mich ganz fest an sich drücken. In wilder Leidenschaft würden wir uns umarmen und ineinander versinken. Und dann ...

"Ronja, bist du da?", rief Markus und klopfte dabei an meine Tür.

"Einen Moment!", rief ich. "Ich bin gerade unter der Dusche."

Dieser Mann hatte es wirklich drauf, mich in exakt dem falschesten Moment zu stören. Meine Emotionen waren so erregt, dass ich überlegte, Markus in die Dusche zu zerren. Mein Verstand sagte jedoch laut und deutlich, dass ich mich nicht unglücklich machen sollte. In drei Tagen wäre ich vielleicht wieder in meiner Zeit, zweihundert Jahre von diesem Mann entfernt. Ich musste mich jetzt zusammennehmen.

Ich band mir ein Badetuch um und ging zur Tür. Markus stand da, auch nur mit einem Badetuch bekleidet, und hatte seine Kleider unterm Arm.

"Entschuldige, wenn ich dich störe. Aber ich habe mir gedacht, wo du doch gerade deine Sachen wäschst, dass du meine gerade mitwaschen könntest."

Im ersten Augenblick war ich wie vor den Kopf gestoßen. Riss mich dieser Mann mitten aus den erotischsten Gefühlen, um mir seine schmutzigen Sachen in die Hand zu drücken, damit ich sie wasche. Bevor mein Verstand jedoch einen klaren Gedanken fassen konnte, antwortete Jasmines Gefühl.

"Kein Problem", sagte ich spontan. "Gib sie her. Meine Sachen habe ich auch gerade gewaschen."

"Vielen Dank", sagte er und gab mir seine Sachen.

Dann drehte er sich um und ließ mich mit seinen dreckigen Klamotten stehen.

Erst als ich die Tür hinter mir geschlossen hatte, kam ich wieder zur Besinnung. Was hatte ich denn da gerade getan? Wieso sollte ich denn seine Sachen waschen? Ich war doch nicht sein Dienstmädchen. Und wieso erdreistete er sich einfach, mir seine Sachen in die Hand zu drücken? Das konnte doch wohl nicht wahr sein. Wo war ich denn hier?

Am liebsten wäre ich gleich zu seinem Zimmer gegangen und hätte ihm die Klamotten um die Ohren gehauen. Doch dummerweise hatte ich zugesagt. In der Zukunft hätte ich Steve gelyncht, wenn er sich so etwas geleistet hätte. Sowieso wäre in der Zukunft alles anders gelaufen. Sicherlich hätte ich dort die Kammer des Wissens schon längst gefunden. Naja, das wäre ja auch keine Kunst gewesen. Ich hätte nur ins Labor gehen und fragen müssen, wo genau Ella gefunden wurde.

Plötzlich fiel es mir wie Schuppen aus den Haaren. Das war die Lösung. Warum war ich denn nicht gleich darauf gekommen? Das musste ich sofort den anderen beiden sagen. Ich ging mit Markus' Sachen, die ich immer noch in der Hand hielt, zu seinem Zimmer. Ich klopfte an. Bevor er jedoch öffnen konnte, ging ich an Peters Tür und klopfte auch dort. Ich war total aufgeregt. Da suchten wir die ganze Zeit verzweifelt nach einer Lösung, dabei war sie doch zum Greifen nah.

Markus und Peter öffneten fast gleichzeitig die Tür. Beide standen da und hatten sich nur ein Badetuch umgebunden, genau wie ich. Ich musste erst einmal darüber lachen, wie wir dastanden. Dann wurde mein Mitteilungsbedürfnis stärker.

"Ich habe die Lösung!", rief ich jubilierend. "Kommt, lasst uns ins Zimmer gehen! Ich will euch das nicht hier auf dem Flur erzählen."

Wir gingen in Peters Zimmer, da wir alle drei genau davor standen. Direkt fiel mir auf, dass Peter seine Sachen offensichtlich auch gewaschen hatte. Sie lagen überall im Zimmer verteilt zum Trocknen aus. Peter war also nicht auf die Idee gekommen, mir seine schmutzigen Sachen in die Hand zu drücken. Nur dieser Macho von Markus.

Doch es gab jetzt Wichtigeres als Markus' Machotour. Wir hatten jetzt eine reale Chance, Ella zu finden.

"Hat das Ritual sich schon umgesetzt?", fragte Peter.

In diesem Moment fiel mir erst auf, dass genau das der Gedanke war, den ich mit dem Ritual losgeschickt hatte. Ich wollte die Lösung für unser Problem.

"Es sieht fast so aus", sagte ich. "Ich weiß jetzt, wie wir erfahren können, wo die Kammer des Wissens ist."

"Und wie?", fragte Markus interessiert.

"Man versucht, mich fast jeden Tag in die Zukunft zurückzuholen. Sie werden es vermutlich weiter versuchen. Nein, ich muss es anders erklären", unterbrach ich meine Rede. "Ich bin hier im Körper einer anderen Frau. Dabei habe ich die Gefühle, die Jasmine ihrem Körper eingeprägt hat. Das Gleiche kann ich auch tun."

"Sprich nicht in Rätseln, Ronja", ermahnte mich Markus ungeduldig.

"Beim nächsten Versuch, mich in die Zukunft zurückzuholen", erklärte ich weiter, "werde ich meinem eigenen Körper in der Zukunft ein Gefühl suggerieren. Ich werde das unbändige Verlangen in meinem Körper wecken, ins Labor zu gehen und den genauen Fundort von Ella herauszufinden. So mächtig wie Jasmines Gefühle mich in den letzten Tagen beeinflusst haben, so mächtig werde ich jetzt ihr Verhalten beeinflussen. Wenn ich dann das nächste Mal in ihren Körper komme, wird sie wahrscheinlich schon dort gewesen sein, und ich kann den Fundort von Ella einfach aus ihren Erinnerungen ablesen. Das ist doch genial, oder?"

"Wenn uns dafür noch genug Zeit bleibt, und wenn sie dich wirklich weiter zurückholen wollen und es nicht schaffen, dann ist es genial", meinte Markus.

Sofort schwanden meine euphorischen Gefühle. Die Zeit war wirklich knapp, und es war auch fraglich, ob sie mich überhaupt noch einmal zurückholen würden. Der Tag heute war schon fast vorbei. Wir hatten also im Grunde genommen nur noch zwei volle Tage. Bis jetzt hatte man in unregelmäßigen Abständen versucht, mich zurückzuholen. Warum sie es nicht immer am Tag meiner Ankunft versuchten, verstand ich nicht. Sie konnten jede beliebige Zeit einstellen in unserer Anlage. Selbst wenn in der Zukunft viele Jahre vergangen wären, sie hätten mich am gleichen Tag in der Vergangenheit holen können, an dem ich angekommen war. Es musste für ihr Verhalten einen logischen Grund geben. Doch ich konnte mir nicht vorstellen, was das sein könnte.

Wenn ich Pech hätte, dann würden sie es überhaupt nicht mehr versuchen bis übermorgen.

"Moment mal", sagte Peter. "Wenn du bestimmen kannst, dass dir eine Lösung einfällt, dann kannst du auch bestimmen, dass es funktioniert."

Ich sah Peter mit großen Augen an. Er hatte Recht. Ich müsste nur wieder das Ritual machen, und das Problem wäre gegessen. Ich war es doch, die bestimmte, was sich in meinem Leben ereignet. Also würde ich jetzt bestimmen, dass sie mich rechtzeitig zweimal zurückholen wollen und es nicht schaffen würden.

Ohne etwas zu sagen, verließ ich eilig das Zimmer. Als ich an der Tür angekommen war, drehte ich noch einmal um und ging zurück zu Markus.

"Hier hast du deine Sachen. Lass dir von Peter zeigen, wie man so was macht."

Daraufhin ließ ich einen total verstörten Macho mit offenem Mund sitzen und verließ das Zimmer.

Ich beruhigte mich erst einmal wieder und setzte mich auf den Sessel, der in meinem Zimmer stand. Ich atmete ein paar Mal tief durch. Dann nahm ich meine Hände und hielt sie wieder im Abstand von zwanzig Zentimetern gegeneinander. Ich projizierte folgenden Gedanken zwischen meine Hände:

"Lionel holt mich bis übermorgen zweimal zurück, und ich erfahre, wo Ella gefunden wurde."

Diesen Gedanken dachte ich immer wieder, genau wie beim ersten Ritual. Ich war mir sicher, dass mit diesem Gedanken alles bestimmt wäre, was notwendig war, um Ella rechtzeitig zu finden. Ich hatte bestimmt, dass ich den Fundort erfahren würde, und ich hatte den Termin dafür gesetzt. Am liebsten hätte ich den Termin zwar auf heute Abend bestimmt, aber ich spürte zu viele Zweifel dabei. Bisher hatte man nie öfter als einmal am Tag versucht, mich zurückzuholen. Dass sie es ausgerechnet jetzt tun würden, in den paar Stunden, die dieser Tag noch hatte, war zu unwahrscheinlich. Ich empfand es jedoch als realistisch, dass man mich vielleicht heute Abend einmal zurückholen würde und dann morgen noch einmal. Oder morgen und übermorgen. Wobei das schon wieder etwas knapp sein würde. Ich ließ es lieber offen, wann genau man mich zurückholte. Es brachte weniger Zweifel mit sich.

Nachdem ich meine Gedankenkugel geschaffen hatte, übergab ich sie wieder der Erde. Danach hatte ich zunächst Probleme, das Ganze zu vergessen. Ich wartete ziemlich verkrampft darauf, dass etwas passieren würde.

Nach einer halben Stunde klopfte es an der Tür. Es war Markus. Ich bat ihn herein.

"Ich möchte mich entschuldigen", sagte er kleinlaut. "Es tut mir leid, wenn ich dich beleidigt habe. Ich kann natürlich meine Sachen selbst waschen. Es wird mit Sicherheit nicht wieder vorkommen."

Ich wollte Markus gerade antworten, da wurde mir plötzlich schwindelig. Ich konnte nur noch sagen: "Man versucht ...", und dann sackte ich auch schon zusammen. Das Letzte, was ich von der Gegenwart spürte, war, dass Markus mich aufgefangen hatte.

Die Zukunft spinnt

Ich spürte plötzlich wieder meinen eigenen Körper in der Zukunft. Er war mir noch fremder geworden als beim letzten Mal. Was ich als Erstes spürte, war eine unbeschreibliche Liebe, wie ich sie noch nie in meinem eigenen Körper gefühlt hatte. Jasmine hatte sich unsterblich in Steve verliebt. Sie war so fasziniert von ihrem Steve, dass sie andere Männer überhaupt nicht mehr zur Kenntnis nahm. Bei meinem letzten Besuch hatte ich noch gesehen, dass sie es genoss, andere Männer auf sich aufmerksam zu machen. Doch jetzt war alles anders. Steve verkörperte für sie genau den Typ Mann, den sie sich immer gewünscht hatte. Sie war fasziniert von seiner Zärtlichkeit und seiner Toleranz ihr gegenüber.

Wenn sie glaubte, irgendetwas falsch gemacht zu haben, erwartete sie immer noch, von anderen Menschen niedergemacht zu werden, so wie es bei ihrem Mann in der Vergangenheit gelaufen war. Doch Steve fand alles gut, was sie tat, auch wenn es für andere total daneben war. Jasmine fühlte sich dadurch total befreit. Sie überlegte von Tag zu Tag weniger, ob ihr Verhalten wohl in Ordnung war oder nicht. Sie lebte einfach in den Tag hinein und genoss das Leben. Und am allermeisten genoss sie die Zärtlichkeiten mit Steve. Es war Balsam für ihre Seele. Schmusen hatte sie mit ihrem Mann in der Vergangenheit völlig vergessen können. Der hatte sich allenfalls ein- oder zweimal die Woche dazu herabgelassen, mit ihr einfallslosen und unromantischen Sex zu wollen. Dabei waren Jasmines Bedürfnisse völlig auf der Strecke geblieben.

Mit Steve hatte sie erlebt, was es bedeutete, wirklich geliebt zu werden. Das war etwas ganz anderes als von gierigen Männern als Sexobjekt betrachtet zu werden. Es war so erfüllend und beglückend für Jasmine, dass sie sich wünschte, mit Steve auf einer einsamen Insel zu leben. Sie hätte dabei nichts vermisst. Steve war alles, was sie wollte und brauchte. Mit ihm erlebte sie romantische Höhenflüge, die sie nie für möglich gehalten hätte. Es gab keinen Zweifel daran: Steve war der Mann ihres Lebens.

Diese Erkenntnis löste eine unbeschreibliche Sehnsucht in mir aus, das auch haben zu wollen. Nie in meinem Leben war ich auch nur im Entferntesten so glücklich wie Jasmine durch ihre Liebe.

Meine Mission ...! Mir wurde plötzlich schlagartig wieder klar, dass Jasmine in ihren Körper und in ihre Zeit zurück müsste. Mir war klar, dass es selbst dann, wenn ich es schaffen würde, die negativen Gefühle in Jasmines Körper abzuschwächen, sicherlich trotzdem sehr schlimm für sie werden würde, wenn sie plötzlich wieder in ihrer alten Welt sein müsste. Sie müsste wieder arbeiten, um Geld zu verdienen. Vielleicht würde sie sogar wieder mit diesem Fiesling von ihrem Mann zusammenleben. Aber das Schlimmste von allem war, dass sie ihren Steve verlieren würde, den sie über alles liebte. Jasmine tat mir unsagbar Leid. Wenn ich an Jasmines Liebeskummer dachte, den sie haben würde, wenn ihr Steve plötzlich zweihundert Jahre von ihr entfernt wäre, zerriss es mir fast das Herz. Nichts, aber auch gar nichts würde sie mitnehmen können in ihre Zeit – außer ein paar Erinnerungen, die mit der Zeit verblassen würden.

In diesem Moment stellte ich mir die Frage, ob ich nicht versuchen sollte, Jasmine in meinem Körper leben zu lassen. Ihr Leben in der Vergangenheit war von vorn bis hinten verpfuscht. Und jetzt hatte sie ihr Glück für ein paar Wochen gefunden, um es gleich wieder zu verlieren. Das war noch schlimmer, als hätte sie nie erlebt, wie schön das Leben sein kann. Ich wollte ihr das nicht antun.

Andererseits wollte ich aber auch nicht für immer hier bleiben. Ich gehörte nicht in diese Zeit. Nichts war mir hier vertraut. Und wenn ich Jasmine mein Leben schenken würde, wäre ich für immer dazu verbannt, in ihrem von negativen Emotionen geplagten Körper zu bleiben. Ich würde mich noch nicht einmal von den Menschen verabschieden können, die mich in der Zukunft liebten. Alle meine Freunde, meine Familie, meine Kollegen, niemand würde ich je wiedersehen. Genauso gut hätte ich sterben können. Ich wollte nicht alles verlieren. Jasmine tat mir unsagbar Leid, aber es war ihr Leben in der Vergangenheit, in das sie zurück müsste. Ich konnte ihr nicht mein ganzes Leben schenken. Das Opfer war zu groß.

Plötzlich veränderte sich das Gefühl. Es war, als spürte ich eine ganz andere Frau. Es war wohl der gleiche Körper, aber die Erinnerungen und Gefühle waren irgendwie anders. Irgendetwas stimmte hier nicht. Die Frau, die ich jetzt fühlte, war nicht die Jasmine, die ich kennen gelernt hatte. Sie war viel zu selbstbewusst.

Ich versuchte, mich an irgendetwas zu erinnern, was Jasmine in den letzten Wochen erlebt hatte. Das konnte nicht sein! Ich musste träumen. Ich sah Lionel, den Techniker, der meine Zeitreise überwachen sollte. Er diskutierte mit Jasmine über irgendwelche Störungen des Raum-Zeit-Kontinuums. Was war denn das für ein Unsinn? Jasmine würde niemals mit Lionel über solch ein Thema diskutieren. Ich musste in einem Traum von Jasmine sein. Es gab keine andere Erklärung dafür. Sie musste vor ein paar Minuten eingeschlafen sein und jetzt träumen. In diesen Träumen war sie mir viel ähnlicher als die Jasmine, die ich kannte.

Plötzlich war wieder alles normal. Ich spürte wieder die unmäßige Liebe zu Steve, die Jasmine in sich aufgebaut hatte. Offenbar musste sie gerade wieder aus dem Traum erwacht sein.

Mir fiel meine Aufgabe wieder ein. Ich musste jetzt handeln. Ich durfte keine Zeit mehr verlieren. Sicherlich würde der Versuch, mich zurückzuholen, nicht länger dauern als sonst. Ich konzentrierte mich also auf die Suggestionen, die ich Jasmine einpflanzen wollte.

"Ich muss unbedingt ins Labor und erfahren, wo die Kammer des Wissens gefunden wurde."

Diesen Satz wiederholte ich wieder und wieder. Ich dachte diese Suggestion sehr emotionsgeladen. Ich spürte ganz deutlich, dass es immens wichtig sei, den Fundort der Kammer zu erfahren. Ich war sicher, dass dieses Gefühl dafür sorgen würde, dass Jasmine mit Steve ins Labor gehen und den Fundort der Kammer erfahren würde.

Plötzlich spürte ich wieder diese andere Jasmine. Was sollte das? War sie wieder eingeschlafen? Von dem Gefühl, ins Labor zu wollen, um den Fundort zu erfahren, war plötzlich nichts mehr zu finden. Hatte es also doch nicht funktioniert?

Ich nahm plötzlich wieder die Diskussion zwischen Lionel und Jasmine wahr.

"Du kannst nicht zum gleichen Tag zurückkehren. Das Raum-Zeit-Kontinuum ist an diesem Tag so stark gestört, dass ich für nichts garantieren könnte", erklärte Lionel.

"Aber dann erfahre ich nicht, wie Ronja die Situation gemeistert hat", wandte Jasmine ein.

"Du kannst es doch aus ihren Erinnerungen ablesen, wenn wir dich einen Tag später hinschicken", meinte Lionel.

"Das ist nicht dasselbe. In ihren Erinnerungen sind ihre Gefühle weitaus schwächer als in dem Moment, wo sie es erlebt."

"Tut mir Leid, Jasmine, aber das kann ich nicht verantworten. Niemand weiß, was passieren könnte, wenn wir das Raum-Zeit-Kontinuum noch mehr durcheinander bringen, als es das jetzt schon ist. Ich halte es für möglich, dass es kollabieren könnte. Das könnte unser aller Ende bedeuten. Versteh doch! Es ist einfach viel zu gefährlich."

"Das wirft mich um Monate zurück. Wir haben so lange gewartet, dass Ronja endlich damit beginnt. Und nun können wir es nicht richtig mitverfolgen."

Mitten in diesem Gespräch verschwanden plötzlich wieder diese Eindrücke. Ich spürte wieder die alte Jasmine, die den unbändigen Drang fühlte, ins Labor zu wollen und den Fundort der Kammer herauszufinden.

Nun verstand ich gar nichts mehr. Sollte das wirklich ein Traum gewesen sein, den ich soeben mitbekommen hatte? Wie kam Jasmine auf solch einen seltsamen Traum? Wusste sie denn, wer ich war? Und was wollte sie in meinen Erinnerungen ablesen?

Plötzlich wurde mir wieder Jasmines Körper bewusst. In diesem Moment wurde mir klar, dass ich nichts dafür getan hatte, dass ich in ihren Körper zurückglitt. Offenbar hatte ich überhaupt keinen Einfluss darauf, ob der Versuch, mich in die Zukunft zurückzuholen, gelingen würde. Bei den letzten Versuchen hatte ich mich noch bemüht, Jasmines Körper wieder zu spüren, damit ich in dieser Zeit bleiben könnte. So wie es aussah, hätte ich mir das sparen können. Entweder konnte man mich überhaupt nicht mehr in die Zukunft zurückholen, oder man wollte nicht. Warum war mir jedoch schleierhaft.

Während ich ganz allmählich zu mir kam, spürte ich, dass ich wieder gehalten wurde. Ich lag erneut in Markus Armen. Dieses Mal war ich viel zu verwirrt, um das zu genießen. Ich öffnete die Augen und schaute direkt in die von Markus. Er sah mich schweigend an und hielt mich weiterhin im Arm. Für einen Moment wäre ich der Versuchung fast erlegen, ihn zu küssen. Doch dann fiel mir ein, was mit Jasmine in der Zukunft geschehen war. Mein Herz war erfüllt von unsäglicher Trauer für Jasmine. Gleichzeitig fühlte ich mich schlecht und gemein, dass ich mich nicht hatte durchringen können,

Jasmine bei ihrem Steve zu lassen. Doch das war jetzt ohnehin nicht mehr wichtig. Ich hatte offensichtlich gar nicht die Macht, eine solche Entscheidung zu treffen. Jasmine würde es das Herz zerreißen, wenn sie wieder in die Vergangenheit zurück müsste.

Ich wollte mich jetzt nicht auch noch verlieben. Eine unglückliche Seele genügte. Es war auch im Interesse von Markus, dass ich jetzt richtig reagieren würde. Auch er hätte darunter zu leiden, wenn ich plötzlich nicht mehr ich wäre.

"Wir sollten ...", begann ich und korrigierte mich gleich wieder, "Nein, wir dürfen das nicht tun."

Daraufhin befreite ich mich aus seinen Armen und stand auf. Markus schaute mich traurig an. Fast wäre ich auf ihn zugegangen und hätte ihn wieder umarmt. Doch mein Verstand schaltete sich rechtzeitig wieder ein.

"Wir dürfen das nicht", wiederholte ich noch einmal. "In drei Tagen werde ich vielleicht nicht mehr hier sein. Wir sollten uns nicht mit gebrochenen Herzen Lebewohl sagen. Mach es nicht schlimmer, als es ohnehin schon ist."

"Ich will dich nur in den Arm nehmen", sagte Markus leise und kam auf mich zu.

Ich schaute ihn nur an. Ich konnte mich jetzt nicht mehr dagegen wehren. Markus kam zu mir und umarmte mich ganz langsam und vorsichtig. Nach ein paar Sekunden erwiderte ich seine Umarmung.

Markus und ich standen so lange Arm in Arm da, dass mir schon die Beine schmerzten. Wir hatten uns nur im Arm gehalten, weder geküsst noch gestreichelt.

"Komm!", sagte ich leise zu ihm und zog ihn in Richtung meines Bettes. "Ich kann nicht mehr stehen", fügte ich hinzu, damit er das nicht falsch verstehen sollte.

Markus reagierte sofort. Wir legten uns in unseren Handtüchern, die wir immer noch umgewickelt hatten, ins Bett. Mir ging währenddessen Jasmines Liebe für Steve durch den Kopf. Solch ein Gefühl hatte ich noch nie in meinem Leben für jemanden empfunden. Ihre Liebe kam tief aus dem Herzen. Mein Gefühl für Markus kam dagegen eher aus der Hose, um es mal deutlich auszudrücken. Das wurde mir jetzt klar, als ich neben ihm lag.

Hätte ich Jasmines Liebe nicht kennen gelernt, wäre ich nie auf die Idee gekommen, dass mir schon mein gesamtes Leben etwas fehlte. Mir wurde schlagartig bewusst, dass ich sehr wahrscheinlich noch nie in meinem Leben wirklich geliebt hatte.

Mir fiel das Erlebnis im Labor wieder ein, als ich mit der Blume vom anderen Planeten über Liebe redete. Damals hatte es mich nur verwirrt. Nachdem ich jetzt Jasmines Liebe wahrgenommen hatte, konnte ich zum ersten Mal verstehen, was die Blume meinte, als sie von der Berührung tief in meinem Herzen sprach.

Berührte mich Markus tatsächlich tief in meinem Herzen? Oder erfüllte er nur die Anforderungen, die ich vom Verstand her an einen Partner richtete? Mir wurde bewusst, dass ich die ganze Zeit nur darüber nachdachte, was für ein toller, männlicher Kerl Markus doch war. Ich dachte an sein Aussehen, an seine männliche, erotische Ausstrahlung und an sein Selbstbewusstsein, das mich faszinierte.

Was ich spürte, war zweifellos Bewunderung und Anerkennung für Markus. Aber berührte dies mich in meinem Herzen, so wie Steve Jasmine in ihrem Herzen berührte? Die Erfüllung meiner Anforderungen löste eher das Gefühl in mir aus, das haben zu wollen, was ich gut fand. Es war eher das Gefühl, das ich hatte, wenn ich ein schönes Kleid sah, das ich haben wollte.

Das Einzige, was mich bei Markus wirklich berührte, war seine Erotik. Doch diese Berührung war wie gesagt eher in meiner Hose als in meinem Herzen.

Bei Jasmine konnte ich spüren, dass ihr die Sexualität im Vergleich zu ihrer Liebe im Moment vollkommen gleichgültig war. Sie war so erfüllt von dieser unbeschreiblich starken Liebe, dass ihr Glück kaum zu ertragen war. Ihr Herz schien unentwegt vor Glück zerspringen zu wollen.

Ich wollte das auch haben. Jeder Tag ohne diese Liebe war ein verschenkter Tag. Möglicherweise war es so, wie die Blume im Labor gesagt hatte. Ich ließ vielleicht gar nicht zu, dass mich Markus tief in meinem Herzen berühren konnte. Ich wollte ja nicht in dieser Zeit bleiben und kämpfte ständig dagegen an, mich in Markus zu verlieben. Sicherlich war das der Grund dafür, dass ich keine wirkliche Liebe zu ihm empfinden konnte.

An diesem Abend traf ich den Entschluss, daran etwas zu ändern. Wenn ich für Markus diese Liebe aufbauen könnte, die Jasmine für Steve empfand, dann würde ich liebend gerne in dieser Zeit bleiben. Jasmine könnte dann für immer mit Steve vereint bleiben.

27. Juli

Peters Traum

Als ich am frühen Morgen aufwachte, erschrak ich erst einmal, dass Markus immer noch neben mir lag. Offenbar mussten wir gestern Abend zusammen eingeschlafen sein.

Ich hatte sofort wieder das Gefühl, alles falsch gemacht zu haben. Markus war möglicherweise der Mann, nach dem ich Zeit meines Lebens gesucht hatte. Und ich war offensichtlich nicht in der Lage, ihn an mich heranzulassen. Das spürte ich allzu deutlich, jetzt wo ich neben ihm aufwachte.

Plötzlich stürmte Peter ohne anzuklopfen in mein Zimmer. Er war völlig aufgelöst.

"Ich weiß, wo die Kammer ist!", schrie er fast hysterisch. "Ich habe sie gesehen! Der Kristall ... Er enthält den Ort, wo sie versteckt ist!"

Erst jetzt erkannte Peter, dass Markus bei mir war. Er stand da in seiner Unterhose und war total außer Atem. Sein Gesicht war rot wie eine Tomate. Ich hatte den Eindruck, dass Peter total schockiert war. War das etwa, weil ich mit Markus im Bett lag? Ein unangenehmes Schamgefühl stieg augenblicklich in mir auf.

Nach ein paar Sekunden hatte Peter sich wieder gefangen. Er war total aufgeregt. Er wollte sofort los und zu dem Ort, wo er die Kammer des Wissens zu finden glaubte. Sicherlich hätte er sich dazu noch nicht einmal Kleider angezogen, so aufgedreht, wie er jetzt war.

Markus schreckte natürlich sofort auf, als Peter die Tür hereingeplatzt kam.

"Was ist los?", fragte er verschlafen.

"Die Kammer ... Ich weiß, wo sie ist! Ich habe sie im Traum gesehen", erklärte Peter noch einmal hastig.

"Wo hast du sie gesehen?", fragte Markus noch immer etwas vom Schlaf benebelt.

"Sie ist unter der Mykerinos-Pyramide. In einer unterirdischen Kammer. Wir müssen sofort dort hin. Kommt!"

"Moment, langsam", meinte Markus verwirrt. "So einfach kommt man dort nicht rein. Erkläre uns erst einmal, was du genau weißt. Wie kommst du darauf, dass sie in der Mykerinos-Pyramide ist?"

"Bevor du das tust", unterbrach ich die beiden und richtete mein Wort an Peter. "Lass uns erst einmal aufstehen! Wir sehen uns dann beim Frühstück in zehn Minuten. Okay?"

Peter stand im ersten Moment da, als wäre er unfähig, sich zu bewegen. Er sah mich noch einmal durchdringend an. Sein Blick löste ein ungewöhnlich starkes Mitgefühl in mir aus. Ich hatte den Eindruck, eine unendlich tiefe Trauer in ihm zu sehen. Irgendetwas musste ihm sehr wehgetan haben. Er sah trotz seiner Erregung total niedergeschlagen aus. Ich hatte das deutliche Gefühl, dass ich der Grund für seinen Schmerz und seine Trauer war, was ich jedoch vom Verstand her nicht ganz nachvollziehen konnte. Peter bildete sich doch wohl keine Schwachheiten ein, was mich betraf, oder?

Schließlich setzte er sich in Bewegung und verließ das Zimmer. "Okay, in zehn Minuten. Bis gleich", sagte er beim Hinausgehen.

Markus stand schweigend auf. Ich wollte zuerst etwas sagen, tat es aber dann auch nicht.

Als Markus die Tür hinter sich schloss, zog ich erst einmal wieder die Decke über den Kopf. Es war jedoch nicht mein übliches Morgengrauen, das mich plagte. Ich sah unentwegt Peters Gesicht vor mir, als er erkannte, dass Markus und ich die Nacht miteinander verbracht hatten.

Eine unglaubliche Trauer stieg in mir auf. Was sollte denn das jetzt wieder bedeuten? Jasmines Gefühle waren mir immer noch ein Rätsel.

Meine Trauer steigerte sich, ohne dass ich etwas dagegen tun konnte, zu einem Seelenschmerz, wie ich ihn nie zuvor in meinem Leben erlebt hatte. Tränen ergossen sich über mein Gesicht.

Ich war völlig fassungslos, dass ich von solchen Emotionen heimgesucht wurde. Vor allem verwirrte mich, dass ich doch gar keinen wirklichen Grund dafür hatte.

Die einzige Erklärung, die ich fand, war, dass ich mich möglicherweise schuldig fühlte, weil Peter traurig war. Ich sah ständig sein trauriges Gesicht vor mir. Ich konnte diesen Anblick kaum ertragen. Warum tat mir das so unsagbar weh? War das wieder Jasmines Standardgefühl, alles falsch gemacht zu haben? So langsam hatte ich genug davon.

Ich beschloss, meine Übungen für meine Glücksgefühle wieder aufzunehmen, die ich gestern ganz vernachlässigt hatte. Offenbar war es doch notwendig, weiterhin etwas für meine Gefühle zu tun.

Ich nahm mir als Erstes meine jetzige Gefühlssituation vor und überlegte, was ich hier wohl vermeiden wollte. Die Antwort war ganz einfach: Ich wollte vermeiden, dass Peter schlecht über mich dachte. Aber warum war mir das so immens wichtig? Ich konnte auf diese Frage keine Antwort finden. Meine Gefühle wurden so katastrophal, wenn ich daran dachte, dass Peter mich hassen könnte, dass es mir den Verstand raubte.

Ich machte mir wieder einmal klar, dass es hier keine Gefahr geben könnte, die ich zu vermeiden hätte, ganz egal, was es sein würde. Klar war, dass es wieder einmal um Verbundenheitsverlust gehen musste. Warum mir das jetzt so wichtig war, konnte ich jedoch beim besten Willen nicht verstehen.

Ich machte mir also klar, dass ich mich immer verbunden fühlen würde. Dafür gab es keine Gefahr. Ich musste also gar nichts vermeiden. Ich wollte Verbundenheit zu Peter, aber ich musste sie nicht haben.

Nach einer Weile trugen meine Bemühungen Früchte. Ich fühlte mich wieder besser. Ich begann danach, wieder an den Tag zu denken und daran, was dieser Tag mir Schönes anbieten könnte. Ich dachte an mein Ritual, das offenbar funktioniert hatte und an die Macht, die wir Menschen offenbar hatten, um unser Leben zu gestalten.

Nach etwa zehn Minuten wurde mir wieder bewusst, dass ich zu Peter und Markus musste. Peter würde wie auf glühenden Kohlen im Frühstückssaal sitzen und darauf brennen, uns seine Geschichte zu erzählen. Ich war mir jedoch ziemlich sicher, dass dieser Traum wieder eine seiner üblichen Spinnereien war.

Ich hatte mit dem Ritual bestimmt, dass wir eine Lösung für unsere Mission finden würden. Und die hatte ich gefunden, indem ich Jasmine in der Zukunft das Verlangen einpflanzte, ins Labor zu gehen. Darauf wollte ich mich eher verlassen als auf den Traum von Peter. Und es hatte ja auch wunderbar funktioniert. Gleich nach meinem Ritual hatte man versucht, mich zurückzuholen. Alles lief also bereits nach Plan.

Trotzdem hatte ich mittlerweile gelernt, Peter zu respektieren. Er war ein lieber Mensch, wenn er auch manchmal seine seltsamen Anfälle hatte. Doch ohne diese Anfälle hätten wir bis heute nicht gewusst, dass es keine objektive Realität gibt, sondern die Welt so ist, wie wir sie wahrnehmen. Wir hätten unsere Macht nicht erkannt und infolgedessen auch keine Lösung für unsere Mission gefunden.

Als ich den Frühstückssaal betrat, war Peter schon voll in Aktion. Er erklärte Markus, was wir tun müssten.

"Wir müssen zur Pyramide und die Kammer suchen!", sagte er mit Nachdruck. "Sie ist da, ich weiß es."

"Was genau hast du geträumt?", wollte Markus zuvor wissen.

"Wir drei sind keine normalen Menschen. Wir sind die drei Wesen, die mit Ella auf diesen Planeten gekommen sind."

Es war, wie ich es mir gedacht hatte. Peters Traum war Spinnerei. Sicherlich würde er jetzt die Geschichte vom Sirius erzählen. Und so war es auch.

"Wir kommen alle drei vom Sirius", sagte Peter fasziniert und voller Freude. "Vor über hunderttausend Jahren, bevor die große Sintflut kam, die die Menschheit fast ausgelöscht hat, kamen wir auf diesen Planeten um die Menschheit genetisch zu veredeln. Wir erschufen den Homo Sapiens. Wir wollten jedoch in seine weitere Entwicklung nicht eingreifen, deshalb ließen wir den Menschen völlige Freiheit in ihrem Denken und Tun. Doch leider entwickelten sich die Menschen sehr stark zum Negativen hin. Wir befürchteten, dass die Menschen ihre Negativität immer weiter steigern würden, was sie auch taten. Ihre negativen Gedanken fanden schließlich ihren Ausdruck in der fast völligen Vernichtung der Menschheit: der großen Sintflut. Die Wenigen, die übrig blieben, vermehrten sich langsam wieder. Es waren allesamt Menschen, die nur aufgrund ihrer positiven Einstellung überlebt hatten. Auf diese Weise hat die Natur für eine positive Auslese gesorgt. Doch die Negativität wurde aus den Genen der Menschen nie ganz eliminiert.

Wir drei beschlossen, auf diesem Planeten zu bleiben und als Menschen zu leben. Wir wollten die gleiche Entwicklung genießen wie die Wesen, die wir geschaffen hatten. Unzählige Male inkarnierten wir uns in dieser Welt als Mensch. Wir warteten auf den Tag, an dem eine genügend große Menge positiver Gedanken in der Welt wäre, damit wir der Menschheit ihre tatsächliche Macht offenbaren könnten. Dieser Zeitpunkt ist nun gekommen. Wir werden mit dem Raumschiff, das wir vor fünfzehntausend Jahren selbst versteckt haben, ein neues Zeitalter einläuten."

Das waren ganz klar wieder die krankhaften Fantasien eines Menschen, der sich für den Erlöser der Menschheit hielt. Dieses Mal stellte er sich nicht auf eine Kreuzung, um einige Menschen zur

Liebe zu bringen, nein, dieses Mal wollte er es gleich mit der gesamten Menschheit tun.

Wie sollte ich jetzt reagieren? Ich wollte Peter nicht wehtun und ihm das Gefühl geben, als hätte er nicht alle am Sträußchen. Markus verhielt sich auch ziemlich passiv. Offenbar wusste er auch nicht, wie er Peter wieder beruhigen könnte.

Nachdem ihn Peter eine Weile fragend angeschaut hatte, reagierte Markus.

"Du hast gesehen, dass Ella in der Mykerinos-Pyramide versteckt ist. Hast du auch genau gesehen, wo?", fragte Markus, um von der Geschichte mit der Erlösung der Menschheit abzulenken.

"Wir müssen unter die Pyramide. Zu Ella führt ein Stollen, der bestimmt siebzig, achtzig Meter unter die Pyramide führt."

"Wie kommen wir in den Stollen rein?", wollte Markus wissen.

"Den Zugang müssen wir suchen. Den habe ich im Traum nicht gesehen."

"Das geht nicht so ohne weiteres", meinte Markus.

Ich war froh. Offenbar hatte er eine Möglichkeit gefunden, Peters Idee im Sande verlaufen zu lassen. Markus erklärte Peter, warum es nicht ginge.

"Die Mykerinos-Pyramide ist für den Tourismus nicht geöffnet. Sie wird Tag und Nacht bewacht. Und das hat auch einen Grund: Die Pyramide ist sehr gefährlich. Sie steckt voller tödlicher Fallen, die Grabräuber abschrecken sollen. Bisher wurden nur einige Fallen gefunden und ausgebaut. Jedes Mal mussten die Forscher jedoch den Fund einer Falle mit ihrem Leben bezahlen. Erst vor ein paar Jahren ereignete sich der größte Unfall in der Geschichte der Pyramidenforschung. Siebzehn englische Archäologen untersuchten die Pyramide. Ein Kollege blieb draußen am Funkgerät. Ihm wurde simultan über alles berichtet, was die Forscher im Inneren der Pyramide taten. Er hörte, wie sie eine Kammer fanden, in der eine Mumie lag. Es muss ein schrecklicher Anblick gewesen sein. Um die Mumie herum lagen Dutzende von menschlichen Skeletten. Dann wurde über Funk gesagt, dass die siebzehn jetzt rein gingen. Sekunden später hörte der Mann am Funkgerät Schreie:

'Mein Gott! Es wird plötzlich taghell! Strahlen kommen aus der Decke! Es wird heiß, brennend heiß!'

Und dann nur noch Schreie des Entsetzens. Danach war Funkstille. Von den siebzehn Männern und Frauen hat man seitdem nichts mehr gesehen. Auch wurde die Kammer mit der Mumie nie gefunden."

"Das ist ja furchtbar", sagte ich, um der Geschichte noch mehr Dramatik zu verleihen.

"Das war nur ein Beispiel von vielen", fuhr Markus fort. "Seit vielen Jahren versuchen die Wissenschaftler, die Geheimnisse der Fallen zu lüften. Immer geschieht Entsetzliches. Am 16. Juli letzten Jahres entdeckten fünf französische Forscher eine geheime Tür. Dahinter verbarg sich ein sehr schmaler Gang. Als vier von ihnen hineingingen, bebte plötzlich der Boden. Jean Trassoux war der Einzige, der den Gang noch nicht betreten hatte. Plötzlich sprang eine Falltür mit lautem Krachen auf. Die Vier versuchten, sich mit aller Kraft an den glatten Wänden festzuhalten. Doch es war vergebens. Nach teilweise sekundenlangem Kampf um ihr Leben stürzten sie in einen mindestens dreißig Meter tiefen Schacht. Jean Trassoux konnte seinen Kollegen nicht mehr helfen. Er musste zusehen, wie sie einer nach dem anderen abstürzten und am unteren Ende des Schachtes zerschmettert wurden. Kurz darauf schloss sich die Falltür wieder, als wäre nichts geschehen.

Am 3. März dieses Jahres drangen vier junge holländische Touristen, von Neugier getrieben, nachts in die Pyramide ein. Ein Freund von ihnen blieb draußen und stand Schmiere. Als die Vier nicht zurückkamen, alarmierte dieser die Polizei. Erst Tage später wurden die Vier in einer Kammer gefunden. Sie waren tot. Ihre Körper waren mit Stichwunden übersät. Bisher fand man keine Erklärung dafür.

Diese Ereignisse haben die ägyptische Regierung dazu veranlasst, die Pyramide für weitere Nachforschungen zu sperren. Damit nicht wieder Touristen in die Pyramide eindringen können, wird sie Tag und Nacht streng bewacht. Wir hätten also gar keine Chance, dort unbemerkt hineinzukommen. Selbst wenn wir es wollten. Außerdem müssten wir zuerst einmal die Mafia loswerden. Darin sehe ich das allergrößte Problem. Wenn wir das nicht schaffen, können wir alles andere vergessen."

"Aber wir müssen dort hinein!", erklärte Peter unbeirrbar. "Ella ist dort. Glaubt mir. Irgendeinen Weg muss es geben."

"Ich weiß keinen, Peter", antwortete Markus. "So Leid es mir tut."

"Ich werde ein Ritual durchführen", meinte Peter selbstsicher. "Ich weiß, dass wir einen Weg finden werden."

Daraufhin stand er auf und ging in sein Zimmer.

Ich sah Markus an und sagte: "Das war klasse, wie du das gemacht hast."

"Was meinst du?", fragte Markus.

"Na, wie du Peter davon abgebracht hast, in die Pyramide reinzuwollen. Deine Storys über die vielen mysteriösen Fallen waren einfach genial. Du hast sie so authentisch erzählt, dass es mir eiskalt den Rücken runtergelaufen ist. Wie machst du das nur, dass dir solche Geschichten einfach so spontan einfallen?"

"Es war die Wahrheit. Ich habe die Geschichten nicht erfunden. Die Pyramide ist wirklich so gefährlich", sagte Markus entrüstet.

"Ich dachte, du erzählst sie, weil du Peter nicht verletzten wolltest, indem du ihm klar machst, dass er spinnt. Oder glaubst du seine Geschichte mit uns dreien vom Sirius etwa?"

"Natürlich nicht. Aber es ist nicht nötig, Peter zu belügen. Er verträgt es, wenn man ihm sagt, dass er nicht alle fünf Sinne beisammen hat. Im Übrigen halte ich es für möglich, dass in seinem Traum ein Fünkchen Wahrheit enthalten ist. Sicherlich sind wir nicht die drei vom Sirius. Aber der Traum könnte trotzdem eine Information aus dem Kristall enthalten. Das können wir nicht ganz ausschließen. Sein Unterbewusstsein hat diese Information möglicherweise in eine Geschichte verpackt, die mit Peters Spinnereien gemischt wurde.

Abgesehen davon vermuten viele Wissenschaftler die Kammer des Wissens in der Mykerinos-Pyramide. Wenn es nicht so gefährlich wäre, würde ich tatsächlich hinfahren und versuchen, dort reinzukommen."

Markus sagte das in einem Ton, der mich glauben ließ, dass er bereits nach einem Weg suchte, in die Pyramide hineinzukommen.

"Dir ist klar, wenn wir dort von den Wachen erwischt würden, wäre unsere Mission zu Ende", sagte ich vorwurfsvoll.

Peters Träumen hinterherzujagen, war viel zu gefährlich. Es konnte unsere ganze Mission in Gefahr bringen. Dazu war ich nicht bereit. Ich war sicher, man würde an diesem Tag erneut versuchen, mich in die Zukunft zurückzuholen. Dann würde ich erfahren, wo die Kammer des Wissens tatsächlich gefunden wurde. Wir hatten noch zwei ganze Tage. Wenn wir genau wüssten, wo die Kammer versteckt war, musste es zu schaffen sein, an Ella heranzukommen und sie in Gang zu bringen. Zugegeben, die Zeit war knapp. Aber ich war sicher, dass es klappen würde.

Das ist aber jetzt wirklich wahr!

Wir saßen jetzt seit einigen Stunden in meinem Zimmer und warteten darauf, dass etwas geschehen würde. Genauer gesagt wartete ich darauf, dass man mich wieder in die Zukunft zurückholen würde, damit ich den Fundort von Ella erfahren würde.

Es waren jetzt keine achtundvierzig Stunden mehr bis zum Eintreffen der Nefilim. Übermorgen gegen Mittag würden ihre Shuttleschiffe in die Erdatmosphäre eintauchen. Danach war es nur noch eine Frage von Stunden, bis der Krieg in vollem Gange sein würde. Wenn wir eine realistische Chance haben wollten, den Krieg zu verhindern, dann müssten wir Ella eigentlich augenblicklich finden und lernen, damit zu fliegen.

"Leute, mir wird gerade etwas klar", sagte Peter in einem Ton zu uns, der den Anschein erweckte, als hätte er etwas ganz Wichtiges entdeckt.

"Was wird dir klar?", wollte Markus wissen, denn Peter sprach seinen Satz nicht zu Ende.

"Der Glaube an eine objektive Realität ist der Ursprung aller unserer Probleme."

"Das musst du uns genauer erklären", meinte Markus.

"Überlegt doch mal!", begann Peter. "Wenn ihr genau wisst, dass ihr mit eurer Wahrnehmung allmächtig seid, dass ihr jede beliebige Realität auswählen könnt, wie wollt ihr denn dann noch Probleme haben? Das geht doch gar nicht mehr."

"Da komme ich nicht ganz mit", gab ich zu.

"Ein Problem kann man doch nur haben, wenn man glaubt, es gäbe eine Welt, die nun mal so ist, wie sie ist. Eine Welt, in der man nur durch richtiges Handeln etwas verändern kann. Wenn man nicht das Richtige tun kann, passiert auch nichts. Das ist doch jetzt wirklich wahr, oder? Das glauben wir doch ganz fest. Und damit nehmen wir eine Welt wahr, in der es auch so aussieht, als könnten wir nur etwas erreichen, wenn wir das Richtige tun.

Wenn wir aber unsere Realität aus unendlich vielen Welten selbst auswählen können, wie mir der Kristall das mitgeteilt hat, dann brauchen wir nichts zu tun, um die Welt zu verändern. Wir können einfach die Welt so wahrnehmen, wie wir sie haben wollen."

"Und weiter?", fragte ich, denn ich wusste immer noch nicht so recht, auf was Peter hinaus wollte.

"Wir können einfach bestimmen, dass wir die Kammer finden", erklärte Peter weiter. "Oder noch besser gleich, dass wir den Krieg verhindern werden. Du kannst alles bestimmen, Ronja. Wenn du daran glauben kannst, dass es so ist, dann ist die Sache erledigt. Du musst es nur als Wahrheit ansehen."

"Glaubst du wirklich, dass unser Glaube so viel Macht haben kann?", fragte ich Peter zweifelnd.

"Wir haben alle Macht der Welt. Du musst deine Gedanken nur als Wahrheit empfinden", antwortete Peter. "Du kannst konkrete Ereignisse herbeiführen oder dein Leben komplett bestimmen. Das hast du sowieso schon getan. Vielleicht nicht unbedingt so, wie du es gut findest. Aber es funktioniert.

Wenn du beispielsweise die Überzeugung hättest, du wärest eine Belastung für alle Menschen in deinem Umfeld, dann würdest du das auch so erleben. Du könntest tun, was du willst, es würde im Endeffekt immer darauf hinauslaufen, dass du für die anderen eine Belastung bist. Egal, wie sehr du dich anstrengen würdest.

Würdest du hingegen glauben, eine Bereicherung für die gesamte Menschheit zu sein, würdest du dein Leben auch so wahrnehmen."

"Und was würde deiner Meinung nach geschehen, wenn ich es für wahr hielte, dass ich alles in meinem Leben falsch mache, und dann versuche, mit einem Ritual die gewünschte Realität auszuwählen?", fragte ich mit einem mulmigen Gefühl.

"Die Wahrheit würde sich immer durchsetzen", erwiderte Peter. "Egal, was du machen würdest, es wäre das Falsche. Da macht ein Ritual keine Ausnahme."

"Das bedeutet, dass uns das Ritual möglicherweise nichts nutzt", dachte Markus laut. "Wenn wir eine grundlegende Überzeugung in uns hegen, die dem Erfolg des Rituals widerspricht, kann es nichts werden."

"Das bedeutet in meinem Fall sogar, dass das Ritual auf keinen Fall etwas nützen kann", sagte ich frustriert zu Markus. "Dieser Körper hat kein anderes Gefühl deutlicher einprogrammiert, als dass ich alles falsch mache. Damit ist die Sache für mich gelaufen. Ich wünsche euch viel Glück."

"Halt, langsam", stoppte mich Peter. "Wenn deinem Körper dieses Gefühl eingeprägt ist, heißt das nicht, dass du es wirklich als Wahrheit empfindest. Gefühle sind nicht die Wahrheit. Es wäre schlimm, wenn es so wäre, bei all dem Krampf, den wir uns so zurechtfühlen. Wenn sich das gestalten würde, was Jasmines Körper fühlt, hättest du uns nie treffen dürfen. Es hätte keine einzige Aktion, die du gestartet hast, erfolgreich sein dürfen. Das trifft aber nicht zu."

"Und was soll ich jetzt tun?", fragte ich ratlos.

"Du musst deine Macht, die Realität auswählen zu können, stärker als Wahrheit ansehen als alles andere", antwortete Peter.

Als Schaf allein unter Wölfen

Ich stand mit Peter und Markus gerade auf der Straße und winkte einem Taxi. Wir wollten noch einmal zu Sharaf, um mit ihm darüber zu sprechen, wie wir eventuell in die Mykerinos-Pyramide hineinkommen könnten.

Plötzlich hielt eine schwarze Limousine direkt vor uns. Zwei Männer in feinen Anzügen stiegen aus und kamen auf uns zu. Mir war sofort klar, dass die beiden zur Mafia gehörten.

"Miss Roberts, wenn Sie uns bitte folgen möchten. Sie werden erwartet", sagte einer der beiden Männer in einem sehr höflichen Tonfall.

Mir rutschte das Herz in die Hose. Ich sollte allein mitkommen. Ich stieg in die Limousine ein. Einer der beiden Männer setzte sich zu mir nach hinten in den Wagen.

Während der Wagen losfuhr, sah ich in die besorgten Augen von Peter und Markus. Sie schienen genauso viel Angst zu haben wie ich.

Die beiden Mafiosi redeten während der gesamten Fahrt kein Wort. Ich vermied es auch, ein Gespräch mit ihm zu beginnen. Ich hatte Angst. Ich fürchtete, etwas Falsches sagen zu können.

Sie brachten mich direkt zu Carlos Barbas Büro. Erneut war ich beeindruckt von der gigantischen unterirdischen Anlage. Doch dieses Mal verursachte mir das Ganze noch mehr Angst als beim ersten Mal. Ich fühlte mich als Schaf allein unter Wölfen. Und niemand war da, der mir helfen konnte.

Was wollte Carlos Barba von mir? Und wieso hatte er mich allein hierher bringen lassen? Ich war sicher, dass dies nichts Gutes zu bedeuten hatte.

Schließlich wurde ich in sein Büro geführt. Carlos Barba saß hinter seinem gigantischen Schreibtisch. Als ich eintrat, stand er auf und kam mir entgegen. Mit einem höflichen, falschen Lächeln reichte er mir die Hand und begrüßte mich überfreundlich.

"Miss Roberts, liebste Freundin, es freut mich sehr, dass wir uns wiedersehen."

Mir schien, als hielte er meine Hand minutenlang. Er sah mir dabei tief in die Augen. Es war ein Blick, der in Jasmins Körper das Gefühl auslöste, etwas ganz Schlimmes angestellt zu haben.

Schließlich bat er mich, Platz zu nehmen. Er selbst blieb jedoch stehen und lief im Zimmer umher. Er stand für eine Weile vor einem Gemälde, das an der Wand hing und kehrte mir den Rücken zu. Dann begann er über das Bild zu reden.

"Finden Sie es nicht auch erstaunlich, zu was ein Künstler fähig ist, wenn er von einer Sache besessen ist?"

Ich wusste nicht, was ich darauf antworten sollte. Bevor mir irgendetwas einfiel, redete Carlos Barba weiter.

"Ich finde es generell erstaunlich, zu was Menschen fähig sind, wenn sie etwas unbedingt wollen."

Nach dieser Aussage drehte er sich um und sah mich eindringlich an.

"Was wollen Sie? Was ist es, von dem Sie so besessen sind? Sagen Sie es mir!"

"Das wissen Sie doch. Wir suchen nach der Kammer des Wissens", erwiderte ich und hoffte, dass er es dabei bewenden lassen würde. Doch das tat er nicht.

"Warum wollen Sie die Kammer finden? Was ist in der Kammer?"

"Das weiß ich nicht", antwortete ich nicht sehr überzeugend. "Es ist das Geheimnis, was mich reizt."

Carlos Barba schaute mich fast mitleidig an und sagte: "Wieso glaube ich Ihnen nicht?"

Diese Frage ging mir durch Mark und Bein. Mir war klar, dass dieser Mann den Tod von Menschen bereits wegen Geringerem befohlen hatte. Bei unserem letzten Besuch wurde sehr deutlich, dass eine Lüge eines der schlimmsten Verbrechen für ihn war, die man begehen konnte. Aber vielleicht pokerte er ja auch nur? Vielleicht wollte er mich nur provozieren?

Ich musste ihm jetzt eine Antwort geben, die er akzeptieren würde. Doch was könnte das sein? Ein Geistesblitz durchfuhr meine Glieder.

Ich schlug die Hände vor mein Gesicht und begann zu weinen. Was mir im Übrigen nicht besonders schwer fiel bei der Angst und der Anspannung, die ich in mir fühlte.

"Es tut mir so leid. Ich wollte Sie nicht belügen. Bitte verzeihen Sie mir."

"Was ist in der Kammer?", fragte er in einem Ton, wie ein Erwachsener ein Kind tröstet.

"Kristallkugeln!", sagte ich unter Tränen. "So wie der, den Sie uns gezeigt haben. Manche sollen noch größer sein. Ihr Kristall beweist, dass die Inschriften echt waren."

"Na also. Das war doch gar nicht so schwer. Hören Sie auf zu weinen. Es wird alles gut werden. Gemeinsam werden wir die Kammer und die Kristalle finden. Sie werden das Land als reiche Leute verlassen."

Daraufhin setzte er sich in seinen Schreibtischsessel und richtete erneut seine Worte an mich.

"Was kann ich noch für Sie tun? Womit kann ich Sie unterstützen?"

"Momentan nichts. Aber ich werde es Ihnen sofort sagen, wenn wir Ihre Hilfe brauchen", antwortete ich.

"Na gut, wie Sie wollen. Aber Sie könnten etwas für mich tun."

Das war der Punkt, auf den ich die ganze Zeit schon gewartet hatte. Ich vermutete, dass er mich nicht nur hatte hierher bringen lassen, weil er mich fragen wollte, warum ich die Kammer finden wollte. Carlos Barba stand auf und kam zu mir herüber.

"Sie und ich, wir sollten füreinander wie Vater und Tochter sein. Sie können sich mir immer anvertrauen. Ich werde immer für Sie da sein. Aber Sie dürfen mich niemals belügen. Niemals, verstehen Sie?"

Er sah mich dabei so durchdringend an, dass ich fast augenblicklich in Tränen ausgebrochen wäre. Doch es war nicht die Angst, die mir so zusetzte. Es waren viel eher Tränen der Rührung. Ich konnte mir nicht erklären, wie er das geschafft hatte, aber ich fühlte mich, als wäre es eine große Ehre für mich, von ihm als Tochter angesehen zu werden. Fast hätte ich ihm die Wahrheit über Ella und den Krieg erzählt. Doch es dauerte nur einen Augenblick, da hatte ich meine Gefühle wieder unter Kontrolle. Mir war klar, dass Jasmines Körper wieder für diese Gefühle verantwortlich sein musste. Die spannungsgeladene Situation und Jasmines fehlendes Selbstbewusstsein ließen wohl diese untertänigen Gefühle aufsteigen.

"Sie werden mir von nun an täglich Bericht erstatten", fuhr Carlos Barba fort. "Sie werden mir vor jeder geplanten Aktion genau erzählen, was Sie vorhaben. Ich werde Sie mit allen Kräften unterstützen. Gemeinsam sind wir unschlagbar. Und jetzt fahren Sie wieder zurück zu Ihren Freunden."

"Einverstanden", antwortete ich.

"Mein Fahrer wird Sie zurück zu Ihrer Pension bringen. Und hier", er gab mir eine Visitenkarte, "Rufen Sie diese Nummer an, wenn Sie irgendetwas brauchen. Sie werden direkt mit mir verbunden sein. Also dann, bis bald, Miss Roberts."

Daraufhin drückte er einen Knopf auf seinem Schreibtisch. Seine Sekretärin kam unmittelbar danach zur Tür herein. Ich stand auf, reichte Carlos Barba noch einmal zum Abschied die Hand und verließ den Raum.

Eigentlich ganz einfach

Markus und Peter hatten in der Pension auf meine Rückkehr gewartet. Sie waren sehr neugierig darauf, was geschehen war.

"Ich war heute Mittag bei Carlos Barba", begann ich Peter und Markus zu erklären. "Er hat mir Fragen gestellt. Ich habe ihm erzählt, dass wir hinter Kristallkugeln her wären, die wir in der Kammer des Wissens vermuten. Ich glaube, er hat es gefressen. Er hat mir jedoch unmissverständlich klar gemacht, dass er über jeden unserer Schritte im Voraus informiert werden will. Er hat mir seine direkte Durchwahl gegeben. Ich befürchte, dass dies unsere Aufgabe nicht unbedingt leichter macht."

"Wir sollten ihn irgendwie beschäftigen", dachte Markus laut. "Er hat uns ja Unterstützung zugebilligt. Die sollten wir jetzt nutzen, auch wenn wir sie nicht wirklich brauchen."

"Du hörst dich an, als hättest du bereits eine Idee", meinte Peter.

"Es gibt einen Wissenschaftler, der über die Mykerinos-Pyramide mehr weiß als jeder andere. Ich weiß momentan nicht, wo er sich aufhält. Möglicherweise ist er noch nicht einmal in Ägypten. Wir könnten Carlos Barba darum bitten, für uns ein Treffen mit diesem Mann zu organisieren. Uns selbst sind die Hände gebunden, da die Regierung alle Wissenschaftler beschattet und außerdem nach uns sucht."

"Was soll ich Carlos Barba für einen Grund dafür nennen, dass wir diesen Mann sprechen wollen?", fragte ich.

"Sag ihm, er hätte Informationen über die Mykerinos-Pyramide, die sonst niemand hat."

"Das würde ja bedeuten, dass wir die Mafia mit der Nase auf die Mykerinos-Pyramide stoßen würden", erwiderte ich verständnislos.

"Das würden wir, wenn wir nicht gleichzeitig mit den beiden Experten sprechen wollten, die sich mit der Chephren- und der Cheops-Pyramide befassen. Die soll er nämlich auch zu uns bringen, damit er was zu tun hat", erwiderte Markus.

"Das gefällt mir", sagte ich. "Ich werde ihn gleich anrufen."

Was ich auch sofort tat, nachdem mir Markus die Namen der drei Männer gegeben hatte. Carlos Barba war sehr kooperationsbereit. Er versprach, dass das Treffen am nächsten Morgen stattfinden würde, sofern die gesuchten Männer momentan in Ägypten seien. Doch eines hatten wir nicht bedacht. Er selbst wollte bei diesem Treffen dabei sein. Es sollte in seinem Büro stattfinden. Seine Männer würden uns abholen, wenn es soweit wäre.

"Das ändert nichts", beurteilte Markus die Situation. "Wir fragen einfach alle drei Männer nach bekannten Geheimgängen und Fallen in den Pyramiden. Wir tun einfach so, als wollten wir in allen drei Pyramiden suchen."

"Dann kann ja eigentlich nichts mehr schief gehen", meinte Peter. "Ich würde vorschlagen, dass wir uns jetzt mit unseren wirklichen Problemen auseinander setzen."

"Was meinst du?", fragte ich überrascht.

"Ich meine den Glauben an unsere Macht, die Realität auszuwählen. Wenn wir den nicht verstärken, können wir die ganze Sache vergessen. Bedingt durch unsere alte Wahrheit, nämlich, dass wir nur durch richtiges Handeln in dieser Welt etwas erreichen können, würden wir den Erfolgsgedanken unserer Mission als unrealistisch empfinden."

"Das heißt, wir müssen die alte Wahrheit runterfahren und die neue verstärken", schlussfolgerte ich.

"Du hörst dich so an, als hättest du eine Idee, wie wir das machen könnten", meinte Markus.

"Vielleicht. Ich habe in der Zukunft bei meinem Trainingsprogramm gelernt, wie ich Zweifel vernünftig einsetzen kann, um Ängste loszuwerden. Ich sollte dem US-Präsidenten die Angst zerzweifeln, dass die Nefilim Invasionsabsichten haben könnten.

Du kannst an allem zweifeln, wenn du willst. Wenn du jedoch keinen Grund zum Zweifeln findest, hat der Zweifel kaum Gewicht.

Nimm doch einfach einmal unsere Realität. Du hättest auch früher schon daran zweifeln können, dass wir in einer objektiven Realität leben, in der man nur durch Handeln etwas erreichen kann. Möglicherweise hast du das auch getan. Wenn du jedoch keine Bestätigung für deinen Zweifel gefunden hast, verschwand er auch ziemlich schnell wieder."

"Ich habe oft daran gezweifelt, dass das hier alles wahr ist", meinte Peter. "Aber jetzt, wo ich das Wissen des Kristalls bekommen habe, ist das kein kleines Zweifelchen mehr. Ich bin so gut wie sicher, dass dies hier keine objektive Realität ist."

"Weil dein Zweifel bestätigt wurde", gab ich ihm Recht. "Das ist immer so. Ohne Bestätigung geht nichts. Glaubt ihr, ihr könntet an unsere Macht glauben, wenn ihr diesen Glauben nie bestätigt bekommt?"

"Natürlich nicht. Dann wäre alles nur blödes Gerede gewesen", meinte Markus.

"Das ist immer so", erklärte ich. "Wir können nur etwas wirklich dauerhaft als Wahrheit ansehen, wenn wir genügend Bestätigungen dafür haben. Wir können aber eine alte Wahrheit nicht so einfach wegwerfen. Auch hier gelten die gleichen Gesetzmäßigkeiten. Wir brauchen Bestätigungen, dass der alte Glaube falsch war. Sonst werden wir ihn nie wirklich los."

"Wir haben doch schon eine ganze Menge Bestätigungen", meinte Peter. "Das müsste doch genügen."

"Wir haben keine wirklichen Beweise, nur ein paar Bestätigungen", wandte ich ein. "Wie viele Bestätigungen hast du dafür, dass die Welt so ist, wie wir sie wahrnehmen? Und wie viele hast du, dass du nur dann, wenn du das Richtige getan hast, auch erreicht hast, was du wolltest?"

"Verdammt, du hast Recht", meinte Peter. "Der alte Glaube ans Handelnmüssen wurde mir jeden Tag meines Lebens wahrscheinlich hundertmal bestätigt. Wenn ich das Richtige tat, passierte auch das Richtige. Machte ich etwas Falsches, passierte etwas Falsches."

"Dein neues Wissen wurde von ein paar ungewöhnlichen Ereignissen bestätigt. Mehr nicht!", erwiderte ich. "Diese Ereignisse können aber auch Zufall gewesen sein. Ungewöhnliche Zufälle, zugegeben, aber es reicht nicht, um sich ganz sicher darauf verlassen zu können, dass wir tatsächlich eine Welt aussuchen können, wie wir sie haben wollen."

"Das heißt im Klartext:", fasste Markus zusammen, "Wenn ich daran denke, wie wir in die Mykerinos-Pyramide reinkommen, dann tun sich vor mir zwei Wege auf. Zum einen kann ich einfach glauben, dass wir reinkommen. Doch leider habe ich bei diesem Weg das Gefühl, dass das vielleicht doch nicht stimmt mit unserer Macht, die Realität auszuwählen. Der zweite Weg ist der Weg des Handelns. Bei diesem Weg habe ich das Gefühl, dass ich einen tatsächlichen Einfluss auf die Realität habe. Wenn ich also eine Lösung finden würde, wie ich durch mein Handeln in die Pyramide reinkomme, wäre ich sicher, dass es funktioniert. Wenn ich diese beiden Wege nebeneinander stelle, habe ich einmal den tollen, aber unrealistischen Weg, die Realität auszusuchen, und ich habe den Weg des Handelns, den ich als völlig real ansehe. Damit ist vollkommen klar, welchen Weg ich wähle. Ich wähle den realistischen."

"Das Problem ist nur, dass wir nicht wissen, wie wir in die Pyramide reinkommen sollen. Damit nutzt uns der realistische Weg momentan gar nichts", wandte ich ein.

"Und wo bekommen wir jetzt ausreichend viele Bestätigungen für die Macht unserer Wahrnehmung her?", wollte Markus wissen. "Wenn wir die nicht finden, nutzt uns dieser Weg auch nichts."

"Wenn tatsächlich wahr ist, was Peter durch den Kristall erfahren hat", antwortete ich, "dann müsste diese Wahrheit in unserer Realität zu erkennen sein. Dann sollte es eigentlich gar nicht so schwierig sein, ausreichend Bestätigungen zu finden.

"Theoretisch nicht", meinte Markus. "Aber ..."

Ich unterbrach Markus‘ Einwand, denn mir wurde gerade etwas Wichtiges klar.

"Im Grunde genommen ist es doch eigentlich ganz einfach: Wir haben doch nur diese beiden Wege. Entweder wir handeln, oder wir suchen eine Realität aus."

"Und weiter?", drängte Markus mich weiterzureden.

"Wenn das jetzt stimmt, was Peter uns erzählt hat, dann müsste doch der Gedanke an das Handelnmüssen permanent in unserer Realität widergespiegelt werden."

"Das ist ja das Problem", erwiderte Markus. "Wir suchen eine Realität aus, in der wir nur Erfolg haben, wenn wir richtig handeln. Damit wird diese Wahrheit permanent bestätigt."

"Das ist richtig", meinte ich. "Aber nur, wenn wir die Ereignisse aus dem Blickwinkel der alten Wahrheit betrachten. Wenn wir hingegen davon ausgehen, dass der Glaube ans Handelnmüssen unsere Wahrnehmung und damit unsere Realität bestimmt, dann sieht die Sache ganz anders aus. Wie Peter uns erklärt hat, würden dann permanent Ereignisse auftauchen, bei denen wir wieder das Gefühl haben, etwas tun zu müssen."

"Ich verstehe nicht, auf was du hinauswillst", unterbrach mich Markus.

"Ich schon", schaltete sich Peter ein. "Wenn du dir einen konkreten Gedanken ans Handelnmüssen anschaust, zum Beispiel, dass du finanziell vielleicht einmal ein bisschen langsamer treten solltest, dann müsste dieser Gedanke sehr deutlich erkennbar in deiner Realität widergespiegelt werden."

"Genau", stimmte ich Peter zu. "Er würde jedoch nicht immer die gleiche Intensität haben. Mit dem Gedanken, du solltest vielleicht ein bisschen sparen, würdest du ein Ereignis wahrnehmen, in dem du widergespiegelt bekommst, dass du vielleicht ein bisschen sparen solltest. Es wird dir also bestätigt. Was aber geschieht jetzt mit deinem Gefühl, wenn es bestätigt wird?"

"Es wird stärker", meinte Markus.

"Du wirst also das Gefühl bekommen, dass du vielleicht *tatsächlich* sparen solltest. Ist dir klar, dass du damit schon wieder deine Wahrnehmung verändert hast und infolgedessen ein neues Ereignis widergespiegelt bekommst?"

"Und dieses Ereignis wird mir bestätigen, dass ich *tatsächlich* sparen sollte", erwiderte Markus.

"Ganz genau. Dein Gefühl, sparen zu sollen, wird immer stärker – und damit natürlich auch erneut stärker widergespiegelt. Die Ereignisse bestätigen dir damit immer deutlicher, dass du dringend sparen solltest. Diese Bestätigungen verstärken dein Gefühl, was wiederum deine Wahrnehmung verstärkt und zu noch extremeren Widerspiegelungen führt. Bald wirst du nicht mehr das Gefühl haben, dass du vielleicht ein bisschen sparen solltest. Du wirst irgendwann das Gefühl bekommen, sparen zu müssen."

"Und so geht es weiter", erkannte Markus. "Bedingt durch diese erneute Bestätigung werde ich denken, unbedingt sparen zu müssen. Die Ereignisse werden noch dramatischer. Sie werden mir jetzt zeigen, dass ich unbedingt sparen muss."

"Was muss zum Beispiel passieren, damit du das Gefühl bekommst, unbedingt sparen zu müssen?", wollte ich von Markus wissen.

"Ich muss eine kleine oder auch große finanzielle Katastrophe erleben", erwiderte er.

"Das Ganze hat angefangen mit dem Gedanken, vielleicht ein bisschen sparen zu sollen", fasste ich zusammen. "Wenn also stimmt, was Peter uns erklärt hat, dann müsste das immer so gelaufen sein. Wann immer so ein Gedanke an das Müssen aufkam, müssten sich die Ereignisse zugespitzt haben. Wenn das in unserem Leben tatsächlich so gelaufen sein sollte, hätten wir wirklich Grund zur Annahme, dass die Informationen aus dem Kristall wahr sind."

"Ich glaube, so etwas habe ich schon einmal erlebt", begann Peter zu erklären. "Ich hatte schon einmal eine Beziehung, die ich eindeutig kaputtgearbeitet habe."

"Wie denn das?", fragte ich neugierig.

"Am Anfang war eigentlich alles ganz toll. Sie war total lieb, verständnisvoll und einfühlsam. Einfach göttlich. Wir liebten uns von Tag zu Tag immer mehr. Nach drei tollen Monaten hatte ich dann das Gefühl, dass diese Beziehung etwas ganz Besonderes sei. Ich wollte dafür sorgen, dass sie für immer hielt. Ich hatte die Einstellung, dass wir an dieser Beziehung arbeiten sollten, damit sie auf keinen Fall kaputtgeht."

"Das hört sich eigentlich ganz vernünftig an", meinte ich. "Was ist dann passiert?"

"Das Gleiche wie bei deiner Erklärung zum Sparenmüssen. Es gab zunächst kleinere Unstimmigkeiten und Missverständnisse. Ich dachte, dass wir diese Missverständnisse klären sollten – was wir dann auch taten. Danach war es dann erst mal wieder in Ordnung."

"Moment, da verstehe ich etwas nicht so ganz", unterbrach ich Peter. "Wenn der Gedanke ans Müssen deine Wahrnehmung bestimmt hat, dann hättet ihr die Missverständnisse doch nicht klären können, oder?"

"Warum nicht?", fragte Peter zurück.

"Weil ihr doch dann nicht mehr müsstet."

"Zunächst mussten wir nicht mehr, weil dieses eine Missverständnis geklärt wurde. Doch genau darin lag das Problem. Durch den Erfolg unseres Gespräches wurde mir bestätigt, dass es wichtig ist, an der Beziehung zu arbeiten. Damit wurde mein Gefühl, an der Beziehung arbeiten zu sollen, immens verstärkt. Ich hatte das Gefühl, dass wir auf jeden Fall daran arbeiten sollten, wenn es wieder irgendwelche Problemchen gäbe."

"Und das wurde dir widergespiegelt", schlussfolgerte ich. "Du erlebtest weitere Beziehungsprobleme, bei denen es Missverständnisse gab und du das Gefühl bekamst, auf jeden Fall daran arbeiten zu sollen."

"So ist es", bestätigte Peter. "Es gab Missverständnisse ohne Ende. Mein Gefühl, daran arbeiten zu sollen, verstärkte sich zu einem Müssen."

"Das kann ich gut verstehen", meinte ich. "Wenn es auf einmal so viele Missverständnisse gibt, dann muss man ja auf die Idee kommen, etwas dagegen tun zu müssen."

"Danach ging es dann so richtig zur Sache", meinte Peter. "Es gab fast nur noch Missverständnisse. Natürlich stellte sich dadurch das Gefühl ein, dass an unserer Beziehung etwas nicht in Ordnung war, wenn es so viele Missverständnisse gab. Ich bekam die Panik. Ich hatte Angst, dass unsere schöne Liebe kaputtgehen könnte, wenn ich nicht ganz gewaltig etwas dagegen tun würde. Ich musste jetzt also unbedingt etwas für unsere Beziehung tun. Und das tat ich ohne Unterlass."

"Was dir jedoch nicht viel genützt haben dürfte", spekulierte ich.

"So ist es. Es gab fast nichts Schönes mehr in unserer Beziehung, keinen einzigen Tag, an dem wir nicht an irgendwelchen Problemen arbeiten mussten. Es wurde immer schlimmer. So lange, bis wir es nicht mehr ausgehalten haben. Wenn ich jetzt daran denke, dass dies alles nur geschehen ist, weil ich Blödmann auf die Idee kam, an unserer Beziehung arbeiten zu wollen, tut es mir in der Seele weh."

Peter sah sehr traurig aus. Es ging ihm offensichtlich schwer ans Herz, was er soeben erkannt hatte. Ich hatte das Gefühl, ihn irgendwie trösten zu wollen.

"Wer weiß, wofür es gut war", sagte ich zu ihm. "Vielleicht war es notwendig, um danach eine Frau kennen zu lernen, die tatsächlich für dich bestimmt ist. Eine Frau, mit der du dir dann eine vollkommen glückliche Beziehung gestaltest."

Offensichtlich hatte meine Aussage Peter gut getan. In seinen Augen war sehr viel Wärme. Es war ein sonderbares Gefühl, ihm in diesem Moment in die Augen zu schauen. Irgendwie hatte dieses Gefühl mit Zuhausesein zu tun. Es verwirrte mich etwas. Aber ich hatte mich so langsam daran gewöhnt, dass Jasmines Körper die seltsamsten Gefühlsanwandlungen hatte. Auf jeden Fall war das Gefühl ausnahmsweise einmal sehr angenehm.

28. Juli

Die Flucht

Den ganzen Abend hatte ich darauf gewartet, dass man mich zurückholte. Nichts war passiert. In mir meldeten sich Zweifel. Wieso realisierte sich mein Wunsch nicht? Wieso holte man mich nicht zurück? War es wegen Jasmines Gefühl, alles falsch zu machen? Oder war der ganze Wahrnehmungskram Quatsch mit Soße? Meine Zweifel daran wurden immer stärker.

Ich betrachtete dies als kleine Katastrophe, denn der Glaube an unsere Macht, die Realität auszuwählen, war möglicherweise die einzige Möglichkeit, die Kammer zu finden.

Spät nach Mitternacht ging ich dann in mein Zimmer, um mich schlafen zu legen. Ich hoffte, dass es mir am nächsten Tag besser gelingen würde, meine Zweifel loszuwerden.

Als ich am nächsten Morgen erwachte, war die Angst, dass wir uns die Realität doch nicht wunschgemäß aussuchen könnten, noch stärker geworden. Ich wurde immer ungeduldiger. Der Drang, irgendetwas zu unternehmen, wurde unbändig stark.

Nur noch einen Tag, dann würden die Nefilim kommen. Morgen gegen Mittag wäre der Krieg bereits in vollem Gange. So langsam musste etwas geschehen, damit wir überhaupt noch eine Chance hätten, den Krieg zu verhindern.

Als ich zum Frühstück kam, saßen Markus und Peter bereits im Aufenthaltsraum der Pension. Peter hatte sich wieder seine Kupferdrahtpyramide auf den Kopf gesetzt. Markus und er unterhielten sich mit sehr ernster Miene.

Ich setzte mich zu den beiden. Ich wollte sie jedoch nicht merken lassen, wie es in mir aussah, da ich nicht zugeben wollte, dass ich immer noch nicht glauben konnte, dass meine Wahrnehmung meine Realität bestimmte. Ich versuchte, das Gespräch auf neutrale Themen zu lenken.

"Na ihr beiden? Habt ihr schon gefrühstückt?", fragte ich in lockerem Tonfall.

"Haben wir", antwortete Markus. "Wir haben jedoch im Moment ganz andere Probleme. Anstatt die Gewissheit zu verstärken, dass wir unsere Realität aussuchen können, haben wir den Zweifel daran verstärkt."

"Wir haben versucht, uns klar zu machen, dass unsere Wahrnehmung unsere Macht ist", ergänzte Peter. "Doch seltsamerweise wurde dadurch alles nur schlimmer. Irgendwie haben wir dadurch unsere Zweifel verstärkt."

"Bei mir ist das genauso", gab ich jetzt zu. "Ich kann kaum einen klaren Gedanken fassen. Alles wird überschattet von der Angst, dass wir einem Wunschtraum nachjagen. Habt ihr euch einmal überlegt, was es bedeuten würde, wenn das tatsächlich alles wahr wäre mit unserer Wahrnehmung? Die Gesellschaft, wie wir sie kennen, würde in der Form sicherlich nicht mehr sehr lange existieren. Der Gedanke ist einfach zu ungeheuerlich. Ich kann nicht glauben, dass es wirklich wahr sein soll."

Wir sahen uns eine Weile gegenseitig fragend an. Keiner von uns war in der Lage, den anderen Mut zuzusprechen. Wir hatten alle das gleiche Problem.

"Es muss doch einen Grund dafür geben, dass uns der Zweifel so sehr übermannt hat", brach Peter das Schweigen. "Irgendetwas müssen wir falsch gemacht haben."

Bevor Markus oder ich antworten konnten, standen plötzlich zwei Männer in der Tür. Sie gehörten zur Mafia und hatten den Auftrag, uns zu Carlos Barba zu bringen. Offenbar hatte er es schon geschafft, die Wissenschaftler aufzutreiben, nach denen wir gefragt hatten.

Mir war, als hätte ich einen Schlag in die Magengrube erhalten. Die Angst vor Carlos Barba lähmte meinen Verstand. Mir war nur klar, dass wir alle drei nicht gut genug drauf waren, um diesem Mann eine Show vorzuspielen. Er war nicht dumm, und genau das machte ihn so gefährlich. Sollte er spüren, dass wir ihn betrügen wollten, würden wir sein Büro nicht mehr lebend verlassen. Wir mussten uns etwas einfallen lassen.

Wie in Trance ging ich hinter den beiden Mafiosi her und stieg in ihren Wagen ein. Markus und Peter verhielten sich ebenfalls sehr still. Sie setzten sich zu mir auf die Rückbank des Wagens.

An diesem Morgen war der Straßenverkehr unglaublich chaotisch. Das war er im Grunde genommen zwar immer, aber an diesem Morgen war es besonders schlimm. Auf einer zweispurigen Straße standen die Wagen vierspurig. Dicht an dicht drängten sie sich durch die Stadt. Es war ein beklemmender Gedanke, dass man noch nicht einmal aus dem Wagen aussteigen könnte, wenn irgendetwas passieren würde.

Ein gigantisches Hupkonzert marterte meine angespannten Nerven. Die Fahrer der Fahrzeuge hupten, wenn sie an eine Kreuzung herankamen, um die Wagen, die von links und rechts kamen, auf sich aufmerksam zu machen. Sie hupten, wenn vor ihnen der Verkehr zum Stillstand kam, obwohl das völlig unsinnig war. Sie hupten, wenn sie die Spur wechseln wollten, und so weiter. Einige schienen einfach alle dreißig Sekunden auf die Hupe zu drücken. Man weiß ja nie, wozu das gut ist.

Auf jeden Fall bohrte sich der Lärm unaufhaltsam in mein Gehirn und versuchte, meine letzten intakten Nerven aufzureiben – mit wachsendem Erfolg. Ich hatte das Gefühl, schreien zu wollen. Ich konnte den Lärm nicht mehr länger ertragen. Zu allem Überfluss öffnete unserer Fahrer sein Fenster, um den anderen Wagen Handzeichen zu geben. Das Hupkonzert drang nun ungebremst zu meinen gestressten Ohren vor. Ich hielt mir mit beiden Händen die Ohren zu.

Plötzlich gab es einen heftigen Ruck und einen blechernen Aufschlag. Unser Fahrer war einem anderen Wagen hinten draufgefahren. Der Vordermann blieb stehen und versperrte uns die Weiterfahrt. Das folgende Hupkonzert der Wagen hinter uns setzte allem Bisherigen die Krone auf.

Unser Fahrer zwängte sich aus dem Wagen, um sich den Schaden zu betrachten. In diesem Moment stieg Peter plötzlich auch aus und stellte sich mitten auf die Kreuzung, vor der wir hielten.

"Oh nein", durchfuhr es meine Gedanken. "Geht das jetzt wieder los! Das darf doch nicht wahr sein!"

Peter stand mal wieder auf der Kreuzung und segnete die Fahrer der Wagen, die an ihm vorbei wollten. Dieses Mal dauerte es keine halbe Minute, bis sich die Wagen so ineinander verkeilt hatten, dass sich gar nichts mehr bewegte.

Zwischendurch beobachtete ich unseren Fahrer, der wild gestikulierend dem Fahrer des anderen Fahrzeuges klar machen wollte, dass er uns besser weiterfahren ließe.

In diesem Durcheinander griff Markus plötzlich meine Hand und gab mir zu verstehen, dass gleich etwas Ungewöhnliches geschehen würde. Er wandte sich zu dem zweiten Mafioso, der immer noch auf dem Beifahrersitz saß und nicht wusste, was er tun sollte. Er war sichtlich damit überfordert, dass Peter ausgeflippt auf der Kreuzung stand und sein Kollege in eine heftige Auseinandersetzung mit unserem Vordermann verstrickt war.

Markus sagte zu ihm: "Peter ist nicht ganz normal. Wir werden ihn wieder zur Vernunft bringen."

Daraufhin öffnete er die Wagentür und stieg aus. Dabei zog er mich hinter sich her. Wir gingen schnell zu Peter. Ich ging davon aus, dass Markus ihn tatsächlich von der Kreuzung herunterholen wollte. Doch Markus hatte etwas ganz anderes vor.

Als wir uns durch die verkeilten Wagen zu Peter durchgekämpft hatten, bemerkte ich, dass Peter seinen seltsamen Blick gar nicht aufgesetzt hatte. Er schien das Ganze nur gespielt zu haben. Er wurde augenblicklich normal, als wir ihn erreicht hatten, und hörte auf mit seiner Show. Markus zerrte mich hinter sich her. Ich verstand immer noch nicht, was das alles sollte. Erst als wir in eine Seitenstraße rannten, wurde mir klar, was los war. Wir waren auf der Flucht!

Wir versuchten, über den Gehweg dieser Seitenstraße zu fliehen und wurden dabei mehrfach von wild gewordenen Autofahrern fast über den Haufen gefahren, die versuchten, über den Gehweg dem Verkehrschaos zu entkommen. Doch auch sie mussten nach ein paar Metern einsehen, dass selbst der Gehweg von Autos überfüllt war.

Unsere Aufpasser hatten keine Chance, uns zu folgen. Im Nu waren wir durch ein Labyrinth von kleinen Seitensträßchen verschwunden. Wir rannten, bis ich absolut nicht mehr konnte.

Erst jetzt wurde mir bewusst, was wir getan hatten. Wir hatten uns ganz offensichtlich gegen die gefährlichste und mächtigste Verbrecherorganisation der Welt gestellt.

"Kommt weiter! Hier sind wir nicht sicher", ermahnte Peter uns aufgeregt.

Wir rannten panisch weiter durch die kleinen Straßen und Gassen. Schließlich kamen wir zu einer größeren Straße, auf der ausnahmsweise kein Stau war. Markus lief zum Straßenrand und winkte einem Taxi. Ich schaute mich hektisch um. Ich hatte Angst, dass gleich irgendwo die Mafiosi auftauchen würden.

Als ein leeres Taxi hielt, stiegen Peter und ich zuerst ein. Mir war nicht klar, wo wir jetzt hinfahren sollten. Überall würde die Mafia nach uns suchen. Es gab kaum einen Platz, an dem wir sicher gewesen wären. Markus setzte sich auf den Beifahrersitz und gab als Ziel Sharafs Stammplatz an. Mir fuhr ein Schrecken durch die Glieder, denn Sharaf steckte doch mit der Mafia unter einer Decke. Durch ihn waren wir doch erst in die Fänge der Mafia geraten.

Markus drehte sich zu Peter und mir um und erklärte: "Sharaf wird uns helfen."

"Wie kannst du Sharaf vertrauen?", wandte ich ein. "Er macht doch mit der Mafia gemeinsames Spiel."

"Mach dir keine Sorgen", versuchte mich Markus zu beruhigen. "Ich kenne Sharaf gut genug, um zu wissen, dass er uns niemals an die Mafia verraten würde."

Markus schaffte es nicht, meine Bedenken zu zerstreuen. Als wir an Sharafs Stammplatz angekommen waren, war ich mir ganz sicher, dass wir Sharaf nicht trauen könnten. Mein Gefühl sprach eine eindeutige Sprache.

"Lasst uns von hier verschwinden!", forderte ich Markus und Peter auf. "Sharaf wird uns verraten. Das fühle ich ganz genau."

"Das glaube ich nicht, Ronja", erwiderte Markus. "Ich kenne Sharaf jetzt eine halbe Ewigkeit. Er ist nicht der Mensch, der einen anderen hintergeht. Mit Sharaf kannst du Pferde stehlen. Glaube mir, er ist in Ordnung."

"Das kann ich nicht! Ich fühle ganz genau, dass mit Sharaf etwas nicht in Ordnung ist. Ich habe Angst, dass er uns verraten wird."

"Dein Gefühl kann nicht stimmen, Ronja", sagte Markus. "Sharaf würde uns niemals verraten."

"Wie kannst du sagen, dass mein Gefühl nicht stimmt?", erwiderte ich aggressiv. "Ich fühle ganz genau, dass es so ist."

"Du täuschst dich, Ronja. Mach dir keine Gedanken. Es wird schon alles gut gehen."

Ich fühlte mich augenblicklich von Markus erniedrigt. Offensichtlich nahm er mich und meine Gefühle überhaupt nicht ernst. Er verhielt sich, als würde ich spinnen. Wieso sollte seine Meinung richtiger sein als meine? Ich spürte ganz genau, dass ich Recht hatte.

"Was soll das?", fragte ich Markus. "Du bist stur wie ein Panzer. Ich habe keine Lust, mit dir ums Rechthaben zu streiten. Ich habe auch keine Lust, mit Menschen zusammenzuarbeiten, die meine Meinung nicht gelten lassen."

"Ich lasse deine Meinung gelten", erklärte Markus. "Doch in diesem Punkt kenne ich Sharaf einfach besser als du. Er wird uns nicht verraten."

"Du lässt meine Meinung nicht gelten", erwiderte ich gekränkt. "Sonst würdest du akzeptieren, dass wir Sharaf nicht trauen sollten."

"Tut mir Leid, Ronja. Ich will dich nicht angreifen, aber deine Gefühle können nicht stimmen. Du hast doch gar keinen Grund für dieses Misstrauen."

Ich fühlte mich von Markus angegriffen und verletzt. Er nahm mich offensichtlich wirklich nicht ernst. Mit solch einem Mann würde ich nicht zusammenleben wollen. Ich war mir in diesem Moment sicher, dass ich nicht in dieser Zeit bleiben würde, nur um mit Markus zusammen zu sein. Er war es offensichtlich nicht wert. Ich konnte keinen Mann lieben, der mich nicht als gleichwertig akzeptieren würde. Kein Mann durfte so mit mir umspringen.

"Ich werde nicht mitgehen", erklärte ich sauer. "Ihr könnt euch in euer Unglück stürzen, wenn ihr wollt. Aber ohne mich."

"Sharaf ist in Ordnung!", versicherte Markus noch einmal. "Glaub mir! Ich weiß, wovon ich rede."

Dieser Mann war so rechthaberisch und selbstherrlich. Er stellte mich hin, als würde ich spinnen. Das reichte jetzt. Mehr wollte ich mir nicht mehr gefallen lassen.

"Ich habe nichts mehr zu sagen", sagte ich abweisend. "Macht, was ihr wollt. Ich werde nicht mitgehen."

Ich setzte mich demonstrativ auf eine Mauer und drehte den beiden den Rücken zu.

"Okay, komm!", sagte Markus zu Peter.

Peter sah mich noch einmal an, als wollte er etwas sagen, tat es aber dann doch nicht. Daraufhin gingen die beiden zu Sharaf hinunter ans Nilufer. Ich sah ihnen nicht nach. Ich saß da und fühlte mich sehr verletzt. Mir war es gar nicht mehr so wichtig, ob Sharaf uns tatsächlich hintergehen wollte. Viel mehr beschäftigte mich die Ignoranz von Markus mir gegenüber. Ich verstand momentan gar nicht mehr, wie ich mich in solch einen Mann verlieben sollte.

Während ich so dasaß und darüber nachdachte, dass Markus es nicht wert wäre, dass ich seinetwegen mein Leben in der Zukunft aufgeben würde, kam plötzlich Peter zu mir gerannt.

"Komm schnell!", rief er aufgeregt. "Sie werden gleich hier sein. Wir müssen weg."

"Moment, Moment!", erwiderte ich ablehnend. "Woher willst du das wissen?"

"Ein Beduine, der in Sharafs Runde sitzt, hat es gefühlt", antwortete Peter. "Er kann so was. Er ist hellsichtig."

Ich wollte gerade ansetzen, Peter daran zu erinnern, dass auch ich gefühlt hatte, dass wir Sharaf nicht vertrauen könnten, als Peter plötzlich panisch aufschrie.

"Scheiße! Da sind sie schon. Los komm mit! Wir müssen runter zu Markus."

Peters Panik übertrug sich augenblicklich auf mich. Ich sprang auf und rannte hinter ihm her. Markus saß bei Sharaf und sah ganz entspannt aus. Als er uns kommen sah, erkannte er sofort, was los war. Aufgeregt kam er uns entgegen.

"Was ist los?", fragte er.

"Sie sind direkt hinter uns", sagte Peter hastig.

Wir sahen uns schnell um, um einen Fluchtweg zu finden. Der Platz von Sharaf war jedoch nach beiden Seiten verbaut. Dort konnten wir nicht durch. Der einzige Weg war der, den wir gekommen waren.

"Ihr müsst ins Wasser", erklärte Sharaf und zeigte auf den Nil.

Mir fuhr ein Schrecken durch die Glieder. Ich konnte nicht schwimmen. Ich hatte es in der Zukunft nie gelernt. Wir konnten uns den Luxus längst nicht mehr leisten, teures Wasser zum Schwimmen zu verschwenden. Ich konnte nur hoffen, dass Jasmines Körper wusste, was er zu tun hatte. Wegen der großen Panik konnte ich mich jedoch nicht daran erinnern, ob Jasmine überhaupt jemals Schwimmen gelernt hatte.

Ehe ich denken konnte, hatte Peter mich ins Wasser gezogen. Panik überkam mich. Das Wasser war sehr schmutzig und trübe. Ich sah nur eine dunkle, unheimliche Brühe vor mir, in die ich hinein sollte. Voller Angst ging ich weiter ins Wasser hinein, den beiden anderen folgend. Peter bemerkte meine Panik und kam zu mir. Er reichte mir die Hand. Ich ergriff sie. Sie gab mir ein bisschen mehr Sicherheit. Doch der Schlamm unter meinen Füßen löste ein unbeschreibliches Ekelgefühl aus. Außerdem stank das Wasser ganz erbärmlich. Ich hatte Angst, tiefer zu gehen. Ich konnte mir nichts Schlimmeres vorstellen, als in dieser ekelhaften Brühe zu ertrinken.

Peter zog mich immer weiter in das Wasser hinein. Plötzlich erkannte ich, dass Jasmines Körper schwimmen konnte. Doch das allein war noch nicht ausreichend, um meine Nerven zu beruhigen. Das Wasser war so undurchsichtig und dunkel, dass man keine dreißig Zentimeter tief sehen konnte. Unter der Wasseroberfläche konnte sich alles verbergen – vielleicht Schlangen oder noch Schlimmeres. Meine Angst steigerte sich zur Panik. Ich wollte so schnell wie möglich aus dieser stinkenden, bedrohlichen Brühe heraus. Doch hinter uns war die Mafia. Wir mussten noch ein Stück weiterschwimmen.

Wir schwammen an einem dichten Busch vorbei. Peter zog mich näher ans Ufer zu diesem Busch hin. Die Äste des Busches hingen bis zur Wasseroberfläche herab. Wir drängten uns in diesen Busch hinein. Dabei musste ich mich mit der Hand am Ufer des Nils abstützen. Ich griff voll in den ekelhaften Schlamm. Es war so abstoßend, dass mich eine Gänsehaut überkam. Ich wusch mir sofort den Schlamm von der Hand. Markus und Peter drückten mich fest in den Busch hinein. Die Äste und Zweige zerkratzten mir die Haut. Ich versuchte, mein Gesicht mit den Armen zu schützen.

Während wir unser Versteck einnahmen, sahen wir zwei Männer, die offensichtlich zur Mafia gehörten, auf Sharaf zugehen. Wir waren nicht sehr weit entfernt. Die beiden Männer hätten uns ohne weiteres sehen können, vor allem, weil wir immer noch sehr unruhig waren und ganz schön viele Wellen produzierten. Außerdem müsste man uns doch hören können, bei dem Krach, den wir fabrizierten, dachte ich.

Durch den Busch hindurch konnte ich sehen, wie die beiden Mafiosi Sharaf ansprachen. Jetzt würde sich entscheiden, wer Recht hatte. Würde Sharaf dicht halten? Ich hatte grässliche Angst, dass er uns verraten würde.

Die drei standen jetzt seit einer Minute da und redeten. So wie es aussah, hatte Sharaf uns bis jetzt noch nicht verraten. Plötzlich krabbelte eine riesige Spinne direkt auf mein Gesicht zu. Ich hatte sie bisher nicht bemerkt. Sie musste wohl die ganze Zeit direkt vor mir gesessen haben. Vor Schreck schrie ich auf. Markus hielt mir den Mund zu. Die Mafiosi sahen in unsere Richtung herüber. Ich durfte jetzt nicht mehr schreien. Doch die Spinne krabbelte unaufhaltsam auf mich zu. Ich starrte sie mit aufgerissenen Augen entsetzt an. Ich sah nur noch sie. Die beiden Mafiosi waren in diesem Moment vollkommen unwichtig geworden. Ich heulte vor Angst und Panik, während Markus mir weiterhin den Mund zuhielt.

Kurz bevor die Spinne mein Gesicht erreicht hatte, streckte Peter seine Hand aus und nahm die Spinne weg. Mich hätte fast der Schlag getroffen.

Danach richtete sich meine Aufmerksamkeit wieder auf die Mafiosi. Sie standen immer noch bei Sharaf und redeten.

Mir wurde wieder das schmutzige Wasser bewusst. Wir saßen hier unter einem Busch im Schlamm. Dort könnten doch alle möglichen Tiere herumkriechen. Die Spinne gehörte noch zu den harmlosen Gefahren, die uns hier begegnen könnten.

Plötzlich hatte ich das Gefühl, dass etwas an mir herumkrabbelte. Ich spürte ein komisches Gefühl an meinem Rücken. Panisch und voller Ekel versuchte ich, es mit meinen Händen zu vertreiben. Doch Markus und Peter hielten mich fest. Ich hätte uns fast verraten. Ich fühlte weiterhin das Krabbeln auf meinem Rücken und redete mir ein, dass das nur Einbildung wäre. Ich sah die Mafiosi. Sie standen immer noch bei Sharaf. Ich konnte es nicht mehr länger aushalten. Ich musste raus aus dieser Brühe. Ich starrte die Mafiosi an und beschwörte sie in Gedanken.

"Geht weg! Verschwindet! Geht doch endlich weg!"

Schließlich verabschiedeten sie sich von Sharaf und gingen zurück zur Straße. Plötzlich sah ich eine riesige Ratte am Ufer entlanglaufen. Entsetzt sah ich zu, wie sie auf uns zulief. Ein paar Meter vor uns ließ sie sich ins Wasser gleiten und tauchte ab. Jetzt war es genug. Ich hatte Angst, dass sie auf mich zuschwimmen könnte. Ich musste jetzt raus, Mafia hin oder her. Länger würde ich nicht mehr in diesem Busch bleiben. Lieber wäre ich gestorben.

Ich kämpfte gegen Markus und Peter, die immer noch versuchten, mich festzuhalten.

"Langsam, Ronja", flüsterte Peter. "Sie sind noch nicht weit genug weg."

Mir war das egal. Ich konnte es nicht mehr länger ertragen. Ich musste sofort aus dem Wasser heraus.

"Lasst mich sofort los!", sagte ich leise aber bestimmt. "Wenn ihr mich nicht augenblicklich loslasst, schreie ich!"

Die beiden ließen mich los. Ich kämpfte mich auf der Seite aus dem Busch heraus, an der die beiden Mafiosi mich nicht direkt sehen konnten. Dabei spürte ich den Schlamm, in dem meine Füße versanken. So schnell ich konnte verließ ich angeekelt das Wasser.

Markus und Peter kamen hinter mir her. Die beiden Mafiosi waren nicht mehr zu sehen.

"Da ist was an meinem Rücken", sagte ich zu den beiden angewidert und zog meine Bluse am Rücken hoch. "Macht das weg! Schnell. Macht es weg!"

"Halt ganz still, Ronja", sagte Markus, tat aber nichts.

"Was ist los?", fragte ich ängstlich. "Ist da was? Mach es weg! Bitte mach es weg!", flehte ich hysterisch.

"Es ist ein Blutegel", sagte Markus ruhig.

Ich schrie auf vor Entsetzen, als ich das hörte.

"Wir können ihn noch nicht wegmachen", erklärte Markus weiter. "Wenn wir ihn jetzt herausreißen, wird der Kopf stecken bleiben. Du würdest eine Blutvergiftung bekommen. Wir müssen warten, bis er sich vollgesaugt hat und von selbst abfällt."

Ich heulte vor Ekel und Entsetzen. Ich war völlig verzweifelt. Peter nahm mich in die Arme und versuchte, mich zu beruhigen.

"Es ist gleich vorbei", sagte er. "Das dauert nicht lange. Es ist auch nicht wirklich schlimm. Manche Menschen tun das sogar extra, weil es gesund ist."

Mich beruhigten diese Worte nicht sonderlich. Was kümmerte mich das, dass es ein paar Verrückte gab, die sich freiwillig Blutegel ansetzten. Aber es beruhigte mich etwas, von Peter gehalten zu werden.

In diesem Moment war ich sehr froh, dass Markus und Peter da waren. Die Ablehnung, die ich vor ein paar Minuten noch für Markus gefühlt hatte, war wieder verschwunden.

Als der Blutegel endlich abfiel, durchzuckte mich noch ein letzter Ekelschauer. Ich sah dieses ekelhafte Tier, das sich mit meinem Blut vollgesaugt hatte. Etwas Widerlicheres hatte ich in meinem ganzen Leben noch nicht gesehen.

"Wir müssen den Dreck abwaschen", sagte Markus. "Wir können nicht so durch die Straßen laufen."

Er ging zum Wasser und wusch sich Arme und Gesicht. Peter folgte ihm. Danach versuchten sie, ihre Kleider einigermaßen vom Schlamm frei zu waschen.

Ich stand weiterhin am Ufer und bewegte mich keinen Schritt weiter. Ins Wasser würden mich keine zehn Pferde mehr bekommen, das war sicher.

"Was ist los, Ronja?", fragte mich Markus und deutete mir an, dass ich mich auch waschen sollte.

"Mit mir nicht!", sagte ich entschieden. "Ich gehe keinen Zentimeter mehr näher an diese ekelhafte Brühe heran."

"So kannst du nicht durch die Straßen laufen", erklärte Markus.

"Das ist mir egal. Ich werde auf keinen Fall zum Wasser gehen", sagte ich energisch.

"Gib mir deine Kleider", sagte Peter zu mir. "Ich werde sie für dich auswaschen."

"Aber deine Hände und dein Gesicht solltest du wenigstens abwaschen", meinte Markus.

"Auf keinen Fall", sagte ich wieder entschieden.

Ich zog meine Sachen aus und warf sie Peter hin.

"Ronja, sei vernünftig", forderte mich Markus auf. "Wir dürfen nicht auffallen. Du bist voller Schlamm. Komm! Wenigstens Hände und Gesicht. Es wird dich nicht gleich wieder ein Egel anfallen. So viele gibt es hier nicht. An uns sind sie ja auch nicht gegangen."

Ich sah ein, dass Markus Recht hatte. Mit diesem Schlamm und Schmutz im Gesicht würde ich auffallen wie ein Weihnachtsmann im Hochsommer. Es kostete mich unglaublich viel Überwindung, wieder ans Wasser heranzugehen. Ich setzte mich in die Hocke ans Wasser und begann ganz vorsichtig, mit der Hand etwas Wasser abzuschöpfen. Ich achtete dabei sehr genau darauf, dass dort, wo ich hineingriff, wirklich nichts war als Wasser. Ich wusch meine Hände vorsichtig und mit Ekelgefühlen. Dann nahm ich mit beiden Händen Wasser aus dem Fluss und warf es mir ins Gesicht. Ich war total verschlammt. Ich musste die Prozedur viel öfter wiederholen als mir lieb war.

Es dauerte eine ganze Weile, bis mein Gesicht einigermaßen vom Schlamm befreit war. Noch eine Ladung Wasser, und ich wollte es dabei bewenden lassen. Ich schöpfte das Wasser mit beiden Händen aus dem Fluss. Plötzlich hatte ich einen Blutegel in den

Händen. Ich schrie auf und warf ihn weg. Unglaubliche Ekelgefühle und Panik durchzuckten erneut meinen Körper. Ich sprang zurück. Das war zu viel. Nie wieder würde ich näher als zehn Meter an den Nil herangehen. Ich versuchte, mir das Wasser mit den Händen aus dem Gesicht zu wischen.

Die beiden anderen waren mittlerweile fertig mit ihrer Waschung. Peter kam zu mir und hielt mir meine Kleider vor die Nase. Ich sah ihn nur kopfschüttelnd und angewidert an. Ich würde diese Kleider nicht anfassen, solange nicht hundertprozentig sicher war, dass keine Tiere daran haften würden. Peter erkannte, was ich dachte.

"Es ist alles in Ordnung. Siehst du? Innen und außen alles in Ordnung."

Peter wendete meine Bluse und meine Hose mehrfach, um mir zu beweisen, dass wirklich kein Tier darin war. Daraufhin hielt er mir die Kleider erneut hin. Ich nahm sie, jedoch immer noch ängstlich. Ich schaute selbst noch einmal nach, ob wirklich kein Tier mehr darin saß. Daraufhin zog ich die nassen Kleider mit einem unguten Gefühl an. Ich hatte zwar genau nachgeschaut, aber meine Angst war immer noch nicht verschwunden.

"Ronja", sprach mich Markus an. "Du solltest deine Ängste in den Griff bekommen. Du beeinflusst damit die Realität. Es war sicherlich kein Zufall, dass der Blutegel ausgerechnet an dir war, und dass du gleich noch einmal einen Blutegel in der Hand hattest, grenzt an ein Wunder. Ich habe die ganze Zeit keinen einzigen gesehen."

Markus hatte Recht, das war mir sofort klar. Und dennoch, dieses Wissen löste nur noch mehr Angst in mir aus. Was würde ich bedingt durch meine Angst wohl alles noch erleben? Würde die Mafia uns vielleicht gerade deshalb erwischen, weil ich Angst hatte?

Verdammt, wenn Peter Recht hatte mit unserer Wahrnehmung, dann waren wir bedingt durch meine Ängste tatsächlich in großer Gefahr. Ich versuchte, mich zu beruhigen. Doch es gelang mir nicht. Die Panik, mit meinen Ängsten Katastrophen anzuziehen, nahm immer mehr Besitz von mir. Je mehr ich die Angst spürte, desto größer wurde meine Panik vor der Angst.

"Bitte helft mir!", flehte ich Markus und Peter an. "Ich flippe gleich aus. Ich halte das nicht mehr aus. Ich gehe keinen Schritt mehr weiter. Ich werde hier bleiben."

Daraufhin sackte ich in mich zusammen und kniete heulend am Boden. Ich war völlig verzweifelt. Egal was ich tat, es war immer das Falsche.

"Ronja, mach dich nicht so verrückt", versuchte mich Markus zu beruhigen. "Es ist nicht so schlimm, wenn du Angstgefühle hast. Lass sie vorbeiziehen. Wehr dich nicht dagegen. Es ist egal. Wenn deine Ängste so schlimm wären wie du das momentan glaubst, dann hätten sie uns schon längst schnappen müssen."

"Das stimmt", gab Peter ihm Recht. "Die Angst beeinflusst zwar deine Realität, aber anders als du jetzt denkst. Die Angst lässt alles so kommen, dass es gefährlich aussieht. Es ist aber nicht wirklich so. Es sieht wie gesagt nur so aus. Alles läuft so, dass du Angst bekommst. Das heißt aber nicht, dass etwas Schlimmes passiert. Es sieht nur so aus, als könnte etwas Schlimmes passieren. Das ist wie mit der Angst, dass Sharaf uns verraten würde. Die hat auch keine Katastrophe herbeigeführt. Es hat für dich nur so ausgesehen, als würde er uns möglicherweise verraten. Du hattest aus deiner Sichtweise Grund, Angst zu haben. Aber mehr auch nicht. Es ist nicht so gekommen, wie du befürchtet hast. Dafür hättest du sicher wissen müssen, dass Sharaf uns verrät. Doch das hast du nicht. Du hattest nur Angst, dass es passiert. Mach dich deshalb nicht so fertig. Deine Ängste lassen es höchstens so aussehen, als wäre alles furchtbar gefährlich."

Es war logisch, was Peter erklärte. Bedingt durch diese Klarheit beruhigten sich meine Gefühle. Ich wollte die Angst zwar immer noch loswerden, aber aus einem anderen Grund. Ich sah einfach nicht mehr ein, dass ich mich selbst erschrecken sollte, indem ich Ereignisse ins Leben rief, die für mich gefährlich aussahen.

Mir wurde in diesem Moment klar, dass ich mich wieder um meine Gefühle kümmern sollte. So, wie ich jetzt drauf war, würde Ella mit mir sowieso nicht fliegen.

Seit Peter die Informationen des Kristalls bekommen hatte, hatten wir uns nur noch damit beschäftigt, die Realität beeinflussen zu wollen. Unsere Glücksgefühle hatten wir ganz vernachlässigt. Die alten Gefühle Jasmines nahmen immer mehr Besitz von mir. Das wollte ich nicht länger zulassen.

Wir nahmen ein Taxi und gaben als Ziel das Gizeh-Plateau an. Um Mitternacht sollten wir zur Mykerinos-Pyramide kommen, hatte

Sharaf zu Markus gesagt. Dann wäre alles vorbereitet. Ich war gespannt, was er tatsächlich vorbereitet hatte. Ich traute dem Kerl immer noch nicht. Auf jeden Fall mussten wir bis dahin in der Wüste bleiben.

Ich nutzte die Fahrt, um meine Gefühle wieder in Ordnung zu bringen. Was mich im Moment am meisten störte, war, dass ich diese unglaublich starken Ablehnungsgefühle für Markus empfinden konnte, als er wegen Sharaf anderer Meinung war. Ich hatte mich in dieser Situation so kindisch verhalten, dass ich mich dafür schämte. Trotzig und beleidigt hätte ich fast unsere Mission gefährdet. Das konnte doch wohl nicht wahr sein.

Das Komische war, dass ich in besagter Situation irgendwie das Gefühl gehabt hatte, als würde ich diese Ablehnung Markus unbedingt entgegenbringen wollen. Doch warum sollte ich das wollen?

"Damit er sich mir gegenüber anders verhält", hörte ich in meinen Gedanken.

Ich wollte Markus mit meiner Ablehnung regelrecht erziehen und ihm klar machen, dass er sich zukünftig anders verhalten sollte. Er sollte sich so verhalten, dass ich ihn als Partner lieben könnte. Das war es, was ich eigentlich wollte, das spürte ich jetzt genau.

Ich empfand dieses Verhalten als äußerst idiotisch. Ein anderer Mensch sollte sich so verhalten, wie ich das will, und wenn er das nicht tat, war ich beleidigt und zeigte, wie sehr er mich verletzt hatte. Im Gegenzug dazu würde ich ihm meine Zuneigung zeigen, wenn er sich meiner Meinung nach richtig verhalten würde.

Ich wollte also Markus erziehen. Mit Ablehnung und Zuneigung wollte ich ihn dazu bringen, sich so zu verhalten, wie ich das richtig fand. Genauer gesagt sollte er sich so verhalten wie der perfekte Partner. Und dazu wollte ich ihn machen.

Ich war regelrecht entsetzt von dieser Erkenntnis. Sollte es mir tatsächlich gelingen, meinen Partner auf diese Weise zu dem zu erziehen, was ich wollte, dann wäre er in Wirklichkeit nur ein Weichei ohne eigenen Willen gewesen. Solch einen Mann hätte ich niemals wirklich lieben können. Sobald mir klar geworden wäre, dass er ein Weichei war, hätte ich ihn dafür abgelehnt und ihm klar gemacht, dass er sich einmal durchsetzen sollte. Ich würde ihn also ablehnen, weil er so geworden wäre, wie ich ihn wollte. Und wenn er sich dann hätte durchsetzen wollen, bekäme er sicherlich dafür wieder Ablehnung zu spüren.

Ich war offensichtlich vollkommen unfähig, wirklich zu lieben. Weder war ich in der Lage, meinen Partner zu lieben, weil er tat, was ich wollte, noch konnte ich ihn lieben, weil er eine eigenständige, starke Persönlichkeit war.

Mir fiel wieder Jasmines Liebe für Steve ein und das, was ich in der seltsamen Fantasie im Labor durch die schöne Blume über die Liebe erfahren hatte. Ich konnte wohl deshalb keine wirkliche Liebe empfinden, weil ich viel zu sehr damit beschäftigt war, meine Anforderungen an meinen Partner durchzudrücken. Blöderweise widersprachen sich diese Anforderungen sogar noch gegenseitig. Die konnte in Wirklichkeit niemals jemand erfüllen.

Deshalb konnte Markus mich nicht in meinem Herzen berühren. Es war nicht, weil ich verhindern wollte, dass ich mich in ihn verliebte. Es war wegen meiner bescheuerten Anforderungen.

Ich nahm Markus gar nicht wirklich wahr. Ich achtete immer nur darauf, ob meine Anforderungen erfüllt waren oder nicht. Wenn sie es waren, war es okay, wenn nicht, empfand ich Ablehnung, um ihn zu erziehen. Wie sollte er da etwas tun, was mich tief in meinem Herzen berühren könnte? Das war doch völlig unmöglich!

Mir war klar, dass ich diesen bescheuerten Anforderungskatalog an meinen Partner loswerden sollte. Es war unsinnig, Liebe erzwingen zu wollen, indem man sich jemand aussucht, der einem vom Aussehen her gut gefällt, und dann zu versuchen, ihn zu dem zu machen, was man lieben kann.

Ich wollte stattdessen einfach abwarten, ob irgendwann jemand käme, der etwas in mir berührte – so wie Steve bei Jasmine. Möglicherweise wäre es Markus. Das wollte ich nicht ausschließen – aber auch nicht mehr erzwingen.

Ich muss sicher sein können

Die Mittagssonne brannte unbarmherzig auf uns nieder. Glücklicherweise wehte ein kräftiger Wind, der die Temperaturen einigermaßen erträglich machte. Wir saßen in der Wüste in der Nähe des Gizeh-Plateaus. Wir waren mit dem Taxi so weit es ging an den Rand des Plateaus gefahren und sicherlich eine Stunde geradewegs durch die Wüste gegangen. Hier fühlten wir uns sicher. Mitten in der Wüste zwischen diesen Sanddünen würde uns sicherlich niemand finden können.

Das Problem war die Hitze. Es war klar, dass wir bei diesen Temperaturen etwas Trinkbares dringend gebraucht hätten. Doch wir hatten leider nur eine halbe Flasche Wasser dabei. Wir wollten das Risiko nicht eingehen, beim Kauf von den Mafiosi geschnappt zu werden. Wir wollten uns das Wasser so gerecht es ging teilen. Jeder sollte immer nur einen kleinen Schluck trinken.

Doch jedes Mal, wenn Peter an der Reihe war, hielt er mir die Flasche hin und meinte, dass er keinen Durst hätte. Ich sollte seine Ration trinken. Ich fand das unheimlich nett von ihm, wollte es jedoch nicht annehmen, da ich mir nicht vorstellen konnte, dass er wirklich keinen Durst hatte. Bei diesen Temperaturen musste man Durst haben. Peter drängte jedoch so lange, bis ich trank.

Bis Mitternacht waren es noch einige Stunden. Ich hatte Angst, dass wir den Rückweg im Dunkeln nicht mehr finden würden. Unsere Spuren im Sand wären bis dahin vom Wind mit Sicherheit verweht worden. Markus erklärte mir jedoch, dass wir unseren Weg anhand der Sterne finden könnten. Er meinte, das sei kein großes Problem. Das habe er schon viele Male getan. Hier in Ägypten sei das ganz leicht, da der Himmel so gut wie immer wolkenlos sei. Ich hoffte, dass er Recht haben würde. Was konnte ich auch anderes tun? Das Risiko, den Rückweg nicht mehr zu finden, war sehr wahrscheinlich viel geringer, als uns in Kairo oder am Gizeh-Plateau herumzutreiben. Ich beugte mich also meinem Schicksal und hoffte das Beste.

Auf jeden Fall hatten wir jetzt genügend Zeit, uns über das, was geschehen war, ausführlich Gedanken zu machen. Man konnte ja nicht gerade sagen, dass sich bisher alles zu unseren Gunsten entwickelt hatte. So ganz hatte es wohl nicht geklappt, eine gute Realität auszuwählen. Ich wusste nicht mehr, was ich von all dem halten sollte. War vielleicht doch alles Unsinn? Hatte Peter sich das mit dem Stein des Wissens alles eingebildet? Aber ich hatte ganz eindeutig den orangefarbenen Lichtschein in dem Kristall und in seinen Augen gesehen. Das war keine Einbildung.

"Könnt ihr noch daran glauben, dass ihr mit eurer Wahrnehmung die Realität aussuchen könnt?", fragte ich Markus und Peter.

"Natürlich!", antwortete Peter. "Wieso nicht?"

"Weil genau das Gegenteil von dem geschehen ist, was wir wollten", antwortete ich.

"Klar, weil das Gefühl, etwas tun zu müssen, die Führung übernommen hat", sagte Peter.

"Oder, weil wir in Wirklichkeit doch keinen Einfluss auf die Realität haben", entgegnete ich.

"Dass wir unsere Realität mit unserer Wahrnehmung aussuchen, ist so sicher wie das Amen in der Kirche", meinte Peter selbstsicher.

"Wie kannst du das sagen? Wenn das so wäre, dann hätte doch wenigstens irgendetwas so laufen müssen, wie wir das wollten. Oder nicht?"

"Wir erleben nicht, was wir wollen, sondern, was wir wahrnehmen", antwortete Peter. "Wie sieht es mit den unglaublichen Zufällen aus, die wir erlebt haben? Hast du eine andere Erklärung für diese Ereignisse?"

Ohne eine Antwort abzuwarten, redete Peter weiter auf mich ein.

"Wie wäre es, wenn ich dir beweisen würde, dass du auf jeden Fall einen gigantischen Einfluss auf die Realität hast?", fragte Peter mit einem scheinheiligen Lächeln.

"Wie willst du denn das beweisen?", fragte ich ungläubig.

"Es gibt Menschen, die uns zeigen, dass sie die Realität mit ihrem Geist beeinflussen können."

"Du meinst Psychokinese?", fragte Markus.

"Nicht nur", antwortet Peter. "Es gibt eine Reihe von Phänomenen, die ganz eindeutig zeigen, dass der Mensch einen Einfluss auf die Realität hat. Um die Realität zu beeinflussen, bräuchten wir die Fähigkeit, andere Menschen telepathisch beeinflussen zu können, richtig?"

"Das würde schon weiterhelfen", meinte Markus.

"Wenn wir jetzt noch die Möglichkeit hätten, auf die Materie einzuwirken, hätten wir doch alles, was man zum Manifestieren von Ereignissen braucht. Nehmen wir einmal ein Beispiel. Wenn ich beispielsweise reich werden möchte, welchen Einfluss würde ich dazu brauchen?"

"Du müsstest entweder andere Menschen dazu bringen, dass sie dir geben, was du willst. Oder du müsstest die Lottokugeln bei der Ziehung beeinflussen können", meinte Markus.

"Oder du müsstest die Fähigkeit haben, geistig ein paar Millionen auf dein Konto zu buchen", ergänzte Peter.

"Das wäre nicht schlecht", stimmte Markus zu.

"Wenn ich euch beweisen könnte, dass wir alle diese Fähigkeiten haben, die man dazu braucht, würdet ihr dann glauben, dass ihr einen großen Einfluss auf die Realität habt?"

"Ich denke, dann hätte das nichts mehr mit Glauben zu tun. Wir würden wissen, dass es so ist", erklärte ich.

"Ich denke, ich kann es beweisen. Die Phänomene, von denen ich sprach, müssen nicht erst gedeutet werden. Sie zeigen unmittelbar, dass der Mensch Einfluss hat.

Eine Unzahl von Phänomenen beweist beispielsweise, dass der Mensch Einfluss auf die Materie ausübt. Es gibt beispielsweise Psychokinese, das heißt, die Fähigkeit, Gegenstände Kraft seiner Gedanken zu bewegen. Dass es diese Phänomene gibt, steht wohl zweifelsfrei fest, oder?"

"Ja, ich habe es selbst schon einmal miterlebt", erwiderte Markus. "Wir haben eine Nähnadel auf die Wasseroberfläche in einer Schüssel gelegt. Darüber haben wir eine weitere Glasschüssel gestülpt, damit wir die Nadel nicht durch unseren Atem bewegen."

"Und? Hat sich die Nadel bewegt?", wollte Peter wissen.

"Bei der Hälfte der Leute hat sie sich tatsächlich bewegt. Bei mir auch. Zwar nur ganz langsam, aber genau so, wie ich das wollte."

"Und das ist wirklich wahr?", fragte ich ungläubig.

"Natürlich, sonst würde ich es nicht sagen", erwiderte Markus.

*"Das ist nicht ungewöhnlich", meinte Peter. "Es gibt Massenexperimente, an denen zehntausend Menschen teilgenommen haben. In diesen Experimenten wurde beispielsweise versucht, Würfelergebnisse zu beeinflussen. Die Leute konnten natürlich nicht immer das Ergebnis erzielen, das sie wollten. Und dennoch: Das Ergebnis be-

wies eindeutig, dass alle einen mehr oder weniger großen Einfluss auf die Würfel ausübten. Viele der Leute würfelten jedoch genau das Gegenteil von dem, was sie sollten. Jeder würfelte eintausend Mal. Ein Sechstel der Summe müsste nach dem Zufallsprinzip auf die gewünschte Zahl fallen. Doch es gab Menschen, die noch nicht einmal ein Zwanzigstel schafften. Das gesamte Experiment zeigte eindeutig, dass der Mensch einen Einfluss auf die Würfel ausüben kann. Positiv wie negativ."

"Okay, das kann ja sein", bemerkte ich. "Aber um ein Ereignis herbeizuführen, genügt es sicherlich nicht, dass ich so ein bisschen die Würfelzahlen beeinflussen kann."

"Das ist richtig", gab Peter zu. "Es gibt jedoch andere Phänomene, die zeigen, dass der Einfluss des Menschen auf die Materie weitaus größer sein kann. *Es gibt zum Beispiel Menschen, die können geistig Stimmen auf ein Tonband übertragen. Sogar Bilder wurden auf diese Weise auf Videobändern erzeugt. Weißt du, was du genau mit der Magnetisierung eines Tonbandes anstellen müsstest, damit das gelingt?"

"Natürlich nicht", gab ich zu. "Aber das heißt noch lange nicht, dass jeder Mensch diesen immensen Einfluss hat."

"Das sollte man meinen. Es gibt jedoch sehr viele Menschen, die mit diesen Tonbandstimmen experimentieren. Viele von ihnen glauben, mit verstorbenen Menschen über die Tonbandstimmen Kontakt aufnehmen zu können. Sie können auch ganz eindeutig ihre verstorbenen Verwandten und Bekannten auf den Bändern identifizieren. Die Stimmen sagen jedoch immer, dass sie aus dem Jenseits nicht selbst veranlassen können, dass das Tonband bespielt wird. Sie würden den Geist der Menschen dazu nutzen müssen. Das heißt, dass diese Menschen auch die Fähigkeit besitzen müssen, die Stimmen auf das Band zu bringen. Auch, wenn sie es bewusst nicht kontrollieren können. Die Fähigkeit dazu muss vorhanden sein."

"Okay, das kann ja sein", meinte ich skeptisch. "Aber, um ein Ereignis herbeizuführen, müsste ich auch einen Einfluss auf andere Menschen haben."

*"Und das hast du!", sagte Peter bestimmt. "Es gibt Telepathie-Massenexperimente, die eindeutig zeigen, dass jeder Mensch telepathische Fähigkeiten hat. Diese Experimente wurden in ähnlicher Größenordnung durchgeführt wie die Würfelbeeinflussung.

Ferner zeigen beispielsweise Wunderheilungen, dass es Menschen gibt, die Einfluss auf die Gesundheit anderer Menschen nehmen können. Und zwar sowohl auf deren Körper als auch auf ihren Geist."

"Aber das kann doch nicht jeder", wandte ich ein. "Ich kann mir vorstellen, dass es diese Wunderheiler gibt, aber ich kann mir nicht vorstellen, dass jeder Mensch diese Fähigkeit besitzt."

"Dagegen spricht, dass es Wunderheilungen gibt, bei denen keine Wunderheiler beteiligt waren", entgegnete Peter. "Viele Menschen erlebten durch ihren Glauben, dass sie von unheilbaren Krankheiten gesundeten.

*Es gibt extreme Beispiele. Einige dieser Fälle fanden in Lourdes statt, einem französischen Wallfahrtsort. Dort hat ein 25-köpfiges Medizinerkomitee bis heute 65 unerklärliche Gesundungen zweifelsfrei als Wunderheilungen abgesegnet.

Eine Frau, die ohne Sehnerv geboren wurde, konnte von einem Moment zum anderen plötzlich sehen – ohne Sehnerv! In den folgenden Wochen ist der Sehnerv dann gewachsen.

Bei diesen Wunderheilungen war auch ein Mann mit einem tennisballgroßen Gehirntumor. Dem Mann war medizinisch nicht mehr zu helfen. Nachdem seine Angehörigen eine Vision von der heiligen Jungfrau Maria hatten, war der Tumor plötzlich verschwunden."

"Heißt das jetzt, dass diese Jungfrau Maria ihn geheilt hat?", fragte ich.

"So genau kann ich das nicht sagen", erwiderte Peter. "Ich denke jedoch, dass der Glaube seiner Angehörigen dazu geführt hat, dass sie die Realität wahrgenommen haben, in der der Mann gar keinen Gehirntumor hatte. So genau verstehe ich das auch noch nicht. Tatsache ist, dass dies geschehen ist und damit beweist, dass wir Menschen einen unglaublichen Einfluss auf die Realität haben."

"Mir ist eine Geschichte zu Ohren gekommen, die eindeutig dafür spricht, dass auch der eigene Glaube Wunderheilungen hervorbringen kann", begann Markus zu erzählen. *"Vor ein paar Jahren machten Therapeuten einer alternativen Therapieform ein Experiment: Sie engagierten einen Schauspieler. Er sollte einen Wunderheiler spielen. Sie sorgten dafür, dass dieser Wunderheiler über die Presse mit Pauken und Trompeten angekündigt wurde. Dafür dachten sie sich die wundersamsten Geschichten aus. Der Heiler sollte kein Geld für seine Arbeit verlangen. Es hieß, dass er bei seinen Fähigkeiten Geld nicht mehr nötig hätte.

Bedingt durch diese Veröffentlichungen war der Saal, in dem der Schauspieler seinen Auftritt hatte, brechend voll. Einige hundert Menschen waren aus aller Herren Länder angereist. Der Schauspieler zog sein gelerntes Programm durch. Worauf er jedoch nicht vorbereitet war, war, dass sich tatsächlich bei seiner Show drei echte Wunderheilungen ereigneten. Er verstand die Welt nicht mehr.

Dieser Schauspieler hatte sicherlich nicht den Glauben an irgendwelche echten Heilungsfähigkeiten seinerseits. Die drei Wunderheilungen konnten also nur auf den Glauben der Patienten selbst zurückzuführen sein."

"Auch Placebo-Effekte zeigen eindeutig, welche Macht der eigene Glaube hat", fügte Peter hinzu. "Es ist ähnlich wie mit unserem Gegenzauber gegen den Fluch des Wächters. Die Existenz dieses Placebo-Effektes ist wissenschaftlich vollkommen abgesichert. Man weiß, dass der eigene Glaube unglaublich viel bewirken kann. Aber auch der Glaube eines anderen Menschen hat diese Wirkung.

*Ich habe einmal von einem Fall gelesen, bei dem ein Asthma-Patient auf erprobte Medikamente nicht ansprach. Als der Arzt von einer Pharmafirma Proben eines neuen, vielversprechenden Mittels bekam, probierte er es gleich bei diesem Asthmatiker aus. Die Symptome verschwanden umgehend, kamen aber sofort zurück, als der Arzt die Medikation stoppte. Er versuchte es mit einem Placebo, doch die Krankheitszeichen blieben. Etliche Male wiederholte er den Wechsel vom Wirkstoff zum Placebo und zurück, jedes Mal half nur das Mittel. Nunmehr sicher, ein wirksames Pharmakon für den Asthmatiker gefunden zu haben, bat der Arzt die Herstellerfirma um Nachschub. Zu seinem Erstaunen erfuhr er, das Unternehmen habe ihm vorher wegen fälschlich gemeldeter Bedenklichkeiten gar keine Arznei, sondern nur ein Placebo geschickt."

"Das ist ja unglaublich", sagte ich beeindruckt. "Doch es kann natürlich auch sein, dass dieser Arzt besondere Fähigkeiten hatte."

"Sicherlich. Doch dies ist kein Einzelfall. Es ist in der medizinischen Forschung bekannt, dass es diesen Einfluss des Arztes geben kann. *Es werden aus diesem Grund sogenannte Doppelblindversuche in Kliniken durchgeführt, wo weder Arzt noch Patient von einem Versuch eine Ahnung haben. Bei diesen Versuchen ist oft kein nennenswerter Unterschied zwischen Placebo und Medikament festzustellen. Sind die Ärzte von dem Versuch jedoch unterrichtet, verschlechtern sich die Ergebnisse erheblich. Das Phänomen scheint sich also nicht auf einzelne Ärzte zu beschränken."

"Zu diesem Thema fällt mir auch eine interessante Geschichte ein", meinte Markus. "Ich habe einmal mitbekommen, wie ein befreundeter Apotheker einer Frau ein Placebo gegen Seekrankheit verkaufte. *Die Frau wollte eine Kreuzfahrt machen und hatte Angst vor Übelkeit. Als die Frau von ihrer Reise zurückkam, kaufte sie gleich noch eine Packung. Der Apotheker fragte sie, ob sie mit dem Medikament zufrieden sei. Ihre Antwort ließ ihn jedoch dann die Welt nicht mehr verstehen. Die Frau hatte ihrer einjährigen Tochter das Mittel mit der Babyflasche verabreicht, als ihr bei schwerer See so richtig übel schlecht wurde. Innerhalb von Minuten verschwand die Übelkeit."

"Ich kenne einen ähnlichen Fall", begann Peter zu erzählen. "Nur ging es dabei nicht um andere Menschen, sondern um ein Pferd. *Das Pferd hatte seit Wochen Schwierigkeiten mit seiner Verdauung, bis eine Freundin der Besitzerin des Pferdes ihr ein paar Pillen gegen Durchfall mitbrachte. Diese Pillen seien das Nonplusultra. Sie seien jedoch wegen ihrer überaus starken Wirkung nur im Ausland zugelassen. Die Pferdebesitzerin wagte den Versuch, und der Durchfall des Pferdes verschwand noch am gleichen Tag. Als die Frau es ihrem Tierarzt erzählte, wollte dieser wissen, wie dieses Medikament heiße. Es stellte sich heraus, dass es sich um ein Placebo handelte."

"Das ist ja unglaublich", sagte ich fasziniert. "Offensichtlich ist es tatsächlich unser Glaube, der diese Phänomene hervorruft, wenn sogar ein Pferd gesund wird, weil sein Besitzer an die Heilwirkung eines Placebos glaubt. Das Pferd selbst kann es ja nicht gewesen sein."

"Eine weitere Bestätigung für diese Annahme liefern Experimente mit Pflanzen", erklärte Peter. *"Bei diesen Experimenten wurden Pflanzen an ein Biofeedbackgerät angeschlossen, das beispielsweise den elektrischen Widerstand der Pflanze misst und eine Vielzahl weiterer physikalischer Parameter. In diesen Experimenten wurde offensichtlich, dass jeder Mensch, ob er wollte oder nicht, bei den Pflanzen Reaktionen auslöste, wenn er daran dachte, den Pflanzen jetzt Wasser zu geben. Die Reaktionen der Pflanzen waren auch extrem unterschiedlich, je nachdem, ob das Wasser der Pflanze in diesem Moment gut tat oder nicht. Bei Pflanzen, die ohnehin schon zu nass waren, gab es richtige Abwehrreaktionen, wenn ein Mensch sie noch mal gießen wollte. Trockene Pflanzen reagierten jedoch sehr positiv auf diese Gedanken. Ganz extrem waren die Reaktionen, wenn ein Mensch daran dachte, eine Pflanze zu verbrennen. Es brach regelrecht Panik aus.

Diese Ergebnisse zeigen eindeutig, dass der Mensch auf seine Umwelt wirkt, ob er das nun will oder nicht. Das hat auch nichts mit seiner spirituellen Entwicklung zu tun. Die Leute, die die Pflanzen gießen sollten, waren sicherlich keine Gurus oder erleuchtete Meister. Es ist also keine Fähigkeit des Menschen, auf seine Realität Einfluss auszuüben. Es ist eine Eigenschaft. Er kann es gar nicht nicht tun."

"Wer sagt mir denn, dass ich diesen Einfluss nicht nur auf Pflanzen habe?", fragte ich. "Ich weiß, ich bin wirklich im Moment mehr als skeptisch. Aber ich will einfach ganz sicher sein, dass wir hier keinem Hirngespinst nachjagen."

"Ich glaube, Ronja", meinte Peter, "du hast wohl völlig vergessen, was du uns über Gefühle erklärt hast. Dir sollte doch eigentlich klar sein, worauf sich deine Aufmerksamkeit richtet, wenn du ganz sicher sein willst."

"Verdammt, du hast Recht", gab ich zurück. "Es ist klar, dass ich so viele Zweifel habe. Wenn ich ganz sicher sein will, suche ich nach Gefahren. Ich bin dann sicher, wenn ich keine Gefahren finde. Doch es gibt immer Gefahren. Es wird mir nie Beweis genug sein, dass wir uns unsere Realität aussuchen können. Egal was geschehen würde. Dass es sehr wahrscheinlich stimmt, genügt mir nicht. Ich lenke meine Aufmerksamkeit also auf die Gefahr, dass es eventuell nicht stimmt. Meine Aufmerksamkeit richtet sich infolgedessen sehr intensiv auf alles, was mir das Gefühl widerspiegelt, dass es möglicherweise nicht stimmt. Es wäre wohl besser, wenn es mir genügen würde, dass es ‘vielleicht‘ stimmt. Damit würde ich verstärkt die Ereignisse wahrnehmen, die mir das Gefühl geben, dass etwas dran sein könnte."

"Das ist richtig", stimmte Peter zu. "Ein Vielleicht würde alles viel leichter machen."

"Mir kommt gerade ein interessanter Gedanke zu unserem Glücksgefühltraining", meinte ich. "Wir hatten bisher die Schwierigkeit, dass wir die Gefahren für Leib und Leben nicht so ohne weiteres als unwichtig abtun konnten."

"Ich muss gestehen, dass ich nicht so genau verstehe, was du uns sagen willst", meinte Markus.

"Wir konnten unseren Gefahrenvermeidungsinstinkt befriedigen, wenn es um existenzielle Dinge ging wie Geldverdienen und so weiter. Was aber tust du, wenn deine Gesundheit auf dem Spiel steht? Wie würdest du vom Vermeidenwollen loslassen wollen, wenn dein Arzt dir sagen würde, dass dein Leben an einem seidenen Faden hinge?"

"Das wäre nicht so einfach. Da gebe ich dir Recht", meinte Markus. "Ich würde auf jeden Fall vermeiden wollen, dass etwas passiert."

"Wenn ich Peter richtig verstanden habe", begann ich zu erklären, "dann funktioniert unsere Wahrnehmung für die Realität ganz genauso wie unsere Gefühle. Wenn du dich beispielsweise immer mit dem beschäftigst, was in Ordnung gebracht werden sollte, wirst du sehr schnell das Gefühl bekommen, dass fast nichts in Ordnung ist, obwohl das objektiv gar nicht stimmt. Dein Gefühl interessiert sich jedoch nicht für objektive Realität. Es interessiert sich nur dafür, worauf sich deine Aufmerksamkeit richtet. Mit der Wahrnehmungsrichtung, dass fast nichts in Ordnung ist, wählst du dann deine Realität aus.

Das gilt natürlich auch im positiven Fall. Wenn deine Aufmerksamkeit sich auf die Dinge richtet, die in Ordnung sind, wird das deine Gefühle beeinflussen. Das heißt, du bekommst das Gefühl, dass sehr vieles, vielleicht sogar alles, in Ordnung ist. Das würde ebenfalls deine Wahrnehmung beeinflussen, und du würdest eine Realität aussuchen, in der alles in Ordnung ist.

Das bedeutet, dass die Dinge, die tatsächlich nicht in Ordnung sind, durch diese Wahrnehmungsrichtung in Ordnung gebracht würden. Dies würde dann zu einer geschlossenen Schleife. Je mehr in Ordnung kommt, desto stärker werden das Gefühl und die Wahrnehmung, dass alles in Ordnung ist, und es kommt noch mehr in Ordnung."

"Und wie stelle ich das jetzt an, dass meine Aufmerksamkeit sich auf das Positive ausrichtet?", wollte Markus wissen.

"Das kannst du erreichen, indem du den Instinkt, Gefahren vermeiden zu wollen, befriedigst und umschaltest auf Glück-erreichen-Wollen, so, wie wir es bereits besprochen haben. Denk daran, dass nur Hunger, Kälte, Schmerzen und Einsamkeit tatsächlich verhindern könnten, dass du glücklich bist. Und das kann praktisch nicht passieren. Wenn du einmal überlegst, was du im Positiven alles hast, stellst du fest, dass du hundertmal mehr hast als du eigentlich bräuchtest zum Glücklichsein. Dieses Füllegefühl bestimmt dann sicherlich auch deine Wahrnehmung."

"Das ist richtig", stimmte Peter begeistert zu. "Mit dem Glücksgefühltraining verändern wir auch gleichzeitig unsere Wahrnehmung und sorgen dafür, dass wir uns eine glückliche Realität aussuchen!"

"Und was mache ich mit den besagten Gefahren für Leib und Leben?", hakte Markus nach.

"Wir machen uns das Vielleicht zunutze. Wenn es um gesundheitliche Dinge geht, könnten wir einfach ignorieren, dass wir die Realität aussuchen können", sagte ich nachdenklich.

"Warum sollten wir das tun?", fragte Peter verständnislos.

"Ich möchte meinen Vermeidenwolleninstinkt für mich nutzen anstatt gegen mich", begann ich zu erklären. "Es ist eigentlich egal, welche Entscheidung ich treffe. Ich will immer sicher sein, dass ich die richtige Entscheidung getroffen habe. Entscheide ich mich dafür, mich auf meine positive Wahrnehmung zu verlassen, werde ich auch sicher sein wollen, dass dies die richtige Entscheidung war und nach Gefahren suchen, warum es vielleicht doch nicht richtig sein könnte. Meine Aufmerksamkeit richtet sich auf diese Weise auf jeden Fall auf Gefahren. Wenn stimmt, was Peter uns erklärt hat, würde ich damit dann auch Gefahren in mein Leben ziehen.

Wenn ich hingegen entscheide, das zu tun, was ich vor dem Wissen über unsere Wahrnehmung getan hätte, also konventionelle Wege zu gehen, wird mein Vermeidungsinstinkt ebenfalls eine Fehlentscheidung vermeiden wollen. Ich würde automatisch nach Gründen dafür suchen, warum ich die Macht meiner Wahrnehmung nicht einfach ignorieren sollte. Ich würde das Gefühl bekommen, dass ja vielleicht doch was dran ist. Das bedeutet, ich würde nach Peters

Aussagen Ereignisse erschaffen, die dieses Vielleicht widerspiegeln."

"Das ist richtig", meinte Peter begeistert. "Das Vielleicht würde in kleineren, unbedeutenden Ereignissen widergespiegelt und mir eine Bestätigung dafür liefern, dass tatsächlich etwas dran sein könnte. Diese Bestätigungen würden mein Vielleicht zu einem Vielleicht-Wirklich machen. Was erneut in einer Steigerung der Ereignisse widergespiegelt würde. Wiederum würde ich diese Bestätigungen aufgreifen und mein Vielleicht-wirklich würde zu einem Wahrscheinlich. Dadurch, dass dieses Wahrscheinlich ebenfalls widergespiegelt würde, würden die erneuten Bestätigungen irgendwann zwangsläufig zu einem Ganz-Sicher werden."

"Jedoch nur, wenn deine Aufmerksamkeit sich auch auf das Vielleicht richtet", wandte ich ein. "Wenn du dich zwischendurch dazu entscheiden würdest, dich doch auf die Macht deiner Wahrnehmung zu verlassen, würde sich das Spiel wieder umdrehen. Du würdest Zweifel wahrnehmen, weil du wieder sicher sein willst, dass du richtig entschieden hast, und infolgedessen den Zweifel auch widergespiegelt bekommen. Ich denke, genau das haben wir alle drei erlebt, als wir den Glauben an unsere Macht verstärken wollten. Die Zweifel sind bei uns allen dreien immer größer geworden. Wir wollten es unbedingt glauben. Damit wollten wir sicher sein, dass es stimmt. Wenn wir sicher sein wollen, suchen wir nach allem, was dagegen spricht. Wir wollen zwar eigentlich nichts finden, weil wir ja sicher sein wollen. Doch wir finden selbstverständlich immer Gefahren dafür, dass es eventuell nicht stimmen könnte. Das war es, was wir falsch gemacht hatten."

"Du hast Recht", stimmte Markus zu. "Genauso ist es gelaufen. Und wie können wir verhindern, dass das wieder geschieht?"

"Diese Frage ist sehr interessant", erwiderte ich. "Daran kannst du erkennen, wie stark dein Drang ist, Fehler oder Gefahren vermeiden zu wollen. Du willst vermeiden, dass es wieder geschieht.

Triff die Entscheidung, dich nicht auf die Macht deiner Wahrnehmung zu verlassen. Wenn es nicht stimmt, tun wir sowieso alles, was wir tun können, um unser Ziel zu erreichen. Wenn es stimmt, wird sich das Gewünschte ereignen, da wir unsere Aufmerksamkeit darauf richten, dass es vielleicht doch stimmt. Das muss uns die Realität widerspiegeln, wenn das wirklich wahr ist, was Peter durch den Kristall wahrgenommen hat. Diese Widerspiegelungen werden sich durch die Bestätigungen in ihrer Unglaublichkeit steigern. So lange, bis wir ganz sicher sind. Das Ganze funktioniert jedoch nur, wenn wir uns nicht darauf verlassen wollen. Auf diese Weise ist es einfacher, vom Vermeidenwollen auf das Erreichenwollen umzuschalten."

"Und wenn das alles doch nicht stimmt, werden wir auf jeden Fall mordsmäßig glücklich sein", meinte Peter. "Das kann eigentlich nicht schaden!"

"Peter hat Recht", stimmte Markus zu. "Wir haben nichts zu verlieren. Entweder stimmt es oder es stimmt nicht. Sollten wir Ella finden und dann immer noch keine Glücksgefühle haben, ist sowieso alles aus. Wenn ich schon sterben muss, dann ist es mir lieber, das glücklich zu tun."

"Vielleicht sollten wir unsere Einstellung zum Fund der Kammer verändern", meinte Peter. "Wir suchen im Moment noch nach Ella, weil wir ein großes Unglück verhindern wollen. Dabei gehen wir ziemlich zwanghaft vor. Diese Einstellung macht schlechte Gefühle und nimmt uns jegliche Kreativität. Sie schafft Ängste und verhindert unsere Intuition.

Wir sollten eigentlich lieber daran denken, Ella finden zu wollen, weil wir damit etwas Positives erreichen wollen. Wenn deine Aufmerksamkeit sich darauf ausrichtet, wie schön es wäre, den Krieg zu verhindern und Milliarden von Menschenleben und die gesamte Natur zu retten, ist das nicht ein tolles Gefühl?"

"Und ob", gab ich zurück.

"Du wirst aufgrund dieser Motivation sehr viel mehr Energie haben als wenn dich die Angst lähmt", meinte Peter. "Selbst wenn das also alles gar nicht stimmt mit der Macht unserer Wahrnehmung, was ich nicht glaube, hat es trotzdem nur Vorteile, das Positive zu wollen anstatt das Negative vermeiden zu wollen."

"Trotzdem wäre es nicht schlecht, wenn ich meinen Glauben noch etwas stärken könnte", meinte ich. "Es ist vielleicht nicht notwendig, aber es wäre schon schön."

"Das ist genau die Motivation, die ich meinte", erwiderte Peter. "Du musst jetzt nicht mehr an deine Macht glauben, du willst es jetzt, weil es schön wäre, wenn es stimmt. Damit würdigst du alle Ereignisse, die es bestätigen."

"Und ich nehme den Dingen die Bedeutung, die mir Zweifel gemacht haben. Wenn es nicht stimmen muss, sind die Unsicherheiten nicht mehr so von Bedeutung", gab ich Peter Recht. "Ich würde jetzt gerne etwas dafür tun, dass mein Glaube sich verstärkt. Ich habe regelrecht Lust dazu."

"Wir könnten das Gleiche tun wie gestern", erwiderte Peter. "Wir betrachten die Ereignisse in unserem Leben und kontrollieren, ob sie unsere Wahrnehmung widerspiegeln. Im Grunde genommen können wir eigentlich gar nichts falsch machen. Wenn wahr ist, was ich in dem Kristall wahrgenommen habe, dann müsste immer dann, wenn wir dachten, wir müssten etwas Bestimmtes tun, das Müssen widergespiegelt worden sein."

"Wir müssten uns hineingesteigert haben", bestätigte ich.

"Nicht immer", korrigierte mich Peter. "Wenn du an einer alten Wahrheit zweifelst, zum Beispiel einem alten Müssen, dann wird das Müssen zwar widergespiegelt, doch dieses Mal als Zweifel. Es müsste dann so laufen, dass der Zweifel immer größer wird."

"Mit jeder Zweifelwiderspiegelung wird der Zweifel bestätigt und damit auch verstärkt", begann ich zusammenzufassen. "Was wiederum eine neue Zweifelwiderspiegelung hervorbringt. Und zwar eine noch gravierendere, denn mein Zweifel ist ja verstärkt. Die neue Widerspiegelung wird meinen Zweifel natürlich noch mal verstärken und so weiter."

"Das bedeutet, wir brauchen jetzt nur noch an unserer alten Wahrheit zu zweifeln, dann ist die Sache erledigt", schlussfolgerte Markus.

"Noch nicht einmal das", meinte Peter. "Wir zweifeln ja schon mächtig an der alten Wahrheit. Auch haben wir die Annahme getroffen, die neue Wahrheit könnte richtig sein. Damit geht die alte Wahrheit zugrunde, und die neue wächst. Wir brauchen eigentlich gar nichts mehr zu tun. Es ist jetzt alles nur noch eine Frage der Zeit."

"Das verstehe ich nicht", erklärte Markus. "Wieso muss ich jetzt nichts mehr tun?"

"Wenn ich das richtig verstehe", antwortete ich, "dann wird die Annahme, die neue Wahrheit könnte richtig sein, für Ereignisse sorgen, die uns diese Annahme widerspiegeln. Es werden Dinge geschehen, die uns das Gefühl geben, es könnte richtig sein. Diese Bestätigungen für unsere Annahme sorgen über kurz oder lang dafür, dass wir sicherer werden. Wir werden nach mehreren Bestätigungen denken, dass es tatsächlich wahr sein könnte. Oder dass es wahrscheinlich stimmt oder so etwas Ähnliches. Das wird dann auch wieder Ereignisse herbeiführen, die uns bestätigen, dass es wahrscheinlich wahr ist. Wir werden noch sicherer und nehmen damit wieder Ereignisse wahr, die es uns noch mehr bestätigen. Und so geht es weiter, bis wir ganz sicher sind. Das Einzige, was wir dabei falsch machen könnten, wäre, uns auf die Macht unserer Wahrnehmung verlassen zu wollen und damit unsere Aufmerksamkeit auf den Zweifel zu lenken."

Das Kamelrennen

Es war mittlerweile Nacht geworden. Wir hatten uns den ganzen Tag damit beschäftigt, vom Vermeidenwollen des Krieges umzuschalten auf Erreichenwollen des Glücks. Jetzt waren wir von der Hitze der Wüste ganz schön ausgetrocknet und kaputt. Wir liefen seit über einer Stunde durch die Wüste. Mein Körper schien eine Tonne zu wiegen. Jeder Schritt wurde mir zur Qual. Ich konnte mich kaum noch auf den Beinen halten. Doch es half nichts. Wir mussten weiter. Eine Sanddüne nach der anderen schleppten wir uns hoch. Dabei versanken unsere Schritte tief im Sand. Auf jeder Düne hoffte ich, die Pyramiden zu sehen. Doch ich sah im schwachen Sternenlicht nur Wüste.

Markus richtete seinen Blick immer wieder zum Himmel. Es war ein wunderschöner Sternenhimmel. Nie zuvor hatte ich die Sterne so klar und deutlich gesehen. Aber dieser majestätische Anblick half mir jetzt auch nicht weiter. Ich konnte nicht mehr. Ich war völlig fertig. Es war schon fast Mitternacht und von den Pyramiden keine Spur. Ich hatte Angst, dass wir uns verlaufen hatten. Ich wagte es jedoch nicht, Markus darauf anzusprechen. Was wäre, wenn er meine Angst bestätigen würde? Noch einen Tag in der Hitze der Wüste würden wir ohne Wasser sicherlich nicht überleben.

Ich versuchte, meine Ängste zu besiegen, indem ich mir klar machte, dass es mehr Sinn hatte, daran zu denken, was ich eigentlich wollte anstatt an das, was ich vermeiden wollte. Doch das war gar nicht so einfach. Mein Körper machte nicht mehr mit. Und mein innerer Schweinehund redete mir permanent ein, dass ich mich jetzt unbedingt hinlegen und ausruhen müsste.

"Das hat doch alles gar keinen Sinn", dachte ich. "Wir haben uns ganz offensichtlich verlaufen. Das Glück hat sich gegen uns gewendet. Und man wird mich wahrscheinlich auch nicht rechtzeitig zurückholen, damit ich den Fundort der Kammer erfahre. Aber das ist auch egal, weil wir in dieser Wüste sowieso verrecken werden."

In dieser liebevollen und aufbauenden Weise redete ich mir die ganze Zeit gut zu. Meine Beine fühlten sich mittlerweile schon richtig taub an. Mein Mund war so trocken, dass ich nicht mehr schlucken konnte. Ich lief völlig apathisch hinter Markus her. Peter folgte mir.

Wieder mussten wir eine große Sanddüne hoch. Wir konnten die Dünen nicht umgehen, denn wir hatten Angst, dadurch ganz von unserer Richtung abzukommen. Es war schon schwierig genug, den Weg nur nach den Sternen zu finden.

Plötzlich hörte ich einen dumpfen Schlag hinter mir. Ich drehte mich erschreckt um und sah, dass Peter zusammengebrochen war. Sofort schoss mir durch den Kopf, dass er während des gesamten Tages absolut nichts getrunken hatte. Er sagte immer, er habe keinen Durst, und überließ mir seine Wasserration. Jetzt war klar, dass er gelogen hatte. Doch warum? Hatte er seine Konstitution überschätzt? Oder hatte er Angst, dass ich nicht durchhalten und unsere Mission gefährden könnte, wenn er mir sein Wasser nicht überließe?

Ich versuchte, Peter wieder auf die Beine zu helfen. Markus kam mir zu Hilfe. Wir alle redeten kein Wort. Unser Hals war von der Trockenheit so verklebt, dass wir keinen vernünftigen Ton herausbrachten. Mit letzten Kräften brachten wir Peter wieder hoch. Wir stützten ihn von beiden Seiten so gut wir konnten und gingen weiter. Die Düne hinauf würden wir es jedoch mit Sicherheit nicht schaffen, das war uns allen klar. Wir mussten sie umgehen. Wir hatten keine andere Wahl, selbst wenn wir dadurch unsere Richtung verlieren würden. Wir gingen rechts herum. Peter entschied wortlos für diese Richtung.

Nach mehreren hundert Metern lief die Düne endlich in der Ebene aus. Plötzlich sahen wir einen Lichtschein von vorn. Das konnte nur die Beleuchtung der Pyramiden sein. Wenn das wahr wäre, dann wären wir die ganze Zeit tatsächlich in die falsche Richtung gelaufen.

Wir gingen weiter auf den Lichtschein zu, bis wir die Spitze der Cheops-Pyramide sahen. Wir hatten es geschafft. Wir waren gerettet. Ich war so glücklich in diesem Moment, dass ich Peter dafür küsste, dass er zusammengebrochen war und wir dadurch die richtige Richtung eingeschlagen hatten. Ohne ihn wären wir immer weiter in die falsche Richtung gelaufen und elendig verdurstet.

Von der Freude unserer Rettung getrieben trugen unsere Beine uns mit neuen Kräften den letzten Kilometer bis zur Pyramide. Ich konnte es kaum glauben, wie sehr die Freude meine Kräfte mobilisieren konnte.

Mir kam unser Gespräch noch einmal in den Sinn, in dem ich Peter und Markus erklärt hatte, dass wir aufgrund von Glücksgefühlen wesentlich leistungsfähiger sein würden als mit lähmenden Angstgefühlen. Jetzt konnte ich mich davon überzeugen, dass das wirklich stimmte.

Als wir näher an die Pyramiden herankamen, hörte ich ungewöhnliche Geräusche. Es hörte sich an wie bei einem Fußballspiel. Menschenmassen schienen zu jubeln. Das mussten Halluzinationen sein, die auf meinen Wassermangel zurückzuführen waren. Ich schaute Markus und Peter skeptisch an. Sie erwiderten meinen Blick in der gleichen Weise. Offenbar war es keine Halluzination. Die beiden hörten es wohl auch, nach ihren Blicken zu urteilen.

"Was ist das?", stammelte ich.

"Keine Ahnung", quetschte Markus trocken hervor.

Wir gingen weiter und sahen von weitem, dass sich eine große Menschenmenge am Gizeh-Plateau versammelt hatte. Sie jubelten und applaudierten. Dann sahen wir, was der Grund für dieses seltsame Verhalten in der Wüste war: ein Kamelrennen!

Bevor wir die Menschen erreicht hatten, kam ein Reiter auf einem Pferd auf uns zu. Als er uns erreicht hatte, erkannten wir ihn. Es war Sharaf. Er stieg vom Pferd und überreichte uns einen Wasserschlauch, den er dem Pferd umgehängt hatte.

"Meine Freunde", sagte Sharaf zu uns, "ich habe alles für euch vorbereitet. Dieses Fest wird die Wachmänner ablenken, die die Mykerinos-Pyramide bewachen. Wir haben sie eingeladen. Es wird nicht mehr lange dauern, dann sind sie völlig berauscht."

"Wie bitte?", fragte ich. "Ich dachte, Allah duldet keinen Alkohol."

"Sie trinken keinen Alkohol", dementierte Sharaf. "Sie rauchen unsere Wasserpfeife. Das hat Allah nicht verboten. Er hat auch nicht verboten, dass wir ihnen eine hohe Dosis Opium mit hineingemischt haben."

"Ihr seid durchtriebene Halunken", sagte Markus hochachtungsvoll.

"Danke, danke, mein Freund", antwortete Sharaf. "Ihr solltet nur fertig sein, wenn die Wachablösung kommt. Wir wissen nicht, ob wir mit denen das Gleiche tun können, wenn sie sehen, wie es ihren Kollegen ergangen ist."

"Und was ist mit den beiden, die ihr schachmatt gesetzt habt? Die werden euch doch sicherlich Schwierigkeiten machen", meinte Markus.

"Wir werden erzählen, dass die beiden einfach zu viel geraucht haben", erklärte Sharaf. "Man kann uns nichts nachweisen. Wahrscheinlich werden die beiden Männer jedoch gar nichts sagen, weil sie sich schämen. Doch die Wachablösung wird sich womöglich nicht von ihrer Arbeit abhalten lassen. Ihr müsst fertig sein, wenn sie kommen."

29. Juli

Der Schlüssel

Wir waren erst ein paar Meter ins Innere dieser Pyramide vorgedrungen. Und trotzdem hatte ich ein sehr beklemmendes Gefühl. Diese Pyramide war von oben bis unten mit den tödlichsten Fallen gespickt. Direkt im Eingang konnten zwar keine Fallen mehr sein, da dieser Bereich seit vielen Jahren erschlossen war. Aber so ganz sicher fühlte ich mich dabei trotzdem nicht.

Wir quetschten uns im Dunkeln leicht abwärts durch einen sehr schmalen und niedrigen Gang. Wir hatten die Taschenlampen, die Sharaf uns mitgebracht hatte, noch nicht eingeschaltet, weil man ihren Lichtschein von draußen noch zu sehr hätte sehen können. Mittlerweile sah man die Hand vor Augen nicht mehr. Es war richtig unheimlich. Ich hatte Angst in diesem dunklen, engen Schacht und vor den Fallen, die hier eingebaut sein könnten. Ich war froh, dass ich Markus vor mir hatte. Ich hielt mich an ihm fest. Peter war hinter mir und tat das Gleiche bei mir.

Die Luft war sehr schlecht geworden. Es stank erbärmlich. Wonach, konnte ich zunächst nicht definieren. Doch dann wurde es mir bewusst. Irgendwie stank es nach Tod. Nach Tod und dem Bösen schlechthin.

Plötzlich spürte ich einen eiskalten Luftzug in meinem Nacken. Es war stickig warm in dieser Pyramide. Wo kam dieser kalte Wind her?

"Ransai!", schoss es plötzlich durch meine Gedanken.

Furcht und Schrecken durchzuckten meinen Körper. Das konnte nur bedeuten, dass ein böser Dschinn versuchte, sich meiner zu bemächtigen.

"Helft mir!", schrie ich flüsternd. "Das Böse will in mich."

"Du musst Liebe fühlen", flüsterte Peter mir eindringlich zu. "Dann kann das Böse dir nichts anhaben."

"Was redet ihr denn da für einen Schwachsinn?", fragte Markus barsch. "Wir sind hier im Inneren einer Grabstätte. Hier fühlt man sich immer etwas komisch."

Markus wollte mich beruhigen, aber seine Worte erreichten genau das Gegenteil. Vielleicht waren die toten Seelen der Menschen, die hier ums Leben gekommen waren, in der Pyramide gefangen.

Vielleicht warteten diese Seelen nur darauf, den Körper eines anderen Menschen zu besetzen. Oder sie wollten uns in das Reich der Toten holen, weil sie glaubten, wir wüssten vielleicht einen Weg, wie sie ihre Seele aus dieser Gefangenschaft erlösen könnten.

Wenn wir doch wenigstens hätten Licht anmachen können. Ich konnte die toten Seelen mittlerweile genau fühlen. Schreckliche Dinge mussten hier geschehen sein, das fühlte ich genau. Die Luft war förmlich erfüllt von Schmerz und Leid. Und über diesem Leid lag die Macht des Bösen. Es beherrschte diese Seelen. Es ließ sie Höllenqualen erleiden.

Plötzlich spürte ich den eiskalten Luftzug meinen Rücken heraufkriechen. Ich erstarrte vor Schreck. Irgendetwas wollte in mich hinein. Es saß mir im Nacken und versuchte, Besitz von mir zu ergreifen. Ich schrie auf vor Angst.

"Da ist etwas in meinem Nacken, Peter", schrie ich hysterisch und klammerte mich an ihn. "Schnell, mach es weg! Mach irgendwas! Es will in mich hinein."

Peter legte sofort seine Hand in meinen Nacken und sagte in ruhigem und liebevollem Ton: "Ich nehme dich auf in meine Aura der Liebe. Keine negative Kraft ist stärker als die Liebe. Das Böse muss weichen. Es kann die Liebe nicht ertragen. Goldenes Licht erfüllt jetzt deinen Körper und deine Seele. Das goldene Licht der Liebe. Wir lassen jetzt dieses Licht in den Raum um uns fließen. Es wird den Raum mit Liebe erfüllen. Nichts Böses kann sich in von reiner Liebe erfüllten Räumen aufhalten. Du bist jetzt sicher. Du bist jetzt stärker als das Böse. Liebe und Licht erfüllt dich. Kannst du es fühlen?"

"Ja, ich spüre, dass das Böse sich zurückgezogen hat. Vorläufig jedenfalls", antwortete ich noch etwas unsicher.

Und tatsächlich: Ich fühlte mich sicherer. Ich spürte Peters Liebe, die einen schützenden Mantel um mich legte. Nichts Böses würde diesen Mantel der Liebe durchdringen können.

"Ihr habt gewaltig einen rennen!", meinte Markus und schaltete seine Taschenlampe ein. "Können wir dann jetzt bitte schön weitergehen?"

Ich war nicht sicher, ob ich mir das Ganze wieder einmal eingebildet hatte. Mir war nur klar, dass es nichts schaden könnte, mir wieder einmal bewusst zu machen, dass nur meine Glücksgefühle wichtig waren. Sollte es so etwas wie böse Geister, die sich von meinen negativen Emotionen ernähren wollten, doch geben, würden sie leider bei mir verhungern müssen. Tja, ihr lieben Geister, da müsst ihr euch wohl jemand anderen suchen.

Ich konzentrierte mich darauf, Peters Liebe zu fühlen. Im ersten Moment fühlte ich mich nur angenehm ruhig, als ich das tat. Doch dann brach die Energie seiner Liebe voll zu mir durch. Ich fühlte mich plötzlich mehr geliebt als jemals zuvor in meinem Leben. Ich reichte Peter meine Hand. Als er sie nahm, ging die ganze Wucht seiner Liebe auf mich über. Ich spürte, wie ich eins mit ihm wurde. Es war ein unglaublich schönes Gefühl. Ich fühlte mich geborgen und sicher, gleichzeitig aber auch voller Sehnsucht. Ich konnte mir nicht vorstellen, was diese Sehnsucht zu bedeuten hatte. Sie war so stark, dass mir augenblicklich Tränen aus den Augen flossen. Fast automatisch suchte ich nach der Hand von Markus. Als ich sie ergriff, erschrak ich fast ein wenig. Seine Hand fühlte sich kalt und leer an – als wäre keine Seele in seinem Körper. Ich ließ sie sofort wieder los, hielt mich aber weiterhin dicht hinter ihm.

Nach einer Weile kam eine Abzweigung nach rechts, die jedoch noch schmaler und niedriger war als der Hauptgang, in dem wir uns befanden. Markus blieb einen Moment stehen und leuchtete in diesen Gang hinein.

"Ich glaube, wir müssen geradeaus weiter. Hier ist nichts", sagte er.

"Warte mal einen Augenblick", antwortete Peter. "Ich habe ganz deutlich das Gefühl, dass wir dort hineingehen sollten. Dort ist irgendetwas. Ich glaube, dieses Gefühl kommt aus dem Kristall."

"Okay, lasst es uns versuchen", beschloss Markus und ging hinein. "Es wird jedoch ganz schön eng da drin."

In mir stieg wieder ein beklemmendes Gefühl auf, als ich in den Gang hineinsah. Er war höchstens vierzig Zentimeter breit und vielleicht einen Meter zwanzig hoch. Das Ende des Ganges war noch nicht zu sehen. Ich hatte Angst, in dem Gang stecken zu bleiben, obwohl Markus und Peter mit Sicherheit mehr Probleme haben würden. Ich drückte noch einmal Peters Hand und folgte Markus in den Gang.

Ein Stück weiter endete der Gang in einer kleinen Kammer. Die Kammer maß gerade einmal zwei mal zwei Meter, war aber hoch genug, um aufrecht zu stehen. Doch hier gab es nichts, was uns irgendwie weiterbrachte. Weder an den Wänden noch an der Decke gab es irgendwelche Schriftzeichen oder sonstige Hinweise, die uns interessiert hätten. Wir waren offenbar in eine Sackgasse gelaufen.

"Hier ist nichts", meinte Markus. "Wir müssen wieder zurück."

"Halt, wartet!", sagte Peter plötzlich. "Hier muss etwas Wichtiges sein. Ich kann es fühlen."

Peter ging zur Wand und tastete sie ab. Markus und ich sahen ihm zu. Doch wir konnten nichts Besonderes erkennen. Peter drehte sich wieder zu uns um.

"Hier ist etwas. Ich weiß bloß noch nicht genau, wo. Ich spüre, dass es hinter dieser Wand sein muss", erklärte Peter und deutete auf die Wand hinter sich.

Markus ging zur Wand und klopfte dagegen.

"Da ist ein Hohlraum", sagte er begeistert. "Du hast Recht gehabt, Peter. Da ist etwas."

Markus ging einen Schritt zurück und trat gegen die Wand.

"Was soll das werden?", fragte ich. "Willst du eine Wand, die aus tonnenschweren Steinen besteht, mit den Füßen eintreten?"

"Das sind keine Steine. Diese Wand ist eine Attrappe. Es muss Gips sein oder so etwas. Peter, komm hilf mir!"

Markus und Peter versuchten gemeinsam, gegen die gleiche Stelle zu treten. Nach ein paar Versuchen knackte die Wand verdächtig. Irgendetwas war gebrochen. Markus hatte offenbar Recht gehabt. Solche Geräusche machte keine massive Steinmauer. Beim nächsten Tritt riss die Wand der Länge nach ein.

"Los gegen die linke Seite!", sagte Peter zu Markus.

Die beiden traten beherzt gegen die Wand links neben dem Riss. Plötzlich brach sie entzwei.

"Das waren nicht die Erbauer dieser Pyramide", meinte Markus und betrachtete die eingetretene Attrappe. "Diese Wand ist aus glasfaserverstärktem Kunststoff. So etwas gab es damals noch nicht. Das muss die Regierung gewesen sein. Los, Peter, hilf mir die Brocken ganz wegzureißen!"

Die letzten Reste der Attrappe waren schnell entfernt. Zum Vorschein kam eine Inschrift, die auf die wirkliche Wand gemalt war, die hinter der Attrappe zum Vorschein kam. Markus stand wie versteinert vor der Wand und las, was dort stand. Ich wurde ungeduldig.

"Was steht dort?", fragte ich aufgeregt.

"Augenblick", erwiderte Markus. "Ich bin gleich soweit. Hier! Das ist das Zeichen für die Kammer", sagte Markus und deutete auf ein bestimmtes Symbol auf der Wand. "Und das hier zeigt einen Schlüssel. Den Schlüssel zur Kammer."

"Was heißt das?", fragte ich ungeduldig.

"Moment! Moment!", ermahnte mich Markus zur Geduld. "Ich brauche schon ein paar Minuten."

Danach stand Markus da, starrte auf die Inschrift und gab gelegentlich undefinierbare Geräusche von sich. Sonst kam ihm kein Wort über die Lippen. Peter und ich standen daneben wie auf glühenden Kohlen. Wir wollten endlich wissen, was dort stand.

"Diese Inschrift handelt davon", begann Markus mit seinem Bericht, "dass die Kammer des Wissens nur mit dem richtigen Schlüssel betreten werden kann. Es heißt, dass die Auserwählten vier Prüfungen bestehen müssen, um den Schlüssel zu erhalten. Die Inschrift enthält jedoch auch eine Warnung. Nur wer die Prüfungen besteht, entgeht dem Verderben. Doch das ist noch nicht alles", sagte Markus und schaute uns fasziniert an.

"Was steht noch da?", fragte ich ungeduldig.

"Was hier steht, hört sich an wie eine Schöpfungsgeschichte. Genau kann ich es nicht wiedergeben. Ich versuche, es einmal frei zu übersetzen. Okay, hier heißt es in etwa: Am Anfang ... Nein", korrigierte sich Markus. "Vor dem Anfang muss es heißen. Vor dem Anfang war ich. Ich war reines Sein und mir vollkommen bewusst. Nun wollte ich mich erleben. Ich erschuf das Gefühl und begann, mich zu fühlen. Doch ich brauchte die Relativität, um mich selbst zu erfahren. Deshalb erschuf ich die Zeit und gab mir so eine Form. Die einfachste aller Formen. Sie war erfüllt von Geist und Gefühl. Nun konnte ich mein Sein von drei verschiedenen Perspektiven erleben. Ich war die Form, die sich ihres Geistes und ihrer Seele bewusst war. Ich war die Seele, die Geist und Form fühlte. Und ich war der Geist, aus dem alles andere hervorgegangen war und dem Form und Seele bewusst war. Ich sah mich an und erkannte, dass dies gut war. Mein Geist stand über dem Körper und der Seele und lag doch mit ihnen in einer Ebene. Ich war eine Dreiheit und dennoch eins. Und als Einheit wollte ich agieren."

Markus hörte auf, die Inschrift zu übersetzen und schaute uns an.

"Wie geht es weiter? Warum hörst du auf?", fragte ich Markus.

"Das war alles", antwortete dieser. "Sonst steht hier nichts."

"Irgendetwas müssen wir übersehen haben", meinte Peter. "Es muss etwas darüber stehen, wie wir weiterkommen. Vielleicht gibt es noch eine Inschrift?"

Peter suchte vergebens die anderen Wände ab und wendete sich schließlich dem Boden zu.

"Da ist was!", rief er plötzlich aus. "Auf dem Boden, seht doch! Da ist etwas eingeritzt."

Wir bückten uns und wischten den Staub vom Boden. Es war ein Kreis in den Boden eingeritzt. Er hatte einen Durchmesser von ungefähr einem Meter. An drei Stellen auf dem Kreis waren Punkte markiert. Diese Punkte standen ganz leicht aus dem Boden heraus.

"Das muss etwas mit der Inschrift zu tun haben", sagte Markus. "Es hieß doch, er gab sich die einfachste aller Formen. Das muss eine Kugel gewesen sein. Der Kreis muss die Kugel symbolisieren."

"Genau", stimmte ich zu. "Und er teilte sich in Körper, Geist und Seele, wenn ich das richtig verstanden habe. Das müssen diese Markierungen sein. Irgendetwas müssen wir damit machen. Vielleicht sollten wir uns einmal draufstellen."

"Versuchen wir es!", meinte Markus.

Wir stellten uns also mit einem Fuß auf diese Markierungen. Doch nichts geschah.

"Wir müssen fest drauftreten", erklärte Peter.

Gerade als wir das tun wollten, schrie er plötzlich wie ein Verrückter: "Halt! Stopp! Nichts tun. Nicht drauftreten."

"Was ist los?", wollte ich wissen.

"Wie hieß es in der Inschrift: Die Dreiheit soll wie eine Einheit agieren. Wir dürfen nicht einfach drauftreten. Wir müssen es in exakt dem gleichen Augenblick tun, sonst passiert etwas Schlimmes."

Ich hielt das nun wieder für eine von Peters Spinnereien. Doch was konnte es schaden. Von mir aus konnten wir auch alle zum gleichen Augenblick drauftreten.

Plötzlich hörte ich Stimmen durch den Gang. Das konnten nur die Wächter sein. Man musste uns auf die Schliche gekommen sein. Sie krochen bereits durch den schmalen Gang. Ich konnte den Lichtschein ihrer Taschenlampen bereits sehen. Es mussten fünf oder sechs Leute sein.

"Los jetzt!", sagte ich zu den anderen beiden. "Lasst es uns tun."

"Halt, halt!", bremste mich Peter. "Wir müssen es erst einmal üben. Wenn wir nicht genau gleichzeitig treten, werden wir es nicht überleben."

Ich wusste, dass es keinen Zweck hatte, jetzt mit Peter darüber zu streiten. Ich lenkte also ein.

"Also los! Üben wir!"

"Ich werde bis drei zählen, dann treten wir erst einmal neben die Stellen", sagte Peter gehetzt. "Okay, also eins, zwei, drei!"

Wir stampften auf den Boden, jedoch bei weitem nicht simultan. Es waren deutlich drei Tritte zu hören.

"Noch einmal!", befahl Peter. "Eins, zwei, drei!"

Wieder stampften wir, doch immer noch nicht gleichzeitig.

Die Wächter waren dicht hinter uns. Wenn jetzt nicht augenblicklich etwas geschehen würde, wäre alles aus. Ich ergriff das Wort.

"Los! Jetzt muss es klappen!", sagte ich energisch, denn ich wollte nicht hier stehen und üben, bis sie uns eingeholt hätten. "Wir können nicht noch einmal üben. Jetzt gilt es. Also: Eins, zwei, drei!"

Wir traten auf die Markierungen. Dieses Mal waren wir tatsächlich simultan. Ich dachte jedoch immer noch, dass dies nicht wirklich wichtig gewesen war. Ich tat es nur, damit Peter überhaupt mitspielen würde. Im ersten Moment passierte gar nichts. Ich wollte schon ansetzen, ein zweites Mal aufzustampfen. Die Wächter hatten uns schon fast erreicht. Plötzlich begann sich jedoch der Boden der Kammer zu bewegen. Er senkte sich nach unten wie ein Fahrstuhl. Unter dem Boden war eine rechteckige, breite Öffnung in der Wand. Es war ein Schacht, der relativ steil nach unten führte. Wir kletterten schnell in den Schacht hinein. Kurz darauf hob sich der Boden hinter uns wieder. Wir rutschten den Schacht auf dem Hosenboden hinunter und hörten, wie der Boden der Kammer, in der wir zuvor gewesen waren, wieder oben einklinkte. Ein paar Sekunden später hörten wir die Wächter in der Kammer über uns. Sie hatten wohl mitbekommen, was wir getan hatten, und begannen ebenfalls, mit ihren Füßen auf den Boden zu stampfen. Wir mussten uns beeilen. Es war nur eine Frage der Zeit, bis sie erkennen würden, was sie zu tun hätten.

Wir rutschten den Schacht weiter hinunter und kamen zu einer weiteren Kammer. Sie war nicht viel anders als die erste. Nur gab es dieses Mal eine Steinsäule in der Mitte des Raumes. In der Stirnfläche der Säule steckten vier runde Steinklötzchen. Drei waren außen angeordnet und eines in der Mitte. Die Klötzchen sahen aus wie Knöpfe zum Draufdrücken. Wieder gab es eine Inschrift an der Wand, die Markus sogleich entschlüsselte. Völlig fasziniert stand er wieder vor der Wand und brummelte vor sich hin.

"Um was geht es?", fragte ich ungeduldig.

"Ich kann es wieder nur frei übersetzen", sagte Markus. "Die Inschrift ist schwierig. Also", setzte Markus an. "Hier heißt es in etwa: Um mich als Einheit zu erleben, brauchte ich die Erfahrung des Getrenntseins. Ich vereinte also meine Dreiheit in einer separaten Einheit und empfand mich dort als Mittelpunkt des Seins und gleichzeitig von ihm getrennt. Ich erreichte dies, indem ich meine Wahrnehmung auf eine spezielle Art und Weise einschränkte. Obwohl ich in Wirklichkeit nicht von mir getrennt sein konnte, war ich in der Lage, es so wahrzunehmen. Das ist alles", erklärte Markus. "Mehr steht hier leider nicht."

"Was soll denn das bedeuten?", dachte ich laut.

"Was hat das mit dieser Säule und den Steinklötzen zu tun?", fragte Peter.

Plötzlich kam mir eine Idee. Ich sprach sie laut aus.

"Wenn wir die erste Inschrift betrachten, dann heißt es dort, dass Geist, Seele und Körper sich gegenseitig betrachteten. Wenn wir uns diese Blickrichtungen als Linien vorstellen, dann erhalten wir ein Dreieck."

"Ich verstehe nicht ganz", meinte Markus.

"Jetzt stellt euch weiterhin vor, dass ihr die äußeren Klötzchen mit dem inneren verbindet. Wir erhalten so einen Stern."

"Und mit dem Dreieck zusammen eine dreiseitige Pyramide!", sagte Peter fasziniert.

"Ja, aber nur, wenn du es dreidimensional betrachtest", fuhr ich weiter in meiner Erklärung fort. "Wenn du deine Wahrnehmung auf die zweite Dimension einschränkst, was siehst du dann?"

"Einen Stern in einem Dreieck", antwortet Peter.

"Jetzt stellt dir vor, du bist der mittlere Steinklotz. Wie fühlst du dich dann?"

"Ich fühle mich von den drei andern Klötzen getrennt", antwortete Peter.

"Das ist aber auch nicht anders, wenn ich mich als einer der äußeren Klötze sehe", wandte Markus ein.

"Dann stell dir jetzt noch einmal vor, dass die Pyramide in einer Kugel ist. Was fühlst du dann?"

"Dann fühle ich mich durch die Kugel verbunden mit allen anderen Klötzen", antwortete Markus.

"Wenn du jetzt aber eine ganz bestimmte Wahrnehmungseinschränkung vornimmst, wie es in der Inschrift heißt, wenn du das Ganze wieder zweidimensional siehst, dann wird die Kugel zum Kreis", sagte ich. "Und der Mittelpunkt des Sterns ist nicht mehr auf der Oberfläche der Kugel sondern im Mittelpunkt des Kreises und damit getrennt vom Kreis. Also getrennt von der Einheit."

"In der Inschrift heißt es: Ich empfand mich dort als Mittelpunkt des Seins und gleichzeitig von ihm getrennt", sagte Markus. "Genau das stellt die Position des mittleren Klötzchens dar. Vor hier aus fühle ich mich im Zentrum des Seins und trotzdem von ihm getrennt."

"Denkt ihr auch, was ich denke?", fragte ich.

"Wir sollten das mittlere Klötzchen entweder hochziehen oder reindrücken", meinte Markus.

"Wir können ja erst einmal drücken und dann daran ziehen", meinte ich naiv.

"Hochziehen!", betonte Peter energisch. "Bloß nicht reindrücken. Wir müssen hochziehen."

"Ronja", sprach mich Markus mit einem sehr ernsten Blick in den Augen an. "Schau dir doch einmal bitte die Wände dieser Kammer an."

Ich ging zur Wand und sah, dass sehr viele kleine Löcher darin waren.

"Was soll das sein?", fragte ich Markus.

"Das sind Pfeilspitzen", antwortete Markus. "Wenn du mich fragst, mit Sicherheit vergiftete Pfeilspitzen. Wenn wir jetzt etwas falsch machen, ist es aus mit uns."

Erst jetzt wurde mir der Ernst unserer Lage richtig bewusst. Wir hatten bereits eine Falle überwunden. Offenbar war es tatsächlich wichtig gewesen, genau gleichzeitig auf die Punkte zu treten. Hätte ich das vorher gewusst, wäre es sicherlich in die Hose gegangen. Ich wäre viel zu nervös gewesen, um das hinzukriegen. Wir wären vielleicht in ein tiefes Loch gefallen oder so etwas.

"Wir müssen hochziehen!", betonte Peter noch einmal.

"Wieso bist du dir da so sicher?", fragte ich voller Panik.

"Ich kann es nicht richtig erklären. Ich habe das Gefühl, dass wir die Wahrheit darstellen müssen und nicht die Illusion. Die Wahrheit ist, dass der Mittelpunkt auch auf der Oberfläche der Kugel liegt."

"Ja, aber das würde sie auch, wenn wir uns den Mittelpunkt nach unten vorstellen", erwiderte Markus.

"Das schon. Aber von dieser Position aus würde ich mich fühlen, als wäre ich dem äußeren Körper, Geist und Seele untergeordnet. Sie wären über mir. Das entspräche aber nicht der Wahrheit."

"Ich kann zwar nicht erklären, warum", sagte ich, "aber ich habe auch das Gefühl, dass wir lieber hochziehen sollten."

"Also gut, die Entscheidung ist gefallen", erklärte Markus. "Wir ziehen hoch."

"Lasst es uns wieder gemeinsam tun!", meinte Peter.

Wir griffen zum mittleren Klötzchen. Mir war dabei ganz schön mulmig zumute. Auch Markus hatte Schweißperlen auf der Stirn stehen. Immerhin spielten wir hier um unser Leben. Wir zögerten und sahen uns noch einmal an. Ich sah die Angst in den Augen von Markus und Peter. Es trug nicht gerade zu meiner Beruhigung bei. Dann nickten wir uns zu und begannen, vorsichtig an dem runden Klötzchen zu ziehen. Es bewegte sich.

"Langsam!", sagte Markus angespannt. "Ganz langsam."

Wir sahen uns noch einmal an. Bis jetzt war alles gut gegangen.

"Okay, weiter", meinte ich.

Wir zogen das Klötzchen weiterhin nach oben. Es war jetzt zur Hälfte herausgezogen. Es schien die richtige Entscheidung gewesen zu sein. Wir zogen etwas beherzter weiter. Jetzt musste es bald soweit sein. Das Klötzchen musste bald die imaginäre Kugel berühren, die wir uns vorstellten. Jetzt würde sich entscheiden, ob wir das Richtige taten.

Plötzlich senkte sich die Steinsäule unter uns. Sie verschwand langsam im Boden und hinterließ ein rundes Loch, das groß genug für uns war, um dort hindurchzuschlüpfen.

Ich nahm meine Taschenlampe und leuchtete nach unten in das Loch hinein. Ich sah eine weitere Kammer.

"Kommt!", drängte Markus. "Wir wissen nicht, wie lange der Eingang offen bleibt. Lasst uns weitergehen."

Markus ließ sich als erster durch das Loch hinab.

"Lass mich als nächste!", sagte ich zu Peter und stieg in das Loch.

Peter stellte sich über mich und versuchte, mir zu helfen. Unten griff Markus nach mir, was mir im ersten Moment einen tierischen Schrecken durch die Glieder fahren ließ. Ich trat vor Schreck aus.

"Ich habe dich, Ronja", sagte Markus. "Lass dich einfach fallen."

Ich spürte, dass Markus mich stützte. Ich ließ los und glitt durch das Loch hinab in die untere Kammer. Es war noch ziemlich dunkel hier, da Markus seine Taschenlampe auf den Boden gelegt hatte, um mir besser helfen zu können. Leicht panisch leuchtete ich sofort die Kammer ab, als ich unten angekommen war. Ich spürte, dass ich immer noch nach Geistern Ausschau hielt. Kurz darauf war Peter auch bei uns.

Diese Kammer sah genauso aus wie die letzte. Die gleiche Steinsäule ragte aus dem Boden heraus. Wieder steckten vier Klötzchen in der Säule. In den Wänden der Kammer erkannten wir wieder die vergifteten Pfeile. An einer Wand war die nächste Inschrift.

"Um mich in der Getrenntheit vollständig zu erleben", begann Markus mit seiner Übersetzung, "ging ich erneut in die Relativität." Markus sah uns mit Entsetzen in den Augen an und sagte: "Mehr steht hier nicht."

"Das kann doch nicht alles sein!", sagte ich angespannt, denn das allein genügte beileibe nicht, um das Rätsel zu entschlüsseln.

"Wahrscheinlich müssen wir jetzt das Klötzchen hineindrücken", meinte Markus.

"Lasst uns keine voreiligen Schlüsse ziehen!", ermahnte Peter zur Geduld. "Wir sollten noch einmal überlegen, was mit der Inschrift genau gemeint ist. Markus, bitte lies es noch einmal ganz langsam. Wir sollten auf jedes Wort achten. Vielleicht haben wir etwas übersehen."

Markus folgte Peters Wunsch und las noch einmal langsam, was in der Inschrift stand.

"Um mich in der Getrenntheit vollständig zu erleben, ging ich erneut in die Relativität."

"Die Getrenntheit ist das mittlere Klötzchen. Soviel ist klar", stellte ich fest. "Die Getrenntheit vollständig erleben ... Was heißt vollständig?"

"Auf jeden Fall muss es etwas mit Relativität zu tun haben", erklärte Peter. "Relativität bedeutet, dass es mindestens zwei verschiedene Positionen geben muss."

"Wartet mal!", ergriff ich das Wort. "In der ersten Inschrift ging es auch um Relativität. Um sich zu erfahren, ging er in die Relativität, hieß es. Was könnte er damit gemeint haben?"

"Ich denke, dass ist nicht schwer zu erraten", antwortete Peter. "Stell dir einmal vor, du lebst in einem Land, in dem alle Menschen Zeit ihres Lebens genau einhundertfünfzig Kilo wiegen. Sicherlich ist dir bewusst, dass du dieses Gewicht hast, genau wie alle anderen auch. Doch du machst dir darüber keine Gedanken. Du denkst nicht darüber nach und du empfindest es auch nicht, dass du einhundertfünfzig Kilo wiegst. Kommst du jedoch in ein Land, in dem alle Menschen nur fünfzig Kilo wiegen, erlebst du zum ersten Mal, dass dein Gewicht etwas Besonderes ist. Zumindest weißt du es in diesem Augenblick. Du hast jedoch immer noch kein eindeutiges Gefühl zu deinem Gewicht. Jetzt stell dir vor, dass du abnimmst, bis du wie alle anderen auch nur noch fünfzig Kilo wiegst. Du kannst nun dein altes Gewicht mit deinem neuen direkt vergleichen. In diesem Moment kannst du nachempfinden, was es heißt, einhundertfünfzig oder nur fünfzig Kilo zu wiegen. Du erlebst dein Gewicht jetzt. Du weißt es nicht nur, was du wiegst, du hast jetzt ein Gefühl dazu."

"Du meinst also, er hat die Relativität erschaffen, um sich selbst emotional zu erfahren?", wollte ich mich vergewissern.

"Emotional und auf jede andere Art und Weise. Er wollte offensichtlich die emotionale Erfahrung genauso wie die mentale und die körperliche. Jede dieser Erfahrungen benötigt eine Referenzerfahrung."

"Erst dann ist seine Erfahrung vollständig, wie es in der Inschrift heißt", stellte ich fest.

"Er wollte die Getrenntheit vollständig erfahren", fasste Markus zusammen. "Das heißt, wir müssen die Referenzerfahrung zur Getrenntheit nehmen. Das wäre die Einheit."

"Das war der Inhalt der letzten Inschrift", berichtigte Peter. "Er erschuf die Getrenntheit als Gegenpart zur Einheit. In dieser Inschrift heißt es aber, dass er die Getrenntheit vollständig erleben wollte. Es muss also eine Referenzerfahrung sein, die sich innerhalb der Getrenntheit abspielt."

"Ich weiß es!", rief ich euphorisch aus. "In der letzten Kammer stand die getrennte Einheit über Körper, Geist und Seele der großen Einheit. Der Getrenntheit war offensichtlich ihre wahre Verbindung mit der Einheit bewusst. Deshalb mussten wir das Klötzchen hochziehen. Die Position der Getrenntheit lag ja in Wirklichkeit auf der Oberfläche der Kugel, die die Einheit symbolisierte. Die Getrenntheit vollständig zu erleben in einer erneuten Relativität, muss heißen, dass die Getrenntheit sich dieses Mal ihrer Verbindung zur Einheit nicht bewusst ist."

"Das ist es", sagte Peter. "Die Getrenntheit muss sich nun unter Geist, Seele und Körper der großen Einheit sehen. Sie schaut nach oben und sieht den Körper der großen Einheit als die Welt, in der sie lebt. Sie sieht die große Seele, die sie als Schicksal oder als das Leben schlechthin begreift. Und sie sieht den großen allmächtigen Geist, der alles lenkt und bestimmt. Die Getrenntheit hat jedoch keine Macht. Sie ist getrennt von der Einheit und damit von der allumfassenden Macht."

"Wir müssen also tatsächlich das Klötzchen reindrücken", war Markus Resümee.

"Das glaube ich nicht", entgegnete Peter. "Wir könnten das mittlere Klötzchen nicht so weit hinein drücken, dass es die imaginäre Kugel berühren würde, welche die Einheit symbolisiert. Und das ist mit Sicherheit notwendig. Denn alles, was existiert, muss innerhalb der Einheit sein, da es sonst nichts gibt. Erinnert euch: Es hieß in der ersten Inschrift, dass am Anfang nichts war außer ihm. Alles, was existiert, muss also aus ihm erschaffen sein. Es gab ja sonst nichts. Also muss unser Klötzchen auch die Hüllkurve der Kugel berühren."

"Du sagtest gerade, dass wir das Klötzchen nicht so weit hineindrücken könnten?", fragte ich verwirrt.

"Das ist richtig. Doch wir können die drei Klötzchen außen weit genug hochziehen, damit alle Punkte auf der imaginären Kugel liegen. Ich bin jedoch sicher, dass wir wieder genau simultan vorgehen müssen. Wir müssen die Klötzchen genau gleich schnell herausziehen."

"Das hat mir gerade noch gefehlt", sagte ich und meinte es.

Meine Hände zitterten jetzt schon. Ich hatte panische Angst, wenn ich an die Pfeile dachte, die in der Wand steckten. Es waren so viele, dass jeder von uns mit Sicherheit von oben bis unten mit Pfeilen gespickt sein würde, wenn wir einen Fehler machten.

"Atmet noch einmal tief durch", sagte Markus und griff vorsichtig nach dem ersten Klötzchen.

Peter und ich gingen in Position und griffen uns die anderen beiden Klötzchen.

"Okay, will einer von euch noch einmal beten oder so etwas?", fragte Markus.

"Wie schnell ziehen wir?", wollte ich aufgeregt wissen.

"Okay", sagte Markus. "Alle noch einmal loslassen. Wir ziehen langsam. In dieser Geschwindigkeit."

Markus zeigte mit seiner Hand an, welche Geschwindigkeit er sich vorgestellt hatte. Peter und ich versuchten, uns simultan anzupassen. Wir übten diese Prozedur einige Male, bis wir synchron waren. Dann griff sich jeder wieder sein Klötzchen.

"Okay", sagte Markus erneut, "Gehen wir es an. Ich zähle bis drei, dann fangen wir an. Seid ihr bereit?"

Peter und ich nickten.

"Eins, zwei, drei!"

Keiner von uns tat etwas. Jeder wartete darauf, dass die beiden anderen anfangen würden.

"Okay", sagte Markus wieder. "Ich zähle noch einmal bis drei. Es wird nicht mehr gewartet. Wir fangen alle gleichzeitig an. Also ... Eins, zwei ..."

"Halt wartet!", unterbrach ich aufgeregt den Countdown. "Fangen wir genau bei drei an oder erst nach der Drei?"

"Nach der Drei", sagte Markus und begann den nächsten Versuch. "Also, jetzt gilt es. Eins, zwei, drei!"

Es kostete mich unglaublich viel Überwindung, mit dem Ziehen anzufangen. Doch wir taten es alle drei gleichzeitig. Peter und ich konzentrierten uns wieder auf Markus und versuchten, exakt so schnell zu ziehen wie er. Plötzlich fing meine Hand an zu zittern. Ich konnte sie nicht mehr kontrollieren. Sie gehorchte mir nicht.

"Wir müssen stoppen!", sagte ich leise, aber panisch.

Markus und Peter hatten offenbar mitbekommen, was mit mir los war. Markus reagierte sofort.

"Ich zähle wieder bis drei, dann lassen wir gemeinsam los", sagte er. "Eins, zwei, drei."

Wir ließen los. Mir brach der kalte Schweiß aus. Ich zitterte jetzt am gesamten Körper.

"Puh, das war knapp", bemerkte Markus.

Peter kam indessen zu mir und versuchte, mich zu beruhigen.

"Ronja, es ist alles in Ordnung. Wir haben Zeit. Alles kein Problem."

Daraufhin nahm er mich in den Arm und hielt mich fest. Ich war völlig fertig. Meine Nerven wollten sich nicht beruhigen lassen.

"Gib mir deine Hand, Ronja", bat mich Peter.

Er nahm sie und begann, sie zu massieren. Er knetete sie kräftig durch. Nach ein paar Minuten war meine Hand wieder einigermaßen locker.

"Okay, es kann weitergehen", entschied ich schließlich.

Wir gingen wieder auf unsere Positionen und griffen nach unseren Klötzchen.

"Also, bei drei wie gehabt", sagte Markus. "Eins, zwei, drei!"

Wir begannen wieder, simultan zu ziehen. Markus gab die Geschwindigkeit an.

"Gleich ist es geschafft", sagte er. "Noch ein kleines Stückchen. Genau so ist es richtig. Schön weiterziehen. Nicht aufhören. Wir haben es gleich."

Markus redete wie ein Buch, und das hatte auch seinen Grund. Meine Hand hatte schon wieder begonnen, sich zu verkrampfen und zu zittern. Seine Worte halfen mir. Sie gaben mir Sicherheit. Trotzdem waren meine Nerven zum Zerreißen gespannt.

Plötzlich gab es einen Ruck in der Säule. Ich erschrak fürchterlich und schrie auf. Ich sah in meiner Fantasie schon, wie mich die Pfeile aufgespießt hatten.

"Alles in Ordnung, Ronja", sagte Markus. "Wir haben es geschafft."

Die Säule senkte sich wieder ab und gab erneut ein Loch im Boden frei. Wir beeilten uns, durch das Loch hindurchzuschlüpfen. Markus ging wieder voraus. Dieses Mal hatte ich keine Angst vor bösen Geistern oder Ähnlichem mehr. Meine Gedanken waren noch zu sehr mit der Falle und der Anspannung von eben beschäftigt.

Als ich mich durch das Loch herabließ, erkannte ich, dass es sich dieses Mal nicht um eine Kammer handelte. Wir landeten in einem Stollen. Es war ein langer, relativ breiter Gang, der nach unten führte und bequem aufrecht zu begehen war. Das Ende des Ganges war mit unseren Taschenlampen nicht auszumachen, obwohl er kerzengerade war. Er musste mehrere hundert Meter lang sein. Als Peter durch das Loch geschlüpft war, gingen wir los.

"Irgendetwas sagt mir, dass wir uns beeilen müssen", sagte Peter eindringlich. "Los, rennt! Rennt so schnell ihr könnt."

Ich hielt Peters Panikmache jetzt wirklich für Unsinn. Aber meine Nerven waren so angespannt, dass ich auf Kommando loslief. Wir rannten vielleicht gerade einmal hundert Meter weit, als wir plötzlich ein lautes Grollen hinter uns hörten. Ich wollte mich schon umdrehen und sehen, was dieses Grollen verursachte. Doch Peter schrie wie ein Verrückter.

"Nicht umdrehen! Lauf weiter! Schnell."

Ich rannte so schnell meine Beine mich trugen, doch das Grollen kam immer näher.

"Halt! Bleibt stehen!", rief Peter. "Stopp, da ist eine Falle."

Ich konnte so schnell gar nicht stoppen. Plötzlich sah ich, warum ich stoppen sollte. Doch es war zu spät. Ich stolperte in eine Grube, die sich vor uns auftat. Markus und Peter konnten mich gerade noch zu fassen bekommen. Sie hielten mich am Arm fest. Ich wollte, dass sie mich hochzogen. Doch das Grollen hatte uns fast erreicht.

"Halt dich an der Kante fest", rief Peter und legte meine Hände dorthin, wo ich mich halten sollte. "Markus, geh auf die andere Seite! Häng dich an die Kante! Geh so weit wie möglich an den Rand!"

Daraufhin hängte sich Peter neben mich. Er drängte mich an die Wand. Ich verstand nicht, warum er sich so dicht an mich drängte. Ich schaute in diesem Moment nach unten. Mein Herz blieb fast stehen, als ich die Speere sah, die unten in der Grube so aufgestellt waren, dass sie mich durchbohrt hätten, wäre ich hineingefallen.

Kurz darauf erfüllte das ohrenbetäubende Grollen den Stollen. Es kam immer näher und würde uns jeden Augenblick erreichen. Was würde dann passieren? Voller Furcht klammerte ich mich an der Kante der Grube fest. Plötzlich rollte eine riesige Steinkugel über uns hinweg und fiel in die Grube. Wir hatten Glück, dass wir ganz an den äußeren Rändern der Grube hingen, sonst wäre die Kugel über unsere Hände gerollt und hätte uns mit in die Tiefe gerissen. Die Kugel kam knapp unter unseren Füßen zur Ruhe und bedeckte den gesamten Boden der Grube. Markus ließ sich auf die Kugel herab und half mir ebenfalls herunter. Auch Peter ließ nun los und sprang auf die Kugel.

"Okay, kommt weiter", sagte Markus. "Wir haben es überstanden. Jetzt kann nichts mehr passieren."

"Ich verstehe das nicht", sagte ich. "Wir haben die Prüfungen doch bestanden. Wieso wollte man uns trotzdem töten?"

"Ich glaube nicht, dass man uns töten wollte", meinte Peter. "Es war eine Prüfung. Nur wurde dieses Mal nicht unser Verstand geprüft, sondern unsere Intuition."

"Aber woher konntest du wissen, dass es diese Falle gab?", fragte ich verwirrt.

"Wir sind die Auserwählten, die dazu bestimmt sind, die Kammer zu finden", antwortete Peter. "Die Erbauer dieser Falle wollten, dass nur die Auserwählten sie überwinden könnten. Das Wissen über die Falle ist tief in uns verborgen, da wir die Auserwählten sind. Deshalb konnte es als eine Intuition aufsteigen."

Normalerweise hätte ich das wieder für eine von Peters Spinnereien gehalten. Doch ich fand keine andere Erklärung für seine Intuition.

Wir kletterten an der anderen Seite der Grube wieder hoch und gingen weiter. Der Stollen ging nun relativ steil nach oben. Leider hatten wir bei dieser Aktion zwei unserer Taschenlampen eingebüßt. Nur Markus hatte seine retten können.

Nach ein paar hundert Metern kamen wir an das Ende des Stollens. Hier war eine weitere Inschrift auf der Wand vor uns.

"Hier muss der Schlüssel verborgen sein", sagte Peter. "Ich fühle es."

"Ich dachte, dass wir jetzt am Ziel sind", sagte ich verärgert. "Wenn ich mich nicht irre, waren das jetzt vier Prüfungen. Was soll das jetzt?"

"Das ist keine Prüfung mehr", meinte Markus. "In der Inschrift heißt es, dass wir gegen dieses Symbol drücken müssen, um den Schlüssel zu erhalten."

Markus zeigte auf ein Symbol, das wie ein Davidstern aussah, der in einem Kreis eingeschlossen war.

"Worauf warten wir noch?", fragte ich ungeduldig.

"Hier steht noch etwas, was mir gar nicht gefällt", sagte Markus in ernstem Tonfall.

"Was steht da?", wollte ich wissen.

"Es ist eine Warnung", erwiderte Markus. "Es heißt, dass nur die drei Auserwählten den Schlüssel benutzen dürfen, sonst würde der gesamte Kontinent untergehen. So wie es schon einmal mit einem anderen Kontinent geschehen ist."

"Glaubt ihr das?", fragte ich zweifelnd. "Niemand kann einen ganzen Kontinent versenken. Außerdem wurde die Kammer in meiner Zeit ganz offensichtlich gefunden, ohne dass der Kontinent untergegangen ist."

"Hier steht nur, dass der Schlüssel ausschließlich von den drei Auserwählten benutzt werden darf", erwiderte Markus. "Möglicherweise sind sie in deiner Zeit ohne den Schlüssel in die Kammer gekommen."

"Ich halte es für möglich, dass das der Grund dafür war, dass Atlantis untergegangen ist", bemerkte Peter. "Ich halte das durchaus für wahrscheinlich, wenn ich daran denke, was der kleine Kristall alles konnte. Ella ist tausendmal größer und könnte eine unermessliche Macht haben."

"Aber es steht noch mehr dort", sagte Markus. "Es heißt, die Auserwählten müssten die Positionen des Einen annehmen. Der Schlüssel muss auf die Position der Getrenntheit."

"Das müssen die gleichen Positionen sein, in der die Klötzchen angeordnet waren", stellte ich fest.

"Das hier muss die Position der Kammer beschreiben", ergänzte Markus und zeigte auf ein paar Schriftzeichen. "Aber ich verstehe es nicht. Es gibt keinen Sinn."

"Was genau steht dort?", fragte ich neugierig.

"Im Löwen weist das Band des Orion dem Gelehrten den Weg", erwiderte Markus.

"Was soll denn das heißen?", dachte ich laut.

"Es kann nur etwas mit dem Sphinx zu tun haben", spekulierte Markus. "Aber etwas anderes scheint mir momentan noch viel wichtiger zu sein. Glaubst du wirklich, Peter, dass wir diese Auserwählten sind, wie du es geträumt hast?"

"Ich bin vollkommen sicher, dass es so ist", antwortete dieser.

"Okay, dann gehen wir rein. Seid ihr bereit?", fragte Markus und sah uns an.

Wir stimmten mit einem Nicken zu und drückten gemeinsam auf das angegebene Symbol. Die Wand wich zur Seite und gab den

Weg in eine etwa zwei Meter breite und fünf Meter lange Kammer frei. Durch das Licht unserer einzigen Taschenlampe konnten wir sehen, dass in der Mitte der Kammer eine weitere Steinsäule stand, ähnlich der Säulen mit den Klötzchen darin. Ansonsten war die Kammer vollkommen leer.

"Der Schlüssel ist nicht hier", stellte Markus fest. "Es muss jemand vor uns hier gewesen sein."

"Soll das heißen, dass alles umsonst war?", fragte ich verzweifelt.

"Ich weiß es nicht, Ronja", erwiderte Markus.

"Ich glaube, ich weiß, wo der Schlüssel ist", sagte Peter.

Ich kam nicht mehr dazu, nachzufragen, was er meinte, denn in diesem Moment drangen zwei Soldaten in die Kammer ein und hielten uns ihre Maschinenpistolen unter die Nase. Sie führten uns aus der Kammer heraus ins Freie. Jetzt war auch mir klar, wo der Schlüssel war. Wir standen vor dem Sphinx. Das konnte nur bedeuten, dass die Kammer in der wir waren, die Sphinxkammer war, welche die Regierung vor einigen Monaten gefunden hatte. Der Schlüssel konnte nur der Kristall sein, den jetzt Carlos Barba in seiner unterirdischen Festung hatte. In diesem Moment wurde mir auch klar, dass der Kristall das perfekte Symbol der gesamten Schöpfungsgeschichte war, die wir in der Pyramide gefunden hatten.

Das war's dann wohl!

Agenten der Regierung hatten mich verhört und mir immer wieder angedroht, dass ich dieses Gefängnis nicht wieder lebend verlassen würde, wenn ich ihnen nicht wahrheitsgemäß sagen würde, was ich in der Sphinxkammer zu suchen hatte. Sie erwähnten jedoch mit keinem Wort den Kristall von Carlos Barba. Also tat ich es auch nicht.

Ich beteuerte, ich sei eine amerikanische Touristin auf der Suche nach Abenteuer, denn das war genau das, was ich mit Markus und Peter für den Ernstfall abgesprochen hatte. Ich erklärte, dass Peter und ich uns an Markus Benedicts Fersen geheftet hätten, nachdem wir in Amerika einen interessanten Vortrag über die Geheimnisse der Pyramiden von Gizeh von ihm gehört hätten. Ich sagte, Markus sei gegen ein entsprechendes Entgelt bereit gewesen, uns diese Geheimnisse vor Ort zu präsentieren. Ich erzählte auch, dass Peter Millionär sei und Markus dafür ein kleines Vermögen geboten hätte.

Markus hatte sich diese Geschichte ausgedacht. Er war der Meinung, dass die Ägypter diese Story am leichtesten schlucken würden, da es genau ihrer Mentalität entsprach. Für ein entsprechendes Entgelt konnte man hier alles haben.

Markus hatte Recht behalten. Die Agenten kauften mir meine Story ab. Das Verhör war relativ schnell beendet. Danach steckten sie mich in diese Zelle und ließen mich im Unklaren darüber, wie es weitergehen sollte.

Ich machte mir Sorgen um Markus. Er war bei der Story, die wir aufgetischt hatten, der Einzige, der für die Regierung gefährlich sein konnte. Sharaf hatte uns berichtet, dass einige Wissenschaftler einfach verschwunden seien. Ich hatte Angst, dass sie mit Markus das Gleiche tun könnten.

Jetzt, als ich diese Angst spürte, war mir klar, dass ich Markus liebte. Ich würde alles daransetzen, hierbleiben zu können. Das heißt, wenn ich Markus je wiedersehen würde. Ich fühlte Wut in mir aufsteigen. Jetzt, wo ich den Mann meiner Träume gefunden hatte, saß ich hier in einer Gefängniszelle am Ende der Welt und hatte kaum eine Chance, den morgigen Tag zu überleben. Das konnte doch alles nicht wahr sein. Nein, das durfte nicht wahr sein. Nicht jetzt!

Nach einer Weile ging die Tür meiner Zelle auf, und zwei Männer führten Peter herein. Ohne ein Wort zu sagen, schlossen sie die Tür wieder hinter ihm.

Ich stand aus meiner Ecke auf und ging auf Peter zu. Ich war so froh, ihn zu sehen. Als wir uns umarmten, geschah etwas sehr Sonderbares. Ich hatte das Gefühl, in ihn hineinzufallen und zu Hause zu sein. Es war, als hätte ich endlich gefunden, wonach ich mein gesamtes Leben gesucht hatte.

Ich fühlte mich so geborgen und verbunden, dass ich augenblicklich keine Angst mehr spürte. Mein Körper schien mit dem von Peter zu verschmelzen. Es waren unglaublich schöne Gefühle, die meinen Körper durchfluteten. Gefühle von einer Intensität, die ich nie für möglich gehalten hätte. Mein Herz schien vor Freude schreien zu wollen.

Peter musste wohl ähnliche Gefühle erleben, denn er machte keinerlei Anstalten, mich loszulassen. Wir standen sicherlich ein paar Minuten bewegungslos da und hielten uns im Arm. Nach und nach beruhigten sich meine Gefühle wieder, und ich konnte wieder halbwegs denken.

"Haben sie dir geglaubt?", flüsterte ich leise.

"Ich glaube, ja", antwortete Peter, ebenfalls flüsternd.

"Glaubst du, sie werden Markus auch gleich bringen?"

"Ich weiß es nicht. Ich kann mir vorstellen, dass sie von ihm mehr wissen wollen. Er ist für sie kein unbeschriebenes Blatt wie wir."

"Hoffentlich geht alles gut."

"Natürlich wird es gut", antwortete mir Peter energisch. "Wir können uns die Realität aussuchen, in der alles gut wird."

"Du glaubst doch wohl nicht, dass wir den Krieg immer noch verhindern können? Nach all dem, was passiert ist."

"Noch ist der Krieg nicht gelaufen. Wir haben noch etwa acht Stunden", erklärte Peter selbstsicher.

"Das kann doch nicht dein Ernst sein!", sagte ich entrüstet. "Ist dir schon einmal aufgefallen, wo wir hier sind?"

"Das kann sich ganz schnell wieder ändern", meinte Peter.

"Ich verstehe dich nicht", sagte ich und befreite mich aus Peters Umarmung. "Wie sollen wir aus dem Gefängnis herauskommen in den nächsten paar Stunden? Wie sollen wir an den Kristall von Carlos Barba herankommen? Und wie den genauen Ort finden, wo die Kammer versteckt ist? In Anbetracht dieser Tatsachen musst doch sogar du einsehen, dass wir keine Chance mehr haben."

"Was wir jetzt erleben, ist zweifelsfrei eine Widerspiegelung unseres alten Denkens. Wenn wir das ablegen, wird sich auch die Realität ändern."

"Das ist doch alles Unsinn", erklärte ich abweisend. "Wenn wir wirklich die Realität aussuchen könnten, wären wir mit Sicherheit nicht hier."

"Wir müssen irgendetwas falsch gemacht haben", antwortete Peter. "Wir müssen jetzt nur herausfinden, was das war."

"Tut mir Leid, aber daran kann ich jetzt nicht mehr glauben. Wir haben jetzt richtige Probleme."

"Und wenn es doch so ist?", fragte mich Peter vorwurfsvoll. "Ronja, ich bin hundertprozentig überzeugt, dass wir es noch schaffen können. Wir dürfen uns nur nicht von den Ereignissen ins Bockshorn jagen lassen. Lass uns weitermachen! Wir finden den Fehler. Was haben wir noch zu verlieren? Wenn es nicht stimmt, wird einfach nichts geschehen. Wenn es jedoch wahr ist, dass wir unsere Realität aussuchen, würde ich es mir später mit Sicherheit niemals verzeihen können, jetzt aufgegeben zu haben. Wir haben noch eine Chance. Glaube mir!"

"Dein Optimismus ist unglaublich", erwiderte ich. "Ich würde dir nur zu gerne glauben, aber ich kann nicht. Ich glaube dir, was du alles über die PSI-Phänomene erzählt hast. Doch das nutzt mir nichts. Solange die Ereignisse nicht bestätigen, dass wir die Realität auswählen können, ist das alles nur Quatsch mit Soße, hast du selbst gesagt. Und es hat sich nicht bestätigt. Schau dir an, wo wir sind! Wie sollte ich da noch glauben, dass es stimmt?

Außerdem ist es schon viel zu spät, um Ella in Gang zu bringen. Selbst, wenn wir den Schlüssel hätten und genau wüssten, wo wir Ella finden würden. Die Sache ist gelaufen. Wir sollten uns damit abfinden."

"Ronja", sagte Peter und schaute mich dabei eindringlich an, "wir dürfen nicht aufgeben. Ich bin sicher, dass wir es noch schaffen werden. Wir müssen nur dranbleiben. Wir sind so knapp dran. Ich kann es förmlich fühlen. Lass uns versuchen, herauszufinden, was wir falsch gemacht haben."

Plötzlich spürte ich wieder meinen Körper in der Zukunft. Mittlerweile war er mir völlig fremd geworden. Ich hatte das seltsame Gefühl, nicht mehr in diese Zeit zu gehören. Was jedoch noch viel seltsamer war, war, dass ich ständig das Gefühl hatte, zwei verschiedene Menschen gleichzeitig zu sein. Ich war wohlgemerkt nicht Ronja und Jasmine. Ich war zweimal Jasmine. Das seltsame Phänomen, das ich bei meinem letzten Besuch in der Zukunft für einen Traum Jasmines gehalten hatte, war noch stärker geworden. Offenbar hatte es sich also doch nicht um einen Traum gehandelt. Ich fühlte Jasmines Geist, als ob sie schizophren wäre.

Ich sah zwar eigentlich keinen wirklichen Sinn mehr darin, aber ich wollte trotzdem versuchen, in Jasmines Erinnerung nach dem Fundort der Kammer zu suchen. Diese Suche gestaltete sich dieses Mal erheblich schwieriger als die letzten Male. Es war, als wäre die eine Jasmine im Labor gewesen und die andere nicht. Leider konnte ich nicht kontrollieren, welche der beiden ich jetzt wahrnahm. Sie wechselten ständig.

Für kurze Momente flackerten Bilder vor mir auf. Ich sah Ella und einen der Wissenschaftler aus dem Labor. Im nächsten Moment waren die Bilder schon wieder verschwunden.

Ich konzentrierte mich weiter und suchte panisch nach Erinnerungen. Doch ich konnte nur Bruchstücke wahrnehmen. Immer wieder kamen die Erinnerungen der anderen Jasmine in mein Bewusstsein. Es strengte mich unglaublich an, die Erinnerung an die richtige Jasmine aufrechtzuerhalten. Nach einiger Zeit konnte ich mich nicht mehr konzentrieren. Ich war völlig fertig.

Plötzlich tauchten wieder ein paar Bilder vor mir auf. Ich sah den Techniker wieder und hörte kurz darauf auch seine Stimme. Er berichtete von dem Fundort.

"Schließlich wurde die Kammer in Ägypten in einer Tiefe von eintausendsechshundert Metern mitten in der Wüste ausgegraben. Die Erbauer der Pyramiden von Gizeh müssen große Mathematiker gewesen sein, denn sie wählten den einzigen Weg, wie man mit drei Punkten den genauen Fundort der Kammer beschreiben konnte."

Plötzlich verschwanden alle Erinnerungen, und ich fand mich in meinem Körper in der Vergangenheit wieder. Ich war jedoch so fertig, dass mich auf der Stelle der Schlaf übermannte.

Dr. Mohassid

Als ich wieder erwachte, spürte ich, dass Peter mich im Arm hielt. Er streichelte mich behutsam, was mir seltsamerweise sehr viel angenehmer war als vor ein paar Tagen, als Markus mich gestreichelt hatte. Ich hatte wieder das komische Gefühl, zu Hause zu sein. Es verwirrte mich mehr als ich in Worten ausdrücken kann, was ich fühlte. Ich hatte mich doch eigentlich in Markus verliebt. Er war der Mann, nach dem ich mein ganzes Leben lang gesucht hatte. Er war stark und männlich. Und vor allem sah er wahnsinnig gut aus. Er hatte eine gigantische erotische Ausstrahlung. An diesem Mann war nichts auszusetzen. Außer vielleicht, dass er zuweilen ein bisschen machohaft war.

Doch ich hatte bei ihm noch nie das Gleiche empfunden wie bei Peter. Woran konnte das liegen? Peter entsprach nun überhaupt nicht dem Typ Mann, den ich mir immer gewünscht hatte. Er war zwar auf seine Art irrsinnig lieb, aber das allein konnte wohl kaum der Grund für meine Gefühle sein. Besonders gut sah er auch nicht aus. Er war nicht hässlich. Aber mit Markus konnte er sicherlich nicht mithalten. In dem Körper, in dem ich jetzt steckte, könnte ich alle Männer haben. Auch die richtig gut aussehenden.

Plötzlich wurde mir die Situation wieder bewusst, in der ich war. Ich lag hier in der Gefängniszelle. Ich war eingeschlafen. Verdammt, wie lange hatte ich geschlafen? Hatte ich den Krieg verschlafen? Ich öffnete meine Augen und richtete mich auf.

"Bist du es?", fragte Peter vorsichtig.

"Ja, ich bin es. Es ist alles in Ordnung", erwiderte ich.

Erst jetzt erkannte ich, dass Markus mittlerweile auch in unserer Zelle war. Er war völlig fertig. Er lehnte mit geschlossenen Augen an der Wand rechts von uns. Als er bemerkte, dass ich wieder da war, öffnete er die Augen.

Ich sprang voller Freude auf, um ihn zu umarmen. Als ich es tat, verstand ich gar nichts mehr. Da war nichts! Kein Zu-Hause-Sein. Kein Verschmelzen. Ich spürte weder meine Liebe für ihn noch dass er mich liebte. Einfach nichts!

Wie konnte das sein? Ich dachte, ich würde Markus lieben. Wie konnte die Umarmung so kalt sein?

"Wie spät ist es jetzt?", fragte ich ihn, völlig verwirrt von diesen Gefühlen.

"Es ist gleich zehn Uhr vormittags", antwortete Markus. "Hast du herausbekommen, wo die Kammer genau ist?"

"Was hat das jetzt noch für eine Bedeutung?", sagte ich frustriert. "In zwei Stunden wird der Krieg beginnen!"

Ich war wütend darüber, dass ich eingeschlafen war. Jetzt war der Zug abgefahren. Innerhalb der nächsten zwei Stunden würden wir gar nichts mehr tun können. Wir hatten versagt. Trotzdem fühlte ich mich irgendwie erleichtert, dass es vorbei war.

"In genau zwei Stunden?", fragte Markus noch einmal nach.

"Ziemlich genau gegen zwölf Uhr wird der Krieg beginnen", erwiderte ich.

"Zwölf Uhr nach amerikanischer oder ägyptischer Zeit?", fragte Markus.

"Verdammt, du hast Recht. Ich habe die Zeitverschiebung vergessen", stellte ich fasziniert fest. "Sie kommen gegen zwölf Uhr nach kalifornischer Zeit."

"Wir haben bis Kalifornien zehn Stunden Zeitverschiebung. Das heißt, wir haben noch ganze zwölf Stunden.", sagte Markus hoffnungsvoll. "Also, wo ist die Kammer versteckt?"

"Sie ist auf jeden Fall nicht in einer der Pyramiden. Ich habe erfahren, dass die drei Pyramiden irgendwie den Fundort der Kammer beschreiben. Ich habe jedoch nicht verstanden, wie genau. In dem Moment wurde ich wieder hierher verfrachtet. Doch da war noch etwas. Der Fundort muss irgendwo in der Wüste sein, und zwar in eintausendsechshundert Metern Tiefe."

"Eintausendsechshundert Meter!", wiederholte Markus ehrfurchtsvoll.

"Hast du eine Vorstellung, wie die Pyramiden eindeutig den Fundort der Kammer beschreiben könnten?", fragte ich Markus.

"Was heißt eindeutig?", antwortete Markus mit einer Gegenfrage.

"Der Techniker in der Zukunft betonte, dass die Erbauer der Pyramiden große Mathematiker sein mussten, denn sie wählten die einzige Methode, wie man mit drei Punkten einen bestimmten Ort definieren konnte."

"Momentan sagt mir das noch nichts. Ich muss darüber nachdenken."

"Bringt uns die Inschrift vielleicht irgendwie weiter?", fragte Peter.

"Damit kann ich immer noch nichts anfangen", erwiderte Markus. "Ich dachte, dass es sich bei dem Löwen, von dem in der Inschrift die Rede ist, um den Sphinx handeln müsse. Aber das ergibt keinen Sinn."

"Im Löwen weist das Band des Orion dem Gelehrten den Weg", wiederholte ich noch einmal laut. "Ist das Band des Orion nicht ein Teil eines Sternbildes? Könnte das vielleicht bedeuten, dass es eine Kammer in dem Sphinx gibt, von der aus man den Orion sehen kann und das Band des Orion irgendwie die Richtung angibt?"

"Möglich ist alles", meinte Markus. "Doch das hat nicht allzu viel mit den Pyramiden zu tun."

Plötzlich schreckte Peter auf und machte ein seltsames Gesicht. Irgendetwas schien ihn total zu verwirren.

"Was ist los, Peter?", wollte ich wissen.

"Da ist jemand. Ich spüre einen Mann in unserer Nähe. Es ist kein gewöhnlicher Mann. Er ist wie ich. Ich kann es nicht genau erklären. Ich stehe irgendwie mit ihm in Verbindung."

Im ersten Augenblick hielt ich das wieder für eine von Peters Spinnereien. Doch dann wurde die Tür unserer Zelle aufgeschlossen, und zwei Soldaten befahlen uns, aufzustehen. Sie führten uns aus der Zelle und brachten uns in den Raum, in dem ich zuvor verhört worden war. Es war ein spartanisch eingerichtetes Büro. Außer einem Schreibtisch bestand die einzige Möblierung aus einem alten Schrank und drei klapprigen Holzstühlen. Hinter dem Schreibtisch saß ein älterer Mann. Er gab uns mit einer Geste zu verstehen, dass wir uns setzen sollten, und bat die Soldaten, den Raum zu verlassen.

"Ich bin Dr. Mohassid", stellte er sich vor, als die beiden Soldaten die Tür hinter sich geschlossen hatten.

"Sie haben das Wissen des Kristalls wahrgenommen", sagte Peter geradeheraus.

Ich erschrak fürchterlich, als er das sagte, denn damit gab er preis, dass wir alle drei gelogen hatten. Doch es kam ganz anders als ich dachte.

"Mein Leben hat sich seitdem verändert", antwortete Dr. Mohassid.

"Was wollen Sie von uns?", fragte Markus direkt.

"Er will uns helfen, die Kammer zu finden", antwortete Peter für Dr. Mohassid.

"Ich weiß mittlerweile, dass die Informationen des Kristalls wahr sind", erklärte Dr. Mohassid. "Dieses Wissen muss der Menschheit zur Verfügung gestellt werden. Wir vier werden dafür sorgen, dass dies geschieht."

"Dafür müssten wir hier raus und in die Kammer des Wissens reinkommen", sagte ich. "Sind Sie in der Lage, uns hier rauszuholen?"

"Sie sind selbst dazu in der Lage", antwortete Dr. Mohassid. "Alles ist möglich, das werden Sie noch merken. Die Macht Ihres Bewusstseins ist grenzenlos."

"Wir sollten es ihm sagen", sagte Peter und schaute uns an.

Bevor wir zustimmen konnten, sprach er weiter.

"Dr. Mohassid, wir sind hier, um eine wichtige Mission zu erfüllen. Es geht um den Mond des Planeten Nibiru, der sich momentan der Erde nähert. Sie haben sicherlich davon gehört."

"Das habe ich allerdings", antwortete Dr. Mohassid. "Es ist kein Mond."

"Es ist ein Raumschiff", erwiderte ich. "Ein paar Millionen friedliche, menschenähnliche Wesen wollen auf unseren Planeten übersiedeln. Doch das irdische Militär hält dies für eine Invasion. Es wird Krieg geben. Einen schrecklichen, weltweiten Krieg, bei dem fast die gesamte Menschheit ausgelöscht wird. Die Erde wird danach nicht mehr bewohnbar sein."

"Wie viel Zeit haben wir noch?", wollte Dr. Mohassid wissen.

"Die Nefilim", antwortete ich, "so nennt sich diese außerirdische Rasse, werden gegen zehn Uhr abends die Erde erreichen."

"Das heißt, wir haben noch zwölf Stunden Zeit", meinte Dr. Mohassid.

"Zwölf Stunden, um hier rauszukommen", sagte ich in einem wütenden und sarkastischen Tonfall. "Zwölf Stunden, um den Kristall zu beschaffen, den der oberste Boss der Mafia in seiner unterirdischen Festung in einem Safe aufbewahrt. Denn ohne den Kristall kommen wir nicht in die Kammer des Wissens hinein. Er ist der Schlüssel dazu. Außerdem haben wir noch ganze zwölf Stunden Zeit, herauszufinden, wo genau die Kammer versteckt ist. Darüber hinaus müssten wir noch mal schnell lernen, mit einem außerirdischen Raumschiff zu fliegen, das völlig anders funktioniert als alles, was Sie und ich jemals gesehen haben", sagte ich frustriert.

"Sie sollten sich langsam daran gewöhnen, dass Sie Ihre Realität auswählen", sagte Dr. Mohassid ruhig. "Ihre Macht ist grenzenlos."

"Genau damit scheine ich meine Probleme zu haben", erwiderte ich frustriert.

"Was haben Sie genau getan, um das neue Wissen umzusetzen?", wollte Dr. Mohassid wissen.

"Ich denke, wir haben jetzt andere Probleme, als über meine Umsetzungsversuche zu debattieren", sagte ich energisch. "Wenn Sie uns helfen können, das Raumschiff zu finden, dann tun Sie es bitte jetzt. Wir haben keine Zeit zu verlieren."

"Machen Sie sich keine Sorgen. Sie wurden nicht als gefährlich eingestuft. Man hält Sie für kleine Schnüffler. Man hat vor, Sie heute Abend des Landes zu verweisen. Sie werden zum Flughafen gebracht und dort in ein Flugzeug gesetzt. Ich sehe kein Problem darin, von dort zu fliehen."

"Und warum sollten wir das tun?", fragte ich widerstrebend.

"Weil ich mit dem Kristall auf Sie warten und Sie zur Kammer bringen werde", sagte Dr. Mohassid.

"Und wie wollen Sie das anstellen?", fragte ich, immer noch zweifelnd.

"Ich werde als erstes den Befehl geben, das Domizil von Carlos Barba zu durchsuchen."

"Sie geben den Befehl?", fragte ich verwundert.

"Ich bin der Chef des Geheimdienstes", antwortete Dr. Mohassid. "Carlos Barba ist uns natürlich ein Begriff. Wir kennen seinen Unterschlupf. Ich werde dafür sorgen, dass mein Befehl zu Carlos Barba durchsickert. Er soll gewarnt werden. Er soll wissen, dass wir speziell nach dem Kristall suchen. Es gibt ein paar undichte Stellen in unserer Regierung. Diese werde ich über die geplante Durchsuchung informieren. Sie können sicher sein, dass Carlos Barba zwei Minuten später persönlich in seiner Tiefgarage aufkreuzen wird, um den Kristall verschwinden zu lassen. Er wird ihn niemand anderem anvertrauen. Dafür ist er zu wertvoll. Immerhin suchen wir seit Monaten nach dem Kristall. Ein Objekt, das der Regierung so viel wert ist, gibt Carlos Barba niemandem in die Hand. Ihn werden höchstens zwei Männer seines Vertrauens begleiten. Wenn er aufkreuzt, werden wir ihm den Kristall abnehmen. Das Ganze wird lange vor der offiziellen Durchsuchung sein."

"Das hört sich an, als ob es klappen könnte", meinte Markus.

"Es wird klappen", beteuerte Dr. Mohassid. "Wir sollten die Zeit nutzen, uns über Ihre Umsetzungsschwierigkeiten zu unterhalten. Vor heute Abend können wir sowieso nichts anderes tun. Es wird hilfreich für Ihre Mission sein, wenn Sie das Wissen des Kristalls besser verstehen."

"Bis heute Abend?!", wiederholte ich entsetzt. "Ist Ihnen klar, wie wenig Zeit wir dann noch haben, die Kammer zu finden und mit dem Raumschiff fliegen zu lernen? Das kann doch nicht Ihr Ernst sein!"

"Es geht leider nicht anders", erwiderte Dr. Mohassid. "Aber machen Sie sich keine Sorgen. Es wird alles klappen."

"Woher nehmen Sie diese Gewissheit?", fragte ich zweifelnd.

"Ich weiß, dass ich die Realität bestimmen kann."

"Und das sollen wir jetzt glauben?!", erwiderte ich abweisend.

"Sie haben keine andere Chance!", meinte Dr. Mohassid. "Lassen Sie uns diese Diskussion beenden und uns um Ihre Umsetzungsschwierigkeiten kümmern. Das ist jetzt das Wichtigste."

"Wir haben versucht, uns von dem neuen Glauben zu überzeugen", ergriff Peter das Wort und unterbrach meinen Protestversuch.

"Und damit das Gegenteil getan", erwiderte Dr. Mohassid.

"Sie hören sich so an, als wäre Ihnen das auch passiert?", hakte Peter nach.

"So ist es. Ich dachte ebenfalls, dass ich etwas tun müsste, um das neue Wissen zu glauben. Doch der Schuss ging nach hinten los. Ich versuchte, mir einzureden, dass das neue Wissen wahr ist. Doch jedes Mal, wenn ich mir einredete, dass es wahr ist, meldeten sich Einwände aus meinem Unbewussten. Es meldeten sich Zweifel. Und die wurden von meinem Leben widergespiegelt."

"So ging es uns auch", erwiderte ich. "Wir haben herausgefunden, dass es daran gelegen hat, dass wir ganz sicher sein wollten, dass es auch wirklich stimmt. Wie haben Sie dieses Problem gelöst?", wollte ich wissen.

"Es löste sich von allein", gab Dr. Mohassid an. "Ich hatte irgendwann die Nase voll und dachte, dass das alles ja wohl dann doch Unsinn ist. In diesem Moment meldeten sich Zweifel gegen diese Entscheidung. Wie konnte das alles Unsinn sein? Ich hatte bereits einige mysteriöse Begebenheiten erlebt, die mir bestätigten, dass es kein Unsinn sein konnte."

"Das heißt, sie fühlten jetzt den Zweifel daran, dass es Unsinn ist", fragte ich nach, um sicherzugehen, dass ich alles richtig verstanden hatte.

"So ist es", bestätigte Dr. Mohassid. "Ich fühlte diesen Zweifel und wählte damit auch meine Realität aus. Plötzlich sah es immer mehr so aus, als wäre es doch wahr. Ich merkte, dass die beste Möglichkeit, das neue Wissen umzusetzen, darin bestand, genau die gleichen Dinge weiterhin zu tun, die ich normalerweise auch tun würde. Wenn ich das Gefühl hatte, ich müsste etwas tun, dann tat ich es auch. Allerdings mit dem Zweifel daran, ob das nun wirklich notwendig ist. Natürlich wurde dieser Zweifel widergespiegelt und bestätigte immer mehr, dass ich nichts tun muss.

Ich merkte jedoch, dass ich jedes Mal, wenn ich in eine Situation kam, in der ich die Entscheidung treffen wollte, nach dem neuen Wissen zu handeln, erneut Zweifel ins Leben rief. Ich spürte jedes Mal, dass ich sicher sein wollte, dass ich wirklich die richtige Entscheidung treffe. Damit rief ich das Gefühl der Unsicherheit hervor und vor allem Zweifel an dem Wahrheitsgehalt meines neuen Wissens."

"Genauso ist es uns auch gegangen", erwiderte ich.

"Ich entschloss mich dann dazu, die Zweifel und das Sicherheitsdenken für mich arbeiten zu lassen anstatt gegen mich. Ich lebte mein Leben also genauso weiter wie vor den Informationen des Kristalls. Ich traf die gleichen Entscheidungen wie vorher, ich tat die gleichen Dinge und so weiter. Doch bei allem, was ich tat, hatte ich das Gefühl, dass das doch alles sehr viel einfacher gehen müsste. Ich machte trotzdem weiter wie bisher. Ich ignorierte dieses Gefühl sogar. Trotzdem wurde es widergespiegelt, und ich erlebte immer häufiger Ereignisse, in denen es tatsächlich viel einfacher ging. Ohne dass ich dafür etwas getan hatte. Diese Ereignisse bestätigten das Wissen des Kristalls und verstärkten meinen Zweifel an meinem alten Weltbild.

Irgendwann kam das alte Weltbild mir dann so unsinnig vor, dass ich mich innerlich dagegen wehrte, nach diesem falschen Verständnis der Welt zu handeln. Seitdem wähle ich offensichtlich nur noch die besten Varianten der Wirklichkeit für mich aus."

"Die besten Varianten der Wirklichkeit?", fragte ich verständnislos nach.

"Die Welt ist in Wirklichkeit multidimensional", begann Dr. Mohassid zu erklären. "Es gibt unendlich viele Realitäten, die alle ineinander verschachtelt sind. Alles, was in einer bestimmten Situation geschehen könnte, geschieht parallel. Es ist, als ob eine Szene in einem Film in unendlich vielen Varianten gedreht worden wäre. Alle diese Szenen werden dann gleichzeitig gezeigt. Wenn Sie Ihrer Wahrnehmung keinen Filter aufsetzen würden, würden sie gar nichts erkennen können. Es wäre, als würden Sie alle Fernsehsender der Welt gleichzeitig auf einem Fernseher empfangen. Sie würden nichts erkennen können.

Die menschliche Wahrnehmung hat nun eine Unzahl verschiedenster Filter. Wir nehmen zum Beispiel nur den jetzigen Augenblick wahr. Wir nehmen auch nur den Ort wahr, an dem wir uns gerade befinden. Wir nehmen die multidimensionale Welt durch die Brille unserer Wahrheiten wahr. Das sind gigantisch viele Filter. Der Hauptfilter besteht darin, dass wir glauben, es gäbe nur eine einzige Variante der Welt. Damit filtern wir alle parallelen Varianten heraus. Wir nehmen nur eine einzige wahr und denken, das sei die wirkliche Welt. Die Welt erscheint uns dann dreidimensional."

"Die Welt ist in Wirklichkeit multidimensional?", fragte ich zweifelnd. "Sind Sie sicher, dass das alles stimmt?"

"Liebste Frau Roberts, wenn Sie wüssten, was ich, seitdem ich die Informationen des Kristalls habe, alles erlebt habe, dann würden Sie diese Frage nicht stellen. In jedem Augenblick Ihres Lebens stehen Ihnen Tausende von Türen offen. Alles kann als Nächstes passieren. Es gibt keine wirklichen Grenzen. Nur die, die Ihr Verstand Ihnen setzt."

"Jetzt wird mir klar", bemerkte Peter begeistert, "was mit der Botschaft des Kristalls tatsächlich gemeint war. Er gab mir zu verstehen, dass ich mir eine Wahrheit nehmen würde. Ich nehme mir also eine von unendlich vielen Varianten der wirklichen Welt und glaube, diese Variante sei die einzige Wirklichkeit."

"Okay, nehmen wir an, dass das alles so ist", ergriff ich wieder das Wort. "So wie ich das sehe, wählen wir die Realität genauso aus wie unsere Gefühle. Es scheint der gleiche Prozess zu sein. Wir richten unsere Aufmerksamkeit auf etwas Bestimmtes und ernten bestimmte Gefühle. Offenbar wählen wir mit unserer Aufmerksamkeit gleichzeitig die Realität aus, die wir fühlen."

"Ich muss gestehen, dass ich das jetzt nicht so ganz verstanden habe", meinte Dr. Mohassid.

"Der Fokus Ihrer Wahrnehmung, ich nenne das einfach Aufmerksamkeit, richtet sich zum Beispiel auf die Suche nach Gefahren einer Falschentscheidung. Das, was Sie bei dieser Suche finden, wird Ihre Gefühle bestimmen. Gleichzeitig wählen Sie damit auch die Wirklichkeit aus, in der es diese Gefahren gibt. Deshalb sind wir zu dem Ergebnis gekommen, dass wir unsere Aufmerksamkeit auf Glück richten wollen. Wir können das erreichen, indem wir vom Vermeidenwollen eines Unglücks auf Erreichenwollen des Glücks umschalten. Wenn wir auf diese Weise nur nach Glück suchen, würden wir auch nur eine glückliche Wirklichkeit auswählen."

"Moment, Moment", sagte Dr. Mohassid nachdenklich. "Sie wollten Glücksgefühle haben, um ihre Realität auszusuchen?"

"Ja, natürlich", erwiderte ich, verwundert über diese Nachfrage.

"Worauf hat sich dabei Ihre Aufmerksamkeit gerichtet?", wollte Dr. Mohassid wissen.

"Auf Glücksgefühle", erwiderte ich. "Auf was wollen Sie hinaus?"

"Sie haben in den Glücksgefühlen sozusagen den Schlüssel zu einer glücklichen Realität gesehen. Sind Sie sicher, dass sich Ihre Aufmerksamkeit auf Glücksgefühle gerichtet hat?"

"Wieso sollte sie das nicht?", fragte ich verständnislos.

"Lassen Sie mich eine Gegenfrage stellen: Wenn Glücksgefühle notwendig sind, um die Realität auszuwählen: Was ist, wenn Sie mal keine Glücksgefühle haben? Was ist, wenn Sie schlechte Gefühle haben? Wählen Sie dann eine schlechte Realität aus?"

"So wie es aussieht, ja", stimmte ich nachdenklich zu.

"Das bedeutet, schlechte Gefühle stellen eine Gefahr dar!", meinte Dr. Mohassid.

"Ach du Scheiße!", entglitt es meinem erstaunten Mund. "Jetzt ist klar, was wir falsch gemacht haben. "Wenn wir eine Gefahr sehen, richten wir instinktiv unsere Aufmerksamkeit darauf, um sie zu beseitigen. Wenn schlechte Gefühle eine Gefahr darstellen, richten wir unsere Aufmerksamkeit darauf und fühlen logischerweise genau diese Gefühle, die wir vermeiden wollen. Das hätte ich eigentlich wissen müssen."

"So habe ich das nie gesehen", meinte Peter jetzt. "Ich wollte die Glücksgefühle nicht, weil ich damit die Realität gestalten oder auswählen wollte. Ich wollte Glücksgefühle, weil es das einzig Wichtige ist. Die äußeren Umstände können mich nicht glücklich machen. Das kann nur ich tun, indem ich die Dinge wahrnehme, die ich schön finde. Ich denke also nicht, dass ich diesen Fehler begangen habe."

"Du hast ja auch nicht an deinem Glauben gezweifelt", erwiderte ich. "Wenn ich das richtig sehe, bist dann wohl du dafür verantwortlich, dass wir jetzt hier sind und vielleicht eine Chance haben, unsere Mission doch noch zu erfüllen."

"Für mich sehen unsere Erfolgschancen tatsächlich anders aus als du das gesehen hast", meinte Peter. "Seit ich den Gedanken angenommen habe, dass das alles vielleicht stimmen könnte, nehme ich ständig Dinge wahr, die mir erneut das Gefühl geben, dass es stimmt."

"Dass es stimmt?", hakte ich nach. "Oder, dass es vielleicht stimmt? Ich denke, dieser Unterschied ist wichtig. Ansonsten haben wir unrealistische Erwartungen und sind danach enttäuscht, weil nicht alles sofort hundertprozentig so ist, wie wir das wollen."

"Du hast Recht, Ronja", stimmte Peter zu. "Ich erlebte bisher, dass es vielleicht stimmt. Es geschahen Dinge, die auch Zufall sein könnten. Es waren erst einmal Kleinigkeiten. Doch diese Kleinigkeiten waren schon so unwahrscheinlich, dass ich auf jeden Fall das Gefühl bekam, es könnte vielleicht stimmen. Dadurch dass dieses Vielleicht andauernd bestätigt wurde, fing ich an zu glauben, dass es wahrscheinlich stimmt. Was natürlich zur Auswahl einer Variante der multidimensionalen Wirklichkeit führte, in der es so aussah, als würde es wahrscheinlich stimmen.

So wie es aussieht, müsste das jetzt so weitergehen, bis ich ganz sicher bin."

"Genauso ist es bei mir gelaufen", meinte Dr. Mohassid. "Mit einem Wahrscheinlich im Bauch passieren schon viel unglaublichere Dinge als mit dem einfachen Vielleicht. Wenn ein paar von diesen Wahrscheinlichkeiten passiert sind, wird es immer noch wahrscheinlicher und irgendwann sicher. Es ist nur eine Frage der Zeit."

"Und genau das ist das Problem", meinte ich frustriert. "Wir haben keine Zeit mehr. In ein paar Stunden wird der Krieg in vollem Gange sein, und wir sitzen hier und theoretisieren."

"Machen Sie sich keine Sorgen", versuchte Dr. Mohassid mich erneut zu beruhigen. "Das mit dem Krieg wird gut laufen. Ich bin ganz sicher, und ich weiß, dass ich meine Realität bestimmen kann."

"Das ist schön für Sie", meinte ich leicht sarkastisch. "Das nützt mir jedoch nicht sonderlich viel, dass Sie Ihre Realität bestimmen können."

"Das würde ich in diesem Fall gar nicht so sagen", entgegnete Dr. Mohassid. "Sie haben bei der Umsetzung der Kristallinformationen einen großen Fehler gemacht. Peter hat diesen Fehler nicht begangen. Und trotzdem sind Sie beide hier."

"Was soll das heißen?", fragte ich verständnislos.

"Das heißt, dass Sie offensichtlich diese Begegnung genauso gewählt haben. Sie haben die Realität gewählt, in der Sie mit Peter zusammen sind. Damit haben Sie die gleiche Realität ausgewählt. Sie alle drei haben somit eine Realität ausgewählt, in der Sie mir begegnet sind. Und ich weiß, dass der Krieg nicht stattfinden wird. Das wird auch Ihre Realität sein."

"Es wäre schön, wenn ich das glauben könnte", entgegnete ich.

"Das müssen Sie nicht", meinte Dr. Mohassid. "Sie konnten auch nicht glauben, dass sie noch eine Möglichkeit bekommen würden, den Krieg zu verhindern, und dennoch ist es so gekommen. Machen Sie sich keine Sorgen, und überlassen Sie mir den Krieg. Tun Sie Ihren Teil mit dem Raumschiff. Etwas anderes können Sie sowieso nicht tun. Lehnen Sie sich bis heute Abend zurück, und entspannen Sie sich."

"Ich soll mich entspannen?", sagte ich entrüstet. "Ist Ihnen bewusst, dass fast die gesamte Menschheit ausgelöscht wird, wenn wir es nicht schaffen?"

"Wenn es Sie beruhigt, dann denken Sie daran, dass dies nur in einer Variante der Realität geschieht. In einer anderen Variante wird der Krieg verhindert", meinte Dr. Mohassid.

"Moment, Moment! Heißt das, es gibt auch eine Variante, in der der Krieg nicht verhindert wird?", fragte ich zweifelnd.

"Es gibt alle Varianten", bestätigte Dr. Mohassid.

"Wenn das stimmt, dann macht es ja überhaupt keinen Sinn, was wir hier tun", sagte ich entsetzt. "Was soll denn dann der ganze Scheiß hier? Wozu strengen wir uns denn dann an?"

"Diese Sinnkrise habe ich auch hinter mir", erklärte Dr. Mohassid. "Der Sinn, den wir bisher in unserem Leben gesehen haben, baute darauf auf, dass es nur eine dreidimensionale Welt gibt. Es ist klar, dass dieser Sinn in einer multidimensionalen Wirklichkeit keinen Sinn mehr macht. Der Sinn der multidimensionalen Wirklichkeit ist ein anderer. Wir befinden uns an der Schwelle eines völlig neuen Bewusstseins. In diesem multidimensionalen Bewusstsein wird sich fast alles verändern. Es wird damit einen neuen Sinn geben."

"Aber dann ist ja alles in meinem Leben nicht wirklich!", sagte ich frustriert. "Nichts ist echt."

"Ich kenne dieses Gefühl", erwiderte Dr. Mohassid. "Auch das Empfinden für das Wirkliche im Leben verändert sich. Sie werden eine neue Wirklichkeit finden."

"Was haben Sie gefunden? Was ist für Sie noch echt?", wollte ich wissen.

"Es ist das, was sie mitnehmen, wenn Sie sterben. Es ist das, was in all Ihren Träumen immer dasselbe ist. Es ist auch das, was in allen Varianten der Wirklichkeit, die Sie erleben, immer dasselbe ist. Sie selbst. Oder anders ausgedrückt: Ihre Seele. Und natürlich auch die Seele anderer Menschen oder Tiere und Pflanzen.

Alle Wesen dieser Welt sind multidimensionale Wesen. Sie alle sind echt. Ihre Seele ist echt. Sie leben mit diesen Wesen alle Varianten der Wirklichkeit aus, die man sich vorstellen kann. Offenbar genügt uns Seelen eine Variante nicht. Warum das so ist, weiß ich noch nicht. Ich vermute jedoch, dass es mit dem wirklichen Sinn dieser Wirklichkeit zu tun hat."

"Das bedeutet, dass es mich unendlich oft gibt, wenn ich Sie richtig verstanden habe. Es gibt eine Ronja, die den Krieg verhindert. Es gibt eine Ronja, die ihn nicht verhindert. Es gibt eine, die in diesem Gefängnis vergammelt. Es gibt dann Tausende von Ronjas. Sehe ich das richtig?"

"Nicht ganz", meinte Dr. Mohassid zu meinem Erstaunen. "Es gibt Sie nur einmal. Es gibt nur eine Ronja, die das alles parallel erlebt. Sie sind in jeder Variante der Wirklichkeit dieselbe.

Denken Sie einmal an Ihre Träume. Sie erleben die unterschiedlichsten Realitäten in Ihren Träumen. Und dennoch, Sie sind in jedem Traum Sie selbst. Sogar, wenn Sie träumen, ein Mann zu sein. Sie fühlen sich immer noch als dieselbe Seele. Und das sind Sie auch. Die Seele ist das Echte im Leben."

"Wenn ich mich nicht an die anderen parallelen Wirklichkeiten erinnern kann, dann habe ich sie doch offensichtlich auch nicht erlebt. Dann ist es doch eine andere Ronja, die das erlebt", wandte ich ein.

"Dann wären Sie in allen Situationen aus Ihrer Vergangenheit, die Sie vergessen haben, auch eine andere gewesen. Und Sie wären in Ihren Träumen auch immer eine andere Ronja", meinte Dr. Mohassid. "In Ihren Träumen erinnern Sie sich meistens auch nicht daran, dass Sie eigentlich nur träumen und in Wirklichkeit etwas völlig anderes Realität ist. Sie erinnern sich auch nicht an andere Träume, in denen Sie etwas völlig anderes erlebt haben. Und dennoch waren es immer Sie selbst. Es gibt keine unterschiedlichen Ronjas. Sie erleben alles gleichzeitig. Sie filtern durch den Glauben an eine einzige Welt nur die anderen Erfahrungen aus Ihren Erinnerungen und aus Ihrer Wahrnehmung aus. Und so sieht es für Sie in allen Varianten der Wirklichkeit so aus, als gäbe es nur diese eine. Es gibt sie jedoch alle, und Sie erleben sie auch alle. Genauso, wie sie auch Ihre Träume alle als Sie selbst erleben."

"Kann ich denn dann in eine andere Realität wechseln, wenn mir die hier nicht so gut gefällt?", wollte ich wissen.

"Wechseln können Sie logischerweise nicht. Sie sind ja auch in der anderen Realität. Sie können nicht hier verschwinden und in der anderen auftauchen. Sie sind ja überall. Sie können jedoch Ihre Wahrnehmung verändern. Sie können sich andere Filter aufsetzen. Damit sieht das dann für Sie so aus, als hätten Sie gewechselt. Sie können zum Beispiel die Wahrnehmung Ihres Körpers wechseln. Wenn Sie in einem unheilbar kranken Körper stecken, können Sie einfach die Variante Ihres multidimensionalen Körpers auswählen, die vollkommen gesund ist. So funktionieren Wunderheilungen."

"Wie können Sie so sicher sein, dass das alles wirklich so ist?", fragte ich zweifelnd.

"Liebste Freundin, wenn Sie wüssten, was ich schon alles erlebt habe! Leider haben Sie momentan noch nicht genügend Bestätigungen dafür erhalten, dass Sie multidimensionale Seelen sind. Sie nehmen Ihren Körper momentan noch so wahr, als gäbe es nur diese eine Variante Ihres Körpers. Wenn Sie sich ausreichend davon überzeugen konnten, dass Sie einen multidimensionalen Körper besitzen, werden Sie ihn auch wahrnehmen. Von da an gelten andere Regeln."

"Was gelten dann für Regeln?", fragte ich neugierig.

"Sie nehmen momentan noch die Variante Ihres Körpers wahr, die dreidimensionalen physiologischen und psychologischen Gesetzmäßigkeiten folgt", meinte Dr. Mohassid. "Sie nehmen einen Körper wahr, in dem sich Ihr Gehirn darauf eingestellt hat, die Welt als eine dreidimensionale Wirklichkeit wahrzunehmen. Und zwar als die einzige Wirklichkeit, die existiert. Das Gehirn, das Sie wahrnehmen, ist so beschaffen, dass es einen sehr beschränkten bewussten Wahrnehmungsradius hat."

"Was heißt das?", hakte ich nach.

"Sie können bewusst nur etwa sieben Informationseinheiten gleichzeitig bewusst aufnehmen. Zum Beispiel eine Zahlenreihe. Sie tun sich schwer damit, eine Zahl mit mehr als sieben Stellen auf einen Blick wahrzunehmen. Dieser enge Wahrnehmungsradius entsteht durch die Annahme, es gäbe nur eine dreidimensionale Wirklichkeit und vor allem durch die Annahme, es gäbe Zeit. Damit wir Zeit tatsächlich erleben, ist es notwendig, den Moment wahrzunehmen. Und nur diesen Moment. Danach den nächsten Moment und so weiter. Damit wir bewusst nicht mehr wahrnehmen, ist unser bewusster Wahrnehmungsradius so begrenzt. Da Ihr Bewusstsein nur diesen kleinen Wahrnehmungsradius hat, muss Ihr Unbewusstes Ihnen immer die Informationen zur Verfügung stellen, die Sie in der Situation, in der Sie gerade stecken, brauchen."

"Und woher weiß mein Unbewusstes, wann ich welche Information brauche?", wollte ich wissen.

"Sie bringen es ihm bei", antwortete Dr. Mohassid. "Wenn Sie beispielsweise beim Sex mehrmals darüber nachdenken, wie Sie die finanzielle Misere lösen sollen, in der Sie gerade stecken, dann wird Ihr Unbewusstes dies übernehmen. Ihnen werden beim Sex dann standardmäßig die Gedanken an Ihre finanzielle Situation durch den Kopf gehen. Ihr Unbewusstes glaubt, dass Sie in dieser Situation die Informationen über Ihre Finanzen brauchen, und stellt sie Ihnen zur Verfügung.

Diese Funktionsweise Ihres Gehirns ist für Ihre Handlungsfähigkeit sehr wichtig. Sie können bedingt durch Ihren engen bewussten Wahrnehmungsradius nicht immer alles, was Sie erlebt und erlernt haben, permanent bewusst im Kopf haben. Es ist also gut, dass es so funktioniert. Für die Umsetzung Ihres neuen Wissens wäre es jedoch schöner, wenn Ihr Gehirn anders funktionieren würde."

"So ganz steige ich da noch nicht durch", erklärte ich Dr. Mohassid. "Wo liegt das Problem?"

"Das Problem liegt darin, dass Sie möglicherweise in einem Lebensbereich erlebt haben, dass es tatsächlich stimmt, und in anderen Lebensbereichen scheinbar nichts mehr davon wissen. Ihr Gehirn hat sich auf die verschiedensten Lebensbereiche so stark spezialisiert, dass Lebenserfahrungen in dem einen Bereich nicht automatisch in andere Bereiche einfließen.

Es klappt beispielsweise in Ihrer Beziehung hervorragend, aber bei Ihren Finanzen herrscht nach wie vor das gleiche Chaos. Sie würden in diesem Fall spüren, dass Sie sich ziemlich sicher sind, dass in Ihrer Beziehung immer das Beste geschieht. Von diesem Gefühl ist jedoch bei Ihren Finanzen überhaupt nichts zu spüren.

Sie werden natürlich irgendwann auf die Idee kommen, dass es doch eigentlich bei den Finanzen genauso funktionieren müsste, wie in Ihrer Beziehung. Das bedeutet, dass Sie jetzt für Ihre Finanzen ein Vielleicht haben. Dieses Vielleicht wird sich natürlich irgendwann zur gleichen Sicherheit gesteigert haben wie es in Ihrer Beziehung auch geschehen ist. Aber es wird erst einmal wieder als Vielleicht beginnen.

Wie weit Ihr Leben in Ihrem Gehirn in kleine Bereiche eingeteilt ist, kann ich Ihnen leider nicht sagen. Klar ist nur, dass es sich mit der Zeit in allen Bereichen umsetzt. Es dauert nur ein Weilchen. Doch aufhalten kann man es nicht mehr! Es sei denn, man erwartet zu viel. Sie werden irgendwann davon überzeugt sein, eine multidimensionale Persönlichkeit zu sein. Wenn das geschehen ist, geht alles sehr viel einfacher."

"Bis dahin wird es wohl noch ein Weilchen dauern, wenn ich das richtig verstehe", warf ich ein. "Was werden wir heute Abend rein weltlich tun, wenn wir hier rauskommen? Wie sollen wir die Kammer finden?"

"Wir müssen den genauen Ort bestimmen, wo die Kammer versteckt ist", sagte Peter.

"Haben Sie irgendwelche Anhaltspunkte?", fragte Dr. Mohassid.

"Wir haben eine Inschrift gefunden, die wir jedoch nicht verstehen. Und wir wissen, dass die Pyramiden von Gizeh den genauen Ort der Kammer irgendwie beschreiben", sagte ich.

"Wie lautete die Inschrift?"

"Im Löwen weist das Band des Orion dem Gelehrten den Weg", antwortete ich.

"Dem Gelehrten", wiederholte Dr. Mohassid nachdenklich. "Was waren die Gelehrten von damals?"

"Es waren Mathematiker, Astronomen und Alchemisten", meinte Markus. "Natürlich!", rief Markus plötzlich laut aus. "Das Band des Orion im Löwen. Das ist damit gemeint! Mit dem Löwen muss das Sternbild des Löwen gemeint sein. Dass ich da nicht gleich drauf gekommen bin!"

"Worum geht es? Sprich weiter!", sagte ich ungeduldig.

"Um zu verstehen, was ich meine, musst du wissen, dass die Sternbilder, die wir sehen, sich mit der Zeit verändern. Das hat etwas mit der Pendelbewegung der Erde um ihre Drehachse zu tun. Vor zwölftausend Jahren schrieben die Astrologen das Zeitalter des Löwen. Das Sternbild des Orion sah damals etwas anders aus als heute. Ich habe einmal eine Theorie gehört, wonach die drei Pyramiden von Gizeh ein genaues Abbild der drei Gürtelsterne des Orion sein sollten. Die Menschen damals hätten nicht den Sonnengott Ra verehrt, sondern das Universum mit all seinen Sternen. Ich habe diese Theorie nie nachgeprüft und es fast vergessen. Doch jetzt ergibt alles einen Sinn. Die Inschrift besagt schlicht und ergreifend, dass die drei großen Pyramiden den Weg zur Kammer angeben. Das, was wir aus der Zukunft ja bereits wissen."

"Wir sind also keinen Schritt weitergekommen", stellte ich frustriert fest.

"Sie sagten vorhin, die Gelehrten von damals waren Astronomen und Mathematiker", meinte Dr. Mohassid. "Kann es sein, dass das uns weiterbringt? Vielleicht gibt es irgendeine mathematische Grundlage, wie die drei Pyramiden den genauen Fundort beschreiben können."

"Ich bin leider kein allzu großer Mathematiker", erklärte Markus.

"Ich werde es herausfinden", erklärte Dr. Mohassid selbstsicher. "Kommen Sie nur heute Abend zum Gizeh-Plateau. Den Rest erledige ich."

Als wir zurück in unsere Zelle gebracht wurden, wurde mir klar, dass die einzige Möglichkeit, Dr. Mohassid zu treffen, die Verhaftung gewesen war. Ohne dass Peter so gedrängt hätte, in die Mykerinos-Pyramide hinein zu wollen, wären wir diesem Mann nicht mehr rechtzeitig begegnet. Es war offenbar eine wertvolle Illusion, dass Peter geträumt hatte, die Kammer sei in der Mykerinos-Pyramide.

Ich zweifelte zwar immer noch daran, dass wir in den nächsten elf Stunden Ella finden könnten. Doch unsere Chancen waren durch Dr. Mohassid erheblich größer geworden. Er hatte mir neuen Mut gemacht. Ich war fast ein wenig euphorisch.

Als wir wieder in unserer Zelle allein waren, ergriff ich das Wort.

"Dr. Mohassid hat einen bleibenden Eindruck auf meine Gefühle hinterlassen", erklärte ich Markus und Peter.

"Es ist klar, dass Dr. Mohassid diese Wirkung auf uns hatte", erklärte Peter. "Er hat das Wissen des Kristalls jetzt schon einige Monate lang. Er konnte sich offensichtlich in der Zwischenzeit davon überzeugen, dass alles wahr ist. Er ist uns um einige Schritte voraus."

"So langsam fange ich auch an zu glauben, dass das alles stimmt. Nach dem, was Dr. Mohassid über die multidimensionale Wirklichkeit sagte, ergibt vieles einen Sinn", meinte Markus nachdenklich.

"Von was genau redest du?", wollte ich wissen.

*"Es gab schon einmal Wissenschaftler, die behauptet haben, unsere Welt sei multidimensional", begann Markus zu erzählen. "Es waren Wissenschaftler der NASA. Anfang der neunziger Jahre des letzten Jahrhunderts hielten sie einen Vortrag vor den Vereinten Nationen.

Das Ganze fing damit an, dass bei der ersten Marsmission ein Gebirge fotografiert wurde, das wie ein halbes Gesicht aussah. Man ging davon aus, dass es sich um zufällige Licht- und Schatteneffekte handelte, denn wer sollte ein Gesicht auf dem Mars modellieren und für wen? Und vor allem: Welcher Bildhauer sollte wohl in der Lage sein, ein Gesicht aus dem Stein zu meißeln, das mehrere hundert Kilometer groß ist!?

1998 wurde dieses Phänomen eindeutig geklärt. Die hochauflösenden Bilder einer neuen Marsmission zeigten eindeutig, dass es sich tatsächlich um natürliche Felsformationen handelte. Es war also kein künstliches Gesicht auf dem Mars modelliert worden.

Doch bevor man diese Gewissheit hatte, sorgte der Mythos Marsgesicht für wilde Vermutungen und faszinierte viele Menschen. So vermuteten auch einige NASA-Wissenschaftler damals mehr hinter diesem halben Gesicht. Sie stellten privat weitere Forschungen an, da sie von offiziellen Stellen nicht unterstützt wurden.

In mühevoller Kleinarbeit durchstöberten sie die Video-Archive der Marsmission. Nach über zehntausend Fotos wurden sie fündig. Sie fanden eine Aufnahme von der fehlenden Hälfte des Marsgesichtes. Es war eine Perspektive, in der man das Gesicht jedoch nicht sofort erkennen konnte. Sie erstellten eine dreidimensionale Skulptur aus diesem Bild und erkannten, dass es von oben gesehen tatsächlich die zweite Hälfte eines Gesichtes war. Nur sah diese Hälfte sehr viel anders aus als die erste. Doch die Tatsache, dass es tatsächlich ein vollständiges Gesicht auf dem Mars gab, das mehrere hundert Kilometer groß war, war eine Sensation. Dieses Gesicht konnte nicht natürlichen Ursprungs sein, dachte man wieder. Ein zufälliger Licht- und Schatteneffekt, der wie ein Gesicht aussieht, hätte das noch sein können. Aber nicht ein vollständiges Gesicht, meinte man.

Wie gesagt ist mittlerweile geklärt, dass es sich um natürliche Felsformationen handelt. Und dennoch waren die Forschungsergebnisse, die dieser Mythos auslöste, mehr als beeindruckend.

Bedingt durch ihre Faszination forschten die NASA-Wissenschaftler weiter. Sie kamen auf die Idee, die beiden Hälften des Gesichtes einmal über die Mittelachse zu spiegeln. Das Ergebnis war erschütternd. Spiegelt man die linke Hälfte über die Mittelachse, erhält man eindeutig das Portrait eines Urzeitmenschen. Spiegelt man jedoch die rechte Hälfte, erscheint das Bild eines Löwenkopfes.

Das konnte nun wirklich kein Zufall sein. Das Gesicht auf dem Mars stellte eine Symbiose zwischen Mensch und Löwe dar. Das gab es auf der Erde auch schon einmal."

"Der Sphinx", unterbrach ich Markus.

"Ganz genau. Auch wenn es sich beim Marsgesicht um ein natürliches Phänomen handelt und bei dem Sphinx um ein künstlich geschaffenes Objekt, so gibt es doch eine Menge seltsamer Eigenschaften, die sowohl der Sphinx als auch das Marsgesicht gemeinsam haben.

Nachdem die NASA-Wissenschaftler das Gesicht ausgiebig untersucht hatten, beschäftigten sie sich mit dem Gebiet auf dem Mars, wo das Gesicht gefunden wurde: Cydonia. Nach kurzer Zeit faszinierte sie Cydonia mehr als das Gesicht. In Cydonia gab es eine Vielzahl von pyramidenförmigen Bergen. In einem dieser Berge waren ungewöhnliche Winkelverhältnisse zu sehen. Es tauchten verschiedene mathematische Konstanten auf, wie zum Beispiel die Konstante π, mit der man Kreise berechnet. Weiterhin die Konstante e der Wachstumsfunktion. So etwas bringt die Natur offenbar zufälligerweise zustande. Ist schon seltsam, finde ich.

Die Wissenschaftler stellten fest, dass diese Konstanten in den Winkelverhältnissen zwischen den verschiedenen pyramidenförmigen Bergen immer wieder vorkamen. Es sah so aus, als hätte irgendjemand diese Berge auf dem Mars so platziert, dass diese mit einer Genauigkeit, mit der wir heute Diamanten schleifen, diese mathematischen Konstanten wiedergeben.

Die NASA-Wissenschaftler gingen davon aus, dass irgendjemand uns damit etwas mitteilen wollte. Nur was? Wollte er uns beibringen, wie wir Kreise berechnen können? Sicher nicht. Was aber könnte jemand damit bezwecken, diese Konstanten auf dem Mars zu hinterlassen?

Diese Frage drängte sich den Wissenschaftlern auf. Was ihnen weiterhin auffiel, war, dass der Winkel 19,5 Grad ungewöhnlich häufig auftauchte. Sie konnten damit jedoch nichts anfangen. Möglicherweise musste das eine Konstante sein, die unseren Mathematikern noch nicht bekannt war.

Nach einer Weile beschäftigte man sich noch einmal mit dem Sphinx, da er ja ebenfalls eine Symbiose aus Mensch und Löwe darstellte. Man war geschockt, als klar wurde, dass die gleichen mathematischen Konstanten des Marsgesichts auch in dem Sphinx zu finden waren: π, e und 19,5 Grad.

Das kann nur bedeuten, dass es doch einen Zusammenhang zwischen Marsgesicht und Sphinx geben muss. Obwohl das Gesicht natürlichen Ursprungs und der Sphinx ein von Menschenhand geschaffenes Objekt ist.

"Das ist unglaublich", sagte ich fasziniert.

"Es kommt noch besser", erwiderte Markus. "Habt ihr schon einmal etwas von Kornkreisen gehört?"

"Ja, natürlich", bestätigte Peter. "Mittlerweile sind es schon wahnsinnig schöne Ornamente, die da in den Kornfeldern erscheinen."

"Als sie zum ersten Mal auftauchten, waren es einfache Kreise. Diese Kreise haben sich permanent weiterentwickelt. Sie tauchen überall auf der Welt auf. Viele Leute halten sie für Fälschungen, die irgendwelche Spaßvögel in die Felder trampeln.

Wenn man sich die Ornamente jedoch genau anschaut, erkennt man, dass diese Spaßvögel ihre Arbeit mit extrem genauen Präzisionsinstrumenten machen müssten. Denn was glaubt ihr wohl, welche mathematische Konstanten in den Kornkreisen immer wieder auftauchen?"

"π und e?", fragte ich fasziniert.

"Und 19,5 Grad", ergänzte Markus.

"Das kann nun wirklich kein Zufall sein", erwiderte ich.

"Das kann erstens kein Zufall sein und zweitens keine Spaßvögel, die diese Kornkreise trampeln. Wir sind mit der modernsten Technik unserer Zeit nicht in der Lage, diese mathematischen Konstanten mit der gleichen Genauigkeit wie in den Kornkreisen abzubilden.

Klar war den NASA-Wissenschaftlern, dass es einen Zusammenhang geben musste zwischen Kornkreisen, Sphinx und Marsgesicht. Unklar war jedoch, warum der Winkel 19,5 Grad überall auftauchte. Die Wissenschaftler glaubten, dass irgendjemand, der nicht von dieser Welt sein konnte, uns mit dem Marsgesicht, dem Sphinx und den Kornkreisen ein mathematisches Rätsel aufgegeben hat, dessen Lösung aus dem Winkel 19,5 Grad besteht. Nur warum? Was wollte er uns damit sagen?

Diese Frage stellten sich die NASA-Wissenschaftler auch. Sie fanden eine Antwort in mathematischen Spielereien aus den sechziger Jahren des letzten Jahrhunderts.

Damals dachten sich einige Mathematiker, dass man nur so zum Spaß doch einmal so tun könnte, als hätte ein Körper mehr als drei Raumdimensionen. Also nicht nur Länge, Höhe und Breite. Sie konnten sich zwar nicht vorstellen, was das für Dimensionen sein könnten, wussten aber, dass man solche Körper durchaus mathematisch berechnen kann.

Sie nahmen als Beispiel eine Kugel und fügten ihren Berechnungen einfach weitere Dimensionen hinzu. Erstaunt waren sie zunächst darüber, dass das Ergebnis in den ersten drei Dimensionen wieder eine Kugel war. Es war jedoch keine normale Kugel. Es war eine Kugel, die an acht verschiedenen Stellen besondere Ereignispunkte aufwies. Man teilte die Kugel in Längen- und Breitengrade ein, so wie bei der Erde, und stellte fest, dass jeweils am geographischen Nordpol und am Südpol ein solcher Ereignispunkt auftauchte und an sechs Stellen etwas unterhalb und oberhalb des Äquators. Genau gesagt bei 19,5 Grad südlicher und nördlicher Breite jeweils drei."

"Nein, sag dass das nicht wahr ist", meinte ich beeindruckt.

"Es kommt noch besser: Wenn man diese Ereignispunkte miteinander verbindet, erhält man einen Tetraeder, dessen Spitze nach oben schaut und einen anderen, dessen Spitze nach unten ragt. Diese beiden Tetraeder durchdringen sich und bilden einen dreidimensionalen Davidstern."

"Genauso sieht Ella aus!", unterbrach ich Markus.

"Die Rätsel in der Pyramide waren auch auf diese Tetraeder-Kugel-Struktur aufgebaut", meinte Markus. "In dieser Struktur war eine gesamte Schöpfungsgeschichte symbolisiert. Und das scheint kein Zufall zu sein."

"Den NASA-Wissenschaftlern war dies eine deutliche Antwort auf ihre Frage. Sie glaubten, dass dieser Jemand, den sie für das Marsgesicht, den Sphinx und die Kornkreise verantwortlich machten, uns mitteilen wollte, dass unsere Welt multidimensional ist.

Wenn unsere Welt tatsächlich multidimensional wäre, dann müssten diese acht Ereignispunkte auf natürlichen Kugeln zu finden sein. Dann müssten sich die acht Ereignispunkte auch auf den Planeten in unserem Sonnensystem befinden.

Die Wissenschaftler schauten sich zunächst die Sonne an und stellten fest, dass genau an den sechs Stellen bei 19,5 Grad südlicher und nördlicher Breite die meisten Sonnenflecken und Eruptionen waren. Offenbar waren hier besondere Kraftpunkte. Danach schauten sie sich den Jupiter an. Genau bei 19,5 Grad befindet sich das rote Auge auf dem Jupiter, das einen riesigen dauerhaften Wirbelsturm darstellt. Sie fanden bei allen Planeten das Gleiche. Auch auf der Erde. Big Island auf Hawaii zum Beispiel ist mit Abstand der höchste Berg auf der Erde, wenn man nicht vom Meeresspiegel aus rechnet, sondern vom Fuß des Berges ausgeht. Und Big Island liegt genau bei 19,5 Grad. Auch auf dem Mond liegt der höchste Berg genau bei diesen 19,5 Grad.

Auf allen Planeten, die man untersuchte, waren an den sechs Punkten bei 19,5 Grad südlicher oder nördlicher Breite besondere Ereignispunkte.

Das Ganze brachte die Wissenschaftler auf den Gedanken, dass die Planeten und Sterne gar keine Kugeln, sondern multidimensionale Gebilde sein müssen, die nur in unseren drei Dimensionen als Kugeln erscheinen. Das bedeutet wiederum, dass unsere Welt nicht das ist, was wir mit unseren fünf Sinnen wahrnehmen können. Wir sehen also offensichtlich nur einen sehr beschränkten und verzerrten Teil der Wirklichkeit.

Ich kann mir daher sehr gut vorstellen, dass Dr. Mohassid Recht hat: Die wirkliche Welt ist wahrscheinlich tatsächlich multidimensional. Das ist die Botschaft von Marsgesicht, Sphinx und Kornkreisen. Und offensichtlich auch von Ella."

Die Nefilim kommen

Es war bereits später Nachmittag geworden. Wir saßen in unserer Zelle und warteten darauf, dass es losgehen sollte.

Mir ging immer wieder das Gespräch mit Dr. Mohassid durch den Kopf. Vor allem die Sicherheit, mit der er von der Multidimensionalität der Realität gesprochen hatte und davon, dass wir die Variante der Wirklichkeit aussuchen könnten, in der der Krieg nicht stattfinden würde. Andererseits auch die Behauptung, dass der Krieg in einer anderen Variante der Wirklichkeit trotzdem stattfände. Wir wären multidimensionale Seelen, die alle Varianten der Wirklichkeit durchlebten.

Mir war klar, dass ich eine unsterbliche Seele war. Es gab keine andere Erklärung dafür, dass ich in dieser Zeit und in diesem Körper war. Ich hatte offensichtlich meinen Tod überlebt, wenn man das so sagen kann. Ich wurde in der Zukunft als Ronja wiedergeboren.

Wenn ich mir das so recht überlegte, dann war eigentlich ziemlich klar, dass ich durch den bevorstehenden Krieg nicht wirklich sterben könnte. Mein Geist würde weiterexistieren, egal, was geschehen würde. Ich konnte das zwar nicht hundertprozentig sicher wissen, aber so gut wie sicher.

Dieser Gedanke beruhigte mich ungemein, wenn ich daran dachte, was uns möglicherweise bevorstand. Ich dachte, dass dies den anderen beiden auch weiterhelfen könnte, ihre Gefühle auf die Reihe zu bringen. Ich sprach sie darauf an.

"Peter, Markus, habt ihr Angst vor dem Sterben?"

"Ich müsste lügen, wenn ich nein sagen würde", meinte Markus.

"Ich habe eigentlich keine so große Angst vor dem Tod", dementierte Peter. "Ich denke, wirklich sterben kann ich gar nicht."

"Das sehe ich genauso", stimmte ich zu. "Meine Anwesenheit in dieser Zeit ist eigentlich ein Beweis dafür, dass wir unsterbliche Seelen sein müssen. Daher brauchen wir nicht wirklich Angst davor zu haben, was in den nächsten Stunden geschehen wird."

"Theoretisch habt ihr Recht", meinte Markus. "Praktisch fühle ich mich jedoch nicht sonderlich wohl, wenn ich daran denke, dass über mir die Atomraketen explodieren könnten und die Erde radioaktiv verseucht wird."

"Vielleicht sollten wir die Zeit nutzen und uns noch einmal mit unseren Glücksgefühlen beschäftigen", schlug ich vor. "Sollten wir tatsächlich sterben müssen, dann will ich das lieber glücklich tun als in Panik."

"Ich denke nicht, dass das jetzt noch so viel Sinn macht", erwiderte Markus. "So wie ich Dr. Mohassid verstanden habe, ist unser Gehirn in so viele kleine Programme aufgeteilt, dass wir sowieso nicht alle ändern könnten. Was also sollte es bringen, jetzt noch zu üben?"

"Dr. Mohassid hat sicherlich Recht mit unserem Gehirn", antwortete ich Markus. "Aber er hat einen wichtigen Punkt übersehen."

"Was hat er übersehen?", hakte Markus neugierig nach.

"Unser Gehirn schafft sehr schnell neue Gewohnheiten. Wir könnten in der Zeit, die uns noch bleibt, ein Programm schaffen, das automatisch von Vermeidenwollen eines Unglücks auf Erreichenwollen des Glücks umschaltet. Ich hatte euch das schon einmal vorgeschlagen. Nur wurden wir von dem Ziel, unsere Realität aussuchen zu wollen, davon abgelenkt."

"Kannst du es bitte noch einmal zusammenfassen?", bat Peter. "Ich bin nicht sicher, ob ich alles wirklich verstanden habe."

"Das kann ich tun", stimmte ich zu. "Zuvor nur noch eine Kleinigkeit, die wichtig ist. Wir dürfen nicht nach Dingen suchen, die wir vermeiden wollen. Das gewöhnen wir unserem Gehirn dann nämlich auch an. Was wir tun können, ist, den heutigen Tag bis zur Verhinderung des Krieges in Gedanken genau durchzugehen. Dabei sollten wir nach allem suchen, was uns gute Gefühle macht. Zum Beispiel den Gedanken, tatsächlich mit Ella fliegen zu können."

"Das müssten wir allerdings erst einmal schaffen", wandte Markus ein.

"Das ist ein berechtigter Einwand", erwiderte ich. "Und genau diese Einwände werden sicherlich automatisch aufkommen, wenn wir die Zeit genau durchdenken. Dieser Einwand hat etwas mit deinem Sicherheitsinstinkt zu tun. Du willst hier eine Gefahr vermeiden. Deine Aufmerksamkeit richtet sich darauf, dass Ella nicht mit uns fliegt. Bei solch einer Vermeidenwollen-Motivation können wir uns fragen, warum wir es vermeiden müssen. Wir werden sicherlich an den Punkt kommen, dass wir sonst sterben müssen. Das wollen wir sicherlich vermeiden. Wenn wir uns jetzt jedes Mal klar machen, dass wir unseren Tod nicht verhindern müssen, da wir als unsterbliche Seele sowieso weiterleben und unser Glück vom Tod offensichtlich dann auch nicht abhängig sein kann, dann wird die Vermeidenmüssen-Motivation schwächer werden. Wir werden die Motivation, den Krieg verhindern zu wollen und mit unserem eigenen Leben auch das Leben aller Menschen retten zu wollen, stärker wahrnehmen können und schließlich darauf umschalten. Das können wir mit jedem Gedanken machen, der in Richtung Vermeidenwollen geht."

"Kannst du es noch einmal ganz kompakt zusammenfassen, was wir genau zu tun haben?", fragte Peter erneut.

"Als Erstes gehen wir die Zeit bis zur Verhinderung des Krieges in Gedanken detailliert in allen möglichen Varianten durch, die passieren könnten.

Es werden Gedanken aufkommen, die in uns schlechte Gefühle auslösen. Diese schlechten Gefühle kommen durch eine Vermeidenwollen-Motivation. Hierfür gibt es vier verschiedene Kategorien, die von Bedeutung sind.

Erstens: Wir fixieren uns auf ein Ziel, das wir unbedingt verwirklichen wollen. Es muss dann genau so kommen, wie wir das wollen. In der Zukunft sagen wir dazu, die Ich-will-meinen-Teddy-Fixierung. In dem Fall machen wir uns klar, dass es auch anders kommen kann. Wir müssen es nicht genau so haben, wie wir uns das vorstellen. Wir hätten es nur gerne. Wenn es nicht so kommt, kann das uns auch nicht unglücklich machen. Wenn wir uns das klar machen, schaltet die Vermeidenwollen-Motivation von selbst ab. Ich muss ja in Wirklichkeit gar nicht vermeiden, dass es anders kommt, als ich das unbedingt will. Ich kann auch mit einer anderen Alternative glücklich sein.

Zweitens: Wir wollen Kälte oder Hunger vermeiden. Kälte oder Hunger scheiden in diesem Fall sofort schon einmal aus. Das wäre nur von Bedeutung, wenn wir über unsere finanzielle Existenzgrundlage nachdenken würden. Das werden wir wohl nicht tun in den nächsten Stunden. Wenn doch, müssten wir uns nur klar machen, dass in dem Staatssystem, in dem wir leben, so etwas überhaupt nicht vorkommen kann. Wir müssen niemals verhungern oder erfrieren, nur weil wir kein Geld mehr haben. Es kann gar nichts passieren, was uns wirklich unglücklich machen kann. Also schaltet die

Vermeidenwollen-Motivation sehr schnell aus, und das Erreichenwollen von Wohlstand würde übrig bleiben.

Drittens: Wir wollen Getrenntsein oder Verbundenheitsverlust vermeiden. Auch hier besteht keine Gefahr, da das Gefühl, das wir wollen, nicht von unserer Außenwelt abhängig ist. Wir können zu allem und jedem ein Verbundenheitsgefühl aufbauen. Wir müssen also hier auch nichts vermeiden. Wir wollen jedoch verbunden sein. Ich freue mich schon darauf, mit Ella verbunden zu sein.

Viertens: Wir wollen Krankheiten, respektive Schmerzen oder den Tod vermeiden. Hier können wir uns nicht klar machen, dass es keine Gefahren dafür gibt. Der Tod wäre nicht so schlimm, wie wir eben schon besprochen haben. Das Sterben jedoch könnte kurzfristig Schmerzen mit sich bringen. In diesem Fall könnten wir uns klar machen, dass wir sicherlich nicht sehr lange starken Schmerzen ausgesetzt sein würden. Die Erde würde innerhalb eines Tages verwüstet sein, wenn die Atomraketen gestartet werden. Möglicherweise würde sogar eine in unserer Nähe explodieren. Dann hätten wir gar keine Zeit, uns über eventuelle Schmerzen Gedanken zu machen."

"Wir könnten uns in Bezug auf die Schmerzen klar machen, dass es sich nicht lohnt, darüber nachzudenken", meinte Peter. "Die Schmerzen sind im Vergleich zu dem, was wir erreichen wollen, von untergeordneter Bedeutung. Du hast uns erklärt, dass wir unsere Aufmerksamkeit immer auf das richten, was von größerer Bedeutung ist. Wir brauchen uns also einfach nur klar zu machen, dass es von größerer Bedeutung ist, den Krieg verhindern zu wollen, als die eventuellen Schmerzen vermeiden zu wollen, die nur vielleicht auf uns zukommen könnten."

"Das ist eine gute Lösung, finde ich", gab ich Peter Recht. "Lasst uns also die Zeit bis zur Verhinderung des Krieges genauestens in allen denkbaren Varianten durchgehen und danach suchen, was wir Positives dabei erleben könnten. Und immer dann, wenn schlechte Gefühle aufkommen, schauen wir nach, in welche der vier Kategorien von Vermeidenwollen unsere schlechten Gefühle gehören. Aber immer nur dann, wenn wir von den schlechten Gefühlen überfallen werden. Wir dürfen nicht nach den schlechten Gefühlen suchen. Wir suchen nach den schönen Dingen.

Wenn wir so vorgehen, werden wir unserem Gehirn das als Gewohnheit einprägen. Wir werden dann gewohnheitsmäßig nach dem Schönen suchen. Und wir werden immer dann, wenn eine Vermeidenwollen-Motivation aufkommt, automatisch auf Glück-Erreichenwollen umschalten. Wenn unser Unbewusstes das übernommen hat, wird dieses Gewohnheitsmuster sehr schnell ablaufen. Da Gefühle ein bis zwei Sekunden brauchen, bis sie zu spüren sind, das Muster aber schneller von Vermeidenwollen auf Erreichenwollen umschaltet, werden wir erst gar keine schlechten Gefühle mehr spüren."

"Okay, das hört sich gut an", meinte Markus. "Lasst uns damit beginnen!"

Wir legten los. Wir gingen die Stunden, die vor uns lagen, immer wieder in allen Einzelheiten durch und suchten nach dem Schönen. Immer wieder kamen schlechte Gefühle auf. Vor allem bei mir. Doch es fiel mir mit der Zeit immer leichter, die dahinterliegenden Vermeidenwollen-Gefühle in Erreichenwollen-Gefühle umzuwandeln.

Am Anfang war das Gefühl, dass es keine wirkliche Gefahr gab, immer noch recht theoretisch. Je öfter ich jedoch darüber nachdachte, setzte sich das Gefühl durch, dass es wirklich so war. Nach ein paar Stunden passierte es schon dauernd automatisch, dass ich beim Gedanken an etwas Unangenehmes sofort auf Erreichenwollen des Guten umschaltete. Mein Gehirn hatte das Training offenbar sehr gut angenommen.

Ich wusste zwar, dass es nicht für den Rest meines Leben funktionieren würde, denn dafür hatte ich noch nicht genügend geübt, doch für die Verhinderung des Krieges war ich jetzt gut gerüstet.

Als wir am Abend von den Agenten abgeholt wurden, war ich fast am Platzen vor Glücksgefühl. Wir hatten uns überlegt, dass wir den beiden Agenten irgendwie entwischen würden und dann mit wechselnden Taxis zum Plateau fahren. Im dichten Straßenverkehr von Kairo gab es kaum eine Möglichkeit, uns unter den Tausenden von Taxis auszumachen, die dort herumfuhren. Wir wollten eines der privaten Taxis nehmen. Die hatten keinen Funk in ihrem Wagen. Damit hätten wir das Risiko ausgeschaltet, dass der Fahrer von seiner Zentrale etwas über unsere Flucht erfahren könnte.

Die Fahrt zum Flughafen dauerte über eine halbe Stunde. Die Straßen waren wie üblich total verstopft. Dieses Mal konnten wir jedoch nicht einfach aus dem Wagen fliehen, wie wir es bei den Mafiosi getan hatten. Wir saßen in einem fahrenden Gefängnis. Es war ein Spezialfahrzeug, das für den Transport von Strafgefangenen vorgesehen war. Flucht war unmöglich.

Ich spürte, dass ich mich hier auch ein wenig fixiert hatte in meinen Übungen. Ich war fest davon ausgegangen, dass wir aus dem Wagen fliehen könnten. Ich musste mich allerdings nicht um diese Fixierung kümmern. Ich spürte, wie automatisch der Gedanke aufkam, dass wir warten könnten, bis wir den Flughafen erreicht hätten. Dort würden sich sicherlich irgendwelche Möglichkeiten ergeben, wie wir fliehen könnten.

Als wir am Flughafen ankamen, setzten die beiden Agenten uns direkt in unser Flugzeug. Wir hatten keine Chance, unterwegs irgendwie unterzutauchen. Sie ließen uns nicht aus den Augen. Zu allem Überfluss blieben sie bei uns im Flugzeug sitzen. Sie wollten offensichtlich absolut sicherstellen, dass wir wirklich das Land verließen.

So langsam wurde ich doch nervös. Wie sollten wir jetzt noch fliehen? Wir konnten die beiden Agenten nicht niederschlagen und das Flugzeug entführen oder so etwas. Sie waren viel stärker als wir.

Ich ging noch einmal für diesen Fall meine Vermeidenwollen-Motivation durch, bis ich zum Erreichenwollen umschalten konnte.

Mir kam der Gedanke, dass die Agenten sicherlich aussteigen würden, sobald das Flugzeug zum Start auf das Rollfeld rollte.

Doch auch das taten sie nicht. Das Flugzeug setzte sich in Bewegung, und die beiden Agenten blieben im Flugzeug und bewachten uns weiterhin.

Mir brach der Schweiß aus. So, wie es aussah, waren wir doch gescheitert. Dr. Mohassid hatte sich wohl zu viel vorgenommen.

Ich dachte erneut über meine Vermeidenwollen-Gefühle nach und schaffte es abermals, auf Glück-Erreichenwollen umzuschalten.

Sollten wir den Krieg nicht verhindern können, wäre mein Tod wahrscheinlich ganz ähnlich wie der Körpertausch mit Jasmine. Ich würde einfach in eine andere Welt kommen. Auf jeden Fall würde ich auch in dieser Welt glücklich sein können. Wenn es mir gelungen war, in Jasmines Körper Glücksgefühle zu haben, würde mir das unter allen Umständen gelingen. Ich hatte also tatsächlich nichts wirklich zu verlieren, egal wie die Sache ausgehen würde.

Wir standen auf dem Rollfeld und warteten auf unsere Startgenehmigung. Plötzlich sah ich durch das Fenster des Flugzeugs einen Hubschrauber, der direkt auf uns zuflog. Was hatte ein Hubschrauber hier zu suchen? Er landete vor uns.

Eine Minute später sah ich Dr. Mohassid das Flugzeug betreten. Er kam auf uns zu. Freude stieg in mir auf. Ich wusste, dass er uns jetzt befreien würde.

Er redete kurz mit den beiden Agenten. Ich verstand nicht, was er sagte. Doch die beiden Agenten standen auf und gingen in Richtung Ausgang.

"Kommen Sie!", sagte Dr. Mohassid zu uns. "Wir haben keine Zeit zu verlieren."

Wir standen auf und verließen eilig das Flugzeug. Wir bestiegen zusammen mit Dr. Mohassid den Hubschrauber, der mit laufendem Motor auf uns wartete. Die beiden Agenten waren nicht mehr zu sehen.

Der Hubschrauber startete sofort. In der Luft begann Dr. Mohassid, uns einiges zu erklären.

"Wir haben den genauen Ort bestimmen können, wo die Kammer des Wissens sein muss. Ich habe einige Mathematiker auf die Sache angesetzt. Sie waren sich schnell einig, dass die Pyramiden von Gizeh eine mathematische Spirale beschreiben müssen. Nur so können sie einen genauen Ort festlegen. Die Kammer muss dort sein, wo die Spirale ihr Zentrum hat. Und genau dort fliegen wir jetzt hin."

"Haben Sie denn den Kristall?", wollte Markus wissen.

"Ja, habe ich. Carlos Barba hat sich genau so verhalten, wie ich es vorhergesagt hatte. Die Polizei konnte ihn jedoch nach der Durchsuchung leider nicht festhalten, da ich den Kristall an mich genommen habe, ohne sie darüber zu informieren. Sie haben also im Grunde genommen nichts gegen Carlos Barba in der Hand. Er ist wieder auf freiem Fuß. Es ist deshalb zu befürchten, dass er uns noch einmal in die Quere kommen könnte. Doch Sie wissen ja: Wir bestimmen, dass unsere Mission erfolgreich sein wird.

Wir werden jetzt zu dem genauen Ort fliegen, den unsere Mathematiker ausgerechnet haben. Dieser Hubschrauber ist mit einem Satellitennavigationssystem ausgerüstet. Wir werden den Ort bis auf den Meter genau anfliegen."

Der Flug mit dem Hubschrauber dauerte zehn Minuten. Wir hatten nur noch eine knappe halbe Stunde Zeit, bis die Nefilim in die Erdatmosphäre eintauchen würden.

Der Hubschrauber landete zehn Meter neben der Stelle, wo die Kammer versteckt sein müsste. Wir stiegen aus und liefen zu dieser Stelle. Dr. Mohassid stellte sich mit einem Navigationsgerät in der Hand auf den genauen Platz.

"Genau hier muss es sein", sagte er.

"Wir müssen den Kristall genau an die Stelle legen, an der Sie jetzt stehen", sagte Markus zu Dr. Mohassid.

Dr. Mohassid tat, was Markus sagte.

"Und jetzt brauchen wir einen Kreis", erklärte Markus.

"Wie groß muss der Kreis sein?", fragte Dr. Mohassid.

"Ungefähr zehn Meter im Durchmesser", gab Peter an.

"Kommen Sie!", bat Dr. Mohassid. "Geben Sie mir die Hand. Geben Sie sich alle die Hände. Wir bilden eine Kette. Der Letzte zeichnet mit seinem Fuß oder seiner Hand den Kreis in den Sand."

Dr. Mohassid stand weiterhin direkt über dem Kristall. Wir gaben uns alle gegenseitig die Hände und begannen, um Dr. Mohassid herumzulaufen. Markus zeichnete dabei mit der Hand den Kreis in den Sand. Als wir damit fertig waren ergriff Markus erneut das Wort.

"Dr. Mohassid, Sie können leider nicht mit in die Kammer. Sie ist nur für drei Menschen zugänglich. Es tut mir ..."

"Machen Sie sich keine Gedanken um mich", unterbrach ihn Dr. Mohassid. "Ich wusste, dass ich nicht mitkommen kann. Ich wusste es von Anfang an. Beeilen Sie sich lieber! Sie haben keine Zeit zu verlieren."

Ich lief noch einmal zu Dr. Mohassid und umarmte ihn.

"Danke für alles", sagte ich von ganzem Herzen.

"Beeilen Sie sich", wiederholte Dr. Mohassid noch einmal.

Ich ließ ihn los und eilte zu meinem Platz in dem Kreis. Wir mussten die Position des Einen annehmen, hieß es in der Inschrift. Das bedeutete, wir mussten ein Dreieck um den Kristall bilden. Markus und Peter hatten ihren Platz schon eingenommen. Ich stellte mich auf den Punkt auf dem Kreis, der für mich übrig blieb. Ich erwartete, dass sich jetzt irgendeine Tür oder ein Schacht öffnen müsste. Doch nichts geschah.

"Haben wir etwas falsch gemacht?", fragte ich verwirrt.

"Vielleicht müssen wir uns nach Norden oder Süden ausrichten", spekulierte Peter.

Dr. Mohassid stieg mit seinem Navigationsgerät in den Kreis und stellte sich genau über den Kristall.

"In diese Richtung ist Norden", sagte er dann.

Markus reagierte sofort und stellte sich auf die Stelle, auf die Dr. Mohassid zeigte. Peter und ich versuchten, unsere Position entsprechend zu korrigieren. Doch es geschah immer noch nichts. Wir trippelten zentimeterweise den Kreis entlang. Nichts passierte.

"Los! Versuchen wir es nach Süden", sagte Peter.

Dr. Mohassid gab Peter genaue Anweisungen. Er dirigierte ihn genau in Richtung Süden. Markus und ich positionierten uns wiederum so genau wir konnten, um die richtigen Winkelverhältnisse zu bekommen. Nichts passierte.

Plötzlich sah ich von weitem die Scheinwerfer einiger Wagen aufblitzen. Danach erkannte ich eine große Staubwolke in der Dämmerung der Wüste.

"Oh, oh! Das sieht nicht gut aus", sagte ich erschreckt.

Die anderen sahen zuerst mich an und dann in die Richtung, in die ich schaute.

"Das muss Carlos Barba sein", stellte Dr. Mohassid fest. "Schnell, überlegt noch einmal, was wir falsch gemacht haben könnten!", drängte er.

"Die Inschrift besagte, dass wir die Positionen des Einen annehmen müssen", entgegnete Markus. "Mehr wissen wir nicht."

"Vielleicht müssen wir die Plätze tauschen", spekulierte ich.

"Das ist es!", rief Peter aus. "Ich bin ganz sicher. Die Positionen des Einen sind sicherlich nicht völlig willkürlich angeordnet."

"Der Eine", ergänzte Dr. Mohassid, "besteht aus Geist, Seele und Körper. Jeder von euch muss eine andere Qualität verkörpern."

"Ich bin mit Sicherheit die Seele", sagte ich spontan. "Und Peter muss der Geist sein. Dann kann Markus nur noch die Materie verkörpern. Das muss es sein."

Mir war in diesem Moment sonnenklar, dass in jedem von uns tatsächlich eine andere Qualität des Einen dominierte. Bei mir waren es offensichtlich die Gefühle, also die Seele. Bei Peter unverkennbar der Geist. Markus musste den Körper repräsentieren.

"Wie müssen wir uns anordnen?", fragte Markus eilig, denn die Geländewagen der Mafia kamen immer näher.

"Der Geist muss oben sein", erklärte Peter. "So wurde es in der Inschrift auch dargestellt. Der Geist steht über der Seele und der Materie."

"Nach Norden oder Süden?", fragte Markus.

Peter antwortete ohne Worte. Er eilte auf die Position im Norden. Markus und ich nahmen die beiden anderen Positionen an. Doch es passierte nichts. Die Geländewagen hatten uns schon fast erreicht. In spätestens ein bis zwei Minuten waren sie bei uns. Wir hatten nur noch einen Versuch, dann war es gelaufen.

"Du musst doch in den Süden", rief ich panisch.

"Nein!", antwortete Peter. "Ihr beiden müsst eure Plätze tauschen."

Markus und ich standen da wie angewurzelt. Wir glaubten nicht so recht, dass es tatsächlich nur an uns liegen würde.

"Schnell! Beeilt euch!", rief Peter aufgeregt.

Markus und ich reagierten sehr zögerlich, denn wir waren immer noch sicher, dass Peter sich nach Süden ausrichten müsste. Doch wir hatten keine Zeit mehr für lange Diskussionen. Wir hatten nur noch ein paar Sekunden.

Endlich hatten wir schließlich unsere Positionen getauscht. Wir standen da und warteten. Jetzt war die Zeit abgelaufen. Entweder es würde jetzt passieren oder überhaupt nicht mehr.

Plötzlich fing der Kristall an, orange zu leuchten. Sekunden später umgab ihn dieses seltsame orangene Licht. Es wurde immer heller und deutlicher. Es bildete sich so langsam eine Lichtkugel, die allmählich immer schneller wuchs. Als die Kugel einen Durchmesser von etwa zwei Metern hatte, hörte sie plötzlich auf zu wachsen. Ich erkannte, dass sich in ihrem Inneren ein Tetraeder abbildete. Seine Spitze zeigte nach oben. Kurz darauf begann sich dieser Tetraeder links herum um seine Hochachse zu drehen. Plötzlich erschien noch ein zweiter Tetraeder. Dieser zeigte jedoch mit seiner Spitze nach unten. Auch er begann ebenfalls, sich zu drehen, jedoch rechts herum. Die beiden Tetraeder steckten so ineinander, dass der Sterntetraeder sich formierte, den ich im Inneren von Ella gesehen hatte. Ich war fasziniert von diesem Tanz der Lichter. Doch so schön es auch war, dieses Schauspiel zu betrachten, es hätte sich etwas beeilen können.

"Mach schneller! Mach schneller!", begann ich aufgeregt zu murmeln, denn die Mafiosi waren mit ihren Wagen so gut wie angekommen. Die ersten Wagen bremsten bereits.

Die Lichtkugel wuchs jetzt wieder. Kurz darauf war sie so groß geworden, dass sie uns gleich berühren würde. Ich hatte zunächst etwas Angst vor diesem Moment. Als es jedoch soweit war, fühlte ich mich sehr geborgen. Ich hatte das Gefühl, dass uns nichts mehr passieren konnte – obwohl ich sehen konnte, wie die Mafiosi aus ihren Wagen ausstiegen und fasziniert auf uns zukamen.

Die beiden Tetraeder im Inneren der Lichtkugel drehten sich jetzt immer schneller gegeneinander. Ich sah sie an und bemerkte, dass sich mein Körper immer leichter anfühlte. Bis er schließlich völlig schwerelos war. Kurz darauf schossen Markus, Peter und ich nach unten in die Erde. Es war, als hätte die Lichtkugel uns in Energie verwandelt, welche die feste Materie durchdringen konnte.

Augenblicke später fanden wir uns in der Kammer des Wissens wieder. Es war ein großer Raum mit hoher überwölbter Decke. Obwohl es keine erkennbare Lichtquelle in dieser Kammer gab, war es taghell. In der Mitte der Kammer stand Ella. Ich war überwältigt von diesem Anblick und dem, was soeben geschehen war.

"Wir müssen in Ella hinein", sagte ich zu Markus und Peter.

"Wo ist der Eingang?", wollte Markus wissen.

"Es gibt keinen", antwortete ich. "Ella wird uns in sich aufnehmen. Wir müssen einfach hineingehen. Durch die Wand hindurch. So hat man es jedenfalls im Museum gesagt."

"Okay, versuchen wir es", meinte Markus.

Wir gingen alle drei auf Ella zu. Ich war sehr aufgeregt und gespannt, wie es sich anfühlen würde, von Ella aufgenommen zu werden. Als ich Ella berührte, fühlte es sich wie eine feste Wand an. Bei Markus und Peter war es genauso.

"Was ist los?", wollte Peter wissen. "Wieso geht es nicht?"

"Ich weiß es nicht", antwortete ich ahnungslos. "Lasst es uns noch einmal versuchen."

Wir versuchten es an anderen Stellen. Doch das Ergebnis blieb das gleiche. Wir kamen nicht hinein.

"Jetzt reicht es mir!", schrie Peter plötzlich hysterisch. "Ihr beide seid daran schuld, dass wir nicht hineinkommen. Wir wissen genau, dass das Raumschiff uns nur aufnimmt, wenn wir Liebe fühlen. Ein Blinder mit Krückstock sieht, dass ihr beide eure Liebe zueinander unterdrückt."

Markus und ich schauten uns irritiert an. Da war keine Liebe zwischen uns beiden, soviel war mir in den letzten Stunden klar geworden. Und dennoch, so ganz Unrecht hatte Peter nicht. Ich sah jetzt ganz klar. Es gab eine unterdrückte Liebe in mir. Ich wollte es die ganze Zeit nicht wahrhaben.

Peter war es, den ich liebte. Es war, wie die Blume im Labor es mir gesagt hatte. Mein Anforderungskatalog, den ich von meinem Partner erfüllt haben wollte, war völlig unwichtig geworden. Markus, der diesen Katalog perfekt erfüllt hätte, war mit der Zeit immer uninteressanter geworden. Peter hingegen entsprach gar nicht dem Bild, das ich mir von meinem Traumpartner gemacht hatte. Und trotzdem hatte er etwas an sich, das mich tief berührte. Peter wurde, seit ich ihn kennen gelernt hatte, mit jedem Tag wichtiger für mich. Meine Zuneigung für ihn war zu Anfang eher freundschaftlicher Natur gewesen. Doch mittlerweile gingen meine Gefühle weit darüber hinaus.

In Peters Gegenwart fühlte ich mich auf eine sehr seltsame Art und Weise zu Hause. Ich merkte es jedes Mal, wenn er mich berührte. Es ging mir durch und durch und verursachte mir wunderbare Schauer auf meiner Haut. Ich versuchte es nur die ganze Zeit zu unterdrücken, weil mein Verstand nicht fassen konnte, warum ich das bei Peter empfand und nicht bei Markus.

Ich spürte auch genau, dass Peter in mich verliebt war. Ich hatte es schon gespürt, als Peter nach seinem Traum in mein Zimmer gekommen war und Markus neben mir im Bett lag. Die Trauer, die ich in Peters Augen gesehen hatte, ging mir durch und durch. In diesem Moment wusste ich zumindest unbewusst schon, dass Peter mich liebte. Wenn mein Verstand nicht so ignorant gewesen wäre, hätte ich auch meine Gefühle richtig interpretieren können, als ich danach allein im Bett lag. Die Verzweiflung und die Trauer, die ich damals fühlte, waren eindeutig darauf zurückzuführen, dass ich Peter wehgetan hatte. Offensichtlich hatte er mich damals schon tief in meinem Herzen berührt.

Ich war mir sicher, wenn ich es zugelassen hätte, dass Peter mir wirklich nahe gekommen wäre, dann hätte ich die gleiche Liebe für ihn aufgebaut wie Jasmine für Steve.

Ich ging auf Peter zu und umarmte ihn. Als ich das tat, hatte ich das Gefühl, mit ihm zu verschmelzen. Wir wurden eine Seele, ein Körper und ein Geist. Es war so unglaublich schön, dass ich es nicht in Worte fassen kann. Mein Herz wollte vor Liebe zerspringen.

Markus stand die ganze Zeit neben uns und lächelte wohlwollend. Als Peter und ich uns danach ansahen, wirkte der ganze Raum wie verzaubert.

Plötzlich begann Ella, orange zu leuchten. Wir bemerkten es alle drei gleichzeitig. Wir streckten vorsichtig unsere Arme aus und versuchten, die Oberfläche zu berühren. Doch da war keine Oberfläche mehr. Unsere Hände glitten einfach in Ella hinein, als wäre sie aus Luft. Kurz darauf spürten wir einen seltsamen Sog. Es war, als würde Ella uns in sich hineinziehen. Und so geschah es auch. Wir wurden von ihr aufgenommen und spürten, wie wir geistig und körperlich mit ihr verschmolzen. Ella war tatsächlich ein lebendiges Wesen. Wir spürten es ganz deutlich. Gleichzeitig fühlten wir uns alle drei gegenseitig sehr intensiv. Dieses Gefühl der Verbundenheit verstärkte sich immer mehr, bis ich schließlich gar nicht mehr richtig unterscheiden konnte, ob ich mich als Peter, Markus oder Ronja fühlte. Kurz darauf veränderte sich meine visuelle Wahrnehmung. Mein Blickwinkel verbreiterte sich mehr und mehr, bis ich schließlich eine Rundumsicht hatte. Ich sah alles, was Markus und Peter auch sahen und das, was ich durch meine eigenen Augen hindurch wahrnehmen konnte. Alles vermischte sich zu einer vollkommenen Rundumsicht.

Ohne dass wir überlegen oder uns abstimmen mussten, konzentrierten wir uns auf das Gefühl, nach oben zu steigen. Ella folgte unserer Vorstellung unmittelbar. Wir stiegen langsam und durchbrachen die Decke der Kammer. Danach bohrte sich Ella durch die Gesteins- und Erdmassen wie durch Butter. Wir beschleunigten unseren Aufstieg, indem wir einfach daran dachten, schneller zu steigen. Ella reagierte sofort.

Plötzlich hatten wir die Oberfläche der Wüste erreicht. Wir sahen Dr. Mohassid und die Mafiosi, die das Grollen unter sich offenbar wahrgenommen hatten und den Platz fluchtartig verließen. Jetzt hatten wir keine Zeit mehr zu verlieren.

Wir hatten uns überlegt, dass wir den US-Präsidenten persönlich kontaktieren könnten. Wir wollten ihn davon überzeugen, dass die Außerirdischen in friedlicher Absicht kommen würden.

Ich wusste aus der Zukunft, dass Ella in der Lage war, uns genau dorthin zu bringen, wo der Präsident sich aufhalten würde. Ganz egal, wo das sein würde. Ella würde ihn finden. Und genau diese Anweisung gaben wir ihr jetzt.

Mit unglaublicher Geschwindigkeit rasten wir mit Ella zum amerikanischen Kontinent. Nach weniger als einer Minute waren wir dort angekommen. Wir schwebten in zehn Metern Höhe über einem freien Gelände, bei dem in keiner Weise erkennbar war, dass sich darunter die größte unterirdische militärische Basis der Erde verbarg.

Wir gaben Ella die Anweisung, dass sie uns irgendwie in das Innere dieser Anlage bringen sollte. Plötzlich schossen wir wieder durch die Erde, genauso, wie es zuvor mit dem Schlüssel geschehen war. Ella verwandelte uns in Energie, die die feste Materie durchdringen konnte, ohne sie zu zerstören.

Wir standen auf einmal in einem unterirdischen Gang der Anlage. Ella bildete um uns herum eine Art Schutzschild. Sie hatte ihre feste Form aufgelöst. Wir konnten sie nicht mehr sehen. Wir spürten nur noch, dass uns ihre Energie umgab.

Plötzlich tauchten Soldaten vor uns auf, die uns mit vorgehaltener Waffe aufforderten, uns nicht zu bewegen. Wir wussten, dass uns nichts passieren könnte. Ella würde uns schützen. Wir blieben deshalb ganz ruhig und sagten nur, dass wir gerne den Präsidenten sprechen wollten.

"Keine falsche Bewegung", antwortete man nur und forderte uns auf, die Hände hochzunehmen.

"Wir haben keine Zeit für lange Diskussionen", erklärte ich den Soldaten. "Bringen Sie uns bitte zum Präsidenten."

Die Soldaten machten keinerlei Anstalten, unserer Bitte Folge zu leisten. Sie schrien uns nur weiter an, die Hände hochzunehmen.

Uns war das langsam zu dumm. Die Blödmänner würden noch drei Tage lang herumschreien, dass wir die Hände hochnehmen sollten. Wir gingen einfach los und kümmerten uns nicht weiter um sie.

"Stehen bleiben!", schrie ein Soldat. "Sofort stehen bleiben, sonst machen wir von der Schusswaffe Gebrauch!"

Die Soldaten eröffneten das Feuer, als wir trotzdem weitergingen. Doch die Kugeln prallten an dem Schutzschirm, den Ella um uns bildete, wie erwartet ab. Die Soldaten gaben nicht auf und feuerten ohne Unterlass hinter uns her. Wir spürten plötzlich, dass wir die Form von Ella verändern konnten. Wir waren in der Lage, den Schutzschild so weit auszudehnen wie wir wollten. Es war immer eine geschlossene Blase, in die niemand und nichts, was wir nicht wollten, eindringen konnte.

Wir ließen eine energetische Wand hinter uns stehen, um die Soldaten aufzuhalten, die immer noch hinter uns herfeuerten. Wir dehnten die Form der Energieblase, die Ella um uns errichtete, mit jedem Meter, den wir gingen, immer weiter aus.

Kurz darauf spürten wir mit Ellas Hilfe, dass man den inneren Kern der Anlage dicht machen wollte. Dieser Bereich konnte für den Fall eines atomaren Einschlags hermetisch abgeriegelt werden. Er bestand aus einem Mantel aus Stahlbeton und Blei, um die Strahlung abzuhalten.

Mir war klar, dass die Leute, die sich jetzt in diesem Bereich befanden, zu meinen Vorfahren zählen mussten, denn sonst hatte kaum jemand den Krieg überlebt. Es war ein seltsames Gefühl, das zu wissen.

Wir gingen schnellen Schrittes weiter. Plötzlich kamen weitere Soldaten, die uns aufhalten sollten. Wir schoben sie mit unserem Schutzschild zur Seite und drückten sie gegen die Wand des Korridors, wo sie danach von unserem Kraftfeld festgehalten wurden.

Kurz darauf standen wir vor einem der Tore, mit denen der innere Kern abgeriegelt wurde. Es war eine massive Schleuse gleich einer Tresortür. Jetzt würde sich zeigen, wie stark das Kraftfeld von Ella war. Wir gingen einfach weiter auf die Schleuse zu. Sie gab mit lautem Getöse nach und zerbarst in tausend Stücke.

Der Gang hinter der Schleuse führte direkt in den Kontrollraum der Anlage, in dem sich der Präsident befand. Wir spürten, dass wir jetzt schnell handeln mussten, um zu verhindern, dass Raketen abgeschossen wurden.

Ich erkannte den Präsidenten und ging auf ihn zu.

"Mr. President", ergriff ich das Wort. "Wir sind keine Bedrohung. Wir sind auch keine Außerirdischen. Wir wollen Sie davon abhalten, einen schlimmen Fehler zu begehen."

"Was für einen Fehler?", fragte der Präsident.

"Glauben Sie denen nicht!", sagte einer der Generäle eindringlich. "Die Geschwindigkeit, mit der diese drei die Basis angeflogen haben, kann kein Mensch überleben. Sie sehen zwar aus wie Menschen, doch das zeugt nur von ihren wirklichen Absichten. Sie müssen jetzt handeln, Mr. President, bevor es zu spät ist."

"Hören Sie mir zu!", unterbrach ich den General. "Ich komme aus der Zukunft. Auch, wenn es Ihnen schwer fällt, das zu glauben. Aus einer Zukunft, in der die Erdoberfläche nicht mehr zu bewohnen ist. Und das haben wir Ihnen zu verdanken. Sie haben den Befehl gegeben, Atomraketen auf die Außerirdischen abzufeuern. Damit haben sie die Erde verwüstet und fast alle Menschen auf diesem Planeten getötet. Die Außerirdischen haben keine Invasionsabsichten. Sie kommen friedlich."

"Glauben Sie denen nicht, Mr. President!", schrie der General. "Sie müssen handeln. Jetzt. Sonst ist es zu spät."

"Und wenn es doch stimmt?", entgegnete der Präsident seinem General. "Ein atomarer Krieg würde unser aller Ende bedeuten. Das dürfte Ihnen doch klar sein, oder?"

"Erkennen Sie, dass der Präsident, unter dem Einfluss der Außerirdischen steht?", fragte der General, nach Bestätigung suchend, in die Runde. "Er wird manipuliert. Wir müssen ihm die Entscheidungsbefugnis aberkennen. Sind Sie der gleichen Meinung?"

Ohne eine Antwort abzuwarten, sprach der General weiter und richtete seine Waffe auf den Präsidenten.

"Ich werde nicht zulassen, dass Sie die Menschheit verraten", erklärte er energisch.

"Sie haben den Verstand verloren!", schrie der Präsident. "Nehmen Sie die Waffe runter!"

"Sie stehen unter dem Einfluss der Außerirdischen", erwiderte der General. "Ich übernehme jetzt das Kommando. Wir werden diesen Außerirdischen zeigen, was wir draufhaben. Wenn ihr glaubt, dass wir kampflos aufgeben, habt ihr euch geschnitten!", erklärte er uns hasserfüllt. "Hier, nehmen Sie die Waffe, und bewachen Sie den Präsidenten!", sagte der General zu einem Soldaten.

"Miss Martin, tun Sie was!", sagte der Präsident plötzlich zu mir. "Sonst wird der Krieg doch noch ausbrechen."

Ich war so vor den Kopf gestoßen, dass der US-Präsident meinen richtigen Namen aus der Zukunft nannte, dass ich für einen Moment gar nicht reagieren konnte.

Markus und Peter behielten die Besinnung und handelten. Sie dehnten das Kraftfeld um uns herum so weit aus, dass alle anwesenden Personen außer dem Präsidenten in diesem Kontrollraum gegen die Wände gedrückt wurden und handlungsunfähig waren.

"Kommen Sie", sagte der Präsident. "Wir müssen jetzt handeln. Wir müssen jetzt doch etwas tun, um den Krieg zu verhindern."

"Woher kennen Sie meinen Namen?", fragte ich verwirrt.

"Können Sie sich das nicht denken?", erwiderte der Präsident. "Ich bin Ihr Nachfolger. Ich wurde zwei Jahre später losgeschickt. Ich hatte die Situation fest im Griff – bis Sie aufgetaucht sind. Damit hat niemand gerechnet."

"Warum hat man mich nicht zurückgeholt?", wollte ich wissen.

"Man hat es versucht, musste jedoch schließlich erkennen, dass der Körpertausch ein irreversibler Prozess ist. Die Gründe hat man jedoch nicht verstanden.

Als ich hierher kam, ist dieser Grund jedoch klar geworden. Es gibt durch unsere Anwesenheit in der Vergangenheit eine Veränderung im Raum-Zeit-Kontinuum. Wir waren in der Vergangenheit unserer Zukunft nicht in dieser Zeit. Seit wir hier sind, haben wir eine andere Zukunft. Wir können demzufolge nicht in unsere alte Zukunft zurück."

"Dann können wir also wirklich nicht verhindern, dass unsere Leute im Inneren der Erde leben müssen?", fragte ich.

"Nein, das können wir nicht", erwiderte der Präsident. "Diese Zukunft existiert in der gleichen Art und Weise weiter. Wir können jedoch den Krieg für unsere eigene Zukunft verhindern.

Doch das können wir alles später noch besprechen. Wir müssen jetzt etwas tun, sonst gibt es Krieg. Helfen Sie mir."

"Was können wir tun?", fragte ich ratlos.

"Wir haben in dieser Anlage die Möglichkeit, über Satellit über alle Radio- und Fernsehkanäle der Welt zu senden. Ich werde meine Worte an die gesamte Weltbevölkerung richten. Meine Rede wird von unseren Kommunikationscomputern simultan in alle Sprachen dieser Welt übersetzt."

"Was wollen Sie sagen?", wollte ich wissen.

"Ich werde der Menschheit die Wahrheit sagen", erwiderte der Präsident. "Kommen Sie bitte mit mir."

Er führte uns in ein kleines Aufnahmestudio, schaltete die Anlage ein und setzte sich an einen Schreibtisch, auf den die Kamera gerichtet war. Nach wenigen Augenblicken ertönte ein Signal, das angab, dass der Präsident auf Sendung war.

"Hier spricht der Präsident der Vereinigten Staaten von Amerika. Ich spreche in diesem Augenblick zu allen Menschen auf diesem Planeten, denn es besteht die akute Gefahr, dass wir in den nächsten Stunden jegliches Leben auf der Erde vernichten.

Soeben hat eine außerirdische Lebensform, die sich selbst Nefilim nennt, mit einem gigantischen Mutterschiff in die Umlaufbahn unserer Erde eingeschwenkt. An Bord sind ein paar Millionen menschenähnliche Wesen, die auf unseren Planeten übersiedeln wollen.

Mir ist bewusst, dass diese Tatsache große Ängste in jedem von Ihnen weckt. Und dennoch möchte ich Sie alle bitten, einen klaren Kopf zu bewahren und mir einen Moment zuzuhören.

Die Nefilim kommen in friedlicher Absicht. Sie bedeuten einen Segen für unseren Wohlstand.

Ich werde Ihnen jetzt etwas sagen, was Ihnen zu glauben sehr schwer fallen wird. Es ist jedoch nicht von Bedeutung, dass Sie meinen Worten Glauben schenken. Es ist nur von Bedeutung, dass Sie sich Ihre eigenen Gedanken darüber machen.

Ich bin nicht wirklich der Mann, den Sie kennen. Ich bin nicht in diesem Körper geboren worden, in dem ich jetzt stecke. Ich komme aus dem 23. Jahrhundert und bin hier, um einen schrecklichen Krieg zu verhindern.

Wir leben im 23. Jahrhundert im Inneren der Erde zusammen mit den Nefilim. Die Erdoberfläche wurde durch den atomaren Krieg, der beim Eintreffen der Nefilim losbrach, vollkommen verwüstet und für immer unbewohnbar gemacht. Nur ein paar Hunderttausend Menschen haben den Krieg überlebt.

Die Militärs dieser Erde befürchten eine Invasion der Außerirdischen. Deshalb wollen sie handeln, bevor es zu spät ist. Ich möchte Sie alle bitten, diese Entscheidung zu überdenken.

Die Technologie einer Rasse, die ein solch gewaltiges Mutterschiff bauen kann, muss unserer irdischen Technologie weit überlegen sein. Wenn die Außerirdischen tatsächlich Invasionsabsichten haben würden, müssten wir atomare Waffen einsetzen. Bei der Anzahl an Shuttleschiffen, die zu solch einem gigantischen Mutterschiff gehören, würden wir viele Atomraketen abfeuern müssen. So viele, dass jegliches Leben auf dieser Erde vernichtet würde.

Die größte Gefahr für unser aller Leben geht nicht von den Außerirdischen aus, sondern von uns selbst. Unsere eigenen Ängste werden uns vernichten, wenn wir keine Vernunft annehmen. Wir sind eine Rasse, die nichts anderes stärker im Sinn hat als ihre Sicherheit. Wir sehen hinter jedem und allem eine Gefahr. In unserem Sicherheitswahn haben wir Waffen zur Verteidigung geschaffen, mit denen wir alles Leben auf der Erde über vierzigmal vernichten könnten. Und genau das wird geschehen, wenn Sie Ihre Angst nicht überwinden können.

Die Nefilim kommen in friedlicher Absicht. Sie bringen uns eine Technologie, die der unseren um Jahrhunderte überlegen ist. Diese Technologie wird ein neues Zeitalter einläuten, das uns allen einen unglaublichen Wohlstand bringen wird.

Die Nefilim können keinen Funkkontakt mit uns aufnehmen, da ihre Kommunikationstechnologie vollkommen anders ist als unsere. Sie schicken fünf Shuttleschiffe, die direkt mit uns Kontakt aufnehmen sollen. Allein das spricht gegen eine Invasion. Für eine Invasion würden sie sicherlich Hunderte, wenn nicht Tausende Shuttleschiffe losschicken.

Ich möchte meinen Appell an alle Staatsoberhäupter dieser Welt richten. Ich möchte Sie nur um eines bitten. Warten Sie ab, und machen Sie nicht den ersten Schritt zur Vernichtung der Menschheit.

Die Nefilim sind davon überzeugt, dass sie und die Menschheit vom gleichen Volk abstammen und vor über einhunderttausend Jahren getrennt wurden. Sie sind ein sehr gewaltfreies Volk und erwarten keinen aggressiven Kontakt mit der Menschheit. Sie haben vielmehr das Gefühl, nach diesen vielen Jahrtausenden endlich heimzukehren.

Heißen wir sie willkommen und zeigen wir ihnen unsere Menschlichkeit. Geben wir den Nefilim eine Chance. Geben wir der Menschheit und allem Leben auf diesem Planeten eine Chance. Das ist das, worum ich Sie alle bitten möchte. Ich danke Ihnen."

Der Präsident stand auf und schaltete die Übertragungsanlage aus.

"Ich kann nur hoffen, dass meine Worte ernst genommen werden", sagte er danach zu uns.

"Das werden sie", antwortete ich dem Präsidenten. "Ella hat uns die Reaktionen auf Ihre Worte wahrnehmen lassen. Die Angst der Menschheit hat sich gewandelt. Ihre Worte haben nicht dazu geführt, dass die Menschen ihre Angst verloren haben. Im Gegenteil: Sie haben jetzt noch viel mehr Angst. Doch jetzt haben sie Angst vor sich selbst. Sie haben Angst, voreilig zu handeln und damit sich selbst zu vernichten. Niemand wird es wagen, den ersten Schritt zu machen. Sie haben den Krieg abgewendet. Es ist geschafft."

Mir wurde in diesem Moment klar, dass noch mehr geschehen war. Das Bewusstsein, dass die größte Gefahr von uns selbst ausgeht, hatte viele Menschen zum Nachdenken gebracht. Damit war ein Grundstein dafür gelegt, den Menschen ihre Eigenverantwortung näher zu bringen.

Ich spürte, dass Markus, Peter und ich uns dieser Aufgabe annehmen wollten. Wir würden mit Ellas Hilfe versuchen, der Menschheit das Wissen und die darin verborgene Eigenverantwortung näher zu bringen, die wir auf der Suche nach der Kammer des Wissens erfahren hatten.

Die grenzenlose Macht, die in diesem Wissen verborgen liegt, könnte eine neue Kultur hervorbringen. Eine Kultur, welche die Grenzen unseres Vorstellungsvermögens bei weitem überschreitet.

Wir werden alle herzlich willkommen heißen, die sich dieser Aufgabe durch die Ausrichtung ihrer Wahrnehmung auf das Schöne und die Liebe anschließen möchten.

Nachwort

Ich möchte gerne abschließend ein paar Erfahrungswerte darüber weitergeben, wie man die Ausrichtung auf das Schöne etwas einfacher umsetzen kann.

Ich empfehle dazu folgende einfache Übung morgens nach dem Erwachen oder unter der Dusche oder auf dem Klo:

Frage dich, was es alles Schönes in deinem Leben gibt. Frage dich auch, was der Tag dir Schönes bringen kann. Wenn du willst, geh den Tag einfach einmal in Gedanken detailliert durch, und suche überall das Schöne. Suche auch in Situationen, in denen du bisher nichts Positives finden konntest, ob nicht doch irgendetwas Gutes darin verborgen liegt.

Doch vor allem, suche nach dem Schönen in diesem Augenblick. Tu das, sooft du daran denkst.

Du wirst feststellen, dass dir von Tag zu Tag mehr einfällt und dass diese Übung immer größere Kreise in deinen Gefühlen und in deinem Leben zieht.

Mit dieser Übung stärkst du die Motivation, das Schöne suchen zu wollen, und gewöhnst es dir einfach an, das zu tun. Deine Wahrnehmung wird damit auf das Schöne ausgerichtet, was deine Gefühle gestaltet und eine glückliche Realität aussucht.

Du wirst wahrscheinlich ab und an bei Situationen hängen bleiben, in denen du beim besten Willen nichts Schönes finden kannst. Hinterfrage bei diesen Situationen deine Motivation. Wenn du bei den in diesem Buch geschilderten biologischen Grundbedürfnissen nach Sicherheit, Verbundenheit oder körperlicher Unversehrtheit ankommst, mach dir bewusst, dass dir nicht wirklich etwas passieren kann, was dich langfristig unglücklich machen muss. Deshalb musst du dich auch nicht ununterbrochen mit dem Vermeiden eines Unglücks beschäftigen. Es kann kein wirkliches Unglück geben.

Wirf die Flinte nicht gleich ins Korn, wenn die schlechten Gefühle nicht gleich verschwinden. Unser neurologisches System braucht einfach Wiederholung. Zu Beginn ist das Gefühl meistens nur theoretisch, und man denkt, dass es einem nichts nutzt, sich zu sagen, dass eigentlich nichts passieren kann.

Wichtig ist nur, dass du dir nichts vormachst. So nützt es beispielsweise herzlich wenig, wenn du dich vor den Spiegel stellst und dir jeden Tag tausendmal suggerierst: "Ich bin schön! Ich bin sexy!", wenn dein Spiegel immer nur antwortet: "Mensch, mach doch mal das Licht an!"

Wenn du jedoch innerlich bejahen kannst, dass tatsächlich nichts passieren kann, was dich langfristig unglücklich macht, dann wird es sich auch nach einiger Zeit umsetzen.

Suche nicht nach problematischen Situationen, um dein Leben schnell in Ordnung zu bringen. Damit würdest du dir angewöhnen, nach dem zu suchen, was nicht in Ordnung ist, und dir diese Wahrnehmungsrichtung angewöhnen. Beschäftige dich nur mit dem Unangenehmen, wenn es ohnehin aufkommt.

Die beste aller Umsetzungsmöglichkeiten besteht darin, mit anderen Menschen über das Schöne in allen Situationen zu reden. Ebenfalls verstärkt sich das Gefühl, dass einem überhaupt nichts passieren kann, was einen unglücklich macht, auch am schnellsten, wenn man darüber redet. Das gesprochene Wort hat für unser Nervensystem eine sehr viel größere Bedeutung als das gedachte. Gleichzeitig wirkt die Zustimmung unseres Gesprächspartners wie eine Bestätigung, die unsere Gefühle extrem verstärkt.

Aus diesem Grund haben wir beschlossen, allen Lesern den Austausch mit Gleichgesinnten zu erleichtern.

Zentrales Informationsforum für dieses Ziel ist unsere Homepage: **http://www.ella.org**. Hier hast du beispielsweise die Möglichkeit, mit anderen Lesern zu chatten. In unserer Kontaktbörse kannst du die E-Mail-Adressen von Lesern erfahren, die Austausch wollen. Möglicherweise gibt es auch in deiner Nähe private Treffen von Lesern, was du auch auf unserer Homepage erfahren kannst.

Wenn du Unterstützung bei der Umsetzung suchst, empfehle ich das Support-Forum auf unserer Homepage. Hier werden Fragen zur Umsetzung beantwortet. In den Antworten spiegelt sich immer der neueste Entwicklungsstand bei Ella Kensington wider.

Weiterhin kannst du dich über Seminare, Workshops und Beratungen informieren.

Unsere effektivste Maßnahme zur Umsetzung stellt das Ella-Camp dar, wie wir es nennen. Es ist eine Mischung zwischen Seminar und Urlaub.

Die letzten Camps liefen alle sehr ähnlich ab. In den ersten Tagen lernten sich die Teilnehmer kennen. Sie tauschten sich miteinander aus und unterstützen sich gegenseitig in der Umsetzung. Durch den Fortschritt bei der Umsetzung und gemeinsame schöne Erlebnisse entstand eine sehr gute Stimmung, und die ersten Freundschaften und partnerschaftlichen Beziehungen zwischen den Teilnehmern bildeten sich. Viele erzählten davon, dass sie hier anderen Menschen Dinge anvertraut hätten, die sie zu Hause noch nie jemanden gesagt hatten. Noch nicht einmal dem eigenen Partner!

Der Grund dafür wurde in der ungewöhnlich starken Verbundenheit gesehen, die im Camp entstand. Diese Verbundenheit war kein Zufall. Wir haben den gesamten Ablauf des Camps so aufgebaut, dass diese Verbundenheit unterstützt wird. Und das hat folgende Gründe:

Mit Abstand die meisten Probleme haben wir Menschen offensichtlich auf der Beziehungsebene. Genauer gesagt haben wir Probleme mit dem biologischen Bedürfnis nach Verbundenheit. Wann immer schlechte Gefühle in Sachen Beziehung auftauchen, steckt letztendlich die Motivation dahinter, Verbundenheitsverlust zu vermeiden. Unsere Wahrnehmung richtet sich dadurch genau auf das, was wir eigentlich nicht wollen, und gestaltet damit unsere schlechten Gefühle und bestimmt unsere Realität.

Nun nützt es nicht sehr viel, dieses Thema vom Kopf her zu verstehen. Es will gelebt werden. Und genau das geschieht im Camp.

Nachdem sich die Verbundenheit aufgebaut hat, entstehen die ganz alltäglichen Beziehungsmuster, die wir zu Hause auch mit unseren Partnern, Kindern, Freunden und Kollegen oder unserem Chef in der Firma ablaufen lassen.

Hier im Camp finden wir jedoch andere Verhältnisse vor als im normalen Lebensalltag. Es ist zum Beispiel immer jemand da, mit dem man reden kann. Es wird keine Schuld abgeschoben, sondern Eigenverantwortung gelebt. Es gibt viele Gesprächspartner, die genau das gleiche Thema am Laufen haben. Hier ist es normal, über diese Themen offen zu reden.

In solch einer Umgebung verändert man diese Muster sehr viel leichter und schneller als zu Hause. Auch erkennt man, dass man so sein kann, wie man ist, und man wird immer noch gemocht oder geliebt. Das ist eine Erfahrung, die viele Teilnehmer zum ersten Mal in ihrem Leben im Camp gemacht haben.

Mir ist aufgefallen, wie sehr diese Erfahrung die meisten Teilnehmer beeindruckte. Ich habe deshalb beschlossen, das nächste Buch diesem Thema zu widmen.

Das Buch wird den Titel "Larry" haben. Es wird eine romantische Liebeskomödie, die den Untertitel "Dumm gelaufen, aber sinnlos glücklich" trägt.

In dieses Buch fließt meine eigene Lebensgeschichte mit ein. Ich wurde von einer Mutter erzogen, die mich bedingungslos liebte, egal was ich tat. Zwar fand sie bei weitem nicht alles gut, was ich tat, doch sie entzog mir deswegen nie ihre Zuneigung. Ich hatte als Kind nie das Gefühl, dass meine Mutter mich nicht mehr liebte, wenn ich mich nicht so verhielt, wie sie es für richtig hielt. Sie freute sich, wenn ich etwas gut machte, und fand es nicht schön, wenn ich Mist fabrizierte. Doch auf die Liebe, die sie mir entgegenbrachte, hatte das keinen Einfluss.

Das war für den kleinen Bodo wunderschön, brachte jedoch einen Nachteil mit sich, den ich erst im Jugendlichenalter verstehen sollte.

Es waren nicht alle Menschen so wie meine Mutter. Die Mädchen, mit denen ich eine Beziehung eingehen wollte, verhielten sich ganz anders. Ich wurde mit Zuneigungsentzug bestraft, wenn ich mich nicht so verhielt, wie sie das für richtig hielten.

So etwas kannte ich bis dahin nicht. Auch konnte ich dieses Verhalten nicht billigen. Ich sah darin keine wirkliche Liebe.

In dieser Zeit entstand in mir die Frage meines Lebens: "Verdammt noch mal, wieso werde ich nicht einfach so geliebt wie ich bin?"

Diese Frage bestimmte meine Beziehungen, bis ich Mitte dreißig war. Meine Wahrnehmung war nur noch darauf ausgerichtet, warum ich nicht einfach bedingungslos geliebt wurde. So schwer war das doch nicht – dachte ich zumindest.

Während dieser Zeit fiel mir auf, wie schwer es sich die meisten Menschen in der Liebe jedoch tatsächlich machen, sowohl was die Liebe zu ihren Partnern oder zu sich selbst betraf. Auch fiel mir auf, wie sehr sich die meisten Menschen anstrengten, um geliebt zu werden – wie sehr sie versuchten, alles richtig zu machen.

"Larry" wird davon handeln, wie man seine Liebe zu sich selbst und seinen Mitmenschen von Bedingungen und Anforderungen befreien kann. Das ist sehr viel einfacher als du jetzt vielleicht denkst. Und es ist wunderschön.

Solltest du nicht so lange warten wollen, bis "Larry" erscheint, würde ich mich freuen, dich auf einem Ella-Kensington-Seminar oder im Camp begrüßen zu dürfen.

Wie du wahrscheinlich schon gemerkt hast, ist Ella Kensington keine natürliche Person. Es ist ein geschützter Markenname.

Unter diesem Markennamen bieten einige Glücksinfizierte Seminare, Workshops und Beratungen an. Jeder von ihnen hat einen etwas anderen Schwerpunkt.

Genauere Informationen über Seminare, Camp und neue Bücher erhältst du wie gesagt auf unserer Homepage: **http://www.ella.org**

Solltest du keinen Internet-Anschluss haben, kannst du dich an die unten angegebene Kontaktadresse wenden.

Dann lass es dir gut gehen. Vielleicht sehen wir uns ja einmal in einem Seminar oder im Camp. Ich freu mich drauf.

Ich wünsche dir ein oberabgefahrenes, glückliches Leben.

Bodo

Kontaktadresse:

Harald Müller
Rehstr. 7
66701 Beckingen
Fax: 06832 - 801399

Homepage:

http://www.ella.org

Geplante Bücher von Ella Kensington:

Der Ella-Kensington-Support

Umsetzungsfragen von Lesern und Seminarteilnehmern
an das Ella-Kensington-Team

Anfang 2001 haben wir auf unserer Homepage (www.ella.org) ein neues Forum eingerichtet. Hier werden Fragen zur Umsetzung gestellt, die von unseren Beratern und Seminarleitern beantwortet werden.

Dieses Forum ist bereits zu einer umfassenden Fundgrube für alle Lebensfragen geworden. Hier geht es um die Verbesserung finanzieller Verhältnisse, um die richtige Realitätsgestaltung bei gesundheitlichen Fragen, um persönliche Weiterentwicklung und vor allem um die glückliche Partnerschaft, sowie Fragen zur wahren Liebe. Nachdem das Forum jetzt schon (Mitte 2001) über 300 Buchseiten umfasst, haben wir beschlossen, es als Nachschlagewerk in Buchform zur Verfügung zu stellen.

Voraussichtlicher Erscheinungstermin wird Ende 2001 sein.

Larry, dumm gelaufen, aber sinnlos glücklich

Larry, ein Mann, der vom Glück bisher nicht gerade geküsst wurde, fällt eines Tages vom Stuhl und schlägt mit dem Kopf hart auf. Fortan hat er unkontrollierbare Glücksanfälle, die ihn dazu veranlassen, die seltsamsten Dinge zu tun. Zunächst scheint er dadurch alles zu verlieren, was ihm wichtig ist: seine Frau, seine Wohnung, sein Geld ...

Nach und nach wird jedoch immer mehr klar, welche Bedeutung dieser Unfall tatsächlich für ihn hat.

Larry ist eine romantische Liebeskomödie, die den Leser in die Geheimnisse wahrer Liebe eintauchen lässt.

Bereits erschienene Bücher aus der Ella-Kensington-Reihe:

Mary, die unbändige, göttliche Lebenslust

"Das beste Buch der Welt gegen Liebeskummer und schlechte Stimmung“, schreibt Bärbel Mohr in ihrem Buch "Bestellungen beim Universum".

Michael, unsterblich verliebt und von Selbstzweifeln zerfressen, hat nur von einem genug im Leben: nämlich von Problemen. Seine Geschichte und wie er spielend zu einer glücklichen Lebenseinstellung findet ist verknüpft mit der Geschichte eines Wesens, das aus einer anderen Welt auf die Erde kommt, um Menschsein zu lernen. Dabei muss es als Erstes einmal erkennen, dass die Menschen so etwas wie Probleme haben. Sie hat keine Ahnung, wie das funktionieren soll, findet es aber spannend.

Mysterio

Überlege Dir gut, was du dir wünschst! Es könnte in Erfüllung gehen!

Es geht in diesem Buch um ein mysteriöses Internet-Spiel. Dieses Spiel wird von 20.000 Menschen auf der ganzen Welt gespielt. Alle Spieler werden in Verbindung mit diesem Spiel sehr seltsame Erlebnisse haben. Am Anfang werden die Spieler glauben, dass alles Zufall sei, was passiert. Später werden sie glauben, das Spiel habe magische Fähigkeiten. Am Ende erkennen sie allerdings, dass das Spiel nur ihre schöpferischen Fähigkeiten aktiviert hat. Es ist ein verkapptes Trainingsprogramm, das zur Nutzung des gesamten menschlichen Potenzials führt. Dieses Spiel wurde von einer höheren Intelligenz in das Internet eingespielt und dient dem Einläuten des neuen Zeitalters.

Die Spieler werden viele übersinnliche Erfahrungen machen. Sie werden sich früher oder später auf rätselhafte Weise zusammenfinden und erkennen, dass sie gemeinsam eine bestimme Aufgabe für die Erde zu erfüllen haben.

Die 7 Botschaften unserer Seele

Ich bin, was ich erlebe
Ich erlebe, was ich denke
Ich denke, was ich fühle
Ich fühle, was ich glaube
Ich glaube, was ich will
Ich will, was ich liebe
Ich liebe, was ich bin

Paul erhält auf abenteuerlichem Wege Kontakt zu seiner Seele, die er jeden Abend zu den Geschehnissen des Tages befragt. In sieben aufeinander aufgebauten Lektionen bringt ihm seine Seele bei, wie er es anstellen kann, jeden Tag in seinem Leben zu einem Tag reiner Freude werden zu lassen.

Buchempfehlung

Wärmstens ans Herz legen möchte ich dir die Bücher von Bärbel Mohr.

Bisher erschienen:
- Bestellungen beim Universum
- Der kosmische Bestellservice
- Universum und Co.
- Reklamationen beim Universum
- Nutze die täglichen Wunder

In einer sehr humorvollen und erfrischenden Art und Weise zeigt Bärbel eine sehr einfache Möglichkeit zur Wunscherfüllung.

Ihre eigenen Erlebnisse, die sie in den beiden Büchern schildert, sind so abgefahren, dass niemand mehr auf die Idee kommen kann, es könnte sich hier um reinen Zufall handeln.

Diese Ereignisse und die, die du dir selbst beim "Bestellen" erschaffst, bestätigen eindeutig, dass wir Menschen in der Lage sind, unser Lebensglück zu beeinflussen.

Verlagsprogramm

Unser Angebot konzentriert sich auf das Thema Freiheit/Freude in den verschiedenen Lebensbereichen:

Die 7 Botschaften unserer Seele

Ella Kensington · 260 Seiten · 18,41 € · 36,- DM

... enthüllen in Dialogform die inneren Zusammenhänge der nun selbst-gestaltbaren Lebensfreude und entschlüsseln das vom Menschen immer schon gesuchte Geheimnis des Glücks über die Denk- u. Gefühlsklarheit bis hin zur Schöpferkraft.

Mary - Die unbändige, göttliche Lebenslust

Ella Kensington · 350 Seiten · 18,41 € · 36,- DM

Der Leser wird über die Gefühlssicherheit in das Geheimnis eingeweiht, sein Lebensglück frei zu empfinden und permanent zu entfalten.
Danach noch Probleme zu haben, ist fast unmöglich.

Mysterio - Überlege dir gut, was du dir wünschst! Es könnte in Erfüllung gehen.

Ella Kensington · 269 Seiten · 18,41 € · 36,- DM

In einer spannenden und abenteuerlichen Geschichte, die aus einem Internetspiel entsteht, wird gezeigt, wie das Glück, die Freude und Lebenserfüllung im praktischen Handeln und Kreieren umsetzbar ist.

Die Kammer des Wissens

Ella Kensington · 328 Seiten · 18,41 € · 36,- DM

Zeitaktuell!: Kriegsentscheidung durch Angst des Präsidenten - Erdoberfläche unbewohnbar - Hilfe aus der Zukunft - dramatische Suche nach legendärer Kammer - Glücksgefühl ersetzt Angst - dramatischer Wettlauf gegen die Zeit - drei ungewöhnliche Wahrheiten unserer Wirklichkeit!

Cosima - (M)ein verletztes Herz befreit sich

Cosima Maria Thiel · 568 Seiten · 20,35 € · 39,80 DM

Eine Autobiografie für alle, die das Schweigen in Beziehungen endlich beenden möchten. Eine Fundgrube zur Entschlüsselung der tieferen Ursachen von Konflikten und Entwicklung der kommunikativen Kompetenz.

Lache ..., denn Liebe ist Dein wahres Sein!

ReGina Deletz · 186 Seiten · 18,92 € · 37,- DM

Ein Mutmacher, um in Alltags- und Beziehungsproblemen eine Chance zur Neuorientierung zu sehen und den Weg für echte Lebensfreude und bedingungslose Liebe frei zu machen.

In der Stille hör´ ich Ihn - Gott antwortet Dir wirklich!
Ingolf Haas · 212 Seiten · 18,41 € · 36,- DM

Ein gar nicht so außergewöhnlicher Dialog, der zeigt, wie nahe uns Gott wirklich ist, dass wir uns ruhig etwas mehr Vertrauen erlauben dürfen und dabei reichlich belohnt werden. Spirituelle Freiheit ist danach kein Fremdwort mehr.

Gedanken sind Zugvögel der Seele
Conny Haas · 52 Seiten · 15,24 € · 29,80 DM

Weisheiten und Bilder zum Nachdenken und Aktivieren der eigenen inneren Fähigkeiten. Ein Buch zum intuitiven Aufschlagen und Wegbegleiter im Alltag als Schlüssel zur Harmoniefindung. Ein Geschenk zur Wertschätzung lieber Menschen.

~Djino~ ... die Reise in eine heile Welt **(ab 12 Jahre)**
Ingolf und Conny Haas · 56 Seiten · 15,24 € · 29,80 DM

Eine beglückende Geschichte mit vielen Bildern, für Jugendliche und junggebliebene Erwachsene, die mit einem quirligen Delphin in die tieferen Zusammenhänge des Lebens schwimmen und erkennen, dass Schwierigkeiten im Leben eine freie Zukunft nicht ersticken können. Leichter können Eltern Lebensvertrauen nicht vermitteln.

Die Reise ins Licht
Sandra Braun · 72 Seiten · 21,47 € · 42,- DM

Eine Meditationsreise in die ganze Fülle des Lebens. Der Wunsch vieler unserer Leser nach Unterstützung bei der Gestaltung des eigenen Lebensglücks wird mit diesem Werk erfüllt. Mit 5 Meditationen auf CD und 4 spirituellen Bildern der Autorin.

Holistisch Heilen
R. Schneider · 334 Seiten, Großformat · 25,46 € · 49,80 DM

Ein Heilpraktiker zeigt die Vielfalt und Anwendung der ganzheitlichen Therapie auf den 5 Ebenen des Menschen (körperlich, energetisch, emotional, mental, spirituell) auf. Für Heilpraktiker und Laien mit Interesse zur Gewinnung eigener Gesundheitskompetenz.

Das Lehrbuch des Lebens
Martin Kojc · 181 Seiten, Großformat · 26,65 € · 58,- DM

Eine zeitlose Kostbarkeit! Ein einfacher und wirkungsvoller Weg, sich die „schöpferische Urkraft des Lebens“ zur dauerhaften Steigerung der Gesundheit und des Lebensglücks nutzbar zu machen.

Selbstheilung nervöser Leiden
Martin Kojc · 72 Seiten, Großformat · 17,90 € · 35,- DM

Verhaltensmuster, die zu unerwünschten Wirkungen führen, können durch das spielerische Einüben besserer Gewohnheiten leicht verändert werden!

Des Käfigs Tür
Thorsten Dunkel · 89 Seiten · 10,12 € · 19,80 DM

Die Suche eines Künstlers nach der Freiheit in der Toscana, die Mut macht, endlich die Fesseln der Gewohnheit zu sprengen.

Kontaktaufnahme
Thorsten Dunkel · 7,67 € · 15,- DM

30 Kunstmotive als Postkarten, die auch einladen zur meditativen Betrachtung, um innere Spannungen zu erkennen und aufzulösen.

Himmel auf Erden
Reinhold Schneider · 594 Seiten · 20,35 € · 39,80 DM

In einem phantastischen Bogen aus der Vergangenheit und Zukunft fließt der Leser in das Bewusstsein einer neuen Welt ungeahnter Freiheit und erfüllten Beziehung in der Gegenwart. Das Tolle dabei: Er kann mit dem Leben in dieser phantastischen Zukunft sofort beginnen!

Demnächst erscheinen:

Verloren im Labyrinth -
Alternative Therapie für manisch-depressive Menschen.
Wolfgang Baitz · ca. 320 Seiten · 21, 47 € · 42,- DM

Der Autor zeigt seinen Weg aus einem scheinbar unheilbaren Zustand in ein freies Leben ohne Medikamente und weckt Erkenntnis für den bereichernden Wert zu Unrecht aus-gegrenzter Mitmenschen.

Der Liebe Wunsch
ReGina Deletz · 18,92 € · 37,- DM

Eine berührende Reise, die tief in die Widerstände des Egos führt, es schließlich erlöst und die wahre Freude des Herzens leben lässt.

Ein Tagebuch Gottes
Ingolf Haas

Das Plaudern mit Gott wird zu einer lockeren Gewohnheit. Ein Ratgeber, um in vielen Lebenssituationen immer mehr mit dem Herzen denken zu lernen und seine Lebensenergie stark zu halten.

... und die Welt geht auf
Reinhold Schneider

Fortsetzung des Werdegangs von Raimon und die Entwicklung von „Himmel auf Erden“.

Vorbestellungen werden gerne entgegengenommen.

Verlag und Bestellung: ***Innovationsmanagement***
Franz Cramer GmbH & Co. KG
Stehfenstr. 63 · D-59439 Holzwickede
Fax (0 23 01) 94 00 25 · www.ideen-turbo.de